高等职业教育制药类专业教材

制药技术类专业教学改革系列教材

U0359900

制药企业管理
与GMP实施 第三版

杨永杰　段立华　杨　静　主编

单金海　主审

化学工业出版社

·北　京·

内 容 简 介

《制药企业管理与 GMP 实施》（第三版）从药品的特殊性出发，以制药企业质量管理为核心提出药品生产企业实施 GMP 的重要意义。全书分为上、下两篇共 6 章。上篇药事管理与质量管理包括药品的特殊性与法制化管理、中国药品管理体系、药品生产企业质量管理；下篇 GMP 实施包括 GMP 对机构和人员的管理要求、GMP 对硬件的要求、GMP 对软件的要求，分别对制药企业人员构成、厂房设施和设备、生产管理、质量管理体系、验证、文件和自检等内容进行了介绍。

本书可作为高职高专制药技术类专业教材，也可供制药企业生产、管理人员参考。

图书在版编目（CIP）数据

制药企业管理与 GMP 实施/杨永杰，段立华，杨静主编. —3 版. —北京：化学工业出版社，2022.3（2024.2重印）
ISBN 978-7-122-40501-2

Ⅰ.①制… Ⅱ.①杨… ②段… ③杨… Ⅲ.①制药工业-工业企业管理-质量管理-高等职业教育-教材 Ⅳ.①F407.763

中国版本图书馆 CIP 数据核字（2021）第 255693 号

责任编辑：蔡洪伟　　　　　　　　　　文字编辑：李　瑾
责任校对：王佳伟　　　　　　　　　　装帧设计：关　飞

出版发行：化学工业出版社（北京市东城区青年湖南街 13 号　邮政编码 100011）
印　　装：河北鑫兆源印刷有限公司
787mm×1092mm　1/16　印张 16¾　字数 427 千字　2024 年 2 月北京第 3 版第 3 次印刷

购书咨询：010-64518888　　　　　　　售后服务：010-64518899
网　　址：http://www.cip.com.cn
凡购买本书，如有缺损质量问题，本社销售中心负责调换。

定　　价：48.00 元　　　　　　　　　　　　版权所有　违者必究

前 言

药品质量直接关系患者的生命，药品质量安全无小事。为了保证药品质量，培养精益求精，严格按照国家药事管理法律法规规范从业且具备工匠精神的高素质技术技能专业人才，是高等职业教育制药技术类专业义不容辞的责任。

2018 年国家大部委改革，将国家工商行政管理总局的职责，国家质量监督检验检疫总局的职责，国家食品药品监督管理总局的职责，国家发展和改革委员会的价格监督检查与反垄断执法职责，商务部的经营者集中反垄断执法以及国务院反垄断委员会办公室等职责整合，组建国家市场监督管理总局，作为国务院直属机构。同时，组建国家药品监督管理局，由国家市场监督管理总局管理。

2019 年《中华人民共和国药品管理法》进行了重大修改。如：取消 GMP 认证，专设一章，明确国家对药品管理实行药品上市许可持有人制度。药品上市许可持有人应当保证药品安全、有效，对药品研制、生产、经营、使用全过程依法承担责任等。取消 GMP 认证，是将药品 GMP 认证与药品生产许可合并。取消 GMP 认证证书后，不是取消《药品生产质量管理规范》，而是要求保证药品生产全过程持续符合和遵守药品生产质量管理规范，药品生产质量管理规范现场检查相关内容合并到生产许可证核发环节。《药品生产许可证》副本载明通过药品生产质量管理规范现场检查的生产线。取消 GMP 认证，并不意味着药品质量标准降低，药企将面临更加严格的各类检查，特别是事先不告知的飞行检查。

基于以上原因，结合各高职院校使用本教材的意见，进行再版修订。主要修订内容为：对有关文件进行规范，重点注重相关政策的时效性，删除失效或者淘汰的法规文件。增加药品监督管理组织及其发展、2019 年新版《中华人民共和国药品管理法》修改的主要内容、药品注册管理与药品质量和疗效一致性评价、质量风险管理、药品生产质量信息化管理中药品可追溯化管理。修改了药品生产质量管理为药品生产许可管理和药品生产质量管理。在下篇 GMP 实施中除了讲解有关 GMP 条款之外，侧重讲解 GMP 检查要点和企业 GMP 实施中存在的典型缺陷，增加了教材的实用性。

全书分上、下两篇共 6 章，上篇为药事管理与质量管理，下篇为 GMP 实施。天津渤海职业技术学院杨永杰、杨静编写修订第 1～3 章，河北化工医药职业技术学院段立华编写修订第 4～6 章。全书由杨永杰、段立华、杨静进行统稿并担任主编，华北制药河北华民药业有限责任公司单金海高级工程师担任主审。在教材编写过程中，参考了有关专家、学者的论著、教材和论文，对于他们的辛勤劳动表示感谢。

由于编者水平有限，书中疏漏之处在所难免，恳请广大师生和读者提出宝贵的意见。

编者

2021 年 11 月

第一版前言

本教材是在全国化工高职教学指导委员会制药专业委员会的指导下，根据教育部有关高职高专教材建设的文件精神，以高职高专制药技术类专业学生的培养目标为依据编写的。教材在编写过程中广泛征求了制药企业专家的意见，具有较强的实用性。

药品质量不仅关系着患者的生命，也关系着药品生产企业的生命。新的《中华人民共和国药品管理法》于 2001 年 12 月 1 日开始实施，2002 年 9 月 15 日起施行的《中华人民共和国药品管理法实施条例》中规定，药品生产企业须在 2004 年 6 月 30 日前完成 GMP（药品生产管理规范）认证，制药企业竞争将愈加激烈。到 2003 年 5 月 15 日，全国通过 GMP 认证企业数量从 2002 年底的 1470 家增加到了 1821 家。2004 年 6 月 29 日中央电视台新闻联播报道，全国有 2000 多家制药企业因没有通过 GMP 认证从 2004 年 7 月 1 日起停止生产。从 2005 年 1 月 1 日开始，全国所有中药饮片生产企业必须在符合 GMP 的条件下生产，至 2008 年 1 月 1 日，没有通过 GMP 认证的企业停止生产。

制药技术的先进与否、运用先进技术的操作型人才将在今后的市场竞争中起到关键的作用。鉴于药品生产对质量要求的特殊性，《制药企业管理概论》应是高等职业教育制药技术类专业的一门重要课程。

本课程是在学习制药工程技术知识的基础上，了解药品生产的质量管理战略，掌握药品质量管理体系（如药品非临床研究质量规范 GLP、药品临床试验质量管理规范 GCP、药品经营质量管理规范 GSP 等），重点学习药品生产质量管理规范（GMP）的内容和运作程序。建议学时 50 左右。

通过这些知识的学习，学会把药品生产质量管理规范的原则要求变成可操作的具体行为，从而使学生明确药品质量是设计和生产出来的，而不是检验出来的。在生产操作过程中自觉地按照 GMP 的要求保证药品生产的质量，增强药品生产的质量意识。

全书分上、下两篇共十一章，上篇为药事管理，下篇为 GMP 实施。杨永杰编写第一～四章、第十一章，刘翀编写第五～七章，段丽华编写第八～十章。全书由杨永杰进行统稿并担任主编，庞俊陆担任主审。在教材编写过程中，参考了有关专家、学者的论著、论文和相关教材，对于他们的辛勤劳动表示感谢。

由于编者水平有限，书中不足之处，恳请广大师生和读者提出宝贵的意见，以便进一步修订和完善，为制药技术类专业的高职教育事业贡献微薄之力。

编者
2005 年 3 月

第二版前言

作为教育部高职高专规划教材于 2005 年 6 月由化学工业出版社出版,原名称《制药企业管理概论》。在全国化工教育协会高职高专教学指导委员会制药技术类专业委员会的领导下,组织全国 30 余家开设制药技术类专业的高职院校,于 2008 年 12 月开始对制药技术类专业人才培养方案和实训基地建设方案进行论证和修订。邀请了部分制药企业专家,对本专业岗位能力进行分析,提出了新一轮课程设置方案。特别提出专业技术类课程应尽可能体现制药生产过程的要求,在教学形式上体现任务驱动的"教学做"一体化方式。

2005 年国家食品药品监督管理局批准的药品申请达 11086 个,但是其中新药才 1000 多个,只占总数的 10%,改剂型的 1000 多个,也只占总数的 10% 以上;更多的是仿制药,8000 多个,占总数的 80% 左右。改剂型大部分是简单改剂型,技术含量不高,低水平重复现象比较严重。中国共有四千多家药厂,平均下来,一个药厂的申请事项就两个多一点,数据说明我们国家药品的研制创新能力不强,新的《药品注册管理办法》中,鼓励创新,对今后药品生产企业提出了新的挑战。

2009 年 11 月开始,国家食品药品监督管理局发布了新版"药品 GMP"修订稿,向社会各界征求意见。因此,原有教材内容不适合制药技术类专业的教学需要。教指委讨论决定对《制药企业管理概论》进行修订,并改名为《制药企业管理与 GMP 实施》。

内容修订主要有:对有关文件进行规范,重点注重相关政策的时效性,删除失效或者淘汰的法规文件。增加"药品注册管理"的知识,更加明确药品管理的重要性。第四章改为 GMP 认证与发展,主要就当前 GMP 认证进行介绍。下篇仍为 GMP 实施,依据新版 GMP 对湿件、硬件、软件三个方面的要求和认证过程进行编写。在第六章增加了"GMP 对设备的规定";将第一版第七章的设备管理删除,对"物料管理""生产管理"分别编写。整体框架符合了制药企业实施 GMP 的过程规律。

全书仍分上、下两篇共 7 章,上篇为药事管理与质量管理,下篇为 GMP 实施。天津渤海职业技术学院杨永杰编写修订第一~四章,河北化工医药职业技术学院段立华编写修订第五、六章和第七章的第三、四、五节,郝六平编写修订第七章中的第一、二、六节。全书由杨永杰、段立华进行统稿并担任主编,天津津津制药厂袁东超高级工程师担任主审。在教材编写过程中,参考了有关专家、学者的论著、教材和论文,对于他们的辛勤劳动表示感谢。

由于编者水平有限,书中不足之处,恳请广大师生和读者提出宝贵的意见。

编者
2011 年 5 月

目 录

上篇　药事管理与质量管理

下篇　GMP 实施

上篇
药事管理与质量管理

第一章
药品的特殊性与法制化管理

【学习目标】通过学习主要了解药品的特殊性和药品法制化管理体系，掌握中国药品监督管理体系及规范，了解药事管理的基础知识。

第一节　药品的特殊性

药品具有商品的属性，药品生产不仅受到市场的调节，也要受计划的调节（如麻醉品的生产）。因此，我们必须认识到药品是特殊的商品，不能像对待一般商品一样对待药品。

【阅读材料】药物灾难——"反应停"事件
　　20世纪50年代后期某国生产并使用了治疗妊娠反应的镇静药"反应停"（又称沙利度胺、肽咪哌啶酮）。该药出售6年间，先后在澳大利亚、日本、加拿大、非洲等28个国家发现畸形胎儿（患儿无肢、短肢、心脏畸形等先天异常）12000余例。该药的另一副作用是可引起多发性神经炎，约有1300例。患儿父母联合向法院提起控告，被称为"20世纪最大的药物灾难"。

药品质量，关系到人的生命，只有严格的药品管理才是对国家和人民负责。可以从表1-1中的几个方面认识药品的特殊性。

表 1-1　药品的特殊性特征

序号	药品的特征	说　明
1	药品种类的复杂性	目前世界上有药物 2 万余种。中国有中药制剂 5100 多种,西药制剂 4000 余种,共有各种药物制剂近万种,中药材 5000 余种。为节约开支,必须有重点地从种类繁杂的药物中遴选出基本用药。中国从 1997 年 4 月起历时 8 个月,调整 27 类 740 种为基本用药。其特点是疗效确切、适合国情、质量稳定、使用方便、毒副作用小、价格低廉
2	药品使用的专属性	药品作为防病治病、健康保健的有力武器,大部分需要在医师和药师的严格指导下使用,这与其他商品有着明显的区别。中国从 2000 年 1 月 1 日起推行药品分类管理制度,对处方药(prescription drugs)和非处方药(over-the-counter drugs)采取不同的管理模式。处方药的使用必须凭执业医师开具的处方才能购买,并要在执业药师指导下使病人合理选择用药,才能更好地监控药品的不良反应
3	药品本身的两重性	药物进入人体内,本身具有治疗疾病的作用,同时也存在着毒副作用,药品使用不当也会害人。药理学上的药物两重性,是指防病治病的同时,也会发生某些不良反应,如毒性反应、后遗反应、继发性反应、特异反应、耐受与成瘾性、致畸作用等。某聋哑学校 1168 名学生中有 82.58% 是因用药不当造成的
4	药品质量的隐蔽性	药品质量的检查,需要由药品检验机构的专业技术人员采用特殊的仪器、设备和方法,依照法定的标准进行测试。人们很难用肉眼去识别药品质量的优劣,这给药品质量鉴别增加了很大的难度,造成了药品质量的隐蔽性。药品只有合格和不合格之分,《中华人民共和国药品管理法》(简称《药品管理法》)规定,所有不合格药品不准出厂、不准销售、不准使用
5	药品检验的局限性	药品检验是破坏性的,不能实施每品必检,只能按生产批次随机抽取少量样品进行检验,依此次结果代表整批药品的质量。因此,不仅要对原料、中间体和成品进行检验,而且要对生产全过程进行监督检查。药品管理法规规定药品的生产、经营企业和医院制剂室都要有自己的药品检验机构,这样才能在药品的产供用三个环节把关
6	药品审批的科学性	不按科学规律办事,不严格执行新药审批制度,乱产滥制药品就会威胁人们的生命安全。世界卫生组织(WHO)自 1968 年开始对各国药品不良反应信息进行系统地收集。中国自 1999 年 5 月 1 日起施行《新药审批办法》,新药的研究内容包括工艺路线、质量标准、临床前药理及临床研究。新药试产期内,生产单位继续考查药品质量和稳定性,临床试验单位要继续观察新药的疗效和毒副作用;药检部门要经常抽查,发现问题及时报告。2002 年 12 月 11 日施行的国家《药品注册管理办法》对新药研制、生产做出了更加严格的规定
7	药品使用的时效性	药品的时效性,要求医药生产、经营和使用部门,要有适当的储备,只能药等病,不能病等药。中国实行的是中央与省级两级医药储备制度。国家药典规定一些药品是有失效期的,在规定期限内药效必须予以保证。药品商品经营企业应遵守《药品经营质量管理规范》(GSP)的要求,做到管理科学化
8	药品生产的规范性	药品质量不是检验出来的,而是设计和生产出来的。药品生产的基本条件如人员、厂房、环境、设备、卫生、质量管理、生产操作、标准等都有严格的要求。从原料到销售的全过程中的各个环节要进行严格的管理与控制,只有把产品的检验与生产过程的管理结合起来,才能确保药品质量
9	药品效益的无价性	"黄金有价药无价",是指药品的社会效益,也包括经济效益。科学不承认,实际也不存在包治百病的特效药,如对腹泻患者,人参、鹿茸就不能使用,几片廉价的黄连素就会止住腹泻;而对体衰病危者,人参汤则可救命。就药品的实用价值而言,几十元和几分钱的药品,只要能治病,社会效益的价值是等同的

总之,药品是特殊商品,要求其质量安全、有效、稳定和均一。

第二节　药品的法制化管理

一、药品管理法的主要内容

1. 药品管理法的发展

《中华人民共和国药品管理法》是药品生产、销售、使用与监督管理的基本法律，对发展国家医药卫生事业、保障公民健康权益具有科学的指导意义。我国政府历来重视药品管理的法治建设，自 1980 年启动《药品管理法》的制定工作以来，先后经历了 1984 年的制定出台，2001 年修订、2013 年和 2015 年的两次修正。2016 年，国务院将修订《药品管理法》再次列入立法规划项目。2018 年 10 月，《药品管理法》（修正草案）提交全国人大常委会审议。2019 年 8 月，新修订的《药品管理法》经全国人大常委会会议表决通过，于 2019 年 12 月 1 日起施行。

2. 药品管理法的主要内容

新修订的《中华人民共和国药品管理法》分为十二章共 155 条。第一章　总则（15 条）；第二章　药品研制和注册（14 条）；第三章　药品上市许可持有人（11 条）；第四章　药品生产（10 条）；第五章　药品经营（18 条）；第六章　医疗机构的药事管理（8 条）；第七章　药品上市后管理（7 条）；第八章　药品广告与价格（8 条）；第九章　药品供应与储备（6 条）；第十章　监督管理（16 条）；第十一章　法律责任（38 条）；第十二章　附则（4 条）。

新修订的《药品管理法》明确药品管理应当以人民健康为中心，坚持风险管理、全程管控、社会共治原则，围绕鼓励创新、全生命周期管理要求，做出药品上市许可持有人、药品追溯、药物警戒、药品安全信息统一公布、处罚到人等多项重大制度创新，对药品研制、注册、生产、经营、使用、上市后管理以及药品价格和广告、储备和供应、监督管理、法律责任等做出全面规定；强化动态监管，取消 GMP（《药品生产质量管理规范》）和 GSP（《药品经营质量管理规范》）认证，药品监督管理部门随时对 GMP、GSP 等执行情况进行检查；完善药品安全责任制度，加强事中事后监管，重典治乱，严惩重处违法行为。

新修订的《药品管理法》第四十三条规定："从事药品生产活动，应当遵守药品生产质量管理规范，建立健全药品生产质量管理体系，保证药品生产全过程持续符合法定要求。"由此可见，新《药品管理法》虽然取消了 GMP 认证的形式，但继续加强对药品生产企业的 GMP 管理，药品生产活动必须符合 GMP 的相关要求。

二、中国药品管理的法规体系

《中华人民共和国药品管理法》实施以来。国务院及所属的有关部门颁布了一系列的药品监督管理法规和规章。形成了以药品管理法为母法、一系列的法规规章为子法，具有中国特色的药品监督管理法规体系。下面简要介绍比较重要的法律法规。

1.《中华人民共和国药品管理法实施条例》

国务院于 2002 年 9 月 15 日批复批准该条例实施，2019 年 3 月 2 日修订，主要内容有：第一章总则；第二章药品生产企业管理；第三章药品经营企业管理；第四章医疗机构药剂管理；第五章药品管理；第六章药品包装的管理；第七章药品价格和广告管理；第八章药品监督；第九章法律责任；第十章附则。

2.《新药审批办法》《药品注册管理办法》

国家药品监督管理局 1999 年 4 月 22 日发布第 2 号令，出台新修订的《新药审批办法》，于 1999 年 5 月 1 日正式实施。

《新药审批办法》在修订中强调了几个原则，一是从源头上避免低水平重复，鼓励创新，鼓励研究开发新药；二是在审批程序上强调了公开、公正，加快新药审批进度；三是在质量标准上从严要求，强调了质量的可控性和标准的可操作性；四是药品审批与推行 GMP、GLP（《药物非临床研究质量管理规范》）、GCP（《药物临床试验质量管理规范》）结合起来，逐步与国际接轨。

《药品注册管理办法》经国家市场监督管理总局于 2020 年第 1 次局务会议审议通过，自 2020 年 7 月 1 日起施行。2007 年 7 月 10 日国家食品药品监督管理局令第 28 号公布的《药品注册管理办法》同时废止。

最新的《药品注册管理办法》共 10 章 126 条。第一章　总则；第二章　基本制度和要求；第三章　药品上市注册：第一节　药物临床试验，第二节　药品上市许可，第三节　关联审评审批，第四节　药品注册核查，第五节　药品注册检验；第四章　药品加快上市注册程序：第一节　突破性药物治疗程序，第二节　附条件批准程序，第三节　优先审评审批程序，第四节　特别审批程序；第五章　药品上市后变更再注册：第一节　药品上市后研究和变更，第二节　药品再注册；第六章　受理、撤回申请、审批决定和争议解决；第七章　工作时限；第八章　监督管理；第九章　法律责任；第十章　附则。

3.《麻醉药品和精神药品管理条例》

2005 年 8 月 3 日中华人民共和国国务院令第 442 号公布。根据 2013 年 12 月 7 日《国务院关于修改部分行政法规的决定》第一次修订，根据 2016 年 2 月 6 日《国务院关于修改部分行政法规的决定》第二次修订。该管理办法在总则（第一章）中将麻醉药品和精神药品的法律定义、范围分类以及国家强化管制麻醉药品和精神药品的宗旨以法律形式固定下来，依次规范了麻醉药品和精神药品的种植、实验研究和生产（第二章）、麻醉药品和精神药品的经营（第三章）、麻醉药品和精神药的使用（第四章）、麻醉药品和精神药品的储存（第五章）、麻醉药品的运输（第六章）等事宜，第七章是对麻醉药品和精神药品的审批程序和监督管理，第八章是法律责任，第九章是附则。

与《麻醉药品和精神药品管理条例》配套的法规还有《医疗机构麻醉药品、一类精神药品供应管理办法》《癌症病人申领麻醉药品专用卡的规定》等。

麻醉药品和精神药品一旦滥用则属于吸毒的范畴，能够使人形成瘾癖的麻醉药品和精神药品就称为毒品，如鸦片、海洛因、吗啡、大麻、可卡因等。为加强戒毒药品的管理，保证戒毒药品的质量，对毒品滥用者实施有效的治疗，国家药品监督管理局按照《中华人民共和国药品管理法》和《全国人民代表大会常务委员会关于禁毒的决定》，制定了《戒毒药品管理办法》，于 1999 年 8 月 1 日起实施。

为了严惩走私、贩卖、运输、制造毒品和非法种植毒品原植物等犯罪活动，严禁吸食、注射毒品，保护公民身心健康，维护社会治安秩序，1990 年 12 月 28 日全国人大第十七次会议通过了《关于禁毒的决定》。该决定对走私、贩卖、运输、制造毒品以及非法持有毒品的犯罪情节规定了量刑的依据。

4.《医疗用毒性药品管理办法》

国务院 1988 年 12 月 27 日下达第 23 号令，发布《医疗用毒性药品管理办法》。该办法共 14 条，对毒性药品的定义、生产、收购、供应和配制、加工、使用等方面都做了规定，对违反本办法规定的罚则以及行政复议也做了规定。

卫生部卫药（89）第 27 号文件"关于贯彻执行《医疗用毒性药品管理办法》的通知"，附件列出了毒性中药品 28 种，西药毒性药品 11 种。

5.《医疗机构药品监督管理办法》

2011 年 10 月 11 日，国家食品药品监督管理局颁发了《医疗机构药品监督管理办法》，共 6 章 42 条。第一章　总则，明确规定了医疗机构的职责和药品质量管理的总体要求；第二章　药品购进和储存；第三章　药品调配和使用；第四章　监督检查；第五章　法律责任；第六章　附则。

6.《处方药与非处方药分类管理办法（试行）》

国家药品监督管理局第 10 号令发布《处方药与非处方药分类管理办法（试行）》，于 2000 年 1 月 1 日起施行。管理办法规定处方药必须凭执业医师或执业助理医师处方才可调配、购买和使用；非处方药不需要凭执业药师或执业助理药师处方即可自行判断、购买和使用。另外对处方药、非处方药的生产、经营企业和人员都做了相应的规定。

7.《执业药师职业资格制度规定》

2019 年 3 月，国家药监局、人力资源社会保障部在原执业药师资格制度基础上，制定了《执业药师职业资格制度规定》，主要内容是第一章　总则；第二章　考试；第三章　注册；第四章　职责；第五章　监督管理；第六章　附则。

国家药品监督管理局同时还出台了《执业药师职业资格考试实施办法》，规定每年 3 月报名，10 月考试；对考试科目、考试时间及报名手续和培训工作进行具体规定。

8.《药品检验所工作管理办法》

该办法第一章　总则，明确规定：县级以上卫生行政部门设置的药品检验所，是国家药品监督保证体系的重要组成部分，是国家对药品质量实施技术监督检验的法定机构，并执行卫生行政部门交办的药品监督任务；第二章　组织机构；第三章　药品检验所职责；第四章　科室设置和人员；第五章　药品检验；第六章　标准品和对照品；第七章　药品质量情报；第八章　科学研究工作；第九章　业务技术管理；第十章　行政后勤工作；第十一章　附则。

三、药品注册管理与药品质量和疗效一致性评价

药品注册管理是指国家药品监督管理局根据药品注册申请人的申请，依照法定程序，对拟上市销售药品的安全性、有效性、质量可控性等进行审查，并决定是否同意其申请的审批过程。

2020 年 3 月 30 日新版《药品注册管理办法》正式发布，并于 7 月 1 日实施。新修订《药品注册管理办法》最终分为十章一百二十六条，突出了药品注册管理功能，完善了新药审评审批框架体系，明确药品、注册、核查、检验环节以及注册申请人（上市许可持有人）等各部门、各参与主体的职责以及权利义务。

从新药研发和申报的角度来看，新修订《药品注册管理办法》体现了以下特点：

（1）落实新制修订法律的要求　将新制修订的《药品管理法》《中华人民共和国中医药法》和《中华人民共和国疫苗管理法》纳入总则，全面落实法律要求并细化。

根据新修订的《药品注册管理办法》（简称《办法》），药品上市许可持有人制度在全国范围内全面推行。《办法》将申请人资质放宽为能够承担相应法律责任的企业或者药品研制

机构。持有人转让药品上市许可被列入审批类变更，需要以补充申请的方式进行申报，经批准后可以实施。

药物临床试验项下第二十二条新增对疫苗临床试验开展机构的要求，应当由符合药监局和卫健委规定条件的三级医疗机构或者省级以上疾病预防控制机构实施或者组织实施。重构疫苗监管体系，严格疫苗风险管控。

（2）明确各级监管部门的职责 国家药品监督管理局主管全国药品注册管理工作，负责建立药品注册管理工作体系和制度，制定管理规范，组织药品注册审评审批以及监督管理工作。其中国家药品监督管理局药品审评中心负责药物临床试验申请、药品上市许可申请、补充申请和境外生产药品再注册申请等的审评。

地方药品监督管理部门负责行政区域内境内生产药品再注册申请的受理、审查和审批，药品上市后变更的备案、报告事项管理等。

（3）优化审评审批流程 做好药品注册审评检查与检验各环节衔接，提高注册时间的可预期性，减轻企业负担。

① 明确各项工作时限 对于药品注册审评、注册核查申请、审批类变更补充申请、再注册审查审批等设置了工作时限。药品上市许可申请审评时限设置为二百日，在审评时限届满四十日前可完成核查工作，行政审批决定应当在二十日内作出。明确了各项工作启动和完成的时间点，提高审评审批效率。

② 优化核查和检验程序 药品核查中心可以协调相关省、自治区、直辖市药品监督管理部门同步实施上市前药品生产质量管理规范检查和药品注册生产现场核查。申请人已完成药学研究，质量标准和商业规模生产工艺验证后，可以在药品注册申请受理前向中检院或者省、自治区、直辖市药品监督管理部门提出药品注册检验。

（4）鼓励创新 增加"药品加快上市注册程序"章节，支持以临床价值为导向的药物创新。启用突破性治疗药物程序、附条件批准程序、优先审评审批程序和特别审批程序，设立审评四个加快通道。对于各个项下符合条件的药物按规定给予药品审评中心交流指导，上市后提交补充申请和缩短审评时限等不同的政策支持，加快上市注册。

（5）强化药品全生命周期监管 新《办法》对药物上市注册的临床试验部分内容做出了更改。药物临床试验应当在具备相应条件并按规定备案的药物临床试验机构开展，化学仿制药生物等效性研究应当报国家局药品审评中心备案。

药品上市后的各项变更设置为审批类变更、备案类变更和报告类变更，对各项变更的纳入范围，实施程序都做出了解释说明。明确药品再注册的审批部门和条件。强调了持有人在临床试验、上市注册和上市后管理等全药品周期中需要承担的责任。

国家药品监督管理局建立药品安全信用管理制度，对有不良信用记录的机构，增加监督检查频次，并可以按照国家规定实施联合惩戒。依法向社会公布批准上市药品的审评结论和依据，以及监督检查发现的违法违规行为，接受社会监督。

（6）与国际通行规则接轨 国家药监局成为国际人用药品注册技术协调会（ICH）管理委员会成员，对于使用境外研究资料和数据支持的药品注册申请，其来源、研究机构或者实验室条件、质量体系要求及其他管理条件等应当符合国际人用药品注册技术要求协调会通行原则，并符合我国药品注册管理的相关要求。

新《办法》第十八条规定国家药品监督管理局建立收载新批准上市以及通过仿制药质量和疗效一致性评价的化学药品目录集，载明药品名称、活性成分、剂型、规格、是否为参比制剂、持有人等相关信息，及时更新并向社会公开。化学药品目录集收载程序和要求，由药品审评中心制定，并向社会公布。

新修订《药品注册管理办法》优化了审评审批程序，建立以审评为主导，检验、核查、监测与评价等为支撑的药品注册管理体系，提高审评审批效率，推进简政放权、放管结合、优化服务，鼓励企业药品研制机构研究和创制新药，积极推动仿制药发展，形成职责明确、流程清晰、运行规范的监督管理体系。

第三节　药事管理基础知识

一、药事管理

1. 药事管理的概念

根据我国《药品管理法》的使用范围、管理对象和内容的规定，结合《关于卫生改革与发展的决定》的规定，归纳"药事"的定义是："药事是指与药品的研制、生产、流通、使用、价格及广告等活动有关的事项。"

狭义的药事管理是指国家对药品及药事的监督管理，以保证药品质量，保证人体用药安全，维护人民健康和用药的合法权益。狭义的药事管理又称药政管理或药品管理。对应的英文有 drug administration 或 pharmaceutical affair administration。

广义的药事管理泛指国家对药品监督管理及药事机构自身的经营管理（management）以及药学服务的管理，对应的英文是 pharmacy administration。药事管理学科研究的是广义的药事管理。

2. 现代药事管理的发展

19 世纪以来，药品及药学的飞速发展，逐渐形成令人瞩目的药学事业。世界上许多国家制定了药品及药事管理法律和行政措施，建立健全了药事管理机构和制度。20 世纪 60 年代以后，出现了大规模的药品及药事管理立法，世界大多数国家都制定和完善了有关药品和药事法律、法规，形成药事法律体系。并且有了国际药典、麻醉药品、精神药品管理公约；有了世界卫生组织（WHO）、联合国麻醉药品委员会、联合国国际麻醉品管制署、国际药学会等。药事管理呈现法制化、科学化、国际化的趋势，药事管理的内容也从侧重于医药商业管理，发展为从药品研制到使用的全过程管理，包括研究开发、生产、流通、使用、价格、广告等方面的管理。

3. 药事管理学科的发展

19 世纪后期，随着制药工业的发展，国内外药品贸易的发展，药学科学和药学实践日益受社会、经济、法律、教育、公众心理等因素影响，医药的作用受经济、社会、管理等因素的制约或促进。药学与社会科学也相互交叉、相互渗透，形成以经济学、法学、社会学、管理学为主要基础的一个知识领域——药事管理学科，又称社会药学。

美国高等药学教育可追溯到 1821 年的费城药学院的建立，开设了"药房业务管理"课程。后来美国药学教员协会颁布的教育大纲中设立了商业与法律药学，1928 年更名为药学经济。直至 1950 年美国药学院协会更名为药事管理，经美国药学教育资格委员会同意在文件中使用——the discipline of pharmacy administration，缩写为 Ph. A，译为药事管理学科。随着 Ph. D 学位教育的发展，药事管理学科在高等药学教育中日益重要，在 Ph. D 学位教学计划中，开设 5～6 门该学科的课程，占总学时的 10% 左右。

欧洲国家和日本称此学科为社会药学（social pharmacy）。在药学教育中设有多门课程。如日本的药学教育中开设有药事关系法规、药业经济、品质管理等课程；法国则根据专门化方向，开设药厂管理、药房管理。

中国高等教育开设药事管理学科课程，经历曲折。1906~1949年间，有少数教会学校开设"药房管理""药物管理法及药学伦理"等课程；1954~1964年间，各高等学校普遍开设了"药事管理"课程；1964~1983年间各类学校停开这类课程。1984年《中华人民共和国药品管理法》颁布后，药事管理学科的发展受到教育、医药卫生行政主管部门的重视。1985年秋季，华西医科大学率先给药学类各专业本、专科学生开设《药事管理学》课程；1987年，国家教委决定将药事管理学列入药学专业必修课，1993年人民卫生出版社出版规划教材《药事管理学》。2000年各高等院校普遍开设了药事管理学课程，许多院校还开设了《药物营销学》《医药贸易》《药学概论》《医药国际贸易》等课程，从20世纪80年代开始，高等药学院校开始招收培养药事管理方向的研究生。

4. 药事管理学科的性质、定义

药事管理学科（the discipline of pharmacy administration）是一门正在发展的边缘学科，目前尚无公认的简明扼要的定义。

Manasse和Rucker定义解释：药事管理学是药学科学的一个分支学科，它是集中应用社会、行为、管理和法律科学，去研究药学实践中专业服务的环境的性质与影响。这一定义包含以下几点：第一，药事管理学是药学科学法定组成部分，它与物理药学、药理学、药物化学、临床药学同样重要。第二，药事管理学是应用性很强的科学，其理论基础来自社会学、心理学、经济学、管理学与法学，而药学其他分支科学往往扎根于化学、物理学、生物学、生理学与工程学。第三，构成药事管理学基本原理的应用性取决于实践自身的要素和性质，与药学实践相关的各种变化形式。第四，药师在社会药房、医疗机构药房、药厂、药品批发公司、药物研究所等部门中的职能不同，但药事管理学研究的是药学毕业生工作的所有领域中有关药品和药事管理方面的共性问题，而不受工作性质的限制。

《药事管理学科的历史发展》一书中这样阐述：药事管理学是一个知识领域，它具有社会科学的特性，与行政管理、经济、政策、行为、分配、法律和经营管理的功能、原理和实践紧密联系，涉及生产、分配、机构和人员，涉及满足法定药品的需求，满足给病人、处方者、调配者和卫生保健工业部门提供药学服务和药学信息。

明尼苏达大学药学院的定义是：与现在的以强调药物的合成、分离、吸收、分布、代谢、机理、活性物质等方面的药学学科比较，社会与管理药学研究的是药学的另一个系统，研究药师、病人、其他医药卫生人员的相互关系、表现、行为、报酬、服务、教育，它研究这一系统与环境的关系。

总之，药事管理学科是药学科学的分支学科，是一个知识领域，是应用性很强的边缘学科。它具有社会科学性质，应用社会学、经济学、法学、管理学与行为科学的原理与方法，研究药学事业中的生产、分配、人、机构、信息；研究社会、经济、法律与伦理、历史与文化等内外环境因素，以及管理因素对药学事业影响的作用；探索药学事业科学管理的规律，促进药学事业的发展。

二、药事组织

1. 药事组织的含义、类型

（1）药事组织的定义　一般来说，"药事组织"包含了广义和狭义的含义。狭义的药事组织是指为了实现药学社会任务所提出的目标，由人为的分工形成的各种形式的组织机构的总称。广义的药事组织是指以实现药学社会任务为共同目标的人们的集合体；是药学人员相互影响的社会心理系统；是运用药学知识和技术的技术系统；是人们以特定形式的结构关系而共同工作的系统。

药事组织系统是西药卫生大系统中的子系统，由于药事组织系统中因具体目标有所不同（如研制、生产、经营、使用、教育、管理等）而分为若干相互联系和协作的子系统。它与社会经济系统紧密相关，具有经济系统的属性。药事组织系统也可称为药事组织体系。

（2）药事组织的类型 药学的社会任务包括研制新药，生产供应药品，合理用药，药品管理，培养药学专业人员、管理人员和企业家，组织药学力量等六大方面，这是药事组织分类的基本骨架。因为药事组织不是孤立于社会，它和卫生组织、经济组织、国家行政组织等有密切的关系。当前社会中药事组织的主要基本类型有以下几种。

① 药品生产、经营组织的典型结构。如企业、公司、株式会社、社会药局等，名称各异，其主要功能是生产药品和经销药品。

② 医疗机构药房组织。主要功能是通过给病人采购药品、调配处方、制备制剂、提供用药咨询等活动，以保证合理用药。医疗机构药房组织在药事组织中占有重要地位，在中国是药师人数最多、是和医疗系统直接交叉的组织。这类组织的基本特征是直接给病人供应药品和提供药学服务，重点是用药的质量及合理性而不是为盈利进行自主经营。

③ 药学教育组织。其主要功能是教育，是为维持和发展药学事业培养药师、药学家、药学工程师、药学企业家和药事管理干部。药学教育组织属于模式维持组织，是以价值为中心的，它的目标是双重的，既出药学人才，又出药学研究成果。药学组织一般比较稳定，它们的子系统基本上是按学科专业划分的。

④ 药品管理行政组织。这是指政府机构中管理药品和药学企事业组织的行政机构。其功能是代表国家对药品和药学企事业组织进行监督控制，保证国家意志的贯彻执行。

政府的药品监督管理机构的主要功能作用是以法律授予的权力，对药品运行全过程的质量进行严格监督，保证向社会提供的药品是合格的，并依法处理违反药品管理法律、法规和规章的行为。

⑤ 药事社团组织。在药事兴起和形成过程中，药学行业协作组织发挥了统一行为规范、监督管理、对外联系、协调等作用。它的功能作用是行业、职业的管理。

2. 药事管理体制

药事管理体制是指在一定社会制度下药事工作的组织方式、管理制度和管理方法；是国家机关、企业和事业单位管理权限划分的制度；是药事组织运行机制的制度。

药事组织是个比较复杂的综合性社会系统。药事管理体制一般可分解为药品质量管理体制；药品生产经营管理体制；药学教育和科技管理体制。

3. 重要的药事管理机构

（1）国家药典委员会 中华人民共和国药典委员会（the Pharmacopoeia Commission of the People's Republic of China），简称国家药典委员会，为国家药品监督管理局直属事业单位。1950年成立第一届委员会，负责制定中国药典。是中国最早成立的标准化机构，是负责组织制定和修订国家药品标准的技术委员会，是国家药品标准化管理的法定机构。

国家药典委员会的职责是组织制定和修订《中华人民共和国药典》和药品标准；负责组织制定和修订《中国药典中药彩色图集》《中国药典重要薄层色谱彩色图谱》《中国药品通用名称》《药品红外光谱集》，编著《中国药典临床用药须知》《中国药典注释》等系列丛书，编译中国药典英文版，编辑出版《中国药品标准》杂志。

（2）中国食品药品检定研究院 中国食品药品检定研究院（原名中国药品生物制品检

定所）是国家药品监督管理局的直属事业单位，是国家检验药品生物制品质量的法定机构和最高技术仲裁机构，依法承担实施药品、生物制品、医疗器械、食品、保健食品、化妆品、实验动物、包装材料等多领域产品的审批注册检验、进口检验、监督检验、安全评价及生物制品批签发，负责国家药品、医疗器械标准物质和生产检定用菌毒种的研究、分发和管理，开展相关技术研究工作。主要职责包括：①承担食品、药品、医疗器械、化妆品及有关药用辅料、包装材料与容器（以下统称为食品药品）的检验检测工作。组织开展药品、医疗器械、化妆品抽验和质量分析工作。负责相关复验、技术仲裁。组织开展进口药品注册检验以及上市后有关数据收集分析等工作。②承担药品、医疗器械、化妆品质量标准、技术规范、技术要求、检验检测方法的制定修订以及技术复核工作。组织开展检验检测新技术新方法新标准研究。承担相关产品严重不良反应、严重不良事件原因的实验研究工作。③承担生物制品批签发相关工作。

（3）国家药品监督管理局药品审评中心（CDE）　国家药品审评中心（Center for Drug Evaluation，CDE）为国家药品监督管理局直属事业单位，其主要职责是：①药物的临床试验以及新药和仿制药的上市申请的技术审评；②负责仿制药质量和疗效一致性评价的技术审评；③承担再生医学与组织工程等新兴医疗产品涉及药品的技术审评；④参与拟订药品注册管理相关法律法规和规范性文件，组织拟订药品审评规范和技术指导原则并组织实施；⑤协调药品审评相关检查、检验等工作；⑥承担国家药品监督管理局国际人用药品注册技术协调会议相关技术工作。

（4）国家药品监督管理局药品审核查验中心　国家药品监督管理局药品审核查验中心是国家药品监督管理局的直属机构，主要职责是：①组织制定修订药品、医疗器械、化妆品检查制度规范和技术文件；②承担药物临床试验、非临床研究机构资格认定（认证）和研制现场检查；③承担药品注册现场检查；④承担药品生产环节的有因检查以及药品境外检查。该中心还承担对各省级药品监督管理局审评查验中心的指导和监督管理工作。

（5）国家药品监督管理局药品评价中心　国家药品监督管理局药品评价中心（国家药品不良反应监测中心）为国家药品监督管理局直属机构，主要负责：①组织制定修订药品不良反应、医疗器械不良事件、化妆品不良反应监测与上市后安全性评价以及药物滥用监测的技术标准和规范；②组织开展药品不良反应、医疗器械不良事件、化妆品不良反应、药物滥用监测工作；③开展药品、医疗器械、化妆品的上市后安全性评价工作。

（6）国家药品监督管理局执业药师资格认证中心　执业药师资格认证中心主要承担的工作有：①开展执业药师资格准入制度及执业药师队伍发展战略研究，参与拟订完善执业药师资格准入标准并组织实施；②承担执业药师资格考试相关工作；③组织制定执业药师认证注册工作标准和规范并监督实施。

（7）中国药学会　中国药学会（Chinese Pharmaceutical Association，CPA）成立于1907年，是中国成立较早的学术性社会团体之一。1992年恢复加入了国际药学联合会（FIP），是亚洲药物化学联合会（AFMC）的发起成员之一。其宗旨是实施科教兴国和可持续发展战略，促进药学科学技术的繁荣与发展、普及与提高，促进药学人才的成长，促进药学学科与经济的联合，为中国社会主义现代化建设服务，为药学科学技术工作者服务。

中国药学会根据药学发展的需要设立了中药和天然药物、药剂、抗生素、药物分析、药物化学、生化药物、制药工程、医院药学、老年药学、海洋药物、药事管理、药学史、军事药学等13个专业委员会。

（8）世界卫生组织　世界卫生组织（World Health Organization，WHO）是联合国专门机构，1948年成立，总部设在日内瓦，下设世界卫生大会、执行委员会及秘书处。WHO的宗旨是"使世界人民获得可能的最高水平的健康"。关于药品方面由"诊断、治疗和康复技术处”管理，主要工作有如下内容。

① 制定药物政策和药物管理规划。要求各国采取行动，选择、供应和合理使用基本药物 200 种。

② 药品质量控制。主持和出版国际药典；出版《药物情报》等。

③ 生物制品。制定国际标准和控制质量，向会员国提供抗生素、抗原抗体、血液制剂、内分泌制剂的标准品，改进现有疫苗和研制新的疫苗。

④ 药品质量管理。制定并经 1977 年世界卫生大会通过的《药品生产和质量管理规范》（WHO 的 GMP）和《国际贸易药品质量认证体制》（WHO 的认证体制，1975 年制定）。

（9）美国药典会　美国药典会为独立机构，负责制定药品标准。编撰的国家药品标准有《美国药典》《国家药方集》；出版《用药指导》《药学讨论》《美国药物索引》等。

复习思考题

1. 药物的特殊性表现在＿＿＿＿＿＿、＿＿＿＿＿＿、＿＿＿＿＿＿、＿＿＿＿＿＿、＿＿＿＿＿＿、＿＿＿＿＿＿、＿＿＿＿＿＿、＿＿＿＿＿＿等。

2.《中华人民共和国药品管理法》是＿＿＿＿＿＿＿＿＿＿＿＿＿＿＿＿的法律，自＿＿＿＿＿＿＿＿＿＿起正式实施。

3. 药品实施法制化管理的目标是什么？

4. 药品监督管理指导原则是什么？

5. 简述药事管理的概念。

6. 简述药事管理学科的定义。

7. 什么是药事组织？

8. 简述药事组织的类型。

9. 加挂“药品不良反应监测中心”牌子的机构是（　　）。

A. 药品评价中心　　　　　　B. 药品审核查验中心

C. 药品审评中心　　　　　　D. 国家药典委员会

10. CPA 的中文名称为（　　）。

A. 国际药学联合会　　　　　B. 国际医药教育协会

C. 中国药学会　　　　　　　D. 国际药物化学联合会

11. 中国负责药品、生物制品检定用标准物质的研制、标准化和分发的单位是＿＿＿＿＿＿＿＿＿＿＿＿＿＿＿＿＿＿＿＿。

12. 国家药品审评中心的主要职责是什么？

13. 什么是 WHO？其宗旨是什么？其主要工作内容有哪些？

第二章

中国药品管理体系

【学习目标】通过本章学习要求掌握药品监督管理的概念和作用，清楚国家药品监督管理局（NMPA）的职责和权限；掌握药品研究、生产、经营等质量管理体系所涉及的《药品非临床研究质量管理规范》（GLP）、《药物临床试验质量管理规范》（GCP）、《药品生产质量管理规范》（GMP）、《药品经营质量管理规范》（GSP）、《中药材生产质量管理规范》（GAP）简要内容。

第一节 药品质量监督管理体制

一、药品监督管理的概念和作用

1. 药品监督管理的概念

药品监督管理是指行政主体依法定职权对药品研制、生产、经营、使用、广告、价格的机构和人等相对方，遵守药事法律、法规、规章，执行行政决定、命令的情况进行检查，对其生产、经营、使用的药品和质量体系进行抽检、监督，执行行政处罚的行政行为。药品监督管理实质上是药品质量的监督管理，是中国行政监督管理体系中一个组成部分。药品监督管理的特征主要有以下几个方面。

① 药品监督管理的行政主体是药品管理法规定享有药品监督管理主管权的国务院药品监督管理部门。还有法律、法规授权的组织如市场监督管理部门。

② 药品监督管理的对象是作为行政相对方的公民、法人或其他组织。如制药公司、医药公司、使用药品的医疗机构和人，以及销售自种药材的农民等。

③ 药品监督管理的目的是防止和纠正、处理相对方制售假、劣及其他的违法行为，以保证药品质量，保证人体用药安全，维护人民身体健康和用药的合法权益。

④ 药品监督管理的内容是行政相对方遵守药品管理法及相关法规、规章、国家药品标准的情况，主要是对药品质量和企事业单位保证药品质量体系、质量管理进行监督。

2. 药品监督管理的作用

药品监督管理的作用主要有以下几个方面。

① 保证药品质量，严惩制售假、劣药和无证生产、销售药品以及其他违反《药品管理法》的犯罪活动，保证人民用药安全。

② 促进新药研究开发，防止毒性大的药品和无效药品上市。通过确定科学的新药审评标准，规范新药研制活动的基本规则，严格审评新药程序、手续，保证开发新药的有效、安全。

③ 加强政府监督管理，控制经济效益和社会效益的矛盾，坚持质量第一，确保产品质量，提高制药工业的竞争力。

④ 加强药品监督管理，规范药品市场，反对不正当竞争，打击扰乱药品市场秩序的违法犯罪活动，保证及时供给人民合格的药品。

⑤ 为合理用药提供保证。政府和药学行业协会不断强化对药学实践的监督管理，除药事法规中有关规定外，药学行业协会对保证合理用药制定了各种规范、规定。药品监督管理对防止药品危害及不合理用药引起的不良反应，起到积极作用，有效地保证人们用药安全、有效、经济。

二、药品监督管理组织及其发展

1. 药品监督管理组织发展

药品监督管理组织是指国家药品监督管理局（National Medical Products Administration，NMPA）在机构设置、领导隶属关系和管理权限的划分等方面的体系、制度、方法、形式的总称。

1998 年以前，我国主管药品监督管理工作的是卫生行政部门，县以上地方各级卫生行政部门的药政机构主管所辖行政区域的药品监督管理工作。为了加强国务院对药品监督管理工作的领导，1998 年根据《国务院关于机构设置的通知》，组建了直属国务院领导的国家药品监督管理局，主管全国药品监督管理工作。2003 年 3 月，十届全国人大一次会议通过了《国务院机构改革方案》。根据该改革方案，国务院在国家药品监督管理局的基础上组建国家食品药品监督管理局（State Food and Drug Administration，SFDA）。该局为国务院直属机构，继续行使国家药品监督管理的职能，负责食品、保健品、化妆品安全管理的综合监督和组织协调，依法组织开展对重大事故的查处。2008 年 3 月，第十一届全国人大一次会议批准了国务院机构改革方案，根据《国务院关于部委管理的国家局设置的通知》（国发〔2008〕12 号），设立国家食品药品监督管理总局（副部级），为卫生部管理的国家局。2018 年 3 月，在改革监管体系的大背景下，考虑到药品监管的特殊性，国家单独组建了国家药品监督管理局，隶属于国家市场监督管理总局，原国家食品药品监督管理总局（CFDA）则不再保留。

2. 国家药品监督管理局

国家药品监督管理局隶属于国务院直属机构国家市场监督管理总局，负责药品、医疗器械和化妆品研制、生产、流通和使用过程中的行政监督和技术监督，主要职责如下：

① 负责药品（含中药、民族药，下同）、医疗器械和化妆品安全监督管理。拟订监督管理政策规划，组织起草法律法规草案，拟订部门规章，并监督实施。研究拟订鼓励药品、医疗器械和化妆品新技术新产品的管理与服务政策。

② 负责药品、医疗器械和化妆品标准管理。组织制定、公布国家药典等药品、医疗器械标准，组织拟订化妆品标准，组织制定分类管理制度，并监督实施。参与制定国家基本药物目录，配合实施国家基本药物制度。

③ 负责药品、医疗器械和化妆品注册管理。制定注册管理制度，严格上市审评审批，完善审评审批服务便利化措施，并组织实施。

④ 负责药品、医疗器械和化妆品质量管理。制定研制质量管理规范并监督实施。制定生产质量管理规范并依职责监督实施。制定经营、使用质量管理规范并指导实施。

⑤ 负责药品、医疗器械和化妆品上市后风险管理。组织开展药品不良反应、医疗器械

不良事件和化妆品不良反应的监测、评价和处置工作。依法承担药品、医疗器械和化妆品安全应急管理工作。

⑥ 负责执业药师资格准入管理。制定执业药师资格准入制度，指导监督执业药师注册工作。

⑦ 负责组织指导药品、医疗器械和化妆品监督检查。制定检查制度，依法查处药品、医疗器械和化妆品注册环节的违法行为，依职责组织指导查处生产环节的违法行为。

⑧ 负责药品、医疗器械和化妆品监督管理领域对外交流与合作，参与相关国际监管规则和标准的制定。

⑨ 负责指导省、自治区、直辖市药品监督管理部门工作。

国家药品监督管理局下属综合和规划财务司、政策法规司、药品注册管理司（中药民族药监督管理司）、药品监督管理司、医疗企业注册管理司、医疗器械监督管理司、化妆品监督管理司、科技和国际合作司（港澳台办公室）、人事司法部门。

第二节　药品生产质量管理

一、药品生产许可管理

根据新修订的《药品管理法》，为落实生产质量责任，保证生产过程中的持续合规，符合质量管理规范要求，加强药品生产环节监管，规范药品监督检查和风险处置，最新《药品生产监督管理办法》已于 2020 年 1 月 15 日经国家市场监督管理总局审议通过，自 2020 年 7 月 1 日起施行。

新修订的《药品生产监督管理办法》对药品生产许可管理进行了全面规范，明确了药品生产的基本条件，规定了药品生产许可资料的提交、许可受理、审查发证程序和要求，规范了药品生产许可证的有关管理要求。

《药品管理法》规定，从事药品生产活动，应经所在地省级药品监督管理部门批准取得《药品生产许可证》。《药品生产监督管理办法》进一步明确药品上市许可持有人（包括自行生产和委托生产的）应当取得药品生产许可证，并细化了相关工作程序和要求，对申请发证、到期重新审查、变更、注销、吊销等要求都进行统一的规定。

《药品管理法》规定，从事药品生产活动，应当取得药品生产许可证。这是药品生产的起点，也是必要条件。《药品监督管理办法》对生产许可证的核发条件、办理程序时限、现场检查要求等环节进行了规定：

① 规定了取得生产许可证的条件。从事药品生产，应当具备机构人员、设施设备、质量管理、检验仪器设备、质量保证规章制度等五个方面的条件。另外还对疫苗生产企业进行了规定。

② 规定了许可程序和时限要求。申请人应当按照申报资料要求，向所在地省级药品监督管理部门提出申请。省级药品监督管理部门收到后，根据具体情形在规定时限内作出是否受理、是否予以批准的决定。明确了药品生产许可中所有时间都是以工作日计，技术审查和评定、现场检查、企业整改等所需时间不计入期限。同时，药品监管部门应当公开审批结果，并提供条件便利申请人查询审批进程。

③ 规定了变更内容。对登记事项和许可事项的变更内容进行了规定，明确了许可证变

更的办理时限等。对于不予变更的，省级药品监管部门应当书面说明理由，并告知申请人享有依法申请行政复议或者提起行政诉讼的权利。

④ 规定了许可证有效期届满发证。许可证有效期届满，需要继续生产药品的，应当在有效期届满前六个月，向原发证机关申请重新发放药品生产许可证。原发证机关在综合评定后，在药品生产许可证有效期届满前作出是否准予其重新发证的决定，逾期未作出决定的，视为同意重新发证，并予补办相应手续。同时，《药品生产监督管理办法》还规定了许可证补发、吊销、撤销、注销等办理程序要求。

二、药品生产质量管理

近年来不断发生的药品安全事故及虚假药品等问题，使人民群众对用药安全的需求与药品产业发展之间的矛盾日益凸显，也使医药行业的社会关注程度空前提高。要保证人民用药安全，首先要保证药品质量。作为药品质量的第一责任人药品生产企业必须增强质量意识和责任意识，加强生产过程中的监督和控制，以及健全质量管理制度等工作。除了企业要加强自身管理以外，药品的质量管理也很重要。

药品质量管理是一个复杂的体系，是一个大的系统工程。国家药品监督管理局依据《药品管理法》制定了一套药品管理规范和制度，从药品研究开始，经过生产、经营、使用，最后是药品上市后的再评价。形成的五个子系统都有自己独立的阶段、内容和特点，但又是相互联系、互相依存、互相依赖的。药品质量保证各环节及相关法规见图2-1。

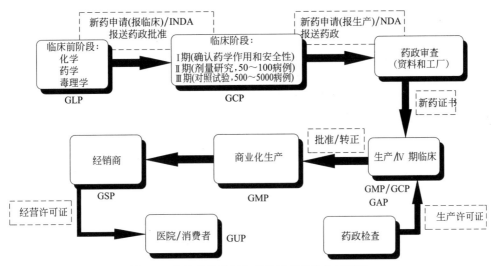

图 2-1　药品质量保证各环节及相关法规示意图

1. 药品非临床研究质量管理规范（GLP）

《药品非临床研究质量管理规范》（Good Laboratory Practice for Non-clinical Laboratory Studies，GLP）是为申请药品注册而进行的非临床研究必须遵守的规定。非临床研究是指为评价药品安全性，在实验室条件下用实验系统进行各种毒性试验，包括单次给药的毒性试验、反复给药的毒性试验、生殖毒性试验、致突变试验、致癌试验、各种刺激试验及与评价药品安全性有关的各种毒性试验。1979 年美国国会通过 GLP 后，许多国家和国际组织制定和颁布了各自的 GLP，逐渐成为国与国之间相互承认新药的基础。

（1）GLP 的目的与适用范围　GLP 的目的是：①为了提高试验数据的质量，更好地评价被试验物对人类健康和环境的潜在危险；②试验数据的质量大致相同，是国家之间相互承认试验数据的基础，可节省重复试验所产生的费用和时间；③有助于避免生产技术上的贸易障碍。

联合国经济合作与发展组织（OECD）于1981年9月发布GLP，认为其适用于"评价对人类健康影响的毒理学试验；评价对环境影响的生态毒理学试验；评价环境中化学物质转移、生物降解作用和生物蓄积作用等试验。包括工业化学物质、药品化妆品、食品添加剂、杀虫剂等"。美国的GLP适用于人用药品、兽药、食品及着色添加剂、兽用食品添加剂、人用医疗器械、电子产品、生物制品等的非临床安全性研究。

GLP对"软件"的规定包括试验机构的组织及人员资格的规定；设置质量保证部门；制定试验操作标准化规程（SOP）；供试物、对照物取样规定；制订试验计划、方案及实施的规定；试验报告及记录保存的规定等。GLP对"硬件"的规定有：对设施及设备的规定包括动物饲养、用品供给、取样设施、资料保管设施、试验操作区域等；对机器的规定包括配备适合的测定仪器、环境净化机器设备、试验物品收集、解剖等方面的机器和仪器。

（2）中国药品非临床研究质量管理规范　国家药品监督管理局制定并发布《药品非临床研究质量管理规范（试行）》于2017年9月1日实施。中国GLP共12章50条。

第一章　总则，共3条。说明制定GLP的目的和依据；说明GLP适用于为申请药品注册而进行的非临床研究。

第二章　术语及其定义，共1条。对非临床研究质量管理规范、非临床安全性评价研究、非临床安全性评价研究机构、多场所研究、机构负责人、专题负责人、主要研究者、委托方、质量保证部分、标准操作规程、主计划表、试验方案、试验方案变更、偏离、实验系统、受试物/供试物、对照品、溶媒、批号、原始数据、标本、研究开始日期、研究完成日期、计算化系统、验证、电子数据、电子签名、稽查轨迹、同行评议等29个术语做出定义。

第三章　组织机构和工作人员，共5条。要求非临床研究机构应建立完善的组织管理体系，配备人员，建立制度；规定了非临床研究机构的工作人员应具备的6个方面的条件；机构负责人的条件和职责；质量保证人员的职责；专题负责人的职责。

第四章　设施，共5条。对非临床研究机构建立与研究工作相适应的试验设施做了原则性规定；试验设施包括动物设施、与受试物和对照品相关的设施、档案保管、收集和处置实验废弃物的设施。

第五章　仪器设备和实验材料，共5条。对仪器设备和计算机化系统做了原则性的规定；对受试物和对照品使用和管理提出5项要求；规定实验室的试剂和溶液应贴有标签。

第六章　实验系统，共2条。规定实验动物的管理应符合的6项要求；规定实验动物以外的其他实验系统的要求。

第七章　标准操作规程，共4条。规定非临床研究机构必须对15个方面的工作制定标准操作规程；规定了标准操作规程的制定、修改生效、保管、分发、废除销毁的审批权限和程序以及具体要求。

第八章　研究工作的实施，共9条。规定每项研究工作应有专题名称或代号；对研究工作实施程序做出明确规定，研究工作应先制定实验方案，经质量保证部门审查，专题负责人批准后方可执行；试验方案应包括15项内容；对研究过程中需修改实验方案的程序和要求、运行管理及实验进行记录；同行评议的计划、管理、记录和报告应符合的要求；研究工作结束后，写出总结报告，质量保证部门审查签署意见，专题负责人签字；并规定了总结报告的17个方面的内容，以及需修改、补充总结报告内容应按原程序办理。

第九章　质量保证，共6条。对研究机构应保证质量保证工作的独立性做出规定；规定质量保证部门对质量保证活动制定标准操作规程；规定质量保证检查的类型；规定质量保证部门对研究项目进行审核并出具质量保证声明。

第十章　资料档案，共8条。对研究工作结束后资料档案的内容和归档做了明确规定；

规定资料档案应有专人保管，保存时间为该药品上市后 5 年；易变质的标本等保存时间，应以能够进行质量评价为时限。

第十一章　委托方，共 1 条。规定委托方作为研究工作的发起者和研究结果的申报者承担的 6 方面职责。

第十二章　附则，共 1 条。明确该规范自 2017 年 9 月 1 日起施行，2003 年发布的《药品非临床研究质量管理规范》同时废止。

总之，GLP 的要点是通过对研究机构和人员、设施和设备、供试品和对照品（动物或微生物）以及研究程序制定统一标准，进行合理控制，保证各种毒性试验的可靠性、准确性。

2. 药物临床试验质量管理规范（GCP）

《药物临床试验质量管理规范》（Good Clinical Practice，GCP）是规范药物临床试验全过程的标准规定，包括方案设计、组织实施、监察、稽查、记录、分析总结和报告，是一种国际性道德和科学质量标准。GCP 不但适用于承担各期临床试验的人员（包括医院管理人员、伦理委员会成员、各研究领域专家、教授、医师、药师、护理人员及实验室技术人员），同时也适用于药品监督管理人员、制药企业临床研究员及相关人员。

2020 年 4 月 26 日，国家药监局与国家卫健委联合发布了新版《药物临床试验质量管理规范》，新版中国 GCP 将于 2020 年 7 月 1 日起正式实施，共 9 章 83 条。

第一章　总则，共 10 条。说明该规范制定的法律法规依据、适用范围以及药物临床试验的原则。

第二章　术语及其定义，共 1 条。对临床试验、临床试验的依从性、非临床研究、独立数据监察委员会、伦理委员会等 30 个术语做出了定义。

第三章　伦理委员会，共 4 条。规定伦理委员会的职责和暂停、终止临床试验的权利。

第四章　研究者，共 13 条。规定负责临床试验的研究者应具备的条件及研究者的 13 项职责。

第五章　申办者，共 28 条。申办者是指负责发起、申请、组织、资助和监察临床试验的单位，该章规定了申办者的职责，临床试验的监察要求，监察员的职责，以及临床试验稽查要求等。

第六章　试验方案，共 16 条。规定试验方案的要求，受试者的选择和退出，有效性、安全性评价和统计内容等。

第七章　研究者手册，共 5 条。申办者提供的《研究者手册》是关于试验药物的药学、非临床和临床资料的汇编，其内容包括试验药物的化学、药学、毒理学、药理学和临床的资料和数据。该章规定研究者手册格式和内容方面的要求。

第八章　必备文件管理，共 5 条。临床试验必备文件是指评估临床试验实施和数据质量的文件，用于证明研究者、申办者和监察员在临床试验过程中遵守了本规范和相关药物临床试验的法律法规要求。

第九章　附则，共 1 条。本规范由国家药品监督管理局负责修订，解释。

3. 药品生产质量管理规范（GMP）

《药品生产质量管理规范》（GMP）是为确保药品质量万无一失，对药品生产中影响质量的各种因素所规定的一系列基本要求。适用于药品制剂生产的全过程、原料药生产中影响成品质量的关键工序。中国从 20 世纪 80 年代开始引入了 GMP 概念，在医药行业中推行，1999 年 6 月 18 日国家药品监督管理局颁布了《药品生产质量管理规范》（1998 年修订）。2009 年开始对于 1999 年版《药品生产质量管理规范》开始征求修订意见，于 2010 年提出了征求意见稿。共计十五章 324 条。

第一章总则；第二章质量管理；第三章机构与人员，第一节原则，第二节关键人员，第三节培训，第四节人员卫生；第四章厂房与设施，第一节原则，第二节生产区，第三节仓储区，第四节质量控制区，第五节辅助区；第五章设备，第一节原则，第二节设计和安装，第三节维护和维修，第四节使用、清洁及状态标识，第五节校准，第六节制药用水；第六章物料与产品，第一节原则，第二节原辅料，第三节中间产品与待包装产品，第四节包装材料，第五节成品，第六节特殊管理的物料和产品，第七节其他；第七章确认与验证；第八章文件管理，第一节原则，第二节质量标准，第三节工艺规程，第四节批生产记录，第五节批包装记录，第六节操作规程和记录；第九章生产管理，第一节原则，第二节防止生产过程中的污染和交叉污染，第三节生产操作，第四节包装操作；第十章质量控制与质量保证，第一节质量控制实验室管理，第二节物料和产品放行，第三节持续稳定性考察计划，第四节变更控制，第五节偏差处理，第六节纠正和预防措施，第七节供应商的审计和批准，第八节产品质量回顾分析，第九节投诉；第十一章委托生产与委托检验，第一节原则，第二节委托方，第三节受托方，第四节合同；第十二章产品发放与召回，第一节原则，第二节发放，第三节召回；第十三章药品不良反应；第十四章自检，第一节原则，第二节自检；第十五章术语。

4. 药品经营质量管理规范（GSP）

中国现行《药品经营质量管理规范》（Good Supply Practice for Pharmaceutical Products，GSP）是由药品监督管理局于 2016 年 7 月发布。GSP 的适用范围是中华人民共和国境内经营药品的专营或者兼营企业。

药品经营过程的质量管理是药品生产质量管理的延伸，是控制、保证已形成的药品质量的保持，也是药品使用质量管理的前提和保证。药品经营过程质量管理的目的是控制和保证药品的安全性、有效性、稳定性不变化，药品不变质；控制和保证假药、劣药及一切不合格、不合法的药品不进入流通领域，不到使用者手中；做到按质、按量、按期、按品种、以合理的价格满足医疗保健的需求。

GSP（2016 年版）共分 4 章 184 条。第一章　总则，共 4 条。阐明了 GSP 制定的依据和目的，基本精神以及适用范围。第二章　药品批发的质量管理，共 115 条。主要包括质量管理体系、组织机构和质量管理职责、人员与培训、质量管理体系文件、设施与设备、校准与验证、计算机系统、采购、收货与验收、储存与养护、销售、出库、运输与配送、售后管理等内容。第三章　药品零售的质量管理，共 58 条。主要有质量管理与职责、人员管理、文件、设施与设备、采购与验收、陈列与储存、销售管理、售后管理。第四章　附则，共 7 条。包括术语含义，制定 GSP 实施细则，GSP 的解释和施行。

GSP 的特点是条款仅明确了要求的目标，因此各经营企业应结合实际制定各种标准化文件，才能贯彻实施；条款是有时效性的，需定期或不定期进行说明。

GSP（2000 年版）的《实施细则》共分 4 章 80 条，适用范围与 GSP 相同，是对 GSP 部分条款的具体说明。第一章　总则，共 3 条。第二章　药品批发和零售连锁的质量管理，共 47 条。第三章　药品零售的质量管理，共 26 条。第四章　附则，共 4 条。各章节标题与 GSP 相同。

《药品管理法》指出，自 2019 年 12 月 1 日起，取消药品 GSP 认证，不再受理 GSP 认证申请，不再发放药品 GSP 证书。2019 年 12 月 1 日以前受理的认证申请，按照原药品 GSP 认证有关规定办理。2019 年 12 月 1 日前完成现场检查并符合要求的，发放药品 GSP 证书。凡现行法规要求进行现场检查的，2019 年 12 月 1 日后应当继续开展现场检查，并将现场检查结果通知企业；检查不符合要求的，按照规定依法予以处理。

5. 中药材生产质量管理规范（GAP）

中国的《中药材生产质量管理规范》（Good Agricultural Practice，GAP）于 2002 年 3

月 18 日经国家食品药品鉴定管理局局务会审议通过，2002 年 4 月 17 日以第 32 号局令发布，自 2002 年 6 月 1 日施行。

中药标准化是中药现代化和国际化的基础和先决条件。而中药材的标准化是中药饮片和中成药标准化的前提，中药材的标准化有赖于中药材生产的规范化。

（1）影响药材产量和质量的因素　药材是通过一定的生产过程而形成的。影响药材产量和质量的因素有药用动植物的不同种植、不同生态环境，不同栽培和养殖技术、采收、加工方法。中国中药材生产存在的问题主要有：①种质不清；②种植、加工技术不规范；③农药残留量严重超标；④中药材质量低劣，抽检不合格率高；⑤野生资源破坏严重。只有通过规范化的药材生产才能提升整个中药材、中药饮片和中成药的质量。

（2）GAP 的框架　生产、经营企业为了获得来源稳定、质量高、农药残留少的中药材，强烈要求在产地建立中药材基地，使中药材生产企业有章可循。实施 GAP，把中药材生产正式纳入药品监管体系，为药品监管部门实现中药有效监督管理提供了法律保证。

GAP 内容广泛，涉及药学、生物学、农学及管理学等多种学科，是一个复杂的系统工程。核心是规范生产过程以保证药材的质量稳定、可控。其内容紧紧围绕药材质量及可能影响药材质量的内外因素的调控而制定。中国野生药材占的比重较大，GAP 还包括了药用野生植物和动物。注重汲取国外先进经验，如生产技术和管理方法，也注重地道药材和传统的栽培技术、加工方法；允许施用农家肥，但强调应充分腐殖成熟达到无害化卫生标准。

GAP 共十章 57 条，涵盖了中药材生产的全过程，是中药材生产和质量管理的基本准则，适用于中药材生产企业生产中药材（含植物药及动物药）的全过程。其框架为：第一章　总则；第二章　产地生态环境；第三章　种质和繁殖材料；第四章　栽培与养殖管理；第五章　采收与初加工；第六章　包装、运输与储藏；第七章　质量管理；第八章　人员和设备；第九章　文件管理；第十章　附则。

（3）GAP 主要内容简介

① 产地生态环境　中药材生产企业按照中药材产地适宜性优化原则，因地制宜，合理布局。空气、土壤、灌溉水、动物饮用水等中药材产地的环境应符合国家相应标准。药用动物养殖企业应满足动物种群对生态因子的需求及与生活、繁殖相适应的条件。

② 种质和繁殖材料　对生产中药材采用的物种的种名、亚种、变种或品种应准确鉴定和审核。加强中药材良种选育、配种工作，建立良种繁殖基地，保护药用动植物种质资源。对种子、菌种和繁殖材料在生产、储运过程中应实行检验和检疫制度，对动物应按习性进行药用动物的引种及驯化。

③ 药用植物栽培　根据药用植物生产发育要求确定栽培区域，制定种植规程；根据其营养特点及土壤的供肥能力，确定施肥种类、时间和数量；根据药用植物不同生长发育时期的需水规律及气候条件、土壤水分状况，适时合理灌溉和排水；根据药用植物生长发育特性和不同的药用部位，加强田间管理，及时打顶、摘蕾、整枝、修剪、覆盖遮阴，调控植株生长发育。根据药用植物病虫害程度采取综合防治措施，必要时选用高效、低毒、低残留农药，以降低农药残留和重金属污染。

④ 药用动物养殖管理　根据其生存环境、食性、行为特点及对环境的适应能力，确定养殖方式和方法。如科学配制饲料，适时补充精料、维生素、矿物质及必要的添加剂，严禁补充激素、类激素等添加剂。养殖环境清洁卫生，要建立消毒制度、定期接种疫苗制度。禁止将中毒、感染疫病的药用动物加工成中药材。

⑤ 采收与初加工　采集野生或半野生药用动植物应不危害生态环境，有计划地进行野生封育、轮采与封育，确定适宜的采收期、采收年限和采收方法。采收机械应无污染，采收后应经拣选、清洗、切制或修整等加工，需干燥的应立即干燥。

鲜用药材可采用冷藏、砂藏、罐储、生物保鲜等适宜的保鲜方法，尽可能不使用保鲜剂和防腐剂。对地道药材应按传统方法进行加工，如有改动，要提供充分试验数据。

⑥ 包装、运输与储藏　明确规定了包装操作、包装材料、包装记录的内容；对药材批量运输、药材仓库应具备的设施和条件提出了要求。

⑦ 质量管理　药品生产企业应设立质量管理部门。质量管理部门在药品包装前，对每批药材按照国家规定或常规的标准进行检验，检验项目如药材性状与鉴别、杂质、水分、灰分与酸性不溶性灰分、浸出物、指标性成分或有效成分含量。不合格的中药材不得出售，如农药残留量、重金属及微生物限度不能超过国家标准和有关规定。

⑧ 人员和设备　生产企业的技术负责人、质量管理部门负责人应有相关专业大专以上学历和药材生产实践经验。从事加工、包装、检验的人员应定期进行健康检查，患有传染病、皮肤病或外伤性疾病等不得从事直接接触药材的工作。

生产企业的环境卫生、生产和检验用的仪器、仪表、量具、衡器等其适用范围和精密度要符合生产和检验的要求，要定期进行校验。

⑨ 文件管理　生产企业应有生产管理、质量管理等标准操作规程。对每种中药材生产应全过程记录，必要时可附图片、录像。要求原始记录、生产计划及执行情况、合同及协议书均应存档，至少保存5年。

⑩ 本规范用语的解释　GAP对中药材、中药材生产企业、最大持续产量、地道药材、种子、菌种和繁殖材料、病虫害综合防治、半野生药用动植物进行了解释。

复习思考题

1. 药品监督管理实质上是_____的监督管理。

2. 什么是药品监督管理？

3. 药品监督管理的作用主要有_____、_____、_____、_____

_____。

4. 国家药品监督管理局的英文名称缩写是（　　）。

A. SFDA　　　　　B. SDFA　　　　　C. FDSA　　　　　D. NMPA

5. 药品监督管理的主要职能有：（对者打√，错者打×）

①审批确认药品，实行药品注册制度。（　　）

②准予生产、经营药品和配制医疗机构制剂，实行许可证制度。（　　）

③审定药品标识物和广告。（　　）

④控制麻醉药品、精神药品，确保人们用药安全。（　　）

⑤行使监督权，实施法律制裁。（　　）

6. GLP的目的是：①_____；

②_____；

③_____。

7. 中国《药品非临床研究质量管理规范》于何时颁布？共几章几条？

8. 《药物临床试验质量管理规范》（GCP）的目的是什么？

9. 《药品生产质量管理规范》（GMP）适用于_____。

10. GSP的适用范围是_____。

11. 中药标准化的意义是什么？

12. 影响药材产量和质量的因素有哪些？

第三章
药品生产企业质量管理

【学习目标】通过本章学习主要了解企业管理的基本知识，掌握质量管理与GMP的关系；熟悉质量保证、质量控制、质量风险管理相关知识；了解药品信息化管理系统和药品生产追溯管理体系的技术依托；了解GMP基本原则和主要内容。

第一节　企业管理概述

管理就是把社会中各种分散、独立存在的生产要素结合起来，完成人类组织的共同目标，收到个人单独活动所不能收到的效果。作为科学概念是指管理者为达到一定的目标，在其管辖范围内进行的一系列计划、组织、领导、控制等活动。

管理主要包括四个方面：①管理目标，即管理活动预期要进行的内容和达到的结果。管理的宏观目标是以最小的人力、物力、财力，在最短的时间取得最大的社会或经济效益；管理的微观目标可以根据管理系统的性质、范围、层次、时间、空间局限等因素，围绕总目标具体确定。②管理手段，即为达到一定目标，在管理实践中所采取的一系列有效的手段，如行政手段、经济手段、法律手段、思想政治手段、信息工程以及各种数学模型手段。③管理对象，主要包括人、财、物、时间和信息。其中人是财富的创造者、时间的利用者和信息的沟通者，是管理对象的核心。④管理职能，主要有计划、组织、领导和控制四个方面。

一、现代管理理念

1. 管理的特点

管理作为对组织（职责、职权和相互关系得到安排的一组人员及设施，如公司、集团、商行、企事业单位、研究机构、慈善机构、代理商、社团或上述组织的部分或组合）的资源进行整合以达到组织既定的目标与责任的动态性、创造性活动，不同于文化活动、科学活动和教育活动等，有其自身的特点。主要表现在以下几个方面。

（1）**动态性**　管理需要在变化的环境与组织本身中进行，需要消除资源配置过程中不确定性。

（2）**科学性**　管理活动是动态的，但也有其基本科学规律。一类是程序性活动，管理有章可循，照章动作即可取得预想效果；另一类是非程序活动，管理无章可循，需要边动作边探讨。这两类活动可相互转化，转化过程就是人们对这类活动与管理对象规律性的科学总结。

（3）**经济性**　在资源配置的机会成本上，管理者选择一种资源配置方式是以放弃另一种资源配置方式为代价的。在管理方式选择上的成本比较，也会体现管理的经济性。

（4）**创造性** 作为一种动态性活动，对每一个具体的管理对象没有唯一的完全有章可循的模式可以参照，要达到预定的组织目标，就需要有一定的创造性。

（5）**艺术性** 管理活动的成效与管理主体的管理技巧发挥的大小相关性很大，管理主体对管理技巧的运用和发挥，体现了管理主体设计和操作管理活动的艺术性。选择一种适合自己的管理方式用于管理中，也是管理主体进行管理的一种艺术性技能。

2. 管理的性质

企业管理是一种综合性活动，具有明显的二重性：既有一定的生产力状态所决定的自然属性，又有一定的生产关系所决定的社会属性。

（1）**管理的自然属性** 随着生产力的发展，生产技术日益复杂，劳动分工精细，生产的社会化日益广泛，如果没有管理这样一种专门的社会职能来计划、组织、领导和控制人们的集体劳动，生产经营活动就不能正常进行。缺乏有效的管理，即使有了最先进的技术装备，有了合格的工程师和技术熟练工人，企业将陷入一片混乱，不可能生产优质产品，更不可能取得良好经济效益。因此管理是社会劳动过程的一个重要组成部分，是组成生产力的一个重要因素。

（2）**管理的社会属性** 企业的一切生产经营活动都是在一定的生产关系下进行的，管理要服从于占有生产资料阶级的利益和意志。因此管理又是由生产关系和社会制度决定的，这种管理的特殊性质即社会属性。资本家所关心的是怎样为掠夺而管理，资本主义企业管理的社会属性就是剥削性和资本的独裁性。社会主义企业管理与资本主义企业管理的社会属性完全不同，职工是企业的主人，企业是由企业的劳动者在党的领导下进行的民主管理。管理的目标是把国家、企业、职工三者的利益正确地结合起来。

（3）**管理二重性的意义** 要搞好企业管理，一方面必须注意适应现代化大生产的要求，采用科学的方法合理组织生产力，如果违反管理这种自然属性的要求，就会遭到客观规律的惩罚；另一方面，企业要重视社会主义企业管理社会属性要求，管理者要坚持全心全意为全体人民服务，正确处理好国家、企业、职工三者的关系。忽视管理的民主性，不尊重劳动者的意愿和切身利益，必然遭到客观规律的惩罚。管理的二重性原理可以指导我们正确对待不同社会制度的企业管理理论和方法，应大胆汲取和借鉴适合中国国情的各种有效的管理经验，促进中国社会主义企业生产力的发展。

3. 现代管理理念

（1）**职工的自我管理** 在现代组织中员工的自我管理是在组织任务分工的条件下进行的，通过员工在各自工作岗位上自主做好工作，进行相互间的协调，最终使组织目标更有效达成。自我管理的一个重要前提是授权，即组织在给你工作任务的同时给予你完成任务的相应权力，你可在权力范围内自主管理、自我管理，以便恰当地完成所交给的任务。自我管理的两种表现形式，就是个人的自我管理与团队的自我管理。自我管理的策略表现在以下几个方面。

① 参与领导。职工与领导相互支持、团体集体决定和高标准要求，共同努力达到企业的目标。员工应把企业作为大家庭，参与领导，唤起每个员工的集体意识。形成合力，发挥团队精神，才能实现各方面利益的最大化。

② 工作内容丰富化。随着经济的发展和人们收入的增加、教育水平提高，人们的人格意识、自主性、自我决定和自我实现的需要大大提高，对于专业分工过细、流水线等带来的工作单一、操作简单、没有想象力的状况十分不满，造成积极性降低和离职率增加。而工作内容丰富化是"自我实现的人"管理方案的一种形式，工作内容的水平式扩大和垂直式扩大必将提高人们工作的积极性。

③ 给员工一个领域。是给员工一个自由驰骋的空间，通过合适的授权，并明确他的责任。合适的授权主要由员工所处的岗位的特性（工作的层次、复杂程度、程序化程度）、所

做决策范围的大小（决策涉及面的大小）、决策的频度（需做决策的次数）等因素来决定。

（2）**人本管理** 人本管理实际上是把人看作一个追求自我实现、能够自我管理的社会人。对人的管理不是我们过去理解的那样，仅仅是关心人、激励人的积极性，而是开发人的潜能，为企业发展和生存服务。

人本管理是指以人全面的自在的发展为核心，创造相应的环境和条件，以个人自我管理为基础，以组织共同愿景（组织所有成员共同分享的、共同愿望的景象）为引导的一套管理模式。具体包括：①人全面的自在的发展；②组织创造相应的环境和条件；③个人自我管理是人本管理的本质特征；④通过组织目标的引导来实现自我管理。

人本管理的原则包括：①个性化发展原则；②引导性管理原则；③环境创设原则；④个人与组织共同成长的原则。在人本管理过程中，组织的领导应该是一位顾问式人物，他仅提供参考式意见。组织的成员要放弃由岗位带来的特权，平等友好地互相建议、互相协调，使组织成员凝聚在一起，共同努力完成组织最终的目标，在此过程中谋求各自的个性化发展。就组织内部而言，创设一个让人全面发展的场所主要体现在物质环境（如工作环境、设施、设备、文化娱乐条件、生活空间安排等）和文化环境（即组织的文化氛围）两个方面。组织要与个性化全面发展的个人一起成长，要求组织体系、构架以及运作功能都要逐步凸现人本主义理念，建立学习机制，激发人的潜能并使之成为组织发展的内在动力。

人本管理方式主要表现在如下几个方面。

① 人的思想、心理与行为的转换模式。就是如何帮助或引导组织中的员工成为能够自我管理的人，从而实施真正的人本管理。

② 形成健康的心理状态。能够自我管理的人应该具有健康的心理状态，主要从正常的智力、健康的情绪、适度的协调反应等特征来体现。智力是与周围环境取得动态平衡最重要的心理保障，而健康的情绪是心理健康重要的标志。情绪稳定表示人的中枢神经系统活动的协调，说明人的心理活动协调；心情愉快表示人的身心活动的和谐与满意，表示人处于积极的健康状态。心理健康的人，思想、心理、行为以及反应是一致的、适度的，其行为举止可以为社会上大多数人接受。组织可以通过塑造自信心与自我心理调节，造就健康心理的员工，必须教会或培养员工能够自我调节心理状态，使之保持一个积极向上、愉快的情绪和心态。

③ 塑造人的价值观。塑造一个能够自我管理的人，首先要塑造拥有价值观的人，提高其思想认识和思辨的能力。这种价值观即能够自我思考，能够较准确地依赖社会道德标准、企业标准，判断分析所遇到的事物，把工作当作一种事业、一种神圣的理想来追求，摆脱经济利益的束缚。塑造这样的价值观除了教育之外，还要求组织形成相应的文化氛围，用文化的功效把组织所提倡的价值观、道德标准浸润到每个员工的工作生活中，使之不知不觉地接受这种文化和价值观。例如某些优秀的大企业出来的员工，其思维方式、言谈举止常带有企业特有的文化特点，显示出一种优秀的判断力和品质。一般来说，企业文化是指在一定的社会历史条件下，现代企业在生产经营和管理活动中所创造的具有本企业特色的精神财富及其物质形态，包括文化观念、价值观念、企业精神、道德规范、行为准则、历史传统、企业制度、文化环境、企业产品等，其中价值观是现代组织文化的核心。

④ 对行为进行引导。主要通过价值体系变换、以合适的内外刺激和目标激励等对组织内员工进行自我管理的行为引导。变换人的价值观念，使之树立自我管理的价值观念，如用思想、精神等改变员工的内在需要，或用某一个强刺激使之觉醒，使之开始采取自我管理的行为。诱导性的刺激是一种良好的行为引导方式，能够使人们在不知不觉中使自己的行为规范化、有序化、有效化。通过合适的目标可以诱发人的动机，引导人们的行为方向。现代企业可以运用目标管理的方式逐步引导员工学会自我管理。

（3）**强化时间管理** 时间作为一种特殊的资源对所有管理者都是一样慷慨的。一旦浪费了再也不能恢复，因此要进行时间的管理使其更加有效率。有效时间管理的 5 个步骤是：①列出工作目标；②按照重要性排出目标的次序；③列出实现目标所要进行的活动；④对各种活动进行分派优先级；⑤按照分派的活动优先级安排活动的议程。

强化时间管理的方法可以体现在以下几个方面。

① 弹性工作时间。弹性工作时间是要求员工每周工作一定的时数，但限定范围内可以自由地变更工作时间的一种时间安排方案。有一项研究表明，在所调查的公司中，弹性工作制使拖拉现象降低了 42%，士气提高 39%，生产率增加 33%。当然弹性工作制也是有缺陷的，它会给管理者对核心的工作时间以外的下属人员工作进行指导造成困难，并导致工作轮班发生混乱。当某些具有特殊技能或知识的人不在现场时，会使问题更难解决，同时使管理人员的计划和控制工作更为麻烦，花费也更大。如像百货商店的营业员、办公室文员、装配线上的操作工以及与组织内外的其他人有关联的员工，弹性工作制通常是不可行的方案。

② 压缩工作周。压缩工作周定义为 4 个 10h 的工作日所组成的工作周（简称 4-40）。赞成者主张，4-40 方案员工的缺勤率、工作满意率和生产率都会产生有益的作用，其理由是 4 日工作制能给员工提供更多的闲暇时间，减少上班往返时间的消耗，降低员工请事假的要求，减少完成任务中诸如调整设备等时间的花费。但是有人注意到这一方案潜在的不利方面，例如工人的生产率在一个长工作日临近结束时会降低，对顾客与客房的服务会下降，以及在交货期要求延长一天的工作时间会遭到反对，并导致设备利用水平降低。

③ 职务分组。这是工作时间安排上的创新，它允许两个或更多的员工分担原来一周 40h 的工作。例如，退休人员和有学龄的员工，对于全日制岗位的要求可能不太适应，但却可以承担与其他人一起分担这项职务的工作。此外，职务分担还能促进生产率的提高，因为职务分担都通常比正常的全日制员工具有更好的出勤记录。

④ 电子通信。计算机技术为管理者安排工作开辟了一个可行的选择，因为借助于调制器，一个员工可以将家庭电脑与其工作伙伴及管理者的家庭电话连接在一起。这样可以减少在繁荣市区交通的时间耗费和心理压力，同时提高了处理家庭问题的灵活性。

4. 管理的新趋势

（1）共同愿景管理 组织的共同愿景是指组织的所有成员共同的愿望和共享的景象。它所包括的内容主要有：①组织未来发展的目标、任务、事业或使命；②组织全体成员共同发自内心的愿望或意愿。另一层含义是共同愿景能够使全体成员紧紧地联在一起，淡化人与人之间的个人利益冲突，形成一种巨大的凝聚力。

由于组织的共同愿景是组织全体成员发自内心的愿望，并由此产生了对全体成员长久的激励，如果全体成员把组织的共同愿望当成自己努力的方向，就会发出无限的创造力。无数的事实可以证明这么一个真理，如果没有一个强大的拉力把人们拉向真正想要实现的目标，维持现状的力量将牢不可破。好的共同愿景可以产生强大驱动力，驱使组织的全体成员产生追求目标愿景的巨大勇气，并把这种勇气转化为自己发自内心的行为动力。这种具有未来特性的愿望与景象还可为组织的未来发展提供机会。

【阅读材料】"斯米克斯"现象

斯米克斯是一家外国企业，在上海投资兴办了多家"三资"企业。有一家国有企业的员工平时工作懒散、混日子，听说本企业将要与斯米克斯公司合资，并已经签约进行调整运作时，第二天早晨，员工们个个精神抖擞，工作时积极努力，工作效率比平常提高 1 倍以上。原因在于尽管合资未必是一个很好的共同愿景，但合资本身可能给员工心理暗示了良好的收入及严格的管理，对于混日子的要下岗这样的景象，产生了一种内驱动力。

共同愿景是由景象、价值观、使命、目标构成的。

景象就是组织未来所能达到的一种状态及描述这种状态的蓝图、图像。景象应具有一定的气魄和诱人特性，它给人以激励，给人以希望。如"GE 永远做世界第一"，这是通用电气公司希望未来达成的状态，具体描述这种状态则可从产品、市场份额、销售收入、员工收入、利润等具体方面进行。

价值观的英文是"value"，有"值得"的意思，逐渐衍生出与勇气、价值相关的意思。价值观与景象相关性很大，某种意义上的价值观不同，追求的景象就会不同。

使命是组织未来要完成任务的过程。如宝钢人的使命就是把宝钢建成世界第一流的钢铁联合企业，宝钢人就是因为这个使命的存在而存在。使命具有使人任重而道远和自豪的感觉，这又与景象和价值观相关。它们之间的关系是：没有良好的景象，使命感会消失殆尽；没有良好的价值观，使命感不会持久。

目标主要是指组织在努力实现共同愿望或景象过程中的短期目标，这种短期目标是总的愿望的阶段性具体目标，代表了成员们承诺的将在未来几个月内要完成的事情。

一般来说，构建组织共同愿景的基本途径可由培养共同语言、开展团队学习、进行深度会谈及实现自我超越等步骤构成。

（2）组织修炼　所谓"组织修炼"是采用系统思考的方法使组织向"学习型组织"转变。1994 年美国的彼德·圣吉在《第五项修炼》中最先提出了"学习型组织"和五项修炼的概念及相关方法。其中心思路是它以系统动力为基础，通过五项修炼和不断学习以提高企业组织的竞争力，并采用电脑模拟系统，使网络时代的新企业立于不败之地。

学习型组织必需的五种技能（修炼）是：①自我超越；②改善心智模式；③建立共同愿景；④团队学习；⑤系统思考。五项修炼的关系是：①"建立共同愿景"的目的在于使组织的成员有一个共同的奋斗目标并认同这个目标。但对组织目标的认同需要借用"团队学习"的手段，即要求组织成员充分地相互沟通，建立起充分的相互信任。因此就必须改善所有成员，特别是管理者的"心智模式"，即改变原有的处世方式中根深蒂固的不良习惯，改变管理者决策时固有的思维模式。②组织成员的"自我超越"就是指成员个人的不断创新、不断进取，有构成学习型组织的精神基础，反之，也只有学习型组织可以为每个成员提供最有利于成长的环境。③"系统思考"则是以系统的观点来看待组织内部的关系以及组织与其外部世界的联系，用现代系统分析工具，使管理者有可能对其组织的运作获得深刻的洞察力。

（3）理念提升管理　主要体现在：①以人为本管理。现代企业越来越认识到信息社会中人力资本将取代金融资本成为战略资源，并且进一步促进过去以财务管理为重心的管理，变成以人为本的管理体系。②超越竞争。要抛弃那种与对手在同一领域、采取相同的方式进行竞争的观点，要选择另一种能为自己创造更高垄断利润的方式。如"耐克"运动鞋在中国卖 600～2000 元一双，是由于"耐克"以优质品牌获得垄断利润，顾客愿意花如此高价来获得心理上的满足。③新型的价值链。从供应商、公司到顾客这种模型可称为"顾客需要驱动"方式，公司对顾客的需要进行定义、检查并制成产品。而新型的价值链还要加上"顾客的顾客"，其特点是企业不仅为顾客定制产品，而且同顾客一起去满足他们的愿望。

（4）绩效管理　知识经济时代所体现的特征是知识作为重要的生产要素极大地改变了工业时代的生产方式；信息传输、处理成本和效率不再是制约经济增长的主要障碍；知识本身的稀缺性及知识生产能力成为经济社会发展的瓶颈；局域网和广域网的发展使得企业内部和企业之间的动态性合作成为可能。以上特征的显现促使企业管理者试图以新的组织方式和运作方式来适应知识经济的环境，这些管理方法有以下几个方面。

① 第五代管理。"第五代管理"对应于第五代计算机概念，其关键是并行处理技术即多

个处理器可以同时联网工作。不同的部门在并行技术和网络化技术支持下使并行工作成为可能，如设计师、制造师、营销专家可以同时看一份设计图、生产流程计划或市场营销方案。"第五代管理"理论中适应知识经济时代的需要，提出了 3 个重要的概念。

a."虚拟企业"是指联合多个企业的才干和能力共同创造某项服务的过程。如波音公司生产 777 客机，结合了联合航空公司和日本航空公司的才干和经验。

b."动态协作"是指通过在公司内部或公司之间进行资源重组来把握和传递具体的市场机遇。

c."知识联网"是指通过不断变化的、互利的方式联合各个企业的知识、经验、技巧和能力。

"第五代管理"理论认为从现在的工业时代管理模式迈向知识经济时代早期，需要实现以下转变：从顺序命令链到并行网络化的转变；从命令和控制到集中和协调的转变；从职位权威到知识权威的转变；从顺序活动到同步活动的转变；从纵向交流到横向交流的转变；从不信任到信任和诚实的转变。

② 知识联盟管理。假如公司无法拥有或控制它的重要资源、核心能力和关键技术，那么在知识经济时代的处境将是非常危险的。获取知识和技术的方法一是自身开发和研制，二是到市场上购买。但自身开发成本很高，且有极大的不成功性；市场购买的信息和知识存在落后的特性，往往先进的知识和信息被同行和对手垄断。因此许多企业创建了"知识联盟"，使自己能够获得其他组织的技能和能力，并且可以与其他组织合作创造新的技术能力。

"知识联盟"就是两个及以上独立的公司按照一定的协议，由科技人员和经理层相互协作，共同开发研究、交流知识和信息，所得的成果由两公司分享。知识联盟具有的特征是：a. 学习和创造知识是联盟的中心任务；b. 知识联盟比产品联盟更紧密；c. 知识联盟的参与者范围极其广泛。d. 知识联盟比产品联盟具有更大的战略潜力。

③ 柔性组织管理。柔性组织最先出现在美国的硅谷，是高技术公司正在进行的组织改进实验。由于处于信息时代挑战的最前沿，它们的商业基础已被定位于知识产业，许多公司都要参与和面对全球市场的竞争，已经进入或正在开创新的领域，在它们面前没有现成的决策模型和成功蓝图可以遵循，一切有待试验的产品全部是未知数。简单地说，这里的"柔性"是指有灵活和可变的能力来干不同的事和适应不同的需求，这些柔性组织的最大的特点是组织系统处于不断的变化之中，不像正规的企业有明确的上下级负责关系、明确的技术部门、明确的职责和权力。实质上柔性组织是一种二元型的组织系统，第一部分类似传统标准结构中的基础组织单元，它为聚集技术、汇总工作、分配报告提供一种稳定的机制，使雇员有很强的安全感和稳定感。临时性的、可变化的另一部分——暂时的项目组，其中的成员来自于各个不同的操作单位。需要时，根据个人特长，员工会被迅速地集中起来，针对各个项目开展工作，包括新产品开发、战略评估等，任务完成后，这些项目组宣告解散。这种二元式结构，企业既能保持一定的稳定性，又能为建立合适的组织做出有效、快速的反应，员工也能在不同的小组中发挥自己的特长，实现自身的价值。

二、现代工业企业管理

企业是指从事生产、流通、服务等经济活动，以产品或劳务满足社会需要并获得赢利，自主经营、自负盈亏，依法设立的经济组织，是社会经济的基本单位。按照生产资料所有制形式可分为全民所有制（国有）企业、集体所有制企业、私营企业、外资企业；按资源密集程度分为劳动密集型企业、资金密集型企业、知识技术密集型企业；按照经营方向、技术基础分为工业企业、农业企业、运输企业、建筑安装企业、邮政电信企业、商业企业、旅游企业、金融企业等。企业具有的特点是：①企业以营利为目的；②企业是具有法人资格的经济组织；③企业是现代化社会经济的基本单位。

1. 现代工业企业的基本特征

运用现代科学技术从事工业性商品或劳务生产经营活动是现代工业企业的特色。其基本特征有如下几点。

① 大规模采用现代科学技术和先进机器设备生产。随着现代化科学技术和生产力的发展，必然导致社会化大生产。在现代化企业中，无论是设计产品、制定工艺规程，都必然系统地运用科学技术知识和现代化技术手段。

② 劳动分工更加精细、协作关系更加复杂、严密。现代工业企业是建立在社会化大生产基础上的，其活动范围远远超过了企业、地区，甚至国界，社会化程度越高，就越要求生产分工的专业化；专业化越发展，企业间的依赖性也就越强。精细分工和密切协作是现代工业企业发展的必然趋势。

③ 广泛采用科学的管理方法。随着企业之间、企业内部环节和生产要素之间的密切联系，随着机械化和自动化程度日益提高，以及先进生产组织方式的广泛应用，生产过程的比例性和连续性要求也越来越高。因此，企业必须在总结传统管理方法的基础上，因地制宜地采用更加有效的科学管理方法，进一步提高管理质量和效率，以适应社会化大生产的客观要求。

④ 现代企业更加注重生存环境的保护，实现可持续发展。企业的外部环境是在不断变化的，企业要实现持续发展，必须充分认识其赖以生存的周边环境，不断地了解它们的发展变化，并对其及时地做出积极的反应进而才能较好地实现企业任务和经营目标。企业对社会经济应负有高度的责任和义务，要在市场经济社会中得到生存和发展，必须注意自己的形象，履行自己的社会责任和义务。

2. 企业管理现代化

企业管理是根据企业特性及其生产经营规律，按照市场要求，对企业的生产经营活动进行计划、组织、指挥、监督和协调，充分利用各种资源，实现企业不同时期的经营目标；不断适应市场变化，满足社会需求，同时求得企业自身的发展和职工利益的满足。企业管理的对象是企业内外结合的生产经营活动。

（1）企业管理的性质　企业管理是为实现预定目标而对企业的生产经营活动进行计划、组织、指挥、协调和控制活动。这种活动具有二重性，既有一定生产力状态所决定的自然属性，又有一定生产关系所决定的社会属性。

（2）企业管理现代化的意义和内容　管理现代化是根据社会主义经济规律，按照现代生产力发展水平的客观要求，运用科学的思想、理论、组织、方法和手段，对企业的生产经营进行有效管理，创造最佳经济效益的过程。它对缩小中国在经济上同发达国家的差距，提高管理人员的素质，提高企业经济效益等有着重要的意义。

企业管理现代化包括合理组织生产力和合理调整生产关系两个方面，具体包括：①管理思想现代化；②管理组织现代化；③管理方法现代化；④管理手段现代化；⑤管理人员现代化。

要实现企业管理现代化，应从多方面采取措施。宏观上，要着手培育良好的企业外部环境，让企业有发挥作用的天地；微观上，要着手解决企业内部问题，提高企业自身素质。具体从几个方面着手：①加快企业经营机制的转换，建立现代企业制度；②加强企业管理的基础工作；③创造性地学习国外企业管理的先进经验；④加强对企业管理人员的培训，提高管理人员的素质。

三、企业管理的基础工作

1. 企业管理基础工作的特点

企业生产经营过程中各项专业管理的基础工作，可以为实现企业的经营目标和有效地执行各项管理职能提供资料依据、共同准则、基本手段和前提条件。它是企业管理中有基础性和起点性的工作，是实现管理现代化的基本立足点。企业管理基础工作具有以下特点。

① 科学性　企业管理基础工作体现和反映企业生产经营的客观规律，能有效地促进企业管理水平的不断提高。

② 全员性　企业管理基础工作涉及面大、工作量大，与职工利益联系密切，它需要依靠企业全体员工参与。

③ 先行性　企业管理基础工作要走在各项管理工作之前，为企业各项管理职能提供必需的数据资料、准则、条件和手段。

④ 专业性　企业管理基础工作要为专业管理提供信息资料，要求从事企业管理基础工作的人员具备一定的专业知识和专业技能，进而保证信息资料的质量和效率。

⑤ 先进性　企业管理基础工作的各项标准、定额，要坚持先进合理的水平，充分调动职工的积极性，促进企业管理水平的提高。

⑥ 经常性　企业管理基础工作是一项日常性的工作，一经建立就要保持稳定、连续地进行，力争提供的数据完整、连续和及时。

⑦ 灵活性　企业管理基础工作是一项长期性工作，建立之后应保持相对稳定。但要随着外部经营环境和内部生产技术条件的变化而变化，以适应管理发展的需要。

2. 企业管理基础工作的内容

企业管理基础工作内容可分为两大类：一类是标准化工作体系，它包括标准化工作、定额工作、计量工作和规章制度等，主要通过制定和健全各种先进合理的标准，把全体员工的行为纳入企业规范，建立良好的生产和工作秩序；另一类是执行保证体系，包括信息工作、基础教育、班组建设和文明生产等，主要是通过信息沟通，从思想上、组织上、技术上、生产环境上，使基础工作真正落到实处，为实现管理现代化提供不可缺少的条件。

（1）标准化工作　现代化工业企业在生产、技术、经营、管理各个领域都渗透着标准化管理。按照标准的内容和属性，企业标准可分为技术标准、管理标准和工作标准。技术标准是对生产对象、生产条件、生产方法以及包装储运等应达到的统一要求和共同遵守的规定，包括产品标准、工艺方法标准、操作标准、设备维护和修理标准、安全和环保标准等。管理标准是对企业各项工作职责、工作要求、工作程序、工作方法及相关关系等所做的统一规定，包括管理业务标准、管理工作标准、管理方法标准等，如工作总结图、管理流程图、信息传递图等。工作标准是对企业工作人员的工作方法、程序及基本要求所做的统一规定，是为各部门、工作岗位及各类人员制定的有关工作质量的标准。在企业标准体系中，技术标准是主体，管理标准和工作标准是实现技术标准的保证条件。

（2）定额工作　定额是企业在一定的生产技术组织条件下人力、物力、财力的消耗、占用以及利用程度方面达到或遵守的数量界限，是企业编制、执行、检查、考核、计划的依据，是科学组织生产、提高劳动生产率的手段，是贯彻按劳分配原则的依据。企业定额种类有劳动定额、物质定额、设备定额、期量定额、内部转移价格、管理费用定额、资产占用定额等。

定额管理的任务就是对定额的制定、实施、考核和修正。主要体现在：①要完善定额管理组织体系；②做好定额的统计工作；③保持定额的先进性和稳定性。因为定额变动过于频繁，不利于职工对定额的理解和认识；不利于定额的贯彻和实施；不利于企业建立正常稳定的生产秩序和成本核算体系。

（3）**计量工作** 计量是对生产过程中经常应用于检测、测量的量具和仪器，用标准量具和仪器对其进行测定检验的工作。它是用科学的方法对生产经营活动中量与质的数值进行测定和管理。企业计量工作包括对一切劳动对象、劳动手段和最终产品的鉴定、测试、化验、分析和检查等工作。其任务是建立和完善企业的计量器具和检测手段，保证计量数据的准确性和及时性；完善计量检测工作，为企业供、产、销各个环节提供真实可靠的原始记录和核算资料，从而为保证产品质量、降低物资消耗、加强成本核算提供良好的基础。计量工作的主要要求是计量器具要准确可靠、建立健全各项计量验收的有关规定和制度、设置计量管理机构并配备专业人员、实行分级计量制、计量工作必须认真等。

（4）**信息工作** 信息是指根据一定的需要而收集起来的，经过加工整理后具有某种使用价值的图形、文字、公式、方法、数据、指令等知识元素的总称。企业管理中的信息主要包括：①来自企业以外的经济环境变化信息，如宏观经济调控和市场信息；②来自企业内部的技术经济信息，如各种原始记录、数据、报表、资料等。信息主要具有事实性、滞后性、可用性、不完整性、时间地域性等特点。

信息是企业的一项重要资源，它为企业的经营决策、计划编制和组织控制工作提供科学的依据。企业信息工作主要是要重视企业管理信息系统的建立，具体包括：①原始记录、台账和统计工作；②情报工作；③科技档案工作；④数据管理和管理信息系统建立等内容。

（5）**规章制度** 企业对生产、技术、经济等活动制定的各种条例、规定、细则、章程、程序和方法等都属于企业的规章制度。它是企业各级组织和个人行为的规范，是企业顺利进行生产、取得良好经济效益和社会效益的基础和保证。规章制度包括：①基本制度，如产权制度、领导制度、组织制度等；②管理工作制度；③责任制度；④奖惩制度等。

（6）**基础教育** 为了使企业每个职工具备从事职业、本岗位工作所必需的道德品质和基本的技术业务知识与能力而进行的思想、纪律和技术业务等基本素质的教育。它是提高职工队伍素质的途径，是推进管理现代化的需要，是促进精神文明建设的需要。基础教育的基本内容一般包括职工道德教育、法制和厂规厂纪教育、管理基础知识和技能教育、技术与业务的基本功训练等。

（7）**班组建设** 由于班组是企业组织的细胞，是生产经营活动的基层单位，建设好班组，犹如高楼大厦打好地基。班组工作主要是班组日常民主管理和日常建设工作，内容包括职工日常考勤、安全保护工作、日常工作报表的填写、班前例会的组织、基层评优等。

（8）**文明生产** 文明生产是指保证企业生产经营活动在文明的生产管理过程和文明的生产环境中进行，如按操作工艺规程操作、工具器具的空置管理，厂区、车间、仓库、办公室环境的文明等。

四、药品工业发展

1. 药品生产企业

药品生产企业是指生产药品的专营企业或者兼营企业。药品生产企业是应用现代科学技术，自主地进行药品的生产经营活动，实行独立核算，自负盈亏，具有法人资格的基本经济组织，是工业企业。其特点包括以下几个方面。

（1）**药品生产企业是知识技术密集型企业** 这是由于药品种类多，更新换代快，新药研究开发的科学技术难度大，市场竞争激烈，对企业管理人员及生产技术人员的文化、专业知识要求高。

（2）**药品生产企业是资本密集型企业**　这是由于：①药品生产企业研究开发新药投资高；②药品生产企业必须实施 GMP，这是国际药品贸易的基础；③药品生产企业的营销费用比较高。办药厂必须要有足够的资金投入，而且要不断筹资、融资用于开发新药、开发市场，才能生存下去。

（3）**药品生产企业是多品种分批生产**　为了满足医疗保健的需要，为了增强市场竞争力，药品生产企业普遍生产多个品种。如大型药厂建立多个分厂，把同类品种集中在一个分厂生产，这样可以提高劳动生产率、降低成本。

（4）**药品生产过程的组织是以流水线为基础的小组生产**　按照工艺流程特点，设置生产小组，小组上有车间、下设工段及岗位，有条不紊地组织生产。

（5）**药品生产企业是为无名市场生产和订单生产兼有的混合企业**　由于市场竞争激烈，企业去年的订单品种可能被挤掉，也可能拿到更多的订单品种，成为基本上是为无名市场生产的企业。

2. 制药工业

制药工业是指用化学或机械的方法加工无机物、有机物使之成为药品的工业部门。它的产品主要包括化学原料药和植物药、生物制品、各类型制剂。

化学原料药和植物提取原料药工业主要包括生产有机合成原料药、无机化合物原料药、植物提取原料药、抗生素、动物脏器制品、中药饮片的药品生产企业。

生物制品是指采用普通的或以基因工程、细胞工程、蛋白质工程、发酵工程等生物技术获得的微生物、细胞及各种动物组织和体液等生物材料制品，用于人类疾病预防、治疗和诊断的药品。生物制品工业包括生产疫苗、血清、血浆、人类重组 DNA 制品、人用鼠源性单克隆抗体、放射免疫分析药品等生物制品的生产企业。

药物制剂工业主要包括各类型西药制剂和中成药生产企业。

从市场角度划分，制药工业的生产企业被分为处方药生产企业和非处方药生产企业、两者兼有的生产企业。

3. 中国制药工业的发展和现状

中国现代药品生产企业始于 20 世纪初，1900 年开始有中国人自己开办的药厂，也有世界一些跨国公司办的药厂。1949 年全国有制药厂 150 家左右，规模很小。1985 年，全国有制药企业 1377 家，工业总产值 130.02 亿元，从业人员 52.26 万人。1990～2001 年，医药工业年均增长 18.5%，总产值 2778 亿元。到 2019 年，中国医药行业新成立企业有 19.8 万家；2020 年，中国医药行业新成立企业数量有 22.6 万家。中国是仅次于美国的全球第二大制药市场。中国制药市场规模由 2015 年约 1943 亿美元增至 2019 年的 2363 亿美元，2021年进一步增至 2643 亿美元，2019～2021 年的复合年增长率为 6.4%。

中国制药工业历经艰辛，从无到有，从小到大，基本保证了人民药物治疗的需要，用药水平不断提高。随着经济全球化，世界药品市场的激烈竞争，中国的制药工业也正加快现代化建设步伐。一方面深化体制改革，加快现代企业制度改革，转换经营机制；同时认真依法加强制药企业管理，积极推行 GMP，在药品生产管理上与国际接轨。

4. 世界制药工业简况

现代制药工业起步于 19 世纪后期，20 世纪 50～70 年代，美国、欧洲、日本等一些地区和国家的制药工业高速发展。20 世纪 80 年代中期，各国政府采取各种措施降低药价，但制药工业仍高于其他工业总的增长速度。1984 年，美国有制药企业 933 家，人员16.23 万人；日本 1252 家，人员 17.62 万人。2020 年度《全球制药企业 50 强》排行榜中瑞士罗氏和诺华包揽前两名，美国辉瑞退居第三位。研发支出方面瑞士罗氏依旧名列第一位，百时美施贵宝跃居第二位，强生跃居第三位。瑞士罗氏包揽了处方药销售额和研发支出第一名。四家中国制药企业进入了全球药企50强榜单，排名最高的是云南白药。其他上榜的企业包括正大集团旗下、总部在香港的中国生物制药，以及江苏恒瑞医药，上海医药也首次上榜。

随着各治疗领域的新药源源不断地涌现，全球化经济的快速发展，各国经济发展，人们医药消费水平的提高，推动了药品生产和药品市场的加速发展。药品市场份额中处方药大约占85%，非处方药（OTC）占15%左右。2020年世界畅销药物有阿达木单抗、派姆单抗、阿哌沙班、伏特克单抗、纳武单抗、韦利得、依鲁替尼。

第二节　质量与质量管理

一、质量和质量管理的术语

1. 质量（quality）

质量是指"一组固有特性满足要求的程度"。

"特性"（characteristic）是指"可区分的特征"；"要求"（requirement）是指"明示的，通常隐含的或必须履行的需求或期望"。质量是指"一组固有的可区分的特征满足明示的、通常隐含的或必须履行的需求或期望的程度"。

质量不仅是指产品质量，也可以是某项活动或过程的工作质量，还可以是质量管理体系运行的质量。"固有特性"是产品、过程、体系的一部分，如药品的有效性、安全性。

2. 质量管理体系（quality management system）

质量管理体系是指"在质量方面指挥和控制组织的管理体系"。其中"组织"是指"职责、职权和相互关系得到安排的一组人员及设施，如公司、集团、商行、企事业单位、研究机构、慈善机构、代理商、社团或上述组织的部分或组合"。而"管理体系"是指"建立方针和目标并实现这些目标的相互关联或相互作用的一组要素"。质量管理体系是将影响质量的技术、管理、人员和资源等因素都综合在一起，使之为了一个共同目的，即在质量方针指引下，为达到质量目标而互相配合，努力工作。它包括"硬件"和"软件"两部分。

3. 质量管理（quality management）

质量管理是指"在质量方面指挥和控制组织的协调活动"，通常包括制定质量方针和质量目标以及质量策划、质量控制、质量保证和质量改进。与产品、过程或体系质量有关的活动都是质量管理的内容，质量管理是管理的一部分。

4. 质量控制（quality control）

质量控制是指"质量管理的一部分，致力于满足质量要求"。

质量控制应明确质量要求，产品、过程和质量体系的要求。质量控制就从制定质量要求开始，采用"过程方法"是致力于达到质量要求的总原则。往往质量控制偏重于技术性活动，如药品生产质量控制通常是对原材料、中间品、成品的检验。

质量控制的一般顺序是：①明确质量要求；②编制作业规范或控制计划以及判断标准；③实施规范或控制计划；④按判断标准进行监督和评价。

5. 质量保证（quality assurance）

质量保证是"质量管理的一部分，致力于提供质量要求会得到满足的信任"。

质量保证的关键是提供信任，即向顾客和其他相关方提供能够被确信组织有能力达到质量要求。质量保证是有计划的系统活动，有一套足以让顾客任何时候都能够被证实且放心的运行机制，建立并实施质量管理体系，并促进其有效运作。质量保证的方法有质量保证计划、产品的质量审核、质量管理体系认证、由国家认可的检测机构提供产品合格的证据、质量控制活动的验证等。

6. 质量改进（quality improvement）

质量改进是"质量管理的一部分，致力于增强满足质量要求的能力"。

质量改进贯穿于全部与质量有关的活动，与质量控制、质量保证不同，致力于增强满足要求的能力。质量改进的内容主要有产品改进或开发；人员素质的提高，以减少差错，提高效益；寻求体系所有相互关联或相互作用的要素更佳组合，以提高体系的有效性；寻求最佳方法，充分利用资源，以优化过程。

7. 有效性（effectiveness）

有效性是指"完成策划的活动和达到策划结果的程度"。

8. 效率（efficiency）

效率是指"达到的结果与利用的资源之间的关系"。

二、质量管理的发展

1. 质量管理的发展历程

生产过程中，为了保证质量，需要对生产原材料、劳动工具、生产者的劳动技艺等提出相应的要求，这就是质量管理的部分内容。质量管理主要研究对象是产品的产生、形成和实现过程的管理。近代质量管理是从 20 世纪开始的，它大体经历了质量检验阶段、统计质量管理阶段、全面质量管理阶段和标准化质量管理阶段。

（1）**质量检验阶段**　20 世纪前，产品质量主要依靠操作者个人技艺和经验来保证。到 20 世纪初，生产中分工与操作关系日益复杂，"操作者的质量关系"易造成质量标准的不同和工作效率低下。科学管理奠基人泰罗提出了在生产中应将计划与执行、生产与检验分开的主张，把产品质量检验职能独立出来，形成初期的质量管理。其特点是按照技术标准的规定，对成品进行全数检查，把合格品与不合格品分开。这种质量管理，实际上只是"事后检验"，无法在生产过程中起到预防、控制作用，仅限于从成品里挑出不合格品，防止不合格品出厂，一经发现"不合格品"就是既定事实，很难补救。

【阅读材料】人人都对质量负责

某合资企业第一次办公会议上，讨论的主题是"谁对质量负责"。质量管理部经理说，作为质量管理部门的经理，我对质量负责是不言而喻的。此时，两个外方车间经理都站起来争着说，"质量是生产出来的，我对质量负责"。这充分反映了一种思想境界。其实企业各部门均对质量负有责任，使企业各部门都来主动承担质量的责任，以工作质量来保证产品质量，则是管理的一项目标。这种观念不仅是一种理论，而是 GMP 对药品生产各相关部门的基本要求。

（2）**统计质量管理阶段**　20世纪20年代，一些统计学家研究用统计方法来代替单纯用检验方法控制产品的质量。第二次世界大战中，军用物品质量差、废品多、屡屡出现质量事故和问题，美国数理统计专家休哈特等人采用数理统计方法，制定了《战时质量管理制度》，强行推行质量统计方法。统计质量管理的特点是除了进行成品检验把关外，还注意采用数理统计方法控制生产过程，事先发现和预防不合格品的生产。统计质量管理在取得巨大成功的同时，也暴露出其局限性，如这种方法忽视组织管理，统计难度大，主要靠专家和技术人员，难以调动广大工人参与质量管理的积极性等。

（3）**全面质量管理阶段**　20世纪60年代初，由于科学技术的突飞猛进、人类对产品质量要求的提高以及行为科学学派的兴起，原有的质量管理概念和方法开始不适应，逐步产生了全面质量管理的概念。

全面质量管理（Total Quality Control，TQC；Total Quality Management，TQM）这一概念最早是美国的费根鲍姆和米兰提出的，他们的观点是：①质量管理仅靠数理统计方法进行生产控制是不够的，还需要一系列的组织管理工作；②企业的质量管理活动必须对质量、价格、交货期和服务进行综合考虑，而不仅仅是只考虑质量；③产品质量的产生、形成和实现的过程包括了市场研究、开发、设计、制成产品规格、制定工艺、采购、仪器仪表及设备装置、生产、工序控制、检验、测试、销售、服务等，形成一个螺旋上升的循环过程，所以质量管理必须是全过程的管理；④产品质量必须同成本联系起来考虑，离开了经济性来谈产品质量是没有什么意义的。

日本质量管理专家石川馨根据日本企业的实践把TQM（TQC）描述为"全公司的质量管理"，其特点在于整个公司从上层管理人员到全体员工都参加质量管理。中国企业在实践中将TQM（TQC）概括为"通过三个方面，达到一个目的"。"三个方面"是指认真贯彻执行"质量第一"的方针；充分调动企业各部门和全体职工关心产品质量的积极性；切实有效地运用现代科学和管理技术（其中包括数理统计方法）做好设计、制造、售后服务、市场研究等方面的工作，加强预防性和预见性，控制影响产品质量的各种因素。"一个目的"是多、快、好、省地生产出满足顾客（个人的、社会的）要求的产品。

与以往的质量管理相比较，全面质量管理的突出特点在于它的全面性，主要体现在以下几个方面。

① 管理对象的全面性。TQM的对象是质量而不是数量，而广义的质量不仅指产品质量，还应包括工作质量。产品质量是通过反映产品质量特性的技术参数或技术经济指标来衡量，这些参数或指标被称作产品质量标准，一般有国际标准、国家标准、部门（行业）标准和企业标准四种，符合标准的产品就是合格品。工作质量是产品质量的保证和基础，它反映着管理工作、技术工作、生产工作、服务工作等方面对产品质量和用户要求的保证程度。全面质量管理要求管好产品质量，就应当管好工作质量，在一定情况下应以管好工作质量作为质量管理的主要内容和工作重点。

② 管理过程的全面性。TQM的过程不局限于对产品制造过程的质量管理，而要求从原有的制造过程向前、后扩展延伸，形成一个从市场调查、产品开发、产品设计试制开始，到外协准备、制造加工、辅助生产以及售后服务使用等一系列的全过程的质量管理。如图3-1所示。

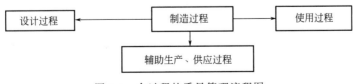

图3-1　全过程的质量管理流程图

③ 参与人员的全面性。全面质量管理不仅要求专职检验人员、质量控制人员、质量管理人员参与，而且还要求企业高层管理人员、中层管理人员、基层管理人员以及工人参与。要形成一种质量管理人人关心、人人有责、共同努力、全员参与的局面，应抓好全员的质量教育工作，增强全体职工质量意识，提高职工的业务技术素质；建立健全企业的质量责任制，明确各部门、各级各类人员的任务与责权；开展多种形式的群众性质量管理活动，如质量管理小组活动等；企业高层领导要关心质量、亲自抓质量管理。

④ 管理方法的全面性。全面质量管理中所运用的方法不是单一性的，而是多样性的。它既有定量分析的方法，又有定性整理分析方法（如因果图法）；既有利用数理统计原理的方法，也有利用一般数学知识的方法（如排列图法）；既有静态分析的方法（如直方图法），又有动态分析的方法（如控制图法）；既有解决具体质量问题的方法，又有解决工作程序和思路的方法（如 PDCA 工作循环）。企业可以根据不同需要、不同情况来灵活地选择采用管理方法。

从质量检验到统计质量管理，进而向全面质量管理的发展，无论是质量管理理论还是实践，都是一个"质"的飞跃过程。全面质量管理是集质量管理思想、理念、手段、方法于一体的综合体系，为质量管理标准化的发展，奠定了理论和实践的基础。

（4）标准化质量管理阶段 质量管理发展到一定的阶段时，某些成熟的管理会显示出所具有的代表性。要想推广这些具有代表性先进性的管理，就会面临各国、各地区在质量管理、观念、惯例等因素所存在的差异问题。为了逐步消除这些差异，排除意见分歧的障碍，全球范围的质量管理的标准化探索应运而生。

国际标准化组织（英文简称 ISO）分别于 1986 年颁布了 ISO 8402《质量——术语》，1987 年发布了 ISO 9000《质量管理和质量保证标准——选择和使用指南》、ISO 9001《质量体系——设计、开发、生产、安装和服务的质量保证模式》、ISO 9002《质量体系——生产和安装的质量保证模式》、ISO 9003《质量体系——最终检验和试验的质量保证模式》、ISO 9004《质量管理和质量体系要素——指南》共六项国际标准。统称为 ISO 9000 系列标准，或称为 1987 版 ISO 9000 系列国际标准。

1994 年 ISO/TC176 完成了对标准的第一阶段修订工作，并由 ISO 发布了 1994 年版 ISO 9000 族国际标准，共计 22 项。

ISO 9000 族国际标准问世以来，在全球范围内得到广泛应用，到 1999 年，全球 150 个国家颁发 ISO 9000 族认证证书已超过 34 万张，对推动组织的质量管理工作和国际贸易的发展起到了积极的作用。

2000 年 12 月 15 日 ISO 正式发布 ISO 9000：2000《质量管理体系——基础和术语》、ISO 9001：2000《质量管理体系——要求》、ISO 9004：2000《质量管理体系——业绩改进指南》。中国等同采用上述标准，国家质量技术监督局于 2000 年 12 月 28 日发布，2001 年 6 月 1 日实施 GB/T 19000《质量管理体系——基础和术语》、GB/T 19001《质量管理体系——要求》、GB/T 19004《质量管理体系——业绩改进指南》。

2. 质量管理的 8 项原则

GB/T 19000 提出了质量管理的 8 项原则，它超越了标准的界限。对一个组织的高层管理者而言，原则比标准还重要，因为这些原则是从获得成功的组织的质量管理中总结出来的，管理人员层次越高则依靠原则来进行管理更显重要。质量管理的 8 项原则包括如下要点。

① 以顾客为关注焦点。组织要充分理解顾客当前和未来的需求，满足顾客要求并争取超越顾客期望。

② 领导作用。领导者负责确立组织统一的宗旨及方向，他们应当创造并保持使员工能充分参与实现组织目标的内部环境。

③ 全员参与。各级人员都是组织之本，只有他们的充分参与，才能使他们的才干为组

织带来收益。

④ 过程方法。将活动和相关资源作为过程进行管理，可以更高效地得到期望的结果。

⑤ 管理的系统方法。将相互关联的过程作为系统加以识别、理解和管理，使组织不断提高实现目标的有效性和效率。

⑥ 持续改进。持续改进总体业绩应当是组织的一个永恒目标。

⑦ 基于事实的决策方法。

⑧ 互利互惠原则。组织与供方是相互依存的，互利的关系可增强双方创造价值的能力。

随着中国加入WTO（世界贸易组织），中国的药品市场将与世界市场融为一体，各生产企业将与世界各国的企业站在同一"跑道"上参与全球药品市场的激烈竞争。加强质量管理工作，全面实施《药品生产质量管理规范》（GMP），是中国药品企业增强市场竞争力的关键。显然，药品生产企业的各级、各类管理人员，学习和掌握GB/T 19000提出的质量管理8项原则，并在实践中应用，有重要的现实意义。

三、全面质量管理的内容

1. 制药企业进行质量管理

朱兰博士的"三步曲"认为通过质量管理、质量控制、质量改进三个管理环节来实现对制药企业的质量管理。

ISO 8402：1994中对质量管理的定义是"确定质量方针、目标和职责，并在质量体系中通过诸多质量策划、质量控制、质量保证和质量改进使其实施的全部管理职能的所有活动"。

质量管理的观念应贯穿药厂设计、建造及运作的全过程，如图3-2所示。

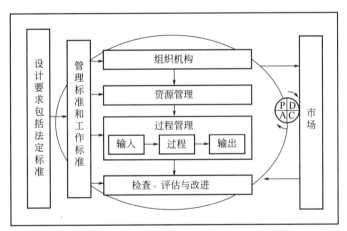

图3-2 制药企业药品质量管理导图
图中PDCA成为PDCA循环，详见图3-3说明

① 根据GMP的"标准"和产品的特殊要求设计建造工厂。

② 按GMP"标准"和产品的要求确立工厂的组织机构，即建立实施GMP所需的职能部门并以文件（标准）的形式赋予它们各自的工作职责。

③ 在工厂建设阶段，就应着手"管理标准和工作标准"的制定工作，将"标准"作为工厂设计组成部分。在新建工厂时，让懂得现代GMP理论并有实践经验的人员去从事生产准备工作，以便在建厂过程中，尽可能将"标准"的要求落实到施工中去，并把工程建设中可能的失误减少到最低限度。

④ 工厂的运作必须以质量保证体系为手段，有明确的"标准"，以便做到"有章可循，照章办事"；而"标准"的确立又必须以生产设备、方法/规程和工艺验证的结果为基础。这里所述的"标准"是一个广义的概念，它体现全面质量管理的思想，是质量保证体系组成的基本要素。

⑤ 各职能部门必须以"标准"为手段，实施资源管理，即用"标准"来管理企业的人、财、物及有关活动。

⑥ 资源的管理通过人员执行"标准"，将保证质量的各种措施落实到与产品质量相关的一系列活动中去。

⑦ 按"标准"实施过程管理，以实现过程受控的目标。

⑧ 药品质量审定必须做到按"标准"审核与药品质量相关的各个过程是否受控。如人员卫生、人员操作、原辅包装材料的质量控制、生产现场的在线控制、设备运行、设备清洁、生产作业、生产环境、偏差的调查处理、生产记录、成品检验等。

⑨ 过程管理遵循动态法则。在按"标准"对影响质量的各个因素加以监控的同时，必须用监控的实际数据来考核"标准"制定的合理性及有效性，进而通过再验证的手段或对历史数据进行回顾总结的办法对"标准"进行必要而适当的修订。

⑩ 企业的运作以向市场提供用户对质量满意的产品为目的，而市场对产品的需求及对质量的反馈信息又是企业改善管理和经验的动力。用户的需求是"标准"的标准，市场的需求随科学技术的进步及社会的发展而变化。应当以动态管理的观念来建立、修订和执行制药企业的"标准"，国家的《规范》是最低标准，企业应当做得更好。发现自己与国内外先进企业的差距，借鉴国内外企业科学的质量管理方法，推行"零缺陷"和可靠性管理，不断提高自己企业本身的管理水平。

2. 全面质量管理的基本工作方法

全面质量管理的基本工作方法是 PDCA 循环。PDCA 循环又称戴明循环，戴明（W. E. Deming）是美国的质量管理专家。PDCA 是按照 Plan（计划）、Do（执行）、Check（检查）、Action（总结、处理）四个阶段的顺序进行管理工作，它既适用于企业、各职能科室的质量管理活动，也适用于各车间的质量管理工作。其特点是：①PDCA 是一个工作循环，而且是一个前进的环。每转一圈，应提高一步，如同爬楼梯一样，不断循环，不断提高。②PDCA 各级都有，形成一个个大环、中环和小环，一环扣一环，一环带一环，环环推动，使整个企业和车间的 PDCA 循环转动起来。③PDCA 能够循环转动、不断提高的关键，一般认为在 A 阶段，即总结、处理阶段。具体 PDCA 循环可以具体化为以下 8 个步骤。如图 3-3 所示。

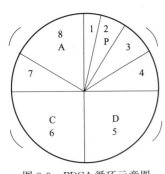

图 3-3 PDCA 循环示意图

P（Plan 计划）阶段：

第 1 步，分析现状，找出存在问题；

第 2 步，分析产生问题的各种影响因素；

第 3 步，找出主要的影响因素；

第 4 步，针对主要影响因素，制定措施，提出质量改进活动计划。

D（Do 执行）阶段：

第 5 步，按活动计划执行。

C（Check 检查）阶段：

第 6 步，根据计划的要求，检查执行的效果。

A（Action 总结、处理）阶段：

第 7 步，总结经验，巩固成绩，纳入各项标准（技术标准或管理工作标准）；

第 8 步，提出遗留问题，转入下一次的 PDCA 循环。

推动 PDCA 循环，关键在于"总结处理"阶段，要善于总结经验，肯定成绩，善于找出不足，纠正错误，以利再战，这是 PDCA 循环所以能上升、前进的所在；同时针对存在的主要问题，针对影响质量的主要因素，要制定好措施，提出改进计划，并预计其效果。

措施和活动计划要明确、具体，一般应按"4W1H"要素制定措施：

为什么（Why）要制定这一措施（或计划）；

预计达到什么（What）目标；

由哪个单位、谁（Who）来执行；

何时（When）开始及何时完成；

如何（How）执行等。

按 PDCA 的四个阶段 8 个步骤进行提高产品质量的管理活动，需要利用大量的数据和信息，并要运用各种统计方法，只有对质量数据进行搜集和整理，才能对质量管理状况做出科学的判断。PDCA 循环不仅是 TQM 的基本方法，也是组织质量改进的基本方法。同样对于实施 GMP 及其认证，PDCA 循环也是一种基本的工作方法。

四、GMP 与 TQM（TQC）的关系

对制药企业来说，GMP 是质量保证的重点和关键。质量保证体系的建立与完善是全面质量管理（TQM 或 TQC）向纵深发展的一个重要标志，其任务是把企业的专业技术和管理技术有机地结合起来，保证工厂方针目标的实施。企业以保证和提高产品质量为目标，运用系统的概念和方法，把质量管理各阶段、各环节的质量管理职能组织起来，形成一个具有明确的任务、职责、权限、互相协调、互相促进的有机整体。GMP 正是企业质量保证体系中的一个重要组成部分，是 TQM 基本思想、理论在药品生产和质量管理上具体运用的产物。

1. GMP 与 TQM 的不同点

（1）TQM 是一切用数据说话，GMP 要一切有据可查　TQM 贵在一个"全"字，GMP 贵在一个"严"字。共同的目的是"优"字，都是使药品质量搞好，保证用药安全有效。

TQM 是 GMP 的指导思想，GMP 是 TQM 理论的具体应用，是 TQM 的一个实施方案。

（2）从企业经营管理的角度进行比较，两者之间有很大的区别　TQM（TQC）的本质是进攻型的、开拓型的质量管理，其宗旨是经济地开发、研制、生产和销售用户满意的产品，其着眼点是改善和开发，重点是产品的更新换代，而不是满足于生产符合现行质量标准的合格品。

GMP 在本质上是以预防为主的预防型的质量管理。WHO 的 GMP 指出其目的是："为保证消费者获得高质量药品。"美国 FDA 在解释 GMP 时说："GMP 为生产规定"，"本规范务必适合现代化标准，并且更加明确，而不致产生不同的解释，保证所有制药工业的会员了解和遵守法令并达到应有的水平"。GMP 指出了应该做些什么，但更强调怎样来达到所制定的要求。GMP 的宗旨本身就体现了预防的精神。从 GMP 的基本内容来分析，无论是对"硬件"还是"软件"的要求，处处体现了预防的原则。如中国的 GMP 对"原料"含义规定为"药品生产过程中使用的所有投入物，辅佐除外"；"批"系指"在规定限度内具有同一性质和质量，并在同一生产周期中生产出来的一定数量的药品"，每一生产批的要素在于它的均一性。

（3）就产品质量的概念而言，TQM 与 GMP 的着眼点是有区别的　TQM（TQC）指的是"适用性"。一般来说，TQM（TQC）是指追求以较低的成本，不断提高顾客满意度的管理方式。"适用性"即产品满足于使用要求所具备的特性，一般包括性能、寿命、可靠性、安全性、经济性。但是就药品而言，顾客（消费者、患者）很难判断药品质量，要保证质量，必须靠执行 GMP。而 GMP 指的主要是"符合性"质量，确保所生产的药品具有应有的安全性、有效性、均一性和纯度以及稳定性。

2. GMP 与 TQM 的共同点

GMP 与 TQM 有许多共同点，都强调从事后把关变为工序管理，从管结果变为管因素。但从 TQM 的角度来看，GMP 仅仅是企业质量保证体系中的一个重要组成部分，从国家监督的角度来看，GMP 是药品生产质量管理必须遵守的准则，是制药企业不可逾越的制约因素。两者不能画等号，也不能相互代替，是缺一不可的科学质量管理方法，因此要处理好两者的关系。

在开展 TQM 建立健全质量保证体系活动中，首先要抓好 GMP 的实施，因为只有确保药品生产过程中质量的稳定，才谈得上改善和开发。而 TQM 的开展有助于自觉地运用 TQM 理论、方法实施 GMP。反之，GMP 的实施使 TQM 的深入开展有一个扎实的基础。在抓好 GMP 的普查教育的同时，要深化 TQC 的教育。使制药企业每个职工都能增强 GMP 意识，把 GMP 看成是质量保证的核心，把 GMP 纳入质量保证体系的轨道，纳入企业工作方针目标，把 GMP 渗透、融合到企业所有部门的本职工作中去。运用 TQM 的基本理论、方法和数理统计工具从"软件"入手，从质量管理的基础工作入手，对 GMP 的要求逐项加以落实，坚持下去，形成制度，落实硬件建设。在新的形势下，深化改革，搞活企业。在实施 GMP 教育的同时，教育职工转变观念，确立适应市场经济的新的市场观、人才观、道德观、价值观、质量效益观。只有制药企业的员工都树立 GMP 意识，才能生产出立足于市场的质量好的产品。

GMP 与 TQM 的一致性主要在于以下几个方面。

① GMP 实际上是 TQM 的重要组成部分。

② GMP 和 TQM 均遵循相同的原理，即"朱兰质量螺旋曲线"。

③ GMP 与 TQM 的基本要求是一致的。即 a. 要求对产品质量的产生、形成和实现的全过程进行质量管理；b. 要求全员参加质量管理；c. 要求企业各部门承担质量责任；d. 要求质量管理由企业领导人承担责任；e. 要求把教育培训置于重要地位等。

④ GMP 与 TQM 的指导思想是一致的。即系统管理的思想、为用户服务的思想、预防为主的思想、为质量形成的全过程进行控制的思想、技术与管理并重的思想、用事实与数据说话的思想、强调人员素质的管理思想等，根据药品生产的特点，GMP 还强调卫生管理、无菌管理、核对检查和验证制度等，这些与 TQM 的指导思想是一致的。

【阅读材料】朱兰质量螺旋曲线

朱兰质量螺旋曲线是朱兰提出的用来描述产品质量产生、形成和实现运动规律的理论模式，也体现了开展质量管理的基本原理。朱兰质量螺旋讲的是为了实现质量的适用性，提高产品质量，改进老产品，开发新产品，至少要经过从市场调查到销售服务共 13 个步骤这样一个全过程。这个过程好比螺旋，周而复始，螺旋上升。其 13 个环节是：①市场研究；②研制开发；③设计；④制定产品规格；⑤制定工艺；⑥采购；⑦装置仪器、仪表和设备；⑧生产；⑨工序控制；⑩检验；⑪测试；⑫销售；⑬售后服务。这个质量螺旋是一环扣一环，互相依存，互相促进，不断循环。

第三节　质量保证与质量控制

按照 WHO 的药品管理理念，质量管理是企业确定并实施质量方针的管理职能，质量控制和质量保证都是质量管理的一部分。保证药品安全、有效、质量可控是药品研发和评价、生产应遵循的基本原则，其中，对药品进行质量控制是保证药品安全有效的基础和前提。

一、质量保证

1. 基本概念

质量保证（QA）强调为达到质量要求应提供的保证，质量保证是一个广义的概念，它涵盖影响产品质量的所有因素，是为确保药品实现其预期用途并达到符合质量要求所采取的措施的总和。

2010 年版 GMP 中规定：只有经过质量授权人批准，每批产品符合注册批准以及药品生产、控制和放行的其他法规要求后，方可发运销售。产品放行审核包括对相关生产文件和记录的检查以及对偏差的评估。

2. 质量保证要素

药品的质量保证始于新药的研究及开发，而新药的研究及开发必须考虑到 GMP 的要求。制药企业所执行的 GMP 是药品质量保证的重要组成部分，它的实施以消除采购、生产、销售全过程各个环节可能发生的污染和混淆为手段，向市场提供符合标准、符合用户要求的药品。

为达到这个目标，制药企业必须建立涵盖 GMP 以及质量控制在内的综合性质量保证系统。制药企业应以文件的形式对质量保证系统做出规定，并监督其有效性。质量保证系统的各个组成部分均应配备足够称职的人员及场所、设备和设施。

药品生产质量保证系统应确保：

① 药品的设计与开发应考虑 GMP 和 GLP 的要求；

② 对生产和控制活动有明确规定，并实施 GMP 要求；

③ 管理职责有明确规定；

④ 制订系统的计划，确保生产、采购和使用的原料与包装材料正确无误；

⑤ 对中间产品实行必要的控制，并实施验证及其他形式的中间控制；

⑥ 按规定的规程正确无误地加工成品并检查成品；

⑦ 只有质量负责人签发证书，证明药品已按产品批准文件以及有关药品生产、控制和发放的其他法定要求生产和控制后，该产品方能发放上市；

⑧ 有适当的措施尽可能确保在贮存、发运和随后的处理过程中药品质量在其有效期内保持不变；

⑨ 已制定自检和/或质量审计规程，定期审评质量保证系统的有效性和适用性。

二、质量控制

1. 基本概念

质量控制（QC）强调质量要求，具体是指按照规定的方法和规程对原辅料、包装材料、中间品和成品进行取样、检验和复核，以保证物料和产品的成分、含量、纯度和其他性状符合已经确定的质量标准。

2. 质量控制的范围

质量控制是 GMP 的重要组成部分，其内容涵盖药品生产、放行、市场质量反馈的全过程，包括原辅料、包材、工艺用水、中间体及成品的质量标准和分析方法的建立、取样和检验以及产品的稳定性考察和市场不良反馈、样品的复核等工作。质量控制适用于产品生命周期的每个阶段，包括：

① 产品开发阶段：包括分析方法的确定；产品的稳定性研究。

② 技术转移阶段：包括分析方法的转移、确认和验证。

③ 商业生产：包括物料和产品的取样、检查和检验；中间过程控制；产品的持续稳定性考察；环境的监测控制；物料和成品的留样。

④ 产品终止：包括产品留样的考察和处置。

实验室是质量控制得以实施的载体和核心，但质量控制不仅仅局限于实验室内的检验，还涉及影响产品质量的所有决定。

3. 质量控制实施的步骤

① 选择控制对象。

② 选择需要监测的质量特性值。

③ 确定规格标准，详细说明质量特性。

④ 选定能准确测量该特性值的监测仪表。

⑤ 进行实际测试并做好数据记录。

⑥ 分析实际与规格之间存在差异的原因。

⑦ 采取相应的纠正措施。

当采取相应的纠正措施后，仍然要对过程进行监测，将过程保持在新的控制水准上，且出现新的影响因子，还需要测量数据，分析原因，进行纠正，因此，这七个步骤形成了一封闭式流程，称为"反馈环"。在上述七个步骤中，最关键的有两点，即质量控制系统的设计和质量控制技术的选用。

三、质量风险管理

1. 质量风险与质量风险管理

质量风险一般指质量危害出现的可能性以及后果的严重性。质量风险管理（quality risk management，QRM）是指企业在实现确定目标的过程中（产品开发、生产、销售和使用等生命周期坏节），系统、科学地将各类不确定因素产生的结果控制在预期的可接受范围内，以确保产品质量符合要求的方法和过程。

质量风险管理是一个系统化的过程，是在整个产品生命周期中采用前瞻或回顾的方式，对其质量风险进行评估、控制、沟通、审核、信息交流和回顾评审的系统过程。产品的生命周期包括产品从最初的研发、生产、市场销售一直到最终从市场消失的全部过程。

2. 质量风险管理的原则

质量风险管理一般遵循两个原则：一是质量风险管理措施的实施应以科学知识为基础，最终目的在于保护公众利益，避免让人们承受产品在质量和安全上的风险；二是质量风险管理措施实施的方式方法要具有科学性，并要与风险程度相匹配。

3. GMP 对药品质量风险管理的要求

2010 年版 GMP 质量控制的要求如下：

① 质量风险管理是在整个产品生命周期中采用前瞻或回顾的方式，对质量风险进行评估、控制、沟通、审核的系统过程。

② 应当根据科学知识及经验对质量风险进行评估，以保证产品质量。

③ 质量风险管理过程所采用的方法、措施、形式及形成的文件应当与存在风险的级别相适应。

4. 质量风险管理的基本程序

质量风险管理的标准流程，包括风险识别、风险分析、风险评价、风险降低、风险接受、风险管理结果和回顾事件。图 3-4 为质量风险管理的典型流程。

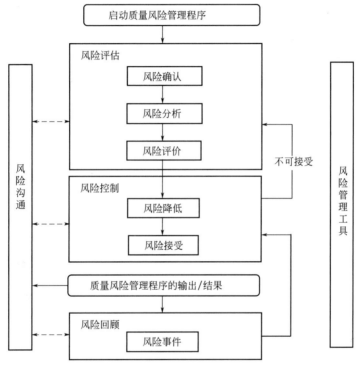

图 3-4　质量风险管理的典型流程

（1）风险评估　风险评估是风险管理的第一步，主要是对回顾事件潜在危害源的识别和对接触这些危害源造成的风险的分析与评估，包括风险确认、风险分析和风险评价三个部分。

① 风险确认　首先，应关注的是某个产品或工艺中将出现的问题是什么，这是进行质量风险管理的基础，即首先系统地利用各种信息和经验，确认工艺、设备、系统、操作等过程中存在的风险，指出将出现的危害在哪里；其次，确定研究的过程、产品、问题区域、系统或者研究的对象；再次，识别潜在的风险源，如审计、法规检查、验证过程、定期产品回顾、变更控制、供应商/承包商变更、设施设计和参数、技术转移、改正和预防行动、投诉、产品质量风险评估以及其他风险评估；最后，针对不同的风险项目选择不同的分析工具，列出所有可能失败的因素，并列出所有发生错误的可能。例如设备停机、故障等，可以使用鱼骨图等工具分析；对于生产工艺，可使用生产流程图进行分析。

② 风险分析　风险分析需要关注的是问题发生的可能性有多大，问题发生的后果有多严重，问题发生的可识别性有多大。对已经确认的风险及其危害进行分析，一旦识别和列出可能的失败，就必须逐一评估。包括问题的严重性、发生的可能性、发生的可识别性、可检测性等。要对问题的严重性进行评估时，可对所有问题分类，对每类问题制定1～5分的打分标准，分数越高问题越严重。再对发生的可识别性、可预测性进行评估，例如将发生的可识别性、可预测性分成五个级别，对应1～5分，分数越高说明越难识别。在整个风险评估过程中，风险分析是最重要的环节，需要相当有经验的技术人员以及质量相关人员共同完成。此外，还要确保所有相关部门都参与评估，所有参与风险分析的人员必须理解风险的评估过程。

③ 风险评价　风险评价是指根据预先确定的风险标准，对已经确认并分析的风险进行评价。即先通过评价风险的严重性和可能性，从而确认风险的等级。在风险等级划分中，可以采用定性描述，比如"高""中"或"低"；也可采用定量描述，比如具体的数值，数值越高说明风险越大。

（2）**风险控制**　风险控制的实施一般包括风险降低和风险接受两个部分。风险控制的目的是降低风险至可接受水平。

① 风险降低　所谓风险降低，是针对风险评估中确定的风险，当其质量风险超过可接受水平时，所应采取的降低风险的措施。包括降低风险的严重性和可能性，或者提高发现质量风险的能力。在实施风险降低的措施过程中，有可能将新的风险引入系统，或增加了其他风险发生的可能。因此，应当在措施实施后重新进行风险评估，以确认和评价风险是否发生新变化。

② 风险接受　风险接受，是指在实施了降低风险的措施之后，对残余风险接受的决定。对于某些类型的风险，即使最好的质量风险管理手段也不能完全消除，在这些情况下，我们可以认为已采取了最佳的质量风险管理策略，并且质量风险已经降低到可以接受的水平，不必再采取更严格的整改措施。

（3）**风险审核**　风险审核是风险管理流程的最后阶段，是对风险管理的结果进行审核，尤其是对那些可能会影响到原先质量管理决策的事件进行审核。风险管理是一个持续性的质量管理程序，应当建立阶段性的审核检查机制，审核频率应建立在相应的风险水平之上。

（4）**风险沟通**　风险沟通是指决策制定者及其他人员（行业人员、监管人员、相对人）之间对风险管理程序实施的程度和管理的信息进行交换或者分享。通过风险沟通，能够促进风险管理的实施，使各方掌握更全面的信息，从而调整或改进风险管理的措施及其效果。风险沟通可以在药监系统和行业、行业和患者之间进行，也可以在公司内部、行业内部或药监系统内部各部门之间进行。沟通的信息可涉及质量风险是否存在和其性质、形式、概率、严重性、可接受性、处理方法、可检测性及其他有关方面，并非每个风险接受都要进行风险沟通。在行业与药监系统之间，可能通过现有的规章或指南来进行质量风险管理沟通。

5. 质量风险管理的工具

质量风险管理工具通过提供文件化的、透明的和可重现的方法来完成质量风险管理程序的步骤，以提供一科学实用的决策制定方法。质量风险管理工具及支持性统计工具可以结合起来使用。它们的结合使用提供了一定的机动性，可便于质量风险管理原则的应用。

（1）**简易风险管理方法**　一些简单的方法常用来建立风险管理的结构，通过组织数据来促进分析和决策。这些简单的技术包括流程图、检查表、过程结构和分布图、因果图（石川图或鱼骨图）。

（2）**危害分析和关键控制点**　危害分析和关键控制点（hazard analysis and critical control points，HACCP）是一个确保产品质量的可靠性与安全性的系统性的、主动预防性的方法，它结构化地采用技术和科学原理去分析、评价、预防和控制由于产品的设计、开发、生产和使用带来的风险或不利结果及其危险因素。

危害分析和关键控制点由下列七个步骤组成：

① 对过程的每一步进行危险分析，并确定每个步骤的预防措施。

② 确定关键控制点。

③ 确定关键控制限度。

④ 建立关键控制点的监控系统。

⑤ 制定当监测显示关键控制点失控时应该采取的纠正措施。

⑥ 建立用于证明危害分析和关键控制点系统有效运行的确认系统。

⑦ 建立记录保存系统。

该工具潜在的应用领域为与物理、化学和生物危险因素（包括微生物污染）相关的风险的辨识与管理。当产品和过程被充分理解来支持关键控制点辨识时，则危害分析和关键控制点是非常有用的。危害分析和关键控制点分析的输出结果是一种风险管理工具，有利于产品在其生命周期的各个阶段关键控制点的监控，不仅仅在制造工艺中，而且也在其他生命周期阶段。

（3）**危害分析和可操作性分析**　危害分析和可操作性分析（hazard and operability study，HAZOP）的理论基础是假定风险事件是由设计或操作意图的偏差造成的。它是采用所谓的"引导词"来辨识危险因素的创意群思技术。"引导词"（否，更多，除了，部分等）被用于相关参数（如污染、温度等），以帮助识别可能的使用偏差或设计意图之间潜在的偏差。

该工具潜在的使用领域为原料药或制剂的生产工艺、设备和厂房及工艺安全危害的评估。

（4）**预先危害分析**　预先危害分析（preliminary hazard analysis，PHA）是一种基于应用以前在危险或失败方面的经验、知识，去确定将来的危险因素、危险处境与可能导致危害的事件，并对给定的某一具体活动、设施、产品或系统估计其发生概率的工具。

该工具潜在的使用领域包括产品、工艺过程和厂房设计；评估基本产品类型、产品分类和特殊产品的危害类型；项目开发的早期阶段。

（5）**辅助性统计工具**　统计工具可以支持和促进质量风险管理，它们可以进行有效的数据评估，也可以帮助确定数据集的显著性，使作出的决策更为可靠。制药行业常用的基本统计工具有控制图、直方图、排列图、实验设计和工序能力分析。

第四节　药品生产质量信息化管理

一、药品生产管理技术

1. 物料信息化管理

企业物料管理是药品生产质量管理的重要环节，要求严格管理物料批次、物料存贮、物料使用期限、物料流向等方面，以保证药品生产质量。

在物料管理中，可借助企业资源规划（enterprise resource planning，ERP）系统实现物料信息化管理，对物料流转过程进行跟踪控制，避免人工管理差错。在 ERP 系统的辅助下，物料管理可对物料入库、物料出库、物料调拨、物料领用、物料条形码管理、物料对账、物料报表等方面实现信息化管理。还可应用条形码技术对物料进行跟踪监控，生产现场的操作人员利用与 ERP 系统联机的手持设备，可快速读取物料上的条形码信息，并利用扫描器自动录入物料相关信息，使物料在流转的各个环节都能实现自动化的信息录入与校对，实现对物料的全程跟踪监控，避免不合格物料投入生产。

2. 生产信息化管理

利用信息化技术建立起生产管理系统，及时收集生产过程中产生的信息，强化生产过程的质量控制。在生产管理系统中，要实时获取工艺参数、环境参数、设备运行参数等数据信息，按照生产工艺要求，监控生产过程中各项参数的变化，将采集到的参数信息上传到质量管理系统，实现对生产过程的质量监控。在生产过程中，若生产管理系统监测到参数异常状态，即实际参数临近或超出预设值范围，则立即进行预警，便于质量管理部门根据预警信息及时处理偏差，进一步强化对生产流程的过程化控制。同时，生产管理系统还要自动统计生成生产报告，针对报告中的数据进行分析，总结质量趋势，根据质量趋势制定生产工艺优化调整方案。

3. 实验室信息化管理

运用信息技术建设实验室信息管理系统，对实验数据信息进行集成化管理，形成全面规范的管理体系。在实验室信息管理系统中，将实验室业务流程、标物标液、仪器设备、化学试剂、文件记录等都纳入到信息化管理范围内。实验室信息管理系统要自动记录批次请检、样品接收、样品检验、检验结果录入、检验结果审核、检验结果发布、批次放行等流转环节信息，强化检验过程的监控。同时，实验室信息管理系统要与生产车间管理系统、客户管理系统、质量管理系统实现对接，通过自动采集、分析和挖掘相关数据，进而如实反映质量变化趋势。

4. GMP 信息化质量管理系统

制药企业利用信息化技术，建设 GMP 质量管理系统，将质量偏差、变更管理、质量审计、超标结果（OOS）/超趋势结果（OOT）、质量投诉等作为管理重点，通过整合自动化工作流、趋势分析和报表图表编制等功能，提高质量管理效率。GMP 信息化质量管理系统主要包括以下模块：

（1）信息录入　在某一批次药品的某个生产环节结束后，要按照流程录入工单、品号、品名、规格、生产批号、批号说明等信息；在药品成品入库前要录入生产指令、领料单、准产证、审核内容、审核日期等信息；在检验后录入检验编号、检验名称、检验结果、标准合格上限与下限、检验水平、检验标准等信息；录入销货退回药品检验信息，包括销退品名、规格、次数、退回原因、客户信息等信息，为销货退回分析以及下批次生产质量管理提供依据。

（2）成品药抽查　根据药品特点设置检验规则、检验方法、检验水平、检验批次、检验数量等内容，对成品药质量进行抽查，追溯不合格药品的源头，禁止不合格药品流出。

（3）偏差处理　可自动统计生产记录，演示偏差流程节点，生成偏差内容统计报表，明确产生偏差的责任部门，并提出偏差处理措施。

（4）变更控制　对变更申请、预审批、变更执行以及后续审批进行跟踪监控，及时更新监管部门的批准信息。

（5）**审计**　对供应商、内部质量管理进行审计，自动化生成和发布审计报告。

（6）**投诉管理**　集成企业电子质量管理系统（EQMS），及时获取客户投诉信息，对投诉进行快速响应、调查、分析和电子化处理。

二、药品可追溯化管理

药害事件的发生对人们的生命健康造成了极大的危害，为了寻找药害事件发生的根源，药品生产追溯管理体系的作用十分重要。建立完善的药品生产追溯管理体系，对保障社会公众的用药安全，减轻药品监管部门工作负担，促进医药行业发展有着重要的意义。

1. 国外典型药品追溯管理系统

（1）**美国的药品追溯管理系统**　美国于 2007 年开始正式建立处方药跟踪追溯体系，对药品的追溯管理是通过序列化管理实现的，在每一件药品的包装上都印有唯一的标识码，由国家药品编码（NDC）和序列号组成，并以条形码的形式印在药品包装上，不同的药品具有唯一的 NDC，并且要保证彼此相互独立；在 NDC 基础上添加药品序列号形成 SN，能够满足数十亿的药品标识需求。为满足药品交易全球化的需要，在 SN 的基础上，美国建立了一个新的代码种类——全球贸易项目代码，对进出口的药品进行标识。

（2）**欧盟的药品追溯管理系统**　欧盟于 2011 年 7 月通过了《欧盟反伪造药品指令》，明确要求为欧盟境内流通的每一份药品都要建立"可供验证其真实性"的安全档案，并建立了在欧盟国家通行的数据库。对每一单位包装的药品，欧盟采用药品唯一标识码（U）对药品进行管理，企业都需要进行赋码标识，并将赋码之后的药品信息上传到欧盟统一的数据库，验证时采用自愿验证与强制验证相结合的方式，强制药品生产商、处于供应链终端的零售商、医院在销售药品时对药品信息进行验证，其他利益相关方可根据风险评估结果，自愿进行验证。

2. 我国药品追溯管理系统

国家药品监督管理局（NMPA）在 2018 年 11 月 1 日发布了新的指导文件《关于药品信息化追溯体系的指导意见》，其中将医药企业作为建设药品追溯体系的主意见中将药品生产追溯管理体系分成三个部分：

① 药品追溯业务系统：该系统主要是为了满足企业自身的药品追溯工作的需要，企业自身有关质量的业务都依托于业务系统。

② 药品追溯协同服务平台：该平台提供了一个药品信息数据的共享平台，该平台实现了监管部门、企业和消费者之间的协同运作，使彼此之间相互联系形成一个整体。

③ 药品追溯监管系统：由 NMPA 下的各级药品监督管理部门构成，主要用于各级监管部门对属地内的药品监管工作，包括药品的召回服务、日常对药品的检查，实现监管工作的信息化，提高监管效率。

3. 药品生产追溯管理体系的技术依托

（1）**GS1（Globe standard 1）编码体系**　GS1 编码体系由国际物品编码协会制定，目前该体系的应用已经覆盖了全球范围内 150 多个国家，包括药品、食品和机械等多个行业，该编码体系作为全球第一商务语言，具有统一性强、编码唯一、信息完备、关联性强等优点，能够满足企业药品全球化交易的需要。

（2）**拉曼光谱仪——化药快检支撑（RACOFIC）系统的应用**　RACOFIC 系统能够验证药品本身拉曼光谱信息，对药品的真实性进行分析验证，具有准确、高效的特点，为防止假药通过真包装合法化发挥了显著作用。

（3）射频识别（Radio Frequency Identification，RFID）技术　RFID射频识别技术具有高效性、简便性的特点，该技术能够通过射频信号，同时对多个对象进行快速识别，在这个过程中，不需要人工进行操作，避免了人力资源的投入。

（4）区块链技术　区块链技术是指以区块为单位对数据进行分开存储，将数据按照时间顺序形成链式结构，这项技术能够有效保证数据安全；同时，区块链高度开放，任何人或社会组织都可通过公开的入口查询数据。2017年建立了药品追溯服务平台——"紫云药安宝药品追溯云服务平台""阿里健康"联合十余家医药企业组成的中国药品安全追溯联盟以及京东组建"区块链防伪追溯平台"，都应用了区块链技术。

（5）其他技术　在电子监管码暂停使用之后，哈药集团率先根据企业自身状况，开发了"业代宝""码上有""北斗定位"等系统，建设了自身的药品追溯体系，设立"哈药产品追溯码"，该追溯码可实现对产品的全程监控，同时北斗定位和业代宝系统可帮助实现药品流通过程中的监管以及销售终端的信息采集，保障药品信息的可追溯。

第五节　GMP的内容

一、GMP的产生

GMP是适应药品生产质量管理的需要而产生的，是药品全面质量管理时代的必然产物，也是人类社会科学技术进步和管理科学发展的必然结果。GMP起源于国外，是由于20世纪60年代一起重大的药物（反应停）灾难性事件作为"催生剂"而诞生的，70年代欧美国家一些药品生产企业注射剂感染引发的事故促使其发展；随着现代科学技术的不断进步，药品生产过程的验证技术也得到发展，使得GMP随着质量管理科学理论在现代化药品生产企业中的实践而不断完善。

美国FDA官员在审查"反应停"药品时发现该药缺乏足够的临床试验数据而拒绝进口，从而避免了一场灾难。但此药物引起的严重后果激起公众对药品监督和药品法规的普遍关注，导致美国国会对《联邦食品、药品和化妆品法》的重大修改，加强了药品法的作用。对药品生产企业提出了三方面要求：①药品生产企业对出厂的药品提供两种证明材料，不仅要证明药品是有效的，而且证明药品是安全的；②药品生产企业要向FDA报告药品的不良反应；③药品生产企业应实施药品生产质量管理规范。1962年由FDA制定并由美国国会1963年首次发布的GMP，经过多年的实践，逐渐在世界范围内得到推广应用。

世界卫生组织（WHO）1969年在第22届世界卫生大会上批准了《药品生产质量管理规范》（WHO-GMP）。1975年和1990年先后做了两次修改，1992年正式出版WHO-GMP报告。第22届世界卫生大会上，WHO建议各成员国采用GMP制度以确保药品质量和参加"国际贸易中药品质量签证体制"（简称签证体制）。药品GMP在各国的实施，为国际贸易流通中WHO证书计划（即签证体制）提供了基础。签证体制要求提供三种证书：药品证书（产品证书）、药品许可证书、药品批号证书。

1992年第45届世界卫生大会还通过了WHO《关于国际贸易中药品质量证明制度的实施指南》。该实施指南在1.3条款中指出了WHO的GMP与参加"药品生产检查相互认可公约"的国家及其他主要工业化国家规定的 GMP 完全一致。要求每一个参加公约的成员国对有商业兴趣的一方提出申请时应向另一个成员国有关机构就以下内容进行证实。

① 某一指定的药品是在其管辖范围内批准销售的,如未能批准,应说明不予批准的理由。

② 生产该产品的药厂定期受到检查,并确定其符合 WHO 所推荐的 GMP 标准。

③ 包括标签在内的所有提交的药品资料是发证国家目前认可的。

WHO 考虑到各国经济发展的不平衡,同时考虑到药品的特殊性,因此在 GMP 内容上写得比较原则,使用时通用性强,其目的是为各国政府和药品生产企业提供一个综合性的指导。WHO 利用自己的号召力,给各国政府和药品生产企业施加影响,让各国的制药业了解药品生产必须要有质量保证,而 GMP 是药品生产和质量管理的基本准则,必须实施。在国际贸易中必须要提供药品质量保证的证明,在一定程度上表现出强制性。

二、GMP 基本原则

制药企业必须按照 GMP 所要求的内容去做,它的中心指导思想是任何药品质量是设计和生产出来的,而不是检验出来的。因此必须强调预防为主,在生产过程中建立质量保证体系,实行全面质量管理,确保药品质量。GMP 的基本原则有如下几项:

① 药品生产企业必须有足够的、资历合格的、与生产的药品相适应的技术人员承担药品生产和质量管理,并清楚地了解自己的职责。

② 操作者应进行培训,以便正确地按照规程操作。

③ 应保证产品采用批准的质量标准进行生产和控制。

④ 应按每批生产任务下达书面的生产指令,不能以生产计划安排来代替批生产指令。

⑤ 所有生产加工应按批准的工艺规程进行,根据经验进行系统的检查,并证明能够按照质量要求和其规格标准生产药品。

⑥ 确保生产厂房、环境、生产设备、卫生符合要求。

⑦ 符合规定要求的物料、包装容器和标签。

⑧ 合适的贮存和运输设备。

⑨ 全生产过程严密的有效的控制和管理。

⑩ 应对生产加工的关键步骤和加工产生的重要变化进行验证。

⑪ 合格的质量检验人员、设备和实验室。

⑫ 生产中使用手工或记录仪进行生产记录,以证明已完成的所有生产步骤是按确定的规程和指令要求进行的,产品达到预期的数量和质量,任何出现的偏差都应记录和调查。

⑬ 采用适当的方式保存生产记录及销售记录,根据这些记录可追溯各批产品的全部记录。

⑭ 对产品的贮存和销售中影响质量的危害应降至最低程度。

⑮ 建立由销售和供应渠道收回任何一批产品的有效系统。

⑯ 了解市售产品的用户意见,调查质量问题的原因,提出处理措施和防止再发生的预防措施。

⑰ 对一个新的生产过程、生产工艺及设备和物料进行验证,通过系统的试验证明是否可以达到预期的结果。

三、GMP 主要内容

GMP 总体内容包括机构与人员、厂房和设施、设备、卫生管理、文件管理、物料控制、生产控制、质量控制、发运和召回管理等方面内容，涉及药品生产的方方面面，强调通过生产过程管理保证生产出优质药品。

从专业化管理的角度，GMP可分为质量控制系统和质量保证系统两大方面。一方面是对原材料、中间品、产品的系统质量控制，称为质量控制系统；另一方面是对影响药品质量的、生产过程中容易产生人为差错和污染等问题进行系统的严格管理，以保证药品质量，称为质量保证系统。

从软件和硬件系统的角度，GMP可以分为软件系统和硬件系统。软件系统主要包括组织机构、组织工作、生产技术、卫生、制度、文件、教育等方面的内容，可以概括为以智力为主的投入产出。硬件系统主要包括对人员、厂房、设施、设备等的目标要求，可以概括为以资本为主的投入产出。

四、中国 GMP 的发展

药品GMP在中国是20世纪70年代末随着对外开放政策和出口药品的需要而受到各方面的重视，并在一些企业和某些产品生产中得到部分的应用。中国医药工业公司于1982年制定了《药品生产管理规范（试行本）》，开始在一些药品生产企业中试行；1985年经国家医药管理局修订后定名为《药品生产管理规范》，作为行业的GMP正式发布执行；中国医药工业公司、中国化学制药工业协会还制定了《药品生产管理规范实施指南》（1985年版、1992年版）；中国药材公司于1996年制定了《中成药生产管理规范》，这些规范在推动实施GMP制度方面发挥了积极的作用。

卫生部制定GMP工作是从1984年开始的。首先是卫生部药政局组织人员进行调研，以WHO的GMP为基础，起草了《药品生产质量管理规范（草案）》，经多次修改，于1988年3月17日颁布了中国第一部法定的GMP。1990年卫生部组织起草了GMP《实施细则》，后又将GMP与《实施细则》合并，编成《药品生产质量管理规范》修订本，于1992年12月28日颁布。

国家药品监督管理局成立不久，即抓紧组织对GMP的修订工作。1998年版于1999年6月18日颁布，1999年8月1日起施行。2001年中国化学制药工业协会、中国医药工业公司组织编写《药品生产质量管理规范实施指南》（2001年版）正式出版。修订后的GMP，既注意与国际接轨（如与WHO及一些国家的GMP内容基本一致，重点条款相衔接），又充分考虑国情。同时，参照国际通用做法，将GMP内容划分为GMP基本原则和对不同类别药品的特殊要求两部分，并将后者作为补充条款列为GMP附录。修订后的GMP条理更加清晰，也便于与国际相互交流，是符合国际标准具有中国特色的GMP。

药品生产引发的经济增长成为我国最具稳定增长的行业和最能够抵御金融风险的行业。药品行业的健康良性发展越来越需要一个新版GMP与之相适应。

1998年版的《药品生产质量管理规范》内容过于原则化、条款化，指导性和可操作性不足；重硬件，轻软件；和世界卫生组织GMP及其他先进国家的GMP相比差距比较大，缺乏完整的质量管理体系要求，对质量风险管理、变更控制、偏差管理、纠正和预防措施、超标结果调查、供货商审计和批准、产品质量回顾分析、持续稳定性考察计划等涉及药品GMP管理水平的重要内容缺乏相应的要求。与药品注册管理、药品不良反应监测、药品稽查等相关监管工作关联不够，难以在日常监管工作中形成合力。2009年开始，国家食品药品监督管理局组织对1998年版的《药品生产质量管理规范》进行修订。

本次修订认真研究了药品GMP的整体结构，决定采用基本要求加附录的模式，这既与我国现行的药品GMP整体结构相同，也顺应了国际药品GMP的发展趋势，同时也符合我国的习惯。优点为基本要求具有通用性和相对的固定性，附录针对具体药品的类型或技术管理进行特殊要求，可以随时修订或者增订，具有适应性和延伸性。附录的相对随时修订可以保持深度和适应性，随时增订可保证宽度的适应性。形成了以基本要求为主干，以附录为枝干的树状结构，进而达到稳定的生产目的，从而确保新版 GMP 适应企业需要和监管的需要。

关于 GMP 的修订内容，它有一个 GMP 的基本要求，然后有五个最基本的附录，无菌药品、生物制品、血液制品、中药制剂、原料药。陆陆续续可能还会有一批的附录，未来的企业还会慢慢地进行修补，包括关于质量风险管理、确认和验证、计算机系统。

新修订的药品 GMP 包括基本要求和无菌药品附录。在药品 GMP 的基本要求满足了非无菌药品的生产质量管理要求，新版 GMP 取消了 1998 年版 GMP 里非无菌药品附录，其他的质量风险管理、计算机系统、确认和验证原材料的取样，会在今后逐步地进行规定。新的要求有 15 章，三百多条，三万多字，详细描述了药品生产质量管理的基本要求，条款所涉及的内容，基本保留了 1998 年版 GMP 的大部分章节和主要内容，涵盖了欧盟 GMP 的基本要求和 WHO-GMP 的基本内容。新版的 GMP 在基本要求字数上，在条款数上都比 1998 年版有了大幅度的增加。在硬件方面的描述、在软件方面的描述均比 1998 年版有了大幅度提升，体现了本次修订强调人员和软件体系建设的特点。

制药生产企业是实施 GMP 的主体，要积极从长远利益出发，主动、稳妥、扎实地落实有关 GMP 的各项制度。只有这样，企业才有生存和发展的实力，才有参与国内、国际竞争的"入门许可证"，才能在取得经济效益的同时，取得最终的社会效益，保障人们的用药安全有效。

复习思考题

1. 词组翻译

A. quality management （   ）　　　B. quality management system （   ）

C. quality improvement （   ）　　　D. quality assurance （   ）

E. quality control （   ）

2. 管理的特点包括_____、_____、_____、_____和_____。

3. 现代管理包括_____、_____和_____三个方面。

4. 现代工业企业的基本特征有哪几个？

5. 企业管理现代化的具体内容有哪些？

6. 企业管理基础工作的特点有哪些？

7. 企业管理基础工作包括的 8 项内容是什么？

8. 药品生产企业的特征有哪些？

9. 制药工业的主要产品包括_____和_____、_____、_____。

10. 请分析和理解"质量""质量管理体系""质量管理""质量控制""质量保证""质量改进"的概念和意义。

11. 质量管理发展的 4 个阶段是什么？

12. 全面质量管理的特性有哪些？

13. 质量管理的 8 项原则是什么？

14. 制药企业的全面质量管理的内容有哪些？

15. PDCA 循环的 4 个阶段、8 个步骤是什么？

16. 说明 GMP 与 TQM 的关系。

17. 什么是质量保证？

18. 质量保证体系的组成是什么？

19. 什么是质量控制？

20. 质量控制的组成是什么？

21. GMP 对药品质量风险管理的要求是什么？

22. 质量风险的管理的流程和工具是什么？

23. 药品生产管理技术包括哪几个方面？

24. 我国药品追溯管理体系可分为哪三个部分？

25. GMP 的基本原则有哪几项？

26. GMP 的产生背景是什么？

27. 简述中国 GMP 的发展简史。

下篇
GMP实施

药品生产应建立药品质量管理体系，包括影响药品质量的所有因素，是确保药品质量符合预定用途所需的有组织、有计划的全部活动总和。《药品生产质量管理规范》（以下简称GMP）作为质量管理体系的一部分，是药品生产管理和质量控制的基本要求，以确保持续稳定地生产出适用于预定用途、符合注册批准或规定要求和质量标准的药品，并最大限度减少药品生产过程中污染、交叉污染以及混淆、差错的风险。

第四章
GMP对机构和人员的管理要求

【学习目标】通过本章学习，应根据GMP对企业机构和人员的管理要求，掌握制药企业中质量管理部门、生产管理部门的职责，以及各组织机构中对人员的要求。了解企业各部门人员的培训及培训的原则和不同岗位人员的培训内容。

第一节　GMP 对药品生产企业机构的要求

中国 GMP（2010 年版）规定：药品生产企业应建立质量管理机构，并有组织机构图。质量管理机构应独立于其他机构，履行质量保证和质量控制的职责。

GMP 检查要点：

（1）查看企业组织机构图

① 企业文件是否明确了组织机构，查看组织机构图是否与企业现行机构设置一致；是否能体现企业各部门的设置、职责范围及各部门之间的关系；

② 查看各个部门设置是否合理，与企业规模、经营管理方式、质量目标、职责分配、人员素质是否相适应，隶属关系是否明确；

③ 查看组织机构图中是否明确各部门名称，查看各部门负责人的任命文件；

④ 查看生产质量管理组织机构及功能设置，是否涵盖生产、质量、技术、物料仓储、运输、设施设备、销售及人员管理等内容，并有负责培训的职能部门及人员。

（2）查看质量管理部门设置

① 查看质量管理部门是否独立设置并制定部门职责，关注是否有独立履行质量保证和质量控制的职责；

② 查看质量管理部门是否能对与药品质量有关的其他部门按照《药品生产质量管理规范》进行监督和制约；

③ 查看质量管理部门各个具体岗位是否均有其相应的岗位职责，设置的职责是否与生产管理职责有交叉。可现场询问考察具体岗位人员的职责范围。

存在典型缺陷：组织机构图中人员与实际岗位人员不符。

根据企业的实际情况，质量管理机构可以分别设立质量保证部门和质量控制部门。质量保证系统是质量管理体系的一部分。企业必须建立质量保证系统，以完整的文件形式明确规定，并监控其有效性。应涵盖验证、物料、生产、检验、放行和发放销售等所有环节。

GMP 检查要点：

① 查看企业质量保证系统建设情况，能否有效运行；

② 查看企业文件系统清单是否完整，是否涵盖质量保证系统的方方面面，使所有质量行为有章可循。

存在的典型缺陷：企业文件体系不完善，缺少新员工的培训、上岗管理文件。

质量保证系统应确保符合下列要求：

① 药品的设计与研发应考虑本规范的要求。

② 明确规定生产管理和质量控制活动，保证本规范的实施。

③ 明确管理职责。

④ 保证生产以及采购和使用的原辅料和包装材料正确无误。

⑤ 确保中间产品所需的控制以及其他中间控制得到实施。

⑥ 确保验证的实施。

⑦ 严格按各种书面规程进行生产、检查、检验和复核。

⑧ 只有经质量受权人批准，每批产品符合注册批准以及药品生产、控制和放行的其他法规要求后，方可发运销售。产品放行审核包括对相关生产文件和记录的检查以及对偏差的评估。

⑨ 有适当的措施保证贮存、发运和随后的各种处理过程中，药品质量在有效期内不受影响。

⑩ 制定自检操作规程，定期检查评估质量保证系统的有效性和适用性。

GMP 检查要点：

① 检查质量保证部门工作职责，通过检查培训考核记录、现场询问等方式了解质量保证人员是否明确其工作职责；

② 查看企业文件系统清单，是否涵盖上述十条所有活动；

③ 通过对企业的物料系统、厂房设施设备系统、生产系统、质量控制实验室系统、确认与验证等进行检查后综合评定质量保证是否有效；

④ 检查企业自检文件，是否根据质量回顾及趋势分析结果适时完善质量管理过程，是否对发现的问题进行纠正并采取预防措施，是否对纠正预防措施的有效性进行评估。

存在的典型缺陷：质量保证体系未涵盖药品的设计与研发部分。

质量控制包括组织机构、文件系统和取样、检验、产品批准放行等。放行程序应保证完成必要及相关的检验，认定其质量符合要求后，方可使用或销售。

GMP 检查要点：

① 查看企业质量控制组织机构图是否合理，是否有足够的人员保证质量检验工作的完成；

② 查看是否建立质量控制的文件系统，是否完整，是否包括管理制度、质量标准、操作规程和记录等；

③ 查看物料或产品在放行前是否进行了必要的检验。

质量控制的基本要求：

① 应配备适当的设施、仪器、设备和经过培训的人员，有效、可靠地完成所有质量控制的相关活动；

② 应有批准的操作规程，用于原辅料、包装材料、中间产品、待包装产品和成品的取样、检查、检验以及产品的稳定性考察，必要时进行环境监测，以符合本规范的要求；

③ 由经授权的人员按规定的方法对原辅料、包装材料、中间产品、待包装产品和成品取样；

④ 检验方法应经过验证或确认；

⑤ 应有仪器或手工记录，表明所需的取样、检查、检验均已完成，偏差应有完整的记录并经过调查；

⑥ 物料、中间产品、待包装产品和成品必须按照质量标准进行检查和检验，并有记录；

⑦ 物料和最终包装的成品应有足够的留样，以备必要的检查或检验；除最终包装容器过大的成品外，成品的留样包装应与最终包装相同。

GMP 检查要点：

① 查看设施、设备、检验仪器一览表，确认是否与所生产产品相适应，能否满足检验要求；

② 检查企业质量控制实验室平面布局图，确认实验室布局和环境是否满足检验所需的环境要求；

③ 查看人员一览表，是否有足够并经培训合格的人员从事检验工作；

④ 是否批准相关人员对物料、包装材料、中间产品、待包装产品和成品取样；

⑤ 是否对购入的仪器、设备进行安装、运行及性能确认；是否对购入的试剂、试液、标准物质、滴定液、培养基等进行供应商评估并按内控标准进行必要的检验；是否对原辅料、包装材料、中间产品、待包装产品和成品的检验标准及方法进行了必要的验证或确认；

⑥ 抽查产品的批生产记录，查看所涉及的物料、中间产品、成品检验所需的检验记录及仪器使用记录、设备使用记录、试剂配制记录，标准品或对照品的领用、使用记录等，是否具有可追溯性，是否存在逻辑关系；

⑦ 查看企业是否制订稳定性考察计划并实施。

质量管理机构应参与所有与质量有关的活动和事务，负责审核所有与本规范有关的文件。质量管理机构人员的职责不得委托给其他机构的人员。图 4-1、图 4-2 列举了药品生产企业的机构设置模式示例。

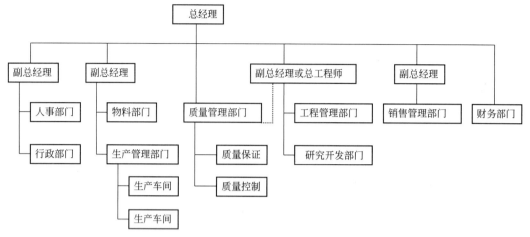

图 4-1 药品生产企业的机构设置模式（一）
其中，总工程师（或技术经理）可以协助企业负责人指导质量管理部门的业务工作；
工程管理部门、供应管理部门也可由其他副总经理分管

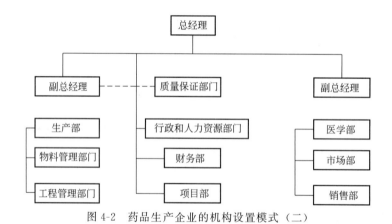

图 4-2 药品生产企业的机构设置模式（二）

GMP 检查要点：

① 查看质量管理部门是否以文件的形式规定了职责；

② 查看职责中是否规定了质量管理部门应参与所有与质量有关的事务，负责审核所有与本规范有关的文件；

③ 抽查部分相关文件，如设备管理文件、生产工艺规程、培训管理文件等，查看是否经过质量管理部门审核；

④ 查看质量管理部门人员的职责是否有委派给其他部门或人员的现象。

存在典型缺陷：将中间产品的取样、检验等职责交由生产部门负责。

一、质量管理部门的职责

设立一个有效的质量管理组织机构对于保证质量管理战略计划的实施以及其措施得到有

效的落实是关键的。通过组织机构，有效配置企业资源，保证组织内部的及时交流，明确地分配权力和责任，从而使得组织整体有条不紊地朝着战略成功的方向运作。

设立质量管理组织机构，首先应列出质量管理所需进行的活动，但这是一项难度非常大的工作，因为从质量形成的规律可知，质量管理活动应存在于产品或服务的一切过程和每一个环节。所以更有效的质量管理是全面质量管理，因而现代的质量管理朝两个趋势发展，即各职能部门肩负其各职能的质量责任形成质量体系（如原料采购部门确保采购的原材料是从经审计批准的、有能力确保原料符合本组织要求的供应商处采购；仓储部门确保原料保存在其所需的贮存条件下，无任何污染，码放状态明确等）和强调预防为主的两种趋势。

设置质量管理机构的原则：

① 参与药品制造的每一个人都应当对质量负责。

② 每家制造商都应当建立、证明其有，并执行一套有管理人员和有关员工积极参与的有效的质量管理体系。

③ 质量管理体系应当包括组织结构、程序、工艺和资源，以及确保药品会符合其预期的质量与纯度要求所必需的活动。所有涉及质量管理的活动都应当明确规定，并有文件证明。

④ 应当设立一个独立于生产部门的质量部门，同时履行质量保证（QA）和质量控制（QC）的职责。依据组织结构的大小，可以是分开的 QA 和 QC 部门，或者只是一个人或组。

⑤ 应当指定授权发放中间体和原料药的人员。

⑥ 所有有关质量的活动应当在其执行时就记录。

⑦ 任何偏离确定程序的情况都应当有文字记录并加以解释。对于关键性偏差应当进行调查，并记录调查经过及其结果。

⑧ 在质量部门对物料完成满意的评价之前，任何物料都不应当发放或使用，除非有合适的系统允许此类使用。

⑨ 应当有程序能确保公司的责任管理人员及时得到有关药政检查、严重的 GMP 缺陷、产品缺陷及其相关活动（如质量投诉，召回，药政活动等）的通知。

因此质量管理部门的职责如下：

（1）质量部门应当参与所有质量有关的事务。

（2）所有与质量有关的文件应当由质量部门审核批准。

（3）独立的质量部门的主要职责不应当委派给他人。这些责任应当以文字形式加以说明，而且应当包括但不限于：

① 所有药品的放行和否决，用于制造商控制范围以外的中间体的放行和否决；

② 建立一个放行或拒收原材料、中间体、包装材料和标签的系统；

③ 在供分发的药品放行前，审核已完成的关键步骤的批生产记录和实验室控制记录；

④ 确保已经对重大的偏差进行了调查，并已解决；

⑤ 批准所有的规格标准和主生产规程；

⑥ 批准所有可能影响原料药或中间体质量的程序；

⑦ 确保进行内部审计（自查）；

⑧ 批准中间体和原料药的委托生产商；

⑨ 批准可能影响到中间体或原料药质量的变更；

⑩ 并批准验证方案和报告；

⑪ 确保调查并解决质量问题的投诉；

⑫ 确保用有效的体系来维修和校验设备；

⑬ 确保物料都经过了适当的检测并报告结果；

⑭ 确保有稳定性数据支持中间体或原料药或成品的复验期或有效期和贮存条件；

⑮ 开展产品质量审核。

二、生产管理部门的职责

（1）按书面程序起草、审核、批准和分发各种生产规程；

（2）按照已批准的生产规程进行生产操作；

（3）审核所有的批生产记录，确保记录完整并已签名；

（4）确保所有生产偏差均已报告、评价，关键的偏差已作调查并有结论和记录；

（5）确保生产设施已清洁并在必要时消毒；

（6）确保进行必要的校准并有校准记录；

（7）确保厂房和设备的维护保养并有相应记录；

（8）确保验证方案、验证报告的审核和批准；

（9）对产品、工艺或设备的变更作出评估；

（10）确保新的（或经改造的）生产设施和设备通过确认。

三、物料管理部门的职责

（1）负责物料管理文件的编写、修订、实施。

（2）按照 GMP 要求，根据销售计划，指导制订和批准生产计划、采购计划，以及计划、采购及仓储控制预测。

（3）建立并保持一定材料和成品的安全库存，以满足生产和销售的需求，同时使库存周转周期符合工厂制定的目标。

（4）根据财务总监的财务授权，批准采购订单和采购合同，确保采购价格合理并符合采购规程。

（5）按照 GMP 的要求做好产品销售记录，确保每批产品售后的可跟踪性，做好产品退货和回收工作。

（6）负责把产品质量问题和用户投诉信息及时反馈给质量管理部门和生产部门。

（7）收集管理国家政策、法规及商务、市场信息，供经营决策参考。

四、工程部门的职责

（1）负责厂房与设施管理文件的编写、修订、实施。

（2）提供符合 GMP 要求与生产相适应的厂房、设备以及水、电、汽、气等。

（3）负责厂房、设施及设备、空气净化系统、工艺用水系统和其他与产品质量直接相关系统的验证工作。

（4）设备、设施的管理工作。

五、人事部门的职责

（1）根据 GMP 对人员的任职要求，负责符合条件的各类人员的配置。

（2）负责编制员工培训计划，组织实施、检查、考核。

六、行政部门的职责

（1）负责厂房环境卫生、防止对药品生产造成污染。

（2）负责更衣室、盥洗间的清洁及工作衣、帽、鞋的配置和清洗。

（3）组织员工体检，建立个人健康档案。

图 4-3 给出各部门质量保证的相互关系。

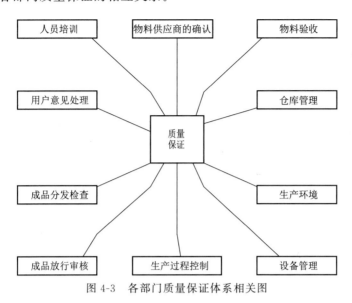

图 4-3　各部门质量保证体系相关图

第二节　人员的资格认定

一个满意的质量保证体系的建立和维护，以及药品、原料药的正确生产和管理都要依靠人，因而药品生产企业应配备足够数量并具有适当资质（含学历、培训和实践经验）的人员从事管理和各项操作。应明确规定每个部门和每个岗位的职责，所有人员应明确并理解自己的职责，熟悉与其职责相关的要求，并接受必要的培训，包括上岗前培训和继续培训。不同岗位的人员均应有详细的书面工作职责，并有相应的职权，其职能可委托给具有相当资质的指定代理人。每个人所承担的职责不应过多，以免导致质量风险。岗位的职责不得有空缺，重叠的职责应有明确的解释。关键人员至少应包括企业负责人、生产管理负责人、质量管理负责人和质量受权人。关键人员应为企业的全职人员。质量管理负责人和生产管理负责人不得互相兼任。质量管理负责人和质量受权人可以兼任。

一、企业负责人

企业负责人是质量管理体系的最高管理者，全面负责企业日常管理，为确保实现质量目标、执行本规范提供必要的资源配置，合理计划、组织和协调，确保质量受权人和质量管理部门独立履行其职责。

作为制药企业高层管理者不仅要求其具有高素质高学历，而且要具有药品生产和质量管理的丰富经验。高层管理者要重视人才的引进和培养，这是因为人员不仅是药品 GMP 实施的首要条件，也是企业在知识经济中竞争的第一资源。一个制药企业领导人的学历和能力，不仅要在 GMP 认证的程序中得到验证，而且也会在市场经济的竞争中以优异的业绩得到社会的确认。

药品生产企业的法定代表人、主要负责人应当对本企业的药品生产活动全面负责，履行以下职责：

① 配备专门质量负责人独立负责药品质量管理，监督质量管理规范执行，确保适当的生产过程控制和质量控制，保证药品符合国家药品标准和药品注册标准；

② 配备专门质量受权人履行药品出厂放行责任；

③ 监督质量管理体系正常运行，保证药品生产过程控制、质量控制以及记录和数据真实性；

④ 发生与药品质量有关的重大安全事件，应当及时报告并按企业制定的风险管理计划开展风险处置，确保风险得到及时控制；

⑤ 其他法律法规规定的责任。

GMP 检查要点：

① 查看企业负责人的职责文件，是否明确其在生产和质量管理中的职责；

② 通过谈话了解企业负责人参与企业日常管理，是否有干扰和妨碍质量管理部门独立履行其职责的行为；

③ 查看企业负责人培训档案，确认是否有关于生产和质量管理方面的培训或考核记录。

存在典型缺陷：企业负责人未接受关于质量管理方面的培训。

二、质量管理负责人

质量管理负责人是企业质量保证系统的最高管理者，经企业法定代表人授权，负责质量管理活动的实施和监督。

1. 资质

质量管理负责人应至少具有药学或相关专业本科学历（或中级专业技术职称或执业药师资格），具有至少五年的药品生产质量管理实践经验和至少一年的药品质量管理工作经验，接受过与所生产产品相关的专业知识培训。

2. 质量管理负责人应履行的主要职责

（1）确保原辅料、包装材料、中间产品、待包装产品和成品符合注册批准的要求和质量标准；

（2）确保完成和监督批记录的放行审核；

（3）确保完成所有必要的检验；

（4）批准质量标准、取样方法、检验方法和其他质量管理规程；

（5）审核和批准所有与质量有关的变更；

（6）确保所有重大偏差和检验结果超标已经过调查并得到及时处理；

（7）批准并监督委托检验；

（8）监督厂房和设备的维护情况，以保持其良好的运行状态；

（9）确保完成各种必要的验证工作，审核和批准验证方案和报告；

（10）确保完成自检；

（11）批准和评估物料的供应商；

（12）确保所有与产品质量有关的投诉已经过调查，并得到及时正确的处理；

（13）确保完成产品的持续稳定性考察计划，提供稳定性考察的数据；

（14）确保完成产品质量回顾分析；

（15）确保质量控制和质量保证人员都已经过必要的上岗前培训和继续培训，并根据实际需要调整培训内容。

GMP 检查要点：

① 查看质量管理负责人的资质，包括学历、职称、执业药师、各类培训证书等材料，重点关注质量负责人是否具有本科以上学历（中级职称或执业药师），所学专业是否与医药相关；

② 查看人事档案是否详细记录质量管理负责人的工作经历，确认其质量管理经验是否符合要求；

③ 查看质量管理负责人的培训档案，确认是否有关于质量管理方面的培训或考核记录；

④ 查看质量管理负责人岗位职责是否涵盖本条款规定的 15 项主要职责。

存在典型缺陷： 某企业质量管理负责人大专毕业、没有中级职称和执业药师资格证书。

三、生产管理负责人

1. 资质

生产管理负责人应至少具有药学或相关专业本科学历（或中级专业技术职称或执业药师资格），具有至少三年从事药品生产的实践经验和至少一年的药品生产管理工作经验，接受过与所生产产品相关的专业知识培训。

2. 管理负责人应履行的主要职责

（1）确保药品按工艺规程和操作规程生产、贮存，以保证药品质量；

（2）确保严格执行工艺规程和生产操作相关的各种操作规程；

（3）确保批生产记录和批包装记录经过指定人员审核并送交质量管理部门；

（4）确保厂房和设备的维护保养，以保持其良好的运行状态；

（5）确保完成各种必要的验证工作；

（6）确保生产相关人员经过必要的上岗前培训和继续培训，并根据实际需要调整培训内容。

GMP 检查要点：

① 查看生产管理部门负责人的资质，包括学历、职称、执业药师、各类培训证书等材料，重点关注生产负责人是否具有本科以上学历（中级职称或执业药师），所学专业是否与医药相关；

② 查看人事档案是否详细记录生产管理负责人工作经历，确认其生产管理经验是否符合要求；

③ 查看生产管理负责人的培训档案，确认是否有关于生产管理方面的培训或考核记录；

④ 查看生产管理负责人岗位职责是否涵盖本条款规定的 6 项主要职责。

存在典型缺陷： 车间的批生产记录和批包装记录未送交质量管理部门审核并保存，而保存在生产部门。

3. 生产管理负责人和质量管理负责人通常有下列共同的质量职责

（1）审核和批准操作规程和文件；

（2）审核和批准产品的工艺规程；

（3）监督厂区卫生状况；

（4）确保关键设备经过确认、仪表校准在有效期内；

（5）确保完成生产工艺验证；

（6）确保企业所有相关人员都已经过必要的上岗前培训和继续培训，并根据实际需要调整培训内容；

（7）批准并监督委托生产；

（8）确定和监控物料和产品的贮存条件；

（9）保存记录；

（10）监督本规范执行状况；

（11）为监控某些影响产品质量的因素而进行检查、调查和取样。

四、质量受权人

1. 资质

质量受权人应至少具有药学或相关专业大学本科的学历（或中级专业技术职称或执业药师资格），至少具有五年药品生产和质量管理的实践经验，从事过药品生产过程控制和质量检验工作。

质量受权人应具有必要的专业理论知识，并经过与产品放行有关的培训，方能独立履行其职责。

2. 主要职责

（1）必须保证每批已放行产品的生产、检验均符合相关法规、药品注册批准或规定的要求和质量标准；

（2）在任何情况下，质量受权人必须在产品放行前对上述第（1）款的要求作出书面承诺，并纳入批记录。

应制定操作规程确保质量受权人的独立性，企业负责人和其他人员不得干扰质量受权人独立履行职责。

GMP 检查要点：

① 查看质量受权人的资质，包括学历、职称、执业药师、各类培训证书等材料，重点关注质量受权人是否具有本科以上学历（中级专业技术职称或执业药师），从业年限是否符合要求，所学专业是否与医药相关；

② 查验其培训证书、培训档案等相关材料，检查其是否具备生产过程控制和质量检验的专业知识，是否接受过与产品放行有关的培训，是否具备履行产品放行能力；

③ 检查其岗位职责是否包括以上职责，质量受权人是否能真正做到独立行使职责；

④ 查看放行审核记录是否纳入批记录。

存在典型缺陷：质量受权人未参与药品不良反应报告和调查。

附：药品生产企业中层干部应具备的知识和技能。

A. 药品管理法律法规方面的基本知识，特别是药品 GMP 的基本知识以及本企业的质量方针和各种规程、各项标准，并具有编制各种规程和控制生产质量和安全的能力。

B. 制药工程、质量和安全工程方面的基本知识。

C. 生产管理与计划安排方面的基本知识，包括物料管理与存货控制方面的基本知识和有关质量成本、财务资源等方面的基本知识。

D. 厂房设施的设计和设备的选型、操作与保养方面的基本知识。

E. 领导和交流能力方面的基本知识和技能，如评价下属工作进展情况的能力和理解下属并激励鼓舞他们上进的能力。

F. 开发人力资源方面的基本知识和技能，如个人接见和选择新雇员的能力和培训操作工人的能力。

G. 时间安排和组织活动方面的基本知识和能力，如安排生产计划（日程表）的技能和召开相互交流的各种会议的能力。

第三节　人员培训

一、培训的作用和意义

中国 GMP 规定："企业应指定部门或专人负责培训管理的工作，应有经生产管理负责人或质量管理负责人审核或批准的培训方案或计划，培训记录应予保存。与药品生产、质量有关的所有人员都应经过培训，培训的内容应与每个岗位的要求相适应。除进行本规范理论和实践的基础培训外，还应有相关法规、相应岗位的职责、技能培训和继续培训，继续培训的实际效果应定期评估。高风险操作区（如：高活性、高毒性、传染性、高致敏性物料的生产区）的工作人员应接受专门的培训。"不仅是中国的 GMP，世界各国的 GMP 都特别强调人员培训。越来越多的企业家认识到，培训是一项极为重要的企业活动，人员培训是关系企业生存和发展的战略要素。

在市场经济与知识经济社会中，知识已成为十分重要的资本，知识因素发挥着十分重要的作用。制药企业竞争力取决于企业的创新能力和新药开发能力，而创新能力源于企业员工素质的提高，提高员工素质必须加强人员培训。经济发展、科技进步和信息革命推动了世界经济的全球化、市场化进程，现代制药企业在迎接知识经济过程中面临着各种机遇和挑战。以知识为基础，并以知识为增长驱动力，具备先进技术和最新知识的劳动力成为决定性生产要素。人力素质和技能成为企业经济发展的先决条件。这一切都需要创新人才的培养开发、企业经济知识化培训。现代企业要树立具有全球意识的国际化经营与竞争观念，制定带有全局性的、分步实施的发展战略和策略，以国际化人才为基础，并把培养国际化人才作为战略要点。

另外，企业管理柔性化和组织结构扁平化对现代制药企业人力资源的素质也提出了高要求。培训是一种智力投资，通过这种智力投资，提升劳动者技能水平，增加人力资本存量，提高智力资本要素对企业发展的贡献率。通过培训这种组织学习过程，企业获得不断创新的动力，取得竞争优势，适应市场环境的变化。制药企业开展这种系统性活动，不仅能带来长期收益，而且培训本身也可以直接受益。

总之，培训是提高人力资源素质的需要，是知识管理的需要，是为适应外界环境变化的需要，是适应组织变革的需要。现代制药企业培训刻不容缓，其重要的作用与意义，主要表现在以下几个方面。

① 有利于员工知识更新。
② 有利于减少内部管理成本，提高管理效率。
③ 有利于提高企业竞争力。
④ 有利于稳定职工队伍，调动其积极性。
⑤ 有利于塑造企业形象，提高服务质量。
⑥ 有利于制药企业提高药品质量，更好地为人类健康事业服务。

二、培训的原则

制药企业的培训是法规的规定，也是企业发展的需求，是企业人力资产增值的重要途径，企业通过培训可以强化员工的质量意识，提高员工的工作技能，改变不良的卫生习惯，增强遵守各项规程的自觉性，制药企业的管理者应当按照组织过程、人员的发展以及组织文化，满足效率的期望来安排提供教育和培训。因而，有效的培训应贯彻以下原则。

（1）**实现企业近期与远期战略的原则**　中国制药企业除了考虑实施 GMP 并通过认证，开发市场，形成规模经济的近期战略外，还应从长远发展的战略考虑，在培训方面投入足够的人力、物力和财力。企业最高管理层对培训的支持是培训成功与否的关键。

（2）**系统性原则**　制药企业的员工培训是一个由各种培训要素组成的系统工程，它包括全员培训、全程培训、全方位培训；培训主体、培训客体、培训媒介；培训的计划系统、组织系统、教学系统、法规与制度系统、评估系统；包括需求分析、确立目标和标准、实施培训、信息反馈等培训开发过程。不仅全员都是受训者，而且全员都是培训者；全方位培训不仅要求内容丰富广泛，而且要满足不同层次的需求；全程性体现在培训过程贯穿于员工职业生涯的始终。

（3）**理论联系实际、学以致用的原则**　GMP 培训和专业技术培训是制药企业质量保证的需要，有着十分强烈的实践性。企业发展需要什么、员工缺少什么，企业就培训什么。理论与实践相结合就是要根据生产经营的实际状况和受训者的特点开展培训工作，既讲授专业技能知识和一般原理，提高受训者的理论水平和认识能力，又解决企业发展中存在的实际问题。实现企业的培训目的，符合成年人学习规律，发挥学员的学习主动性。

（4）**培训与提高相结合的原则**　就是指全员培训和重点提高相结合，组织培训与自我提高相结合。在知识、技能逐步提高的同时，要逐步加强对态度的培训，实际上也是企业文化、企业精神、价值观的人格素质的培训。

（5）**专业对口的原则**　GMP 培训教师可以是某专业领域中最富有经验与学识，并掌握培训技巧的人，也可以利用组织外的培训资源。制药企业每个部门的负责人都有对新员工和组织成员培训的责任，而且符合专业对口的原则。

（6）**多层次分级培训的原则**　一个制药企业有效地运作，需要不同层次的人员以团队精神相互配合协作。分层次分级培训，是为了适应工作需要，造就高效率的团队。对于高层管理人员主要是法规（注意新法规）和意识的培训，方式可以是自学、外出或请老师讲课；中层管理人员主要是一些技术进展、法规变化等深化培训；工人的培训主要放在操作和意识上，也可包含一些相关知识的培训。

（7）**促进人员全面发展与因材施教的原则**　人员培训工作就是要培养高素质的、全面发展的人才。制药企业应从管理组织与方法上，从技术系统和支撑保证方面最大限度地发挥员工的积极性与创造性，并对员工进行技术培训与继续教育。所以，制药企业在实施分层施教的同时，也要注意因材施教。因材施教的前提是尊重和承认个体差异，这对于制订适宜的学习计划是相当重要的。制药企业培训要有计划、有步骤，分清主次先后和轻重缓急进行规划，并根据不同对象（例如，有经验与无经验、管理与非管理）选择不同的内容和方式。

（8）**人员培训"三个面向"的原则**　即面向企业、面向市场、面向时代的原则。

培训首要的任务是满足制药企业生存与发展的需要，那就是实施 GMP。制药企业的基础培训是 GMP 培训，培训工作应服务于企业的总体经营战略，应有助于优秀企业文化的塑造和形成，应有助于企业管理工作的有序和优化。同时，对人员进行 GMP 培训和专业技术培训，以及经营战略、企业文化等方面培训的过程，实质上是检验制药企业在管理上是否有效有序的过程，有文件记录与证实的过程，是 GMP 一个方面的认证。制药企业的人员培训必须面向市场，这是由于制药企业要面向市场，满足顾客的需要，保证药品的质量。面向市场的培训，可激发员工的主动性、积极性和创造性，从而带来企业各方面的改善。面向市场价值观的培训，也可使训练有素的员工以其高品位的服务，获得顾客满意。制药企业的人员培训还要面向时代。跨入 21 世纪，人类社会走向了知识经济的时代、经济全球化的时代、人本管理的时代，中国要想成为世界上的制药强国，就应为员工提供最先进资讯的培训和学习，掌握时代发展最前沿的知识与管理。

三、GMP 有关人员培训

制药企业要将需要的培训内容有计划地重复地对员工进行培训。因为，目前是一个知识更新十分迅速的时代，制药企业员工所需掌握的知识和技能也处于快速的变化中，例如：法规更新带来的规章制度的变化，设备更新带来的操作的变化，以及新的技术和新的系统的应用带来的观念、操作和要求上的变化等。因此，为了保证员工的知识和技能能够适合环境的变化，在中国 GMP（2010 年版）中提出了继续培训的要求——"所有人员应明确并理解自己的职责，熟悉与其职责相关的要求，并接受必要的培训，包括上岗前培训和继续培训"。员工要接受上岗前培训，意味着员工必须通过培训才可以获得上岗或独立操作的资格；员工要接受继续培训，意味着企业对员工的培训应该是长期的和有计划的工作，而不是一次性或临时性的工作。

制药企业的人员培训必须满足 GMP 的要求，因此，对中国 GMP（2010 年版）关于人员培训的要求进行归纳，我们可以得到实施培训时需要关注的重要因素，如下：

① 培训管理：培训要有具体的管理程序，并有明确的人员或部门进行管理。

② 培训范围：培训要涵盖所有与产品生产和质量相关的人员。

③ 培训内容：要针对质量系统中不同的组织或岗位实施针对性的培训，也就是说，培训的内容要和组织或岗位的职责和操作相适应。

④ 培训计划：培训要有经过批准的计划或方案。

⑤ 培训结果：培训的效果要定期评估。

⑥ 培训文件：培训要有相关的文件和记录。

制药企业可以建立一个涵盖上述因素的培训流程来保证对培训的管理。培训流程见图 4-4。

制药企业可以将培训内容分为两类：基础培训内容和针对性培训内容。

基础培训内容是一般性的 GMP 要求、法律法规和企业自身的基本信息，是制药企业员工应知应会的基础知识，适用于企业所有员工。基础培训内容可以由熟悉 GMP、法律法规和企业情况的培训师来进行培训。

针对性培训内容是具体的专业操作、专业知识和特殊工种的资质培训，适用于进行相关操作的员工的培训。针对性培训需要由相关方面的专家（包括来自企业内部和外部的专家）或有资质的培训机构来进行培训。

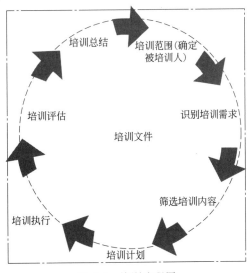

图 4-4　培训流程图

负责培训的培训师应能胜任其负责的培训工作。

在制药企业中，不同的岗位和职务所要求掌握的 GMP 知识和技能可能会不同。比如说，生产操作工需要掌握生产设备的操作技能，实验室化验员需要掌握分析仪器的使用以及相应的分析方法等，而其他部门的人员可能就不会有这些方面的知识和技能的要求。制药企业要能够准确地识别各个岗位的培训需求，从而提供适合的培训。因为，只有准确地识别了各个岗位的培训需求，才能够采取有针对性的培训，从而保证培训的效果。制药企业的培训内容举例见表 4-1。表 4-2～表 4-4 给出了各类人员培训的要求。

表 4-1　　×××制药企业的培训内容

分类	培训内容	具体信息	培训对象	培训师
基本培训内容	企业介绍	企业历史、企业架构、企业产品，各部门职责及负责人及其他企业相关信息和数据等	企业所有员工	企业内部培训员工
	法律法规	药品法及其实施条例、GMP 等	企业所有员工	企业内部培训员工
	质量管理	企业质量系统、质量目的、质量方针、工作职责	企业所有员工	企业内部培训员工
	文件	文件系统的架构、管理、记录的填写等	企业所有员工	企业内部培训员工
	卫生	一般卫生要求	企业所有员工	企业内部培训员工
	变更管理	变更的定义、分类、申请、批准等	企业所有员工	企业内部培训员工
	偏差管理	偏差的定义、分类、处理程序等	企业所有员工	企业内部培训员工
	安全	安全责任制、安全生产和消防安全等	企业所有员工	企业内部培训员工或相关方面的专家
针对性培训内容	设备操作规程	—	操作员工	相关方面的专家
	生产工艺	—	生产操作和过程监管相关的员工	相关方面的专家
	投诉和召回	投诉和召回的定义、分类及管理流程	生产、质量、库房等相关的员工	相关方面的专家
	分析方法分析仪器操作	—	实验室员工	相关方面的专家
	自检管理	自检的准备、实施和后续整改的管理流程	相关员工	相关方面的专家
	特种作业	叉车、压力容器、电工和焊工等	相关员工	有资格的国家培训机构
	微生物知识	—	进出洁净区的员工（基础培训）；生物实验室员工（专业培训）	相关方面的专家

表 4-2　　无菌操作岗位人员培训要求

序号	培训课题	主要培训内容
1	有关法规、规定、制度	药品法、药品生产质量管理规范、GMP 实施指南，企业规章制度，无菌操作有关制度、规定、工艺规程及岗位操作法 SOP 等

序号	培训课题	主要培训内容
2	无菌基本概念	无菌产品定义,污染物及污染源(微粒、微生物、热原等)
3	无菌控制	环境控制及监测方法,空气净化技术,水的净化,物料进入无菌区的要求和程序,人员进入无菌区的要求和程序,消毒剂及消毒方法等
4	岗位标准操作程序(SOP)训练	各种标准操作规程(SOP)的训练。如洗瓶机的操作,洗胶塞机的操作,设备清洗方法,场地清洗方法,无菌灌装岗位的操作(包括洗手方法,无菌工作服穿着要求,无菌操作程序及技巧,天平使用规则,称量复核程序,灌装量的计算、调整与复核等)
5	组长岗位职责	人员管理,无菌操作的准备程序,组织清场、换批、复核计量,生产记录检查等
6	机修人员无菌概念的培训	生产工艺和设备的无菌要求,生产流水线的准备及故障排除、试车、保养与维修等
7	无菌操作岗位的文件管理	物料清单,无菌记录,清洁记录,设备运行维修记录,生产指令单,各岗位(洗瓶、洗塞、称量、灌装等)操作记录,批生产记录等

表 4-3　有经验管理人员的培训内容

项目	培训内容	培训目的
制定或理解组织的方针政策与目标	·组织价值观 ·顾客需求评估分析方法 ·战略管理计划的方法与工具	·给出正确的方向,使组织沿正确方向前进,以利于组织的竞争,使组织有一个统一的奋斗目标 ·增加对组织的责任和使命感
组织工作	·组织与人力资源管理	·能够建立一个合理有效的组织机构,明确组织内部的责任与权利,以保证战略计划及措施的有效落实,有效地配置组织资源,使组织有条不紊地朝成功方向运行
领导工作	·激励原理 ·领导方式和组织气氛营造(企业文化) ·人才选择 ·团队建设 ·交流技巧 ·成功人士行为习惯	·产生组织凝聚力,充满活力,发挥组织中每一个成员的主观能动性,共同向成功目标前进
质量管理	·有关法律法规(如质量法) ·行业法规(如制药行业的 GMP、《药品管理法》等) ·质量管理原则的应用 ·质量控制方法介绍 ·质量保证体系 ·质量改进原理 ·生产、质量文件系统的建立 ·质量审计技巧	·建立有效的质量保证系统,配合运用有效的质量控制工具,保证组织提供的产品或服务符合法律法规的要求,并不断根据顾客需求改进质量,最大程度地满足顾客的要求
部门费用预算与控制	·质量成本 ·费用预算控制 ·成本构成及其软件系统	·保证整个组织的财务运行正常
信息技术的应用	·新系统管理软件的使用	·高效率获得信息 ·高效率标准化管理
保证安全、环保与健康	·重要性发展趋势 ·有关法规、标准	·保持良好的社会环境
专业技术管理	·有关技术信息 ·有关专业的新技术、新设备及新知识	·提高某专业领域运作的效率、降低成本

表 4-4　有经验操作人员的培训内容

工作	培训内容	培训目的
对公司方向与目标以及其价值观的理解	·组织价值观	·增加对组织的责任心和使命感
对行业的法规的理解（如制药行业的 GMP）	·GMP 的全部要求	·药品生产的交叉感染的概念、卫生习惯、生产习惯
工作汇报	·组织程序 ·汇报关系	·明确工作的交流方式
安全、环保与健康意识	·意义重要性 ·有关法规、标准	·达到公司设定的安全环保与健康的目的
操作软件的应用	·相应软件的操作	·准确操作计算机控制系统
岗位技能培训	·操作规程 ·质量控制工具与方法	·增强质量意识和工作质量 ·保证产品质量

四、企业培训实例

各类管理人员的培训内容见表 4-5。

表 4-5　各类管理人员的培训内容

培训内容	管理人员级别							
	产品研发	制造工艺	采购供应	营销	质量控制	一般管理人员	中级管理人员	高层管理人员
药品管理法	•	•	•	•	•	•	•	•
药品生产质量管理规范	•	•	•	•	•	•	•	•
药品生产质量管理规范实施指南	•	•	•	•	•	•	•	•
质量概念	•	•	•	•	•	•	•	•
质量职能					•			
市场研究	•			•				
产品开发	•			•				•
采购供应			•					•
生产准备	•	•	•		•			•
生产制造	•	•			•			•
检验			•		•			
营销				•				
标准化	•	•			•	•	•	•
质量审核					•	•	•	•
质量成本	•	•	•	•	•	•	•	•
质量信息	•	•	•	•	•	•	•	•
TQC 活动	•	•	•	•	•	•	•	•
目标管理	•	•	•	•	•	•	•	•

注：·代表不同管理人员需参加的培训项目。

某企业的培训计划表见表4-6。

表4-6 某企业的培训计划表

1. ××××年××××公司员工培训计划

起草人：　　　　　　　　　　批准人：　　　　　　　　　　文件编号：

编号	培训时间	培训内容	培训对象	要求	考核
1		药品管理法、GMP	全员	熟悉	
2		GMP软件（管理类）	全员	熟悉	
3		GMP软件（岗位SOP）	生产部、质量部	掌握	
4		GMP软件（标准类）	生产部、质量部	掌握	
5		专业知识	生产、供应、质量部	掌握	
6		专业知识	生产、供应、质量部	掌握	
7		安全生产知识	生产、供应、质量部	熟悉	综合考试

2. 培训的方式

（1）厂外培训　企业可选派有关人员参加厂外的各类学习班、培训班和研讨班，使他们成为企业的培训业务骨干力量。

（2）厂内培训　采用全脱产、半脱产及现场培训方式。

采用集中培训、个别培训、送出去或请教授、专家讲课。同时还可以组织人员到有关制药企业参观、学习、实习等多种方式方法。

3. 按照培训计划的内容、方式、时间、人员进行培训。

4. 进行培训后的评价（考核、实际操作等）

职工培训教育应建立考核制度，并对各级受训人员进行定期的考核工作，以示职工培训教育的成效和职工素质水平。

个人培训考核记录卡

部门：　　　　姓名：　　　　进厂日期：　　　　岗位：

培训时间	培训内容	培训地点	培训课时	考试成绩	培训人	主管领导评价

5. 培训档案

培训结束后，所有的培训文件由专人负责保管整理。

GMP 检查要点:

① 查看企业是否明确了负责培训工作的部门或人员,检查培训管理部门是否对企业的全体人员进行了《药品生产质量管理规范》的培训。

② 检查是否有年度培训方案或计划,生产管理负责人或质量管理负责人是否参与了培训方案或计划的起草、审核和批准,培训计划内容必须具体,不能笼统概述。

③ 培训计划的制订是否具有针对性,是否结合企业的年度考核、产品质量回顾、岗位需求、未来发展规划等方面内容制订,力求通过培训的开展促进工作质量的不断改进、提升。

④ 培训内容重点应包括 GMP 相关知识、岗位操作理论、实践操作技能及安全知识等。

⑤ 检查企业全体人员是否均建立了个人培训档案,个人培训记录是否完整、真实,是否及时保存,且保存齐全。

⑥ 根据企业年度培训方案或计划、培训记录等,查看与药品生产、质量有关的人员是否均经过培训。查看培训内容是否完整、全面,是否包括药品生产管理的专业知识、生产技术、安全知识、法律法规、GMP 相关知识、职业道德等内容。

⑦ 随机抽查生产及质量人员的培训档案,查看所有人员是否均经岗位培训后上岗,培训的内容是否与岗位的要求相适应。

⑧ 查看是否建立了培训考核制度,是否有考核试卷和记录,考核不合格者或因故未参加者是否进行了追踪培训或补充培训,并通过考核。

⑨ 查看企业是否制定了对培训效果进行定期评估的制度,并按照规定定期对培训效果进行评估。可通过考核、询问现场检查中涉及的岗位操作人员、生产管理人员、质量管理人员,对企业培训效果做出客观评价。

⑩ 质量受权人通过质量受权人培训,取得上岗资格证书,并备案。

⑪ 根据《省药品生产企业产品质量检验监督管理办法》(试行),药品检验人员应经专业技术培训,并取得省食品药品检验院的《药品检验上岗培训合格证》,方可上岗。

⑫ 检查从事"三高一传"等高风险岗位的操作人员是否接受专业知识培训,能够做好劳动防护并防止可能发生的污染传播。

⑬ 检查培训记录、培训教材及考核记录的内容是否与岗位职责相符。

⑭ 根据培训档案的内容,现场询问从事"三高一传"等高风险岗位的操作人员对培训内容的掌握情况。

存在典型缺陷:

① 培训记录保存不完整。

② 对于考核不合格的人员未进行追踪培训及考核。

③ 个别企业对人员培训针对性较差。

④ 对从事高活性、高毒性、传染性、高致敏性物料等高风险岗位的操作人员进行的专业知识培训合并到其他培训中共同进行,且培训课时较短。

╢ **复习思考题** ╟

1. 中国 GMP 规定,制药生产企业应配备一定数量的与_____具有专业知识的、_____及_____的管理人员和技术人员,其中,包括经过资格认定的_____。

2. 越来越多的企业家认识到,_____是一项极为重要的企业活动,是关系企业生存和发展的战略要素。

3.现代制药企业培训的重要作用与意义如何？

4.将下列内容与标题相匹配。

A	B
（1）系统性原则	a.在培训方面投入足够的人力、物力和财力，要考虑 GMP 认证还要考虑企业发展
（2）理论联系实际、学以致用的原则	b.各种培训要素组合在一起的活动
（3）专业对口原则	c.既讲授专业技能知识和一般原理，提高受训者的理论水平和认识能力，又解决企业发展中存在的实际问题
（4）促进人员全面发展与因材施教的原则	d.全员培训和重点提高相结合，组织培训与自我提高相结合
（5）培训与提高相结合的原则	e.培训教师是某专业领域中最富有经验与学识，并掌握培训技巧的人
（6）实现企业近期与远期战略的原则	f.为了适应工作需要对不同层次人员分层次分级培训
（7）三个面向的原则	g.培养高素质的、全面发展的人才，要有计划、有步骤、分清主次先后和轻重缓急进行规划
（8）多层次分级培训的原则	h.面向企业，面向市场，面向时代

5.现代的质量管理两大发展趋势是什么？

6.质量管理部门的职责是什么？

7.结合本章的学习，论述你对机构和人员在制药企业中所起作用的看法。

第五章

GMP对硬件的要求

【学习目标】通过本章学习着重了解GMP对厂房、生产设施和设备的基本要求，包括从厂区、厂房、公用工程到特殊房间以及内部洁净室的各项基本认证。重点掌握GMP对药品生产环境的洁净要求，以及对制药用水系统的不同工艺要求；了解药品生产中对设备的GMP要求以及验证的要求。

第一节 GMP 对厂房的要求

一、厂址选择

根据中国 GMP（2010 年修订）的规定："厂房的选址、设计、布局、建造、改造和维护必须符合药品生产要求，应能最大限度避免污染、交叉污染、混淆和差错，便于清洁、操作和维护。应根据厂房及生产防护措施综合考虑选址，厂房所处的环境应能最大限度降低物料或药品遭受污染的风险。"

厂址选择的原则有以下六点。

① 药品生产企业的厂址应选择大气含尘、含菌浓度低，无有害气体，自然环境好的区域。大气中的含尘浓度和城市空气的含菌浓度详见表 5-1、表 5-2。

表 5-1　大气中的含尘浓度

场所	浓度/(mg/m³)	含尘(微粒≥0.5μm)浓度/(个/m³)
市中心	0.1～0.35	$(15\sim35)\times10^7$
市郊	0.05～0.3	$(8\sim20)\times10^7$
田野	0.01～0.1	$(4\sim8)\times10^7$

表 5-2　城市空气的含菌浓度

场所	人流、车辆、绿化状况	浮游菌浓度/(个/m³)
火车站	人多,车多,绿化差	4.97×10^4
商业区	人多,车多,无绿化	4.40×10^4
公园	人多,绿化好	6.98×10^3
植物园	人少,树木茂密	1.05×10^3

② 药品生产企业的厂址应选择远离铁路、码头、机场、交通要道以及散发大量粉尘和有害气体的工厂、储仓、堆场等严重空气污染、水质污染、震动或噪声干扰的区域。如不能远离严重空气污染区时，则应位于全年最大频率风向上风侧（或全年最小频率风向下风侧）。

③ 药品生产厂房与市政交通干道之间距离不宜小于50m。

④ 排水良好，应无洪水淹没危险。

⑤ 目前可预见的市政区域规划，不会使厂址环境产生不利于药品质量的影响。

⑥ 水、电、燃料、排污、物料供应和服务条件在目前和未来的发展中能够有效地得到保持和改善。

GMP 检查要点：

① 本条款要求把最大限度地避免污染、交叉污染、混淆和差错作为基本原则贯穿本章节检查工作的始终。

② 在现场检查中应着重关注厂房厂区设计及厂房的周边环境；考查厂区总体布局是否符合本条款要求，厂房选址应当避免其周围环境的影响，厂房所处的周边环境应当远离污染源。

③ 查看厂房的设计、建造应当符合清洁、操作和维护的要求和保证。

④ 厂房厂区设计及厂房的周边环境应当远离污染源，企业应采取必要措施控制污染。

⑤ 企业在选择厂址时，应充分考虑周边环境可能带来的空气质量、震动、噪声等影响，并采取有效的技术手段避免对物料或产品造成影响。

⑥ 厂区周边环境图、厂区总平面布局图应当符合条款要求。

存在典型缺陷：

① 功能间面积偏小，生产物料存放及人员操作空间不够，造成混淆、交叉污染概率加大。

② 厂房的选址不当，周边环境（如上风源存在污染企业）可能会对车间产生潜在的污染。

二、厂区总体规划

厂区总体规划应遵循以下原则。

① 企业厂区内布局应合理，各个区域之间的相互影响降到最低，对于建设后的洁净厂房能可靠、经济运行和确保产品质量至关重要。

② 厂区内的主要污染风险来源是道路扬尘、尘土飞扬等风险，将增加大气中的含尘量。厂区所有"裸土"地面应进行绿化或硬化处理，应当做到"土不见天"。

③ 生产、行政、生活和辅助区的总体布局应合理，不得互相妨碍，厂房建筑布局应考虑风向的影响，动物房、锅炉房、产尘车间等潜在污染源应位于下风侧。

④ 危险品库应远离生产区，设于厂区安全位置，并有防冻、降温、防爆、消防设施；麻醉药品、剧毒药品应当设专用仓库，并有防盗、报警措施。

⑤ 动物实验室的设置、设施应符合国家颁布的有关规定。

⑥ 药品生产厂房周围不宜设排水明沟；停车场应远离药品生产厂房；生产废弃物的回收应当独立设置。

⑦ 对于洁净厂房内要求设置防微振的精密设备、仪器或产品生产过程中要求防微震时，确定不会对设备、仪器的使用产生不良影响。

⑧ 兼有原料药和制剂生产的药厂，原料药生产区应位于制剂生产区全年最大频率风向

的下风侧。

GMP 检查要点：

① 厂区人流、物流应分开，路线清晰，不得混淆；生产区、仓储区、质量控制区、辅助布局应符合条款要求，布局合理。

② 厂区垃圾集中存放，其中生产垃圾和生活垃圾应分类存放，便于区分。

③ 锅炉房、危险品库、实验动物房位置合理，便于管理，不易对生产造成污染。

存在典型缺陷：

① 生产高活性产品的厂房排风口与其他产品生产设施的进风口距离过近，或未对排风采取适当的控制措施。

② 厂区内道路硬化不够，有露土的地面，不够平整。

药品生产环境通常分为以下 4 个区域。

① 室外区（黑色区）是厂区内部或外部无生产活动和更衣要求的区域。通常与生产区不连接的办公室、机加工车间、动力车间、化工原料贮存区、餐厅、卫生间等在此区域。

② 一般区和保护区（非控制区）是厂房内部产品外包装操作和其他不将产品或物料明显暴露操作的区域，如外包装区、QC 实验区、原辅料和成品贮存区等。

一般区：没有产品直接暴露或没有直接接触产品的设备和包材内表面直接暴露的环境。如无特殊要求的外包装区域，环境对产品没有直接或间接的影响。环境控制只考虑生产人员的舒适度。

保护区：没有产品直接暴露或没有直接接触产品的设备和包材内表面直接暴露的环境。但该区域环境或活动可能直接或间接影响产品。如有温湿度要求的外包装区域，原辅料及成品库房，更衣等。

③ 洁净区（制药灰色区）是厂房内部非无菌产品生产的区域和无菌药品灭（除）菌及无菌操作以外的生产区域。非无菌产品的原辅料、中间产品、待包装产品，以及与工艺有关的设备和内包材能在此区域暴露。如果在内包装与外包装之间没有隔离，则整个包装区域应归入此等级的区域。

④ 无菌区（制药白色区）是无菌产品的生产场所。

三、厂房总体设计要求

药品生产企业可分为原料药生产和药物制剂生产两大部分。在原料药生产中除成品工序外，其他各工序基本与化学工业类似，这里不再赘述。原料药的成品工序（精制、烘干、包装）和药物制剂生产都必须按照 GMP（2010 年修订）的规范进行，要求药品生产企业必须创造一个环境，控制微粒及微生物，使药品达到安全、可靠。这个环境就是洁净厂房，就是指制剂、原料制成品工序、药用辅料和药用包装材料生产中有空气洁净度要求的厂房。本节所涉及药品生产企业的厂房设计主要是指洁净厂房的设计。

1. 厂房设计的原则

GMP 的核心就是防止生产中药品的混批、混杂、污染、交叉污染，厂房设计的原则就是依据 GMP 的规定创造合格的布局，合理的生产场所。

药品生产企业洁净厂房的设计必须符合国家的有关政策，执行现行有关的标准、规范，符合实用、安全、经济的要求，节约能源和保护环境。厂房设计时，在可能的条件下，积极采用先进技术，既满足当前生产的需要，也适当考虑今后发展规律的需要，对于利用原有建筑进行洁净技术改造时，可从实际出发，充分利用已有的技术、设施和设备。

（1）厂房设计总原则 主要包括以下几个方面：

① 企业应当有整洁的生产环境；厂区的地面、路面及运输等不应当对药品的生产造成污染；生产、行政、生活和辅助区的总体布局应当合理，不得互相妨碍；厂区和厂房内的人、物流走向应当合理。

② 应当对厂房进行适当维护，并确保维修活动不影响药品的质量。应当按照详细的书面操作规程对厂房进行清洁或必要的消毒。

③ 厂房应当有适当的照明、温度、湿度和通风，确保生产和贮存的产品质量以及相关设备性能不会直接或间接地受到影响。

④ 厂房、设施的设计和安装应当能够有效防止昆虫或其他动物进入。应当采取必要的措施，避免所使用的灭鼠药、杀虫剂、烟熏剂等对设备、物料、产品造成污染。

⑤ 应当采取适当措施，防止未经批准人员的进入。生产、贮存和质量控制区不应当作为非本区工作人员的直接通道。

⑥ 应当保存厂房、公用设施、固定管道建造或改造后的竣工图纸。

GMP 检查要点：

① 设备保障部门应当建立厂房设施的日常检查流程，制定厂房设施完好标准，并按照流程规定执行各项检查及维护。

② 企业应制订维修计划，并对厂房定期进行维修保养，确保厂房运行始终能够满足生产工艺要求。

③ 相关的维修行动应有维修记录，如若对生产造成影响则应有必要适当的风险评估措施。

④ 企业应具备符合生产工艺和产品要求的照明、温度、湿度和通风设备设施，尤其查看洁净厂房换气次数是否符合设计要求和技术标准。

⑤ 检查企业是否制定洁净室（区）温湿度控制的管理文件，并抽查温湿度记录确认是否符合规定；检查温湿度监控装置的安装位置是否恰当并具有代表性；检查是否有温湿度监控装置的使用、维护、校验的相关书面程序，并抽查相关的记录。

⑥ 有防爆要求的洁净车间，照明灯具和安装应符合国家安全规定，注意检查防爆灯具的设置、清洁和维护，防止对产品造成污染。

⑦ 厂房仓储区和生产区应当具有防止昆虫和其他动物进入的设施及相应的文件规定，规定灭鼠、杀虫等设施使用方法和注意事项，严格按照文件要求进行操作，并记录在册。

⑧ 企业应对使用灭鼠药、杀虫剂、烟熏剂等对设备、物料、产品是否造成污染进行相应的风险评估及验证确认。

⑨ 查看管道进入厂房等穿墙部位是否密封。

⑩ 企业厂房设计图纸中生产、贮存和质量控制区不应设有非本区工作人员的直接通道。

⑪ 企业应有对有关人员进入生产、贮存及质量控制区进行权限限制的管理规定。

⑫ 参观人员和未经培训的人员不得进入生产区和质量控制区，特殊情况确需进入的，应当事先对个人卫生、更衣等事项进行指导。

⑬ 检查企业采取的措施如门禁或中央监控系统是否有效，现场检查是否按规定执行。

⑭ 企业厂房、公用设施、固定管道建造或改造后的竣工图纸应可以追溯厂房变更改造过程，并了解企业的变更管理。

⑮ 企业应对图纸受控管理，应当严格按变更控制管理要求对图纸进行管理，确保图纸与实际布局的一致性。

⑯ 企业厂房、设施若有变更应当进行风险评估，充分评估改造对现有生产过程的影响。

存在典型缺陷：

① 没有按维修计划对厂房进行维修和保养，不能提供相关记录。

② 厂房设施的维护不及时，有破损现象，未能严格按照操作规程中的相关要求执行。

③ 生产车间的温湿度设置不能满足生产工艺要求，如某产品需低湿控制，生产过程中湿度应控制到 30％ 以下，但空调的调控能力未能达到，也未采取其他有效的除湿措施。

④ 仓储区、生产区门的密封性不严，存在爬行类昆虫进入的风险。

⑤ 一般生产区地漏无防护措施。

⑥ 企业管理文件未建立外来人员进入受控区域的书面程序，未明确规定外来人员进入受控区域的相关管理要求。

⑦ 厂房设计不合理，贮存物品区同时作为员工通道。

⑧ 未完整保留企业厂房、公用设施、固定管道建造或改造的相关图纸。

⑨ 现行图纸同车间布局不一致。

⑩ 图纸不受控，没有版本号，不能追踪修订历史。

中国 GMP（2010 年修订）实施指南则对厂房从建筑结构到室内装修做了具体规定：

① 建筑结构

a. 建筑平面和空间布局应具有适当的灵活性。医药洁净室（区）的主体结构宜采用单层大跨度的柱网结构，不宜采用内墙承重。

b. 医药工业洁净厂房的围护结构的材料应能满足保温、隔热、防火和防潮等要求。

c. 医药工业洁净厂房主体结构的耐久性应与室内装备、装修水平相协调，并应具有防火、控制温度变形和不均匀沉陷性能。厂房伸缩缝不宜穿过医药洁净室（区）。当不可避免时，应有保证气密性的措施。同时要符合国家建筑物节能设计的相关要求。如：外墙保温要求。

d. 医药制造车间各工艺房间层高应根据工艺需求分别设计。综合考虑建筑结构、工艺操作、设备维修空间和供热通风与空气调节系统节能运行等综合因素。

e. 医药洁净室（区）内走廊应留有适当宽度。物流通道宜设置防撞构件。

医药制剂车间常常设计成 2～3 层，可利用位差解决物料的输送问题，从而提高工作效率，并减少粉尘扩散，避免交叉污染。

f. 车间参观走廊，一般沿外墙布置，大跨度厂房有时在中间再设置参观走廊。

② 室内装修

a. 医药工业洁净厂房的建筑围护界区和室内装修，应选用气密性良好，且在温度和湿度变化影响下变形小的材料。

b. 洁净室内墙壁和顶棚的交界处以及墙壁与墙壁的交界处，应平整、光洁、无裂缝、接口严密、无颗粒物脱落，并应耐清洗。墙壁和地面交界处宜作成弧形。当采用轻质材料隔墙时，应采用防碰撞措施。

c. 洁净室的地面应整体性好、平整、耐磨、耐撞击，不易积聚静电，易除尘清洗。地面垫层应配筋，潮湿地区应做防潮处理。

d. 技术夹层为轻质吊顶时，宜设置检修通道。

e. 医药工业洁净厂房夹层的墙面、顶棚应平整、光滑，需在技术夹层内更换高效过滤器的，墙面和顶棚宜涂料饰面。

f. 医药洁净室内墙面与顶棚采用涂料面层时，应选用不易燃、不开裂、耐腐蚀、耐清洗、表面光滑及不易吸水变质、生霉的材料。

g. 如果采用建筑回风风道，其内表面装修标准，应满足表面光洁、耐腐蚀、易于清洁。

h. 医药洁净室外墙上的窗，应具有良好的气密性，能防止空气的渗漏和水汽的结露。

i.医药洁净室的窗与内墙面宜平整，不留窗台。如有窗台时宜呈斜角，以防积灰并便于清洗。

j.医药洁净室内门窗、墙壁、顶棚、地面结构和施工缝隙，应采取密闭措施。

k.医药洁净室门框不应设门槛。洁净区域的门、窗不应采用木质材料，以免生霉生菌或变形。

l.医药洁净室的门宜朝空气洁净度较高的房间开启。并应有足够的大小，以满足一般设备安装、修理、更换的需要及运输车辆的安全要求。

GMP 检查要点：

① 检查新建厂房洁净室（区）施工验收文件，有关材料材质应当符合规定，核对厂房施工、验收文件，每步验收均应有记录。

② 车间洁净室（区）的气密性，包括窗户、天棚及进入室内的管道、风口、灯具与墙壁或天棚的连接部位的密封性应良好。

③ 车间洁净区的维护、清洁、消毒的管理规程及相关记录应完整。

存在典型缺陷：

① 管道、管线穿顶棚及墙壁密封不严。

② 洁净区的维护、清洁、消毒与文件规定不符。

③ 房间墙壁、顶棚、地面的选材不合适，积尘、不易清洁。

（2）工艺布局"三协调"原则　制药车间的工艺布局应遵循"三协调"原则，即：人流物流协调，工艺流程协调，洁净级别协调。新建药品生产企业的厂房设计，必须按照 GMP（2010 年修订）的要求，依据"三协调"原则考虑工艺布局与设备选型，进行科学的合理设计。

人流物流协调是指厂房设计中流通路径做到"顺流不逆"、人流物流分开。人员和物料进出生产区域的出入口应分别设置，交叉和折回是不允许的；物料传递路线尽量要短，极易造成污染的物料应设置专用出入口。人员和物料进入洁净区应有各自的净化用室和设施、输送电梯宜分开。

工艺流程协调主要体现在房间布置中，房间布置要有一个科学的区域概念。科学的区域概念，即把重要生产区域放在内核的中央区域的概念，应遵守同心圆原则，如图 5-1 所示。同心圆原则中心是为了防止污染和混淆。中央区域为无菌灌装室，而且只有经过灭菌的物品才允许进入。这个核心为辅助区域所包围，最外面的区域有办公室、实验室以及其他控制要求较低的房间。

洁净级别协调是按照药品生产要防止污染和交叉污染、降低人为差错、适应药品质量管理体系的要求。洁净等级高的洁净室宜布置在人员最少到达的地方，并宜靠近空调机房；洁净等级相同的洁净室宜相对集中；不同洁净等级的房间之间相互联系应有防止污染措施，宜按空气洁净度等级的高低由里及外布置。

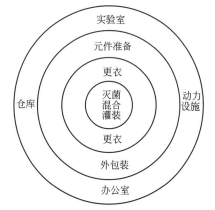

图 5-1　房间布置的区域概念（同心圆原则）

2.厂房设计的内容

药品生产企业洁净厂房设计要综合工艺、通风、土建、水、电、动力、自控、设备等专业的要求，设计时应围绕工艺流程，遵守 GMP（2010 年修订）规范中有关规定，把各要求有机结合在一起。厂房设计的内容主要包括总平面布置、土建和装修设计、公用工程设计和制药工艺设计，见表 5-3。

表 5-3　药厂厂房设计内容

项目	内容			基本要求
总平面布置	确定厂区内所有建筑物、构筑物、道路、运输、工程管线等设施的平面位置			满足生产要求,工艺流程合理; 减少污染,防火防爆; 适应内外运输,公用系统配置合理; 考虑近期和远期建设
土建和装修设计	土建设计中的车间室内标高			车间底层高出室外地坪 0.5～1.5m; 冷热管、动力设备、冷库优先布置在地下室; 生产车间的层高一般为 2.8～3.0m,改造项目为 2.3～2.5m; 技术夹层净高 1.2～2.2m,仓库层高 4.5～10m; 一般办公室、值班室高度为 2.6～3.2m
	厂房层数			单层大框架大面积的厂房最好
	洁净室的内部装修	地面		解决基层防潮问题; 地面平整、无缝隙、耐磨、耐腐蚀、耐冲击、不积聚静电、易清洗
		墙面和墙体材料		光洁、平整、不起灰、不落尘、耐腐蚀、耐冲击、易清洗、少凹凸面; 墙面与地面相接处宜做成半径 50mm 的圆弧; 壁面色彩和谐、雅致,便于识别污染物
		吊顶		光滑、平整、无剥落
		门窗		与内墙面平整,尽量不留窗台; 门窗结构和外窗的层数充分考虑密封; 不同洁净等级房间之间的内门、内窗以及隔断等缝隙均需考虑密封; 造型简单,不易积尘,清扫方便; 门框不得设门槛; 材料耐候性好,自然变形小,制造误差小,容易控制缝隙,气密性好
公用工程设计 (详见本章第二节)	排水、空气调节和净化、水处理、动力、蒸汽、电气和控制项目			
制药工艺设计	工艺路线的选择			工艺成熟,技术先进; 各种资料齐全、手续完备
	工艺流程设计的方法			要实现自动化、连续化、联动化的密闭化生产; 防止交叉感染、人为污染
	物料衡算和能量衡算			定量分析了解生产全过程; 了解产品收率是否最佳
	设备的设计和选择			定型设备和非定型设备都应符合设备的 GMP 规定,把生产过程中药品和容器产生的污染降至最低限度
	车间布置设计	生产操作区		按照工艺流程,减少生产流程的迂回、往返,工艺流程布置要紧凑、流畅; 保证人员和物料能直接到达要去的操作岗位,不能穿过或绕过其他房间或区域; 同一操作室不能同时生产两个以上的品种; 合理安放设备,防止不同药品发生混杂

项目	内容		基本要求
制药工艺设计	车间布置设计	包装区	不同品种、规格、批号的包装线要隔断,防止包材标签及成品间混淆
		仓库布置	合理存放待处理的不合格原材料和半成品; 集中式仓库要求分隔明确,收存货方便; 车间两侧可以分设原辅材料与成品库; 仓储布置一般采用多层装配式货架; 中间库的进出路线应按照工艺路线走,不可交叉、不可储放在操作室内
		辅助房间	洁净级别相同的房间尽量组合在一起,便于合理布置通风管道; 清洗间的洁净度与使用此容器的场地清洁度相协调; 清洁容器贮存室一般设在洁净区附近

四、特殊房间的设计要求

GMP（2010 年修订）除了对厂房设计和车间布置有规定外,同时还对实验动物房、称量室、取样间及 QC 实验室的设计要求作了规定,这些都是药品生产管理规范中不可缺少的。

1. 实验动物房的设计要求

中国 GMP（2010 年修订）规定:"实验动物房应与其他区域严格分开,其设计、建造应符合国家有关规定,并设有独立的空气处理设施以及动物的专用通道。"附录三生物制品第 30 条规定:"用于生物制品生产的动物房、质量检定动物房必须与制品生产区各自分开。动物房的设计、建造及动物饲养管理要求等,应符合实验动物管理的相关规定。"

创制新药和药品质量检定都离不开实验动物,用于药品检验、测试和监测的实验动物是"活仪器"和"活试剂"。实验动物工作是药品生产、科研中的重要环节,实验动物的质量在 GMP 和 GLP 中占有一定地位。

中国的实验动物管理已走上科学化、法制化的轨道,相关的法规依据有:《中华人民共和国实验动物管理条例》《实验动物国家标准》《实验动物质量管理办法》《医学实验动物管理实施细则》《国家医药管理局实验动物管理办法》《卫生系统实验动物管理暂行条例》。根据以上法规,按照实验动物微生物控制标准,可将实验动物分为四级。

（1）一级普通动物〔conventional（CV）animal〕 不携带主要人兽共患病原体和动物烈性传染病的病原体。这些动物饲养在开放系统（对人、物、空气等进出房间均不施行消除污染的系统,但通常要进行某种程度的清洁管理）环境中。

（2）二级清洁动物〔clean（CL）animal〕 排除人畜共患病及动物主要传染病的病原体。这些动物饲养于半屏障系统（工作人员进入要穿无菌衣、帽,戴灭菌口罩和手套等）环境中。

（3）三级无特殊病原体动物〔specific pathogen free（SPF）animal〕 除达二级标准外,还不携带主要潜在感染或条件致病和对科学实验干扰大的病原体。这些动物饲养在屏障系统（把 1 万～10 万级左右的无菌洁净室作为饲养室,工作人员进入要严格穿戴无菌衣、帽、口罩和手套等）环境中。

（4）四级无菌动物〔germ free（GF）animal〕或已知菌动物〔gnotobiotic（GN）animal〕 无菌动物体内外不可检出一切微生物。已知菌动物携带的其他微生物是已知的。这些动物饲养在隔离系统（在带有操作手套的容器中饲养动物的系统）环境中。

在病理学检查上，四类实验动物也有不同的病理检查标准。

一级——外观健康，主要器官不应有病灶。

二级——除一级指标外，显微镜检查无二级微生物病原的病变。

三级——无特殊病原体动物，无二、三级微生物病原的病变。

四级——不含二、三级微生物病原体病变，脾、淋巴结是无菌动物组织学结构。

为保证动物实验结果的可靠性，实验动物环境应符合如下的设计要求。

① 选址：僻静、卫生，独立建筑，绿化。

② 平面布置：有利于防止疾病的传播，方便工作人员操作，人员、动物、物品均应按单行线移动，不形成交叉污染。分为前区、控制区和后勤区。

前区包括隔离检疫室、观察室、一般用品库房、办公室、休息室、卫生间等。

控制区包括繁殖室、育种室、育成室、待发室、实验室、清洁走廊、清洁物品库等。

后勤区包括污染走廊、洗刷消毒间、污物处理设施等。

③ 照明：无窗动物房使用荧光灯，要求12h亮、12h暗，两路电源供电；有窗动物房可安装玻璃，以滤去紫外线。

④ 供水：有饮用水和精制水。

⑤ 实验动物环境指标，见表5-4。

表 5-4　实验动物环境指标

项目	指标			
	开放系统 （CV）	半屏障系统 （CL）	屏障系统 （SPE）	隔离系统 （GF，GN）
温度/℃	18～29	18～29	18～29	18～29
日温差/℃	8	3	3	3
相对湿度/%	40～70	40～70	40～70	40～70
换气次数/（次/h）	10～15	10～15	10～15	10～15
气流速度/（m/s）		0.18	0.18	0.18
压差/Pa		20～50	20～50	20～50
洁净度/级		10万	1万	100
菌落数/[个/（皿·h）]		12.2	2.45	0.49
氨的质量浓度/（mg/m^3）	14	14	14	14
噪声/dB	≤60	≤60	≤60	≤60
照度/lx	150～300	150～300	150～300	150～300

⑥ 达到动物房环境指标的净化措施有空气净化系统、全新风和除臭等措施。

2. 称量室的设计要求

中国GMP（2010年修订）规定："制剂的原辅料称量通常应在专门设计的称量室内进行。"

GMP（2010年修订）的规定使人们认识到称量室的重要性，因此，改变了以往厂房设计时没有固定的称量室，常在配料岗位旁称量，稍有疏忽就酿成大错的状况，将设置固定的称量室作为防止差错的有效途径。称量室可以按产品品种分散设置，也可以集中设置，称为中心称量室。

称量室设在车间内靠近原辅料库的地方，这种布置要分别设进出原料存放区，称量多余的料不倒回仓库而贮存在此区域内。

多剂型、多品种的生产厂房常设置中心称量室，要根据原辅料的性质设置多个称量室，分别使用独立的空气净化系统和除尘系统。如果称量和前处理都是粉尘散发较严重的场所，应尽可能采用多间独立小空间，以利于排风和除尘。这些小室空调设计中注意保持负压状态，设置地漏，为减少积尘点，可设技术夹墙，以便管道敷设。目前，很多制药企业的称量室多使用自净循环系统，这样可以省去专门的除尘系统，以创造洁净环境。

GMP 检查要点：

① 企业应根据称量物料允许的暴露等级（即洁净级别），设置专门的称量设施，如层流罩、手套箱等；应有效控制粉尘扩散、交叉污染并保护操作人员。

② 应有称量装置的书面规程：操作、清洁、维护并配有相关记录；查看称量用器具管理的书面规程及清洁记录、状态标识以及校验与量程的选型等。

③ 称量装置必要时应进行相关的确认，有相关确认文件。

存在典型缺陷：

① 称量室设计不合理，不能有效避免污染、交叉污染、混淆和差错。

② 称量室除尘系统除尘效果达不到设计要求。

3. QC 实验室的设计要求

中国 GMP（2010 年修订）规定："质量控制实验室、中药标本室通常应与生产区分开，生物检定、微生物和放射性同位素的实验室还应彼此分开。实验室的设计应确保其适用于预定的用途，并能够避免混淆和交叉污染，应有足够的区域用于样品处置、留样和稳定性考察样品存放以及记录的保存。必要时，应设置专门的仪器室，使灵敏度高的仪器免受静电、震动、潮湿等或其他外界因素的干扰。处理生物或放射性样品等特殊物品的实验室应符合国家的有关要求。"

QC 实验室是质量管理部门的重要组成部分，主要由建筑设施、仪器和试剂组成。按GMP 要求，QC 实验室应与药品生产区完全分开。设计过程中要满足如下要求。

（1）实验室应有足够场所 对于原料、包装材料、中间体和产品进行理化鉴别、含量测定和其他检验的实验室，为满足实验的需要，各项分析操作均应有单独的、适宜的区域，如送检样品贮存区、试剂仓库、清洁洗涤区、观察室、分析实验室、数据处理区以及人员用室等。

（2）实验室应备有与实验室操作相适应的设施 如空气温度、湿度监视装置等，周围应无明显污染源。

（3）其他实验室的设计要求

① 无菌室。无菌产品的检测、培养基的配置及有关空气洁净度中沉降菌和浮游菌的测定，无菌室的设计要求与无菌产品的生产场所相同，其建筑装饰材料、消毒措施和单独的空气净化装置应俱全，人流、物流分开。

② 加速稳定性实验室。对药品应有稳定性试验所支持的有效期，可以进行加速性试验，在最恶劣的环境条件下进行，一般加速稳定性实验室室温 40℃，相对湿度 75%，因而加速稳定性实验室应有单独的空气处理装置，同时安装自动记录温度、湿度的仪器，以便连续控制环境参数。

4. 仓储区与取样间的设计要求

中国 GMP（2010 年修订）规定："仓储区应有足够的空间，以有序存放待验、合格、不合格、退货或召回的原辅料、包装材料、中间产品、待包装产品和成品等各类物料和产品。仓储区的设计和建造应确保良好的仓储条件，应特别注意清洁、干燥，并有通风和照明设施。仓储区应能满足物料或产品的贮存条件（如温湿度、光照）和安全贮存的要求，并进行检查和监控。高活性的物料或产品以及印刷包装材料应贮存在安全的区域。接收、发放和发运区域应能保护物料、产品免受外界天气（如雨、雪）的影响。接收区的布局和装备应能确保到货物料在进入仓储区前可对外包装进行必要的清洁。如采用单独的隔离区域贮存待验物料，待验区应有醒目的标识，且只限于经批准的人员出入。不合格、退货或召回的物料或产品应隔离存放。如果采用其他方法替代物理隔离，则该方法应具有同等的安全性。"

GMP（2010 年修订）实施指南则对仓储区设计有更具体的要求：

① 仓储区应根据需要设立不同的区域或仓库，通常依据产品类型分别设置制剂产品库或和原料药产品库，同时应根据物料和产品接收、贮存、发运的不同阶段划分接收区（库）、贮存区（库）、发运区（库）等。此外，不合格品、退货/召回的物料和产品一般设专库保存、隔离。

② 仓储区应根据原辅料和产品的不同性质设置固体库、液体库，或冷库、阴凉库、常温库或危险品库、特殊药品库，或净料库、贵细药材库等，对于挥发性物料和污染性物料或产品应设专库贮存，生产用种子批和细胞库应设专库贮存。

③ 对于高活性的物料和产品以及印刷包装材料，一般设专库贮存。

④ 对于麻醉药品和精神药品，应设专库或专柜贮存，并根据麻醉药品和精神药品的分类实行双人、双锁管理及专人管理，符合《麻醉药品和精神药品管理条例》等相关法律法规的要求。

⑤ 对于危险化学品，必须设专库贮存，实行专人管理，符合《危险化学品安全管理条例》等相关法律法规的要求。

⑥ 仓储区应合理配置、安装排风扇、除湿机、加湿器、空调、照明灯（防爆）等设施、设备，以满足物料和产品贮存条件要求，保持清洁、干燥。仓储区可根据实际情况采用自动温湿度调控设备或自动温湿度监测系统（自动温湿度记录仪），实现自动调节、监控、记录功能。

⑦ 仓储区应合理配置、安装消火栓、灭火器、灭火毯等消防设施和器材，亦可根据实际情况采用自动报警灭火系统，实现自动化控制，仓储区的设计应符合《仓库防火安全管理规则》等相关法律法规的要求。

⑧ 仓储区应根据实际情况配置相应数量的电子秤、叉车、提升机、升降移载机、输送机、托盘、货架等贮存和运载设施、设备，以满足物料和产品的接收、贮存和发运。

⑨ 仓储区应配置一定数量的拖把、抹布、吸尘器、水池等清洁设施和清洁用具。

GMP 检查要点：

① 查看企业是否有相关的管理制度，是否规定各类物料和产品的贮存要求，是否有不合格、退货或召回物料和产品的控制要求。

② 根据企业常年生产情况，在库物料及成品周转情况，查看仓储区空间是否能够满足企业各类物料和产品的贮存。

③ 查看仓储区各类物料和产品是否按照品种、规格、生产批次、质量状态等有序存放；不合格、退货或召回区域是否与其他贮存区域有效隔离；各类物料和产品的贮存能够有效防止污染、交叉污染、混淆和差错。

④ 仓储区平面布局图完整，监控的依据应基于物料和产品对环境条件的要求。

⑤ 现场考察贮存条件：必须满足物料、产品的贮存要求（如温湿度、光照）和安全贮存的要求。

⑥ 检查物料、产品贮存管理文件，温、湿度控制要求。

⑦ 现场检查温、湿度计放置位置，温、湿度调控措施和照明、通风设施及特殊贮存条件。

⑧ 现场检查温、湿度计监控点的选择，应有代表性并进行适当评估，如必要还需进行温、湿度分布试验。现场检查温湿度定期监测及调控记录，监控记录应连续可追踪。

⑨ 企业生产区域高活性的物料或产品以及印刷包装材料的贮存区域，应符合安全防护、防盗、防丢失的安全贮存的要求。

⑩ 仓储区应设置接收、发放和发运区域，并设置相应的保护措施，使物料、产品不受外界天气（如雨、雪）的影响。

⑪ 在一定的区域有条件能够使物料在进入仓储区前可对外包装进行必要的清洁。

⑫ 检查待验区、不合格品区、退货或召回产品区的标识是否醒目。

⑬ 查看防止待验状态物料、不合格、退货或召回产品混淆的隔离措施的有效性。

⑭ 查看待验区人员出入是否有管理规定及执行情况。

⑮ 查看企业是否对不合格、退货或召回的物料或产品进行隔离存放，如果企业采用其他方法替代物理隔离，应要求企业对该方法进行风险评估或验证，以证明该方法具有同等的安全性。

存在典型缺陷：

① 仓储区空间较小，易导致存放待验、合格、不合格、退货或召回的物料和产品产生混淆和差错。

② 不同批次或不同产品放在一个货位。

③ 物料无质量状态标识或标识不明显。

④ 不合格区、退货区无有效安全隔离措施。

⑤ 温湿度监控点选择不具有代表性。

⑥ 温湿度监控记录中未明确标明接受标准。

⑦ 仓储区无物料或产品贮存条件相关要求。

⑧ 阴凉库面积偏小，与生产需求不相适应。

⑨ 毒性饮片库为玻璃门窗，不符合安全贮存要求。

⑩ 高活性的物料、产品以及印刷包装材料的贮存区域无有效的安全防护、防盗、防丢失的安全贮存措施。

⑪ 接收、发放和发运区域不能有效地保证物料、产品不受外界天气（如雨、雪）的影响。

⑫ 外清区无适当的除尘用具。

⑬ 缺少对单独隔离区域贮存的待验物料的相关管理规定。

⑭ 待验区标识不醒目。

⑮ 对待验区、不合格品区、退货或召回产品区的隔离措施不符合要求，采用的其他可替代的方法不能表明其安全等同性。

中国 GMP（2010 年修订）规定："通常应有单独的物料取样区。取样区的空气洁净度级别应与生产要求一致。如在其他区域或采用其他方式取样，应能防止污染或交叉污染。"

药品生产所用的物料应符合药品标准、包装材料标准、生物制品规程或其他有关标准，因而制药企业必须做定性和定量检验，检验的第一步是取样。取样的场所和所用的取样技术要保证药品的代表性，也不能影响所取容器内物料的初始质量，因而取样室的设计要求有以下几项。

① 取样间的空气洁净级别要与生产的投料区相同。

② 取样间最好设置在靠近仓库的待检区，单独配置缓冲间、空气净化系统以及防止污染和混药现象的必要设施。

③ 无菌生产用物料往往有严格的微生物要求，取样应在特殊的灭菌条件下进行。

GMP 检查要点：

① 检查取样区是否为单独设置的取样单元，该区域空气洁净度级别的设置是否与生产要求一致；检查取样区环境监测记录；

② 查看取样区的位置、设施、条件，是否便于操作；取样过程中是否存在造成物料污染、交叉污染、混淆和差错的风险；

③ 查看取样区使用、清洁、维护等相关管理文件及相应的记录；

④ 如果在生产区或质量控制区进行取样，查看是否建立了书面的防止污染、交叉污染、混淆和差错的相关规定。

存在典型缺陷：

① 取样区的环境未进行充分、有效的确认，不能证明取样环境同生产环境的一致性。

② 未建立相关的规程来保证取样过程中对物料不产生污染、交叉污染、混淆及差错的措施。

③ 在生产区和质量控制区进行取样，未建立书面的防止污染、交叉污染、混淆和差错的书面程序。

五、企业总平面布置图、企业周围环境图示例

药品生产企业总平面布置图见图 5-2 和图 5-3。

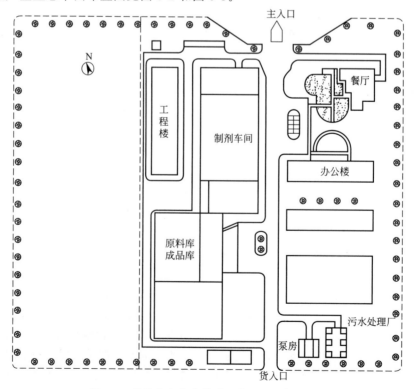

图 5-2 药品生产企业总平面布置图示例（一）

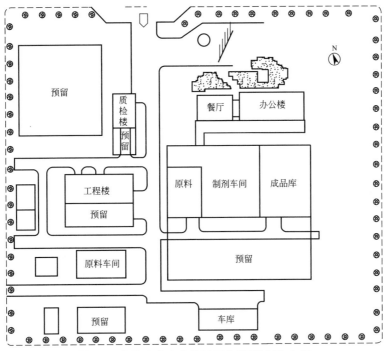

图 5-3 药品生产企业总平面布置图示例（二）

【阅读材料】

多能车间设计

多能车间又称综合车间或小产品车间，它是适应医药和精细化工产品品种多、产量差别悬殊、品种更新快等特点而发展起来的。归纳起来，可采用多能车间的形式生产的产品有：医疗上必须、疗效肯定的产品（因受到产销量小、有效使用期短的限制，无法列入常规的单品种专业车间生产，就可采用多能车间来生产）；经过初步临床试验，认为疗效良好的新药；一个新药在肯定疗效后，从实验室试制过渡到中试放大。

多能车间主要有两种设计方法。一种方法的指导思想是药品的品种虽然很多，工艺路线也不相同，但却有着共同的单元反应和单元操作，因此设计时不必拘泥于具体生产的品种和规模，主要按照制药工业中常用的化学反应和单元操作，选择一些不同规格和材料的反应罐、塔器和通用机械以及与之相配套的换热器、计量槽和储槽，加以合理的布置和安装。这样设计出来的多能车间，设备是相对固定的，以不同产品的流程去适应它。另一种方法是根据既定的产品方案和规模，选择一套（或几套）工艺设备，实现多品种生产。这样设计出来的多能车间，每更换一个品种，都要根据工艺和其他要求，重新调整和组合设备及管道。

上述两种设计方法各有其特点和不足。第一种方法设计出来的多能车间灵活性高、适应性强，缺点是设备多、利用率低。第二种方法设计出来的多能车间，其设备利用率高，生产操作方便，缺点是灵活性和适应性较差，更换产品时调整设备很费事。通常，以工业生产为主的多能车间，采用第二种设计方法较适宜；以试制研究，包括产销量极小的产品生产为主的多能车间，采用第一种设计方法较适宜。

现以工业生产为主的单套工艺设备实行多产品生产为例，讨论多能车间的设计原则。

1. 产品方案

① 产品数目不宜过多过杂，每个产品的生产周期不宜过短。在选择产品的合理数目时，通常希望一个产品的操作时间为一个季度左右，那么在一年中就可安排4个产品。同时每个产品的生产周期要求长一些，以减少调整设备的繁重工作量。

② 尽可能选取流程及所需设备的大小和数量大致相近的品种，最大限度地提高设备的利用率，减少闲置设备的数量，减少更换产品时设备调整的工作量。

③ 尽可能选取对防爆、防毒和"三废"处理等各种要求基本相同的品种，使这些问题的解决简单化。

2. 工艺设备的设计和选择

产品方案确定后，从中选择一个工艺流程最长、化学反应和单元操作的种类最多的产品，作为设计和选择工艺设备的基础，根据生产量和生产周期来设计和选出工艺设备。这样确定的设备需要逐一与其他既定的产品工艺进行比较，凡是可以互用的，不再选择新设备；不能通用的，则酌情增加一些，或增加一些附件（如不同型式的搅拌器）。根据上述顺序，最后可以确定出一套工艺设备来。

为了使选定的这套工艺设备能以最少数量满足几个产品的生产需要，一定要提高设备的通用性和互换性，因此应注意以下几点。

① 主要工艺设备（如反应罐）的材料以搪瓷玻璃和不锈钢为主，并配以一定数量的碳钢设备。

② 设备大小规格的配备可以采用排列组合的方式，减少规格品种。

③ 主要工艺设备的接口尽量标准化。

④ 主要工艺设备的内部结构力求简单，避免复杂构件，以便于清洗，如内部结构很难清洗（波纹填料塔），更换产品时就会造成困难。

⑤ 配置必要的中间储槽和计量槽，调节和缓冲工艺过程，提高本体反应设备的适应性。

3. 车间布置

(1) 多能车间的建筑形式，多数是单层，或者主体是单层、局部是二层的混合结构，建筑面积500～2000m²，少数可超过2000m²。

(2) 生产操作面不宜过大，布置力求紧凑，以便更换产品时重新组成生产操作线。

(3) 容量较小（200L以下）的反应设备可不设操作台，直接支撑在地面上，这样既利于操作又易移位。

(4) 容量较大的反应设备可设单个或整个操作台。操作台上应按可能使用的最大反应罐外径做出预留孔，如果使用小反应罐时，可加量缩小孔径。

(5) 计量槽、回流冷凝器等布置在一条线上，可放在反应罐的前上方，若反应罐要移位，则与它配合使用的计量槽、冷凝器等可以很方便地在梁上水平移动至合适的位置。同时，在梁上增加或减少设备也很方便。

(6) 多能车间的设备一般都比较小，所用动力不大，故凡能借自重保持稳定的设备，尽量不浇灌基础，或者浇灌比较浅的基础。离心机布置在反应罐下方，由反应罐的位置来决定。

(7) 各个化学反应从安全角度来看可以粗略地归纳为两大类，一类只有一般防毒、防火和防爆要求，另一类则有特殊的防毒（如氰化、溴化等）、防火和防爆要求。对于前一类反应可以布置在一个或几个大车间里。对于后一类反应，必须从建筑和通风上作针对性的处理，对剧毒的化学反应岗位，应单独隔开并设置良好的排风系统。

（8）蒸馏、回收处理的塔器应适当集中，布置在高层建筑中，以利于操作和节省建筑物的空间。

（9）多能车间的工艺设备、物料管道等拆装比较频繁，而且工艺设备的布置不可能像单产品专业车间一样完全按工艺流程顺序，这样造成原料、中间体的运输频繁，因此车间内部应有足够宽度的水平运输通道，垂直运输应设载货电梯或简易货吊，载货电梯的货箱大小要能容纳手推车。

（10）多能车间辅助用室及生活用室的组成和布置要求与单产品专业车间相同。但多能车间应设置设备仓库和安排面积较大的试验分析室，以贮存暂时不用的工艺设备，满足产品的工艺研究。

4.管道设计

（1）车间内应设上水、下水、蒸汽、冷冻盐水、压缩空气和真空等公用系统总管，其管径按既定产品中负荷量大的来决定。

（2）公用系统总管固定安装，布置的位置应使总管与主要工艺设备连接方便，且连接管线较短。一般总管采取集中架空或沿墙敷设，纵贯整个车间，并经过主要工艺设备的上方。

（3）公用系统总管通过支管与工艺设备相连接，一般可以采用固定接死或临时搭接两种方式。

（4）物料管道的材料和连接方式随每次更换生产品种而变化，有时需要拆除重装。所以物料管道一般都是接死，应准备各种材料和规格的管道，以备调换使用。

第二节　公用工程

公用工程是指药品生产企业除厂房以外各种生产所共用的其他设施，包括水、电、汽、风（压缩空气）、冷冻等供全厂使用的系统。公用工程及其传输管线犹如企业生产的心脏和动脉。

一、公用工程的主要内容

公用工程项目有些是为药品生产驱动设备之用的，如电气、蒸汽系统等；有些是为保持厂房的环境与设施处于正常状态所需的，如电、冷热水系统等；有些是保证药品生产工艺条件所需的各种介质，如纯化水、压缩空气、氮气等；有的是消防安全所需的，如消防用水。因此，药品生产企业实施 GMP 和提高生产工艺水平，都要求正确的公用工程设计、安装及运行管理，我们着重介绍以下几个项目。

1.给排水

（1）给水系统　药品生产企业的给水系统就是将水由城市给水管网（或自备水源）输送到装置在室内的各种配水龙头、生产设备和消防设备等各用水点。根据生产、生活和消防等各项用水的要求，可以分别设置给水系统，也可以组成不同的共用系统，如生活、生产、消防共用给水系统，生活、消防共用给水系统，生活、生产共用给水系统，生产、消防共用给水系统。药品生产企业的给水系统应根据水质、水压、水温、水量及室外给水系统的情况，考虑技术、经济和安全条件，设置直流、循环或重复利用的给水系统。给水系统可以采用不同的给水方式实现供水，达到合理、经济的运行效果，无论选择何种给水方式都必须防止水质污染。

药品生产企业清洗设备、人员净化室的盥洗等所用热水，一般是将冷水集中加热（蒸汽直接加热和间接加热）后，用管道输送到室内各用水点。

药品生产企业应根据洁净厂房生产的火灾危险性分类和建筑耐火等级等因素确定消防设施。常用室内消防给水系统有消火栓消防系统、自动喷洒消防系统及水幕消防系统，都需要符合《建筑设计防火规范》中的消防给水设置规定。

（2）排水系统 排水系统的任务就是将生产设备和卫生器具排除的污水以及降落在屋面上的雨水、雪水用最经济合理的管路迅速排到室外排水管道中去；同时应考虑防止室外排水管道中的有害气体、臭气及有害虫类进入室内，并为室外污水的处理和综合利用提供便利条件。

中国 GMP（2010 年修订）规定："排水设施应大小适宜，安装防止倒灌的装置。应尽可能避免明沟排水；不可避免时，明沟宜浅，以方便清洁和消毒。"药品生产企业厂房的排水系统设计，应根据生产排出废水的性质、浓度、水量等特点来确定排水系统。室内排水系统，可以分设生活污水、工业废水及雨水管道（分流制），也可以将任意两种或三种污（废）水管道组合（合流制）。厂区排污系统应有益于环境卫生和污水利用，可按相关排放标准，分别排水到城市排水总管、灌溉农田或排入水体。如不符合相关排放标准的必须进行适当处理（物理处理、生物处理、污泥处理），达标后排放。

中国 GMP（2010 年修订）实施指南则具体要求：

① 医药洁净室内应少敷设管道，给水排水主管道应敷设在技术夹层、技术夹道内或地下埋设。引入洁净室内的支管宜暗敷。

② 医药工业洁净厂房内的管道外表面，应采取防结露措施。

③ 给排水支管及消防喷淋管道穿过洁净室顶棚、墙壁和楼板处应设套管，管道与套管之间必须有可靠的密封措施。

④ 生活给水管应采用耐腐蚀、安装连接方便的管材，可选用无缝钢管、镀锌钢管金属复合管等。生活排水管宜采用无缝钢管、球磨铸铁管、双层 PVC 管等。

⑤ 医药洁净室内的设备排水以及重力排水管道，不建议与排水地漏直接相连。排水地漏建议采用上部水封密封，加上地面下部 U 形弯水封双水封密封装置。

⑥ 排水立管不应穿过 A 级和 B 级医药洁净室（区）。排水立管穿过其他医药洁净室（区）时，不得设置检查孔。

⑦ 空气洁净度 A 级的医药洁净室（区）不应设置地漏。

⑧ 空气洁净度 B 级、C 级的医药洁净室（区）应少设置地漏。必须设置时，要求地漏材质不易腐蚀，内表面光洁，易于清洗，有密封盖，并应耐消毒灭菌。

⑨ 空气洁净度 B 级、C 级的医药洁净室（区）不应设置排水沟。

⑩ 医药工业洁净厂房内应采用不易积存污物，易于清扫的卫生器具、管材、管架及其附件。

GMP 检查要点：

① 现场检查地漏、水池等排水设施的位置、区域、安装情况；水池、地漏是否有防止

倒灌的装置，是否易清洁、耐腐蚀；

②检查是否使用明沟排水，如有，查看其深浅程度是否能够满足清洁和消毒的要求；

③空气洁净度A级、B级的洁净室（区）内禁止设置排水沟、地漏。

存在典型缺陷：

①地漏的设计加工为固定式，难以对地漏清洁、消毒。

②水槽及盖杯过小、水封过浅，无法形成水封。

③下水管过细，排污水时溢至周围地面。

④管道设计时直接与下水道相通。

2. 电气设施

药品生产企业的电气设施包括电力、照明、避雷、自动控制、弱电（通讯）以及变电、配电等。为了避免因用电不当造成重大事故甚至灾害，国家对电气设施的制造、设计、使用、操作和维修制定了一系列具体法规和规程。

药品生产企业根据电力负荷对供电的不同要求设计供电系统。如无菌产品生产时，灌装室要保持正压，净化空调系统及层流罩是不能停止运行的，否则有导致空气倒灌和杂菌污染的可能，因此，最好采用二路进线或自备柴油发电机供电。企业供电系统一般由高压配电所、车间变电所、低压配电箱（动力、照明）等组成。根据全厂的供电方案、车间规模大小以及用电负荷多少，确定是否单独设置终端变电所，是否设置低压配电室。车间用电必须用导线从低压配电室引出，先送到动力配电箱，再分别接通用电设备，动力配电箱可设在厂房的技术夹层或顶棚内，也可以设在车间的同层。照明用电，需从低压配电室引出，先送到照明配电箱，再分别连通开关和灯具，照明配电箱常挂墙设置，接近负荷中心，布线半径范围不超过35m。

下面特别介绍洁净区电气的设置要求。

（1）配电设施　应符合下列要求。

①洁净室（区）的配电线路，应按以不同空气洁净度等级划分的区域设置配电回路。分设在不同空气洁净度等级区域内的设备，一般不由同一配电回路供电。

②进入洁净室（区）的主配电线路，均应设置切断装置，并宜设在洁净室（区）内便于操作管理的地方。如切断装置设在非洁净区，则其操作应采用遥控方式，遥控装置应设在洁净室（区）。

③洁净室（区）的电源进线（不包括消防用电），应设置切断装置，并宜设在非洁净区便于操作管理的地点。

④洁净室（区）的配电设备，应选择不易积尘、便于擦拭、外部不易锈蚀的小型暗装配电箱及插座箱。功率较大的设备宜由配电室直接供电。洁净室（区）内不宜设置大型落地安装的配电设备。

⑤洁净室（区）的电气管线，宜敷设在技术夹层、技术夹道或墙面暗敷，管材应采用非燃烧材料。洁净室（区）内接地线宜采用不锈钢材料。

⑥洁净室（区）的电气管线管口，安装于墙上的各种电气设备与墙体接缝处均应有可靠密封。

（2）照明设施　应符合下列要求。

①洁净室（区）应根据生产要求提供足够的照度。主要工作室一般照明的照度宜为300lx（勒克斯）；辅助工作室、走廊、气闸室、人员净化用室可低于300lx，但不低于150lx。对照度有特殊要求的生产部位可设置局部照明。主要工作室，一般照明的照度均匀度不应小于0.7。

②洁净室（区）的一般照明灯具宜明装，但不宜悬吊。采用吸顶安装时，灯具与顶棚

接缝处应采用可靠密封措施。如需要采用嵌入顶棚安装时，除安装缝隙应可靠密封外，其灯具结构必须便于清扫，便于在顶棚下更换灯管及检修。灯具开关宜设在洁净室外。

③ 洁净室（区）的照明光源宜采用荧光灯。如达不到照明设计的技术经济指标时，也可采用其他光源。应选用外部造型简单、不易积尘、便于擦拭的照明灯具，不应采用格栅型灯具。

④ 有防爆要求的洁净室（区），照明灯具选用和安装应符合国家有关规定。

⑤ 厂房内应设置供疏散用的事故照明，在应急安全出口和疏散通道及转角处应设置标志，在专用消防出口处应设置红色应急照明灯。

事故照明处理方法举例：设置备用电源，接至所有照明器，断电时备用电源自动接通；设置事故照明电源，接至专用应急照明灯；同时，在安全出口和疏散通道转角处设置标志灯，专用消防出口处设置红色应急照明灯；设置带蓄电池的应急灯，平时由正常电源持续充电，事故时蓄电池电源自动接通。此灯宜装在疏散通道上。

（3）其他要求　主要有以下几个方面。

① 洁净室（区）应设置与厂房内外联系的通讯装置。

② 厂房内应设置火灾报警系统，厂房主入口宜设置火灾显示屏。火灾报警系统应符合《火灾报警系统设计规范》的要求。报警器应设在有人值班的地方。当有火灾危险时，应有能向有关部门发出报警信号及切断相关送风系统电源的装置。

③ 洁净室（区）及有爆炸、火灾危险场所内，可能产生静电危害的设置、管道，应采取静电接地措施。

④ 洁净室（区）内使用易燃、易爆介质时，宜在洁净室（区）设报警装置。

GMP 检查要点：

① 应有对相关设施进行定期检查、维护的文件规定，并有定期检查、维护记录，确认相关的维护工作应尽可能在生产区外部进行；

② 生产车间洁净室（区）内的各种管道、灯具、风口以及其他公用设施，不应存在不易清洁的部位；

③ 洁净区内的配电设备应为不易积尘、便于擦拭，外壳不易锈蚀的小型暗装配电箱及插座箱，洁净区内不宜设置大型落地安装的配电设备；

④ 洁净区与外界保持联系的通信设备，应选用不易积尘、便于擦拭、易于消毒灭菌的洁净电话。

存在典型缺陷：

① 洁净区照明设施的选择不合适，易积尘、不易清洁。

② 实际检查及维护记录与文件规定不符。

3. 工业气体

药品生产企业在生产中需要使用各种工业气体，包括压缩空气、氧气、氮气，还有煤气、真空等。下面主要介绍与药品直接接触的压缩空气、氮气等气体的纯化和净化。压缩空气是一种重要的动力源，可供驱动各种风动机械和风动工具（如溶液搅拌、粉状物料输送、风钻等），控制仪表及自动化装置，无菌分子的气流灌装等，压缩空气具有良好的应用性能和特点，如清晰透明、输送方便、不凝结、没有特殊的有害性质、没有起火危险等。氮气则可作为保护性气体，以防止氧化和玷污。药品生产企业洁净室工艺需要使用高纯工业气体，为保证生产用气体的纯度和洁净度，需在气体的纯化与输送两个方面采取措施，并重点考虑防火与防爆的问题。

（1）输送　工厂外购瓶装高纯气体或罐装液态高纯气体，仅需高效过滤后就可接至用气点。有的是由工厂自建气体站制取气体，或者工厂使用外购气瓶，单独在厂区建立供气站。当厂房规模不大或用气量不多时，可将供气站设在洁净室（区）的同一建筑物内。因供气站内贮存的钢瓶比较油污，不要直接放在洁净区内，同时由于运输钢瓶的需要，供气站宜设置在厂房的底层。贮存的瓶装气体经过汇流和减压或瓶装液体经过汽化之后，有时还要经过一般要求的脱氧、脱水等初级纯化，再借助管道输送至洁净厂房，因此需在洁净厂房设置气体进口装置。气体进口装置主要是一些仪器、阀门，要求一定的清洁环境。对于氢气系统应考虑防爆措施，一般仪器、阀门可利用墙面按顺序横向排列。

（2）纯化和净化　与药物接触的压缩空气以及洗瓶、分装、过滤用的压缩空气应经除油、除水和净化处理。灌装中填充的惰性气体应净化。

评价工业气体洁净度的指标：一是纯度，二是气体中夹带的尘粒以及细菌数。通常送入洁净厂房的气体多数为高纯气体，但在钢瓶输送或管道输送过程中，由于设备、附件、材料以及其他因素的污染，纯度极易降低，因而输送过程中的设计、安装和维护管理很重要。医药工业所用气体，其管道末端使用的过滤器多采用微孔滤膜，滤膜的孔径不同，如高效气体过滤器对于≥0.3μm粒径的尘埃过滤后可以达到100级洁净度，是目前用作终端净化的主要手段。图 5-4 为无菌室用气点安装末端过滤器的方法。

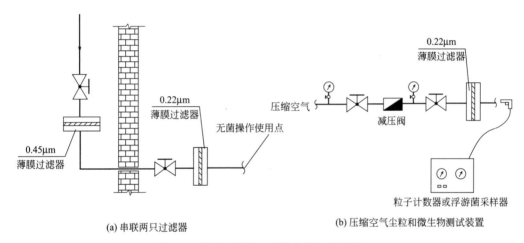

(a) 串联两只过滤器　　　　　　(b) 压缩空气尘粒和微生物测试装置

图 5-4　无菌室用气点安装末端过滤器图示

4. 蒸汽

药品生产企业特别是原料厂使用大量的蒸汽，用于满足动力来源、工业热源、工艺需要、生活采暖的需要。各种用途的蒸汽所要求的温度、压力都不一样，所以有高压、中压、低压蒸汽系统及相应的蒸汽凝水系统，供汽系统一般是由锅炉房、蒸汽管网及用汽设备组成。

（1）锅炉房设置　包括以下几个方面的要求。

① 锅炉房应位于总体主导风向的下风侧，以减少烟尘、有害气体、噪声、灰渣等对洁净厂房的污染；为室内通风可靠，锅炉房也不宜设置在地下室、半地下室。

② 锅炉房的位置应注意考虑与周围建筑物的相互影响，不应距空气压缩机站、制氧站、危险品库的建筑太近，还应考虑燃料和灰渣的运输及存放。

③ 锅炉房操作间或辅助间应布置在主要道路边，便于消防车、燃料运输车辆进行作业；烟囱、烟道、排污降温池一般布置在锅炉房主要建筑的后面，以减少对主要道路的污染。

④ 根据燃料和燃烧方式选择合适的锅炉，对于燃油、燃气及每台额定蒸发量较小的锅炉，可在与主体相连的附属建筑的底层靠外墙部位设置锅炉房，以缩短蒸汽管线长度。

⑤ 锅炉烟囱的高度及烟尘排放浓度必须符合《锅炉大气污染物排放标准》（GB 13271—2014）的规定，并应符合当地环保部门的有关规定。

⑥ 必须对锅炉进水进行处理，可以在炉外降低原水硬度，以减少水垢，提高热效率，也可以在炉内加药软化。

（2）蒸汽管网和用汽设备的要求　包括以下几个方面。

① 厂区蒸汽（包括冷凝水）管道应少穿越厂区主要交通道路，应与各种管道、构筑物、建筑物协调安排，避免冲突，保持厂区整洁、运行安全、施工和维修方便；蒸汽管道在室外可以架空敷设也可以地下敷设，但均应有适当坡度，必须设置各种补偿器（蒸汽管道沿途随着温度的升高/降低将出现热伸长现象，如果热伸长不能得到补偿，管道将承受巨大压力，甚至使管道破裂）。

② 室内蒸汽管道应尽量沿柱子和墙敷设，大管在内，小管在外，以便于安装和检修，而且占用空间小；管道应满足安装仪表的要求，应尽量避免遮挡室内采光和妨碍门窗的启闭；特别注意冷凝水的回收问题（冷凝水如果直接排放不得与废水合用一根排水道，以免蒸汽通过地漏窜入室内，影响洁净度）。

③ 蒸汽设备（汽水热交换器、汽水分离器、分汽缸、烘箱、夹套等）的下面及蒸汽管道的最低点应设置连续疏水阀；疏水阀后的管道高于疏水阀安装高度时，疏水阀应装止回阀；室内的蒸汽阀、疏水阀在开启和关闭时不应泄露冒汽。

5. 供热、通风和空气调节（HVAC）

HVAC 是英文供热、通风和空气调节（heating，ventilation 和 conditioning）首字母的缩写。

在药品生产中，不仅对空气温度、湿度有一定的要求，而且对空气中含有尘粒和微生物的大小、数量也有相当严格的规定。HVAC 系统就是采用人工方法，创造和维持一定要求的空气环境，空气净化是药品生产企业 HVAC 系统的非常重要的组成部分。

（1）供热　供热就是利用热媒将热能从热源输送到用户，HVAC 中主要是以热水或蒸汽为热媒的建筑物采暖系统。采暖有局部采暖和集中采暖，集中采暖应用更广泛。采暖房间内安装散热设备向房间供给热量保持需要的室温，常用的散热设备有散热器和暖风机。在洁净厂房内采用空调系统，主要设备空气处理机组内本身就具有加热功能，不需要另设散热设备。

（2）通风与除尘　通风就是把室内的废气排出去，把新鲜空气送进来，以控制室内有害物含量不超过卫生标准，其中还包括除尘技术。

通风系统就是为了把局部地点或整个房间内污染了的空气（必要时还需净化处理）排至室外，把新鲜空气或符合卫生标准的空气送入室内而设置的设备及管道。前者称为排风，后者称为送风。通风按照空气流动动力的不同，分为自然通风和机械通风；根据生产工艺产尘和发热的情况，可以采用局部通风和局部排风方法来消除余热和有害物。为保护环境，防止大气污染，应对车间排出的有害、有毒气体加以净化或回收利用（如燃烧法、冷凝法、吸收法和吸附法等）。此外，为防止生产设备发生事故后有可能突然散发大量的有害气体，或防止有危险气体发生爆炸的可能，应该设置事故通风。

除尘的任务是防止工业污染物（粉尘）对人体健康和环境的危害，防止粉尘对室内（尤其是洁净室）空气以及对室外大气的污染。因此一方面要将生产设备产生的粉尘连同运载粉尘的气体予以捕集，不使其散发到室内，影响房间的空气洁净度；另一方面需要将含尘气体进行净化，将其中的粉尘清除至排放标准值以后排入大气，防止污染环境。可以利用不同的机理（重力、离心力、空气动力、过滤和电力）从排出的气流中将粉尘分离出来。药品生产企业在实践中采用了多种多样的除尘器，但主要是旋风除尘器、布袋除尘器和湿式除尘器。选择除尘器时，必须从多方面综合考虑，但最主要的是除尘效率和粉尘的性质（容重、亲水性、黏结性、比电阻及颗粒大小），气体的性质（温度、湿度、化学活性等），运行的条件（室内还是室外）等。除尘系统的设置有两种基本形式：一是单机除尘系统，一台设备配一台除尘器；二是集中除尘系统，即多台设备合用一台除尘器。

（3）空气调节 药品生产企业根据生产工艺的特殊性，对室内的空气环境提出了一定的甚至比较特殊的要求（包括空气的温度、相对湿度、空气的流动速度和洁净度等），有时还对空气的压力、成分和气味等提出一定的要求。采用人工的方法，创造和保持满足一定要求的空气环境，就是空气调节。按使用目的分为舒适性调节和工艺性调节，而且两者应该是互相统一的，只对那些有特殊要求的生产工艺过程，或不需人长期停留的生产环境，则可以根据生产需要，建立单纯考虑生产工艺所要求的空气环境。

一个完整的空气调节系统应由空气处理、空气输送和分配等设备组成。该系统能够对空气进行冷却、加热、加湿、干燥、净化和输送，并能消除穿入房间内的噪声；空调系统的运行能够进行自动控制和检测。对于有特殊要求的房间（如无菌等），空调系统能对空气进行消毒或离子化处理。空调系统按空气处理设备的集中程度不同分为集中式空调系统，半集中式空调系统和全分散空调系统。集中式和半集中式空调系统又称为中央空调，它是集中冷源和热源，供各空气处理设备使用，也是药品生产企业普遍使用的。中央空调系统包括空气处理机组（又称空气调节机或空调箱）、空气输送设备或空气分布装置。此外还有冷源、热源以及自动调节系统等。中央空调系统中的重要设备是空气调节器。它要完成对空气的混合、过滤、加热、加湿、冷却、减湿以及消声等任务，以得到空调所需要的空气参数。因而系统内必须设置进风口、出风口、调节阀、空气过滤器、加热器、加湿器、冷却器以及空气混合室、消声室等。图 5-5 为集中式空调系统示意图。

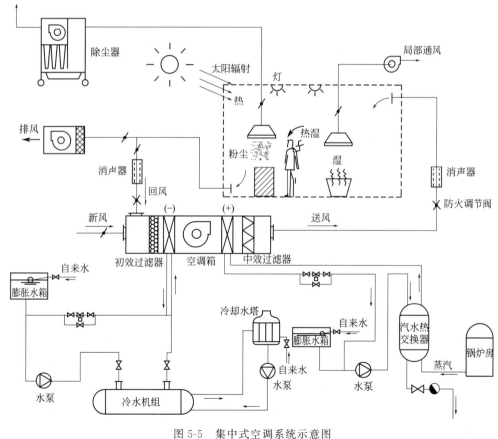

图 5-5　集中式空调系统示意图

二、制药用水系统

药品生产企业所用的水，特别是用来制造药品产品的水，对药品生产是至关重要的。因此，水作为药品制造过程中重要的原辅材料，它的规格必须与药典中所规定的一致。中国GMP（2010年修订）对"工艺用水""纯化水"的含义也有阐述，还规定："水处理设备及其输送系统的设计、安装和维护应能确保制药用水达到设定的质量标准。水处理设备的运行不得超出其设计能力。纯化水、注射用水储罐和输送管道所用材料应无毒、耐腐蚀；储罐的通气口应安装不脱落纤维的疏水性除菌滤器；管道的设计和安装应避免死角、盲管。应对制药用水及原水的水质进行定期监测，并有相应的记录。纯化水、注射用水的制备、贮存和分配应能防止微生物的滋生，如注射用水可采用70℃以上保温循环。应按照书面规程消毒纯化水、注射用水管道，必要时包含其他供水管道，并有相关记录。操作规程还应详细规定制药用水微生物污染的警戒限度、纠偏限度和应采取的措施。"

1. 制药工艺用水的分类与选择

药品生产工艺中使用的水包括饮用水、纯化水和注射用水，此外还有初淋水、终淋水、软化水和灭菌过冷却用水等。下面主要阐述药品生产企业普遍使用的纯化水和注射用水。

（1）纯化水（purified water） 纯化水是以原水（如饮用水、自来水、地下水或地表水）为原料，经逐级提纯水质获得的，可作为配置普通药物制剂的溶剂或实验用水，不得用于注射剂的配制，存放周期不宜超过24h。

纯化水应符合《中国药典》2020年版所收载的纯化水标准。药典对纯化水的酸碱度、硝酸盐、亚硝酸盐、氨、易氧化物、不挥发物、重金属、电导率等指标均提出了具体的检验方法及要求。因而对某一确定的水源，应根据其水质特征及供水对象来设计净化系统。

① 进水含盐量在500mg/L以下时，一般采用普通离子交换法除盐；

② 对含盐量为500~1000mg/L的原水，当水中强酸性阴离子含量超过100mg/L时，在净化系统中再增加弱碱离子交换柱；

③ 含量为1000~3000mg/L的苦咸水，应采用反渗透法先将含盐量降至500mg/L以下，再用离子交换法脱盐；

④ 当原水碱度>500mg/L时，系统应考虑设脱碱装置。

制水可以组合各种纯化技术，既要根据原水性质、用水标准与用水量的情况，又要考虑制水效率的高低、消耗的大小、设备的简繁、管理维护的难易和成本。

（2）注射用水（water for injection） 注射用水是以纯化水作为原水，经特殊设计的蒸馏器蒸馏，冷凝冷却后经膜过滤制备而得的水。注射用水可作为配制注射剂用的溶剂。注射用水贮存周期不宜超过12h，否则应在70℃以上保温循环。

注射用水与纯化水在水质指标上的区别，主要在于对热原（药剂学上的热原通常是指由细菌产生的热原物质，是指那些能致热的微生物代谢产物）及微生物的要求；而且在制水工艺上，《中国药典》规定注射用水的生产工艺必须是蒸馏法（《美国药典》增加反渗透法），制取纯化水则有多种选择。注射用水必须在防止细菌内毒素产生的设计条件下生产、贮藏及分类。注射用水制备装置应定期清洗、消毒灭菌，经验证合格后方可投入使用。注射用水的水质应逐批检测，保证符合《中国药典》2020年版标准。特别需要指出的是微生物限度，目前设立了警戒水平和纠偏限度。

2. 制药工艺用水的处理方法简介

如何根据药物品种、剂型、制药工艺来选择工艺用水，如何选定相应的制水工艺，对制药企业十分重要。图5-6为制药用水选用原则示意图。

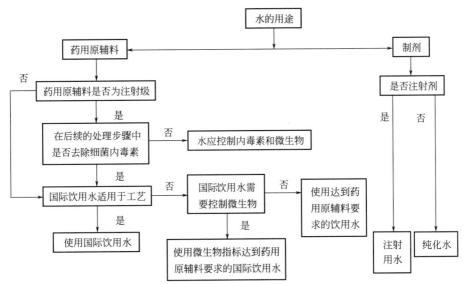

图 5-6　制药用水选用原则示意图

（1）纯化水的制备　制药用水的原水至少要达到饮用水的质量标准，才可以用来制备纯化水，纯化水可用热处理法（采用特殊设计的蒸馏器用蒸馏法制备纯化水）制得；也可以采用离子交换法、反渗透法、超滤法等非热处理法制得。

（2）注射用水的制备　注射用水与纯化水的区别在于细菌内毒素的限度要求不同。药典对纯化水没有细菌内毒素的指标要求，而对注射用水则明确要求细菌内毒素＜0.25EU/mL（热原物质）。注射用水最常用的制备方法是蒸馏，反渗透法也可以制造出符合药典质量要求的注射用水。但在我国，目前反渗透法制造注射用水还未能广泛采用。

① 蒸馏法制备注射用水。蒸馏系统通过加热蒸发、汽液分离和冷凝等过程达到水中的化学物质和微生物的净化。蒸馏过程有多种设计方法，包括单效、多效蒸馏法和蒸汽压缩法。蒸馏水系统对原料水的水质要求没有膜处理系统严格，但应注意的是杂质的聚集，蒸发器溢流，死水，泵和蒸汽压缩机的密封性设计，以及开机和运行间的电导率变化。

② 反渗透法制备注射用水。使用反渗透系统来制造注射用水，至少要采用两个反渗透处理单元，串联组成两级反渗透系统。同时，系统的反渗透单元的进口和下流管路中还应该安装大功率的紫外线杀菌灯。用紫外光控制微生物对反渗透单元和注射用水系统造成的污染。并在紧接反渗透滤器后装一个热交换器，即使用一个巴氏灭菌装置，将水加热到75～80℃，以便将微生物污染减至最少。

③ 超滤法制备注射用水。超滤是一种选择性的膜分离过程，过滤介质被称为超滤膜，一般由高分子聚合而成。超滤系统的过滤过程采用切向相对运动技术，即错流技术（又称十字流），使滤液在滤膜表面切向流过时完成过滤，降低滤膜失效的速度。使用超滤技术获得的水质可以达到注射用水的要求，但目前尚不是《美国药典》正式收载的注射用水的制备方法。

3. 典型水处理单元

① 典型纯化水系统流程——饮用水及纯化水预处理、纯化水制备工艺流程示意分别如图 5-7、图 5-8 所示。

② 典型注射用水制备工艺流程，如图 5-9 所示。

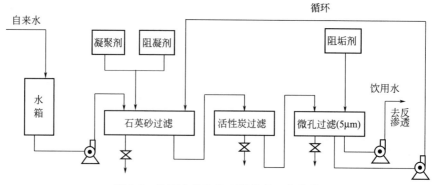

图 5-7　饮用水及纯化水预处理工艺流程

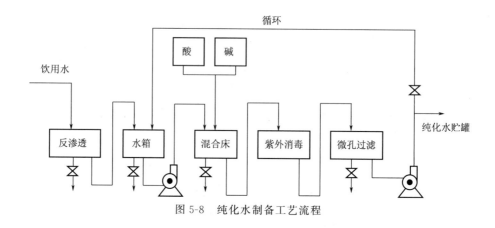

图 5-8　纯化水制备工艺流程

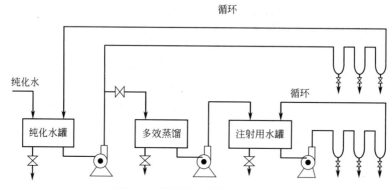

图 5-9　注射用水制备工艺流程

4. 水系统的运行和维护

水系统的运行管理，着重强调对系统的工艺过程控制，就是对水系统中水的制备、水的贮存、水的分配系统的管理和水系统中微生物的控制。对水系统中所采用的每一个处理设备的功能，都要求有明确的进出水指标要求和检测记录，要求在系统中设置相应的检测仪表对其进行密切监控，尤其是监控每一个水处理单元设备处理前后的水质变化情况。

在纯化水系统中，要求对原水和经过沙滤器处理前后的水质及微生物的滋生情况进行监控，对活性炭过滤器、反渗透处理和离子交换器处理前后纯化水的各项指标进行监控和分析。

对于注射用水系统，则应关心蒸馏水或反渗透水的制备、贮存，分配系统管道上使用点出水的电导率、pH、微生物、热原物质、化学成分和排污物中的溶解固体总量（电导率法）的变化、循环系统微生物的控制情况和灭菌周期等，特别要注意控制蒸馏水机的不同原水进水量和不同蒸汽压力时，蒸馏水出水水质的变化，尤其应注意热原物质的变化情况。

对于每一个水系统都应进行维护保养，具体操作如下。

① 水系统的操作和例行维护以及纠正性措施应有书面规定。

② 关键的水质量属性和操作参数必须记录，有操作监控计划。

③ 根据系统设计和操作条件，制订必要的定期消毒处理计划。

④ 需要定期维护设备。包括离子交换树脂的再生、反渗透膜的消毒、过滤器的消毒和更换、紫外灯的更换、储罐和配管的灭菌、仪器的校准校验、活性炭过滤器的效率和更换以及臭氧发生器的保养等。

⑤ 水系统中机械系统和操作参数均应处于经常的监控状态下。

GMP 检查要点：

① 查看企业所用制药用水是否符合制药工艺的要求，并与《中国药典》要求一致。饮用水应符合国家饮用水质量标准。

② 查看纯化水和注射用水是否采用药典允许的制水工艺。

③ 检查工艺用水系统运行及监控的相关标准操作规程，了解工艺用水制备原理、内控标准、系统运行控制参数范围、清洁消毒方法、取样监测点位置及编号。结合企业生产状况，检查水系统实际运行是否超出设备设计和验证的水处理能力。

④ 检查工艺用水系统的维护保养制度，了解从原水处理、机械过滤、活性炭过滤、离子交换、反渗透膜、EDI、保安过滤器、管道、呼吸器等各个关键环节的清洗、消毒（灭菌）、再生、更换以及其他维护保养措施；注意检查系统清洁、消毒方法、频率及日常监控结果。

⑤ 结合制水工艺流程示意图和分配管路图进行现场检查

a. 工艺用水的制备是否符合要求，制备工艺用水的原水是否符合相应标准。

b. 纯化水和注射用水的贮存是否符合要求。

ⅰ. 储罐是否密封，内表面是否光滑，顶部宜安装清洗喷淋装置。

ⅱ. 储罐是否有放空管，通气口是否安装有疏水性过滤器。

ⅲ. 储罐水位显示方式是否能防止污染。

c. 纯化水和注射用水的分配是否符合要求

ⅰ. 分配系统的管路和有关部件是否保持倾斜并设有排放点，以便系统在必要时完全排空。

ⅱ. 根据取样监测点位置及编号检查取样阀位置是否合理、方便取样。

ⅲ. 循环分配系统是否避免低流速。

⑥ 检查制水系统验证报告及年度质量回顾。关注趋势分析及当系统运行超过设定范围时，采取的纠偏措施等内容。

⑦ 查看水系统设计确认报告，查看纯化水、注射用水储罐和输送管道所用材料是否无毒、耐腐蚀。

⑧ 现场检查结合检查滤器档案，确认储罐的通气口是否安装不脱落纤维的疏水性除菌滤器。

⑨ 查看工艺用水分配管路图，同时现场查看管道是否存在死角、盲管。

⑩ 现场检查纯化水、注射用水的制备、贮存和分配系统是否设计合理，能够防止微生

物的滋生。

⑪ 检查纯化水是否采用循环，注射用水是否采用 70℃ 以上保温循环，或采用其他有效防止微生物滋生的措施。

⑫ 检查水系统验证方案、报告和水质数据年度质量回顾，关注系统微生物污染控制情况。

⑬ 检查注射用水的保温控制装置安装是否合理，是否能有效保证 70℃ 以上保温循环。

⑭ 检查注射用水回水流速、温度是否符合要求；回水温度达不到要求时应有处理措施。

⑮ 查看企业是否制定对制药用水及原水的水质进行定期监测的管理规程。

⑯ 检查企业是否按规定对制药用水系统进行日常定期检测，并出具报告。

⑰ 检查企业对原水水质是否制定监测规程，并定期检测。

⑱ 检查企业制定的纯化水、注射用水管道清洁消毒操作规程和相关记录。

⑲ 检查企业是否结合水系统质量回顾和趋势分析确定制药用水微生物污染的警戒限度和纠偏限度，是否制定了相关的操作规程并按规程执行。

存在典型缺陷：

① 生产工艺使用的饮用水没有进行监测，不能确定其使用的饮用水是否符合国家饮用水的标准。

② 企业水系统日常运行控制参数，超出了当时系统验证时的控制参数范围，并且没有及时上报偏差并按偏差处理程序采取纠偏和预防措施。

③ 水系统在完成维护、维修、改造后，没有根据实际情况及时对水质情况进行分析确认，仍然按照日常检测周期对其进行水质检查，存在水质当时不合格没有及时发现的风险。

④ 日常监测取样点设计不合理，水质监测缺乏代表性。如：取样点数量不够、布局不符合要求、取样点不易取样等。

⑤ 水系统储罐、管道选材所用材质报告存档不完整。

⑥ 水系统某段管道进行更换，更换后所用材料为 304L 或 316L 不锈钢材质，却未对管路实施酸洗钝化，管路若未形成保护膜，则增加了不耐腐蚀的风险。

⑦ 企业水系统储罐通气口处安装的除菌过滤器为不脱落纤维的疏水性除菌过滤器，而车间在日常的生产和维护中，未按照相关规定对其进行定期更换，不能确保有效地截留细菌和尘粒，易带来水系统污染的风险。

⑧ 管道设计不合理，有超过管径 6 倍的盲管。

⑨ 注射用水循环温度的监测探头安装位置，未充分考虑整个循环系统的温度最低点，可能会造成系统的部分温度低于 70℃ 循环，易造成系统的微生物滋生。

⑩ 企业水系统水质数据年度质量回顾中，未对微生物情况进行趋势分析，不利于分析系统微生物控制情况。

⑪ 多个车间共用一套制水系统，储罐采用并联方式各自运行。当某个车间停产时，水系统的贮存、分配管路停止运行，未对停用系统再次恢复使用前清洁、灭菌和再确认情况作出评价和规定，停运部分形成盲端，易于滋生微生物。

⑫ 企业未制定对制药用水的原水（饮用水或纯化水）进行定期监测的管理规程，未对原水进行定期监测和记录。

⑬ 企业的操作规程中，未明确规定纯化水和注射用水的微生物污染达到警戒限度和纠偏限度后，如何进行处理的内容。

⑭ 水系统日常监测过程中，发现微生物超过纠偏限时，企业未按照相关规定进行偏差分析和采取纠正预防措施。

⑮ 未对水系统运行过程中出现的偏差进行分析处理。

药品生产环境包括室外环境及室内环境，室内环境可能影响药品的质量，而室外环境又可以影响室内环境的质量。本节主要讨论药品生产的洁净的室内环境。

一、药品生产工艺布局要求

1. 工艺布局基本要求

（1）工艺布局应按生产流程所要求的空气洁净度等级进行工艺布局，做到布置合理、紧凑，有利生产操作，并能保证对生产过程进行有效的管理。

（2）工艺布局要防止人流、物流之间的混杂和交叉污染，并符合以下基本要求：

① 人员和物料进出生产区域的出入口应分别设置，极易造成污染的物料宜设置专用出入口，洁净厂房内的物料传递路线应尽量短。

② 人员和物料进入洁净室（区），应有各自的净化用室和设施。

③ 洁净室（区）内应只设置必要的工艺设备和设施。用于生产、贮存的区域不得用作非本区域内工作人员的通道。

④ 输送人员和物料的电梯宜分开。电梯不宜设在洁净室（区）内，需要设置时，电梯前应设气闸或其他确保洁净区空气洁净度等级的措施。

2. 洁净室（区）布置要求

在满足工艺条件的前提下，为提高净化效果，节约能源，有空气洁净度等级要求的房间按下列要求布置。

① 空气洁净度等级高的洁净室（区）宜布置在人员最少到达的地方，并宜靠近空调机房；

② 不同空气洁净度等级的洁净室（区）宜按空气洁净度等级的高低由里及外布置；

③ 空气洁净度等级相同洁净室（区）宜相对集中；

④ 不同空气洁净度等级室之间相互联系应有防止污染措施，如气闸室或传递窗（柜）等。

医药工业洁净厂房内应设置与生产规模相适应的原辅料、半成品、成品存放区域，且尽可能靠近与其相联系的生产区域，以减少过程中的混杂与污染。存放区域内宜设置待检区、合格品区，或采取能有效控制物料待检、合格状态的措施。不合格品必须设置专区存放。

3. 特殊类别及品种生产厂房的布置要求

生产特殊性质的药品，如高致敏性药品（如青霉素类）或生物制品（如卡介苗或其他用活性微生物制备而成的药品）必须采用专用和独立的厂房、生产设施和设备。青霉素类药品产尘量大的操作区域应保持相对负压，排至室外的废气应经净化处理并符合要求，排风口应远离其他空气净化系统的进风口。

生产 β-内酰胺结构类、性激素类避孕药品必须使用专用设施（如独立的空气净化系统）和设备，并与其他药品生产区严格分开。

生产某些激素类、细胞毒性类、高活性化学药品应使用专用设施（如独立的空气净化系统）和设备；特殊情况下，如采取特别防护措施并经过必要的验证，上述药品制剂则可通过阶段性生产方式共用同一生产设施和设备。

二、GMP 对洁净区（室）的规定

空气洁净技术就是建立洁净环境的技术，它是一项综合性的技术。洁净技术也称玷污（或微玷污）控制技术，国际上常用玷污控制（contamination control）一词加以描述。玷污物质的控制，在药品生产企业中以控制空气中的粒子尺寸及其浓度和微生物来解决。

药品生产洁净室（区）的空气洁净度要求如下：

中国 GMP（2010 年修订）附录中将药品生产企业洁净室（区）的空气洁净度定为四个级别。洁净生产区的环境空气指标一般包括：尘埃粒子数控制限度、微生物控制限度、新鲜空气量（空调系统新风量 10%～30%）、风速或换气次数、气流组织、压差、温度、湿度。空气洁净度的高低用空气洁净等级来区别。

尘粒是空气净化的直接处理对象，是指既包含固态微粒也包含液态微粒的多分散气溶胶，粒径小于 $10\mu m$。细菌培养时，由一个或几个细菌繁殖而成的细菌团称为 cfu（colony forming unit，菌落形成单位），也称菌落数。表 5-5 是中国 GMP 规定的洁净室（区）空气洁净度的级别。洁净区微生物监测的动态标准见表 5-6。

表 5-5　中国 GMP 洁净室空气洁净度要求

洁净度级别	悬浮粒子最大允许数/m^3			
	静态		动态[3]	
	$\geqslant 0.5\mu m$	$\geqslant 5\mu m$[2]	$\geqslant 0.5\mu m$	$\geqslant 5\mu m$
A 级[1]	3520	20	3520	20
B 级	3520	29	352000	2900
C 级	352000	2900	3520000	29000
D 级	3520000	29000	不作规定	不作规定

①为了确定 A 级区的级别，每个采样点的采样量不得少于 $1m^3$。A 级区空气尘埃粒子的级别为 ISO 4.8，以 $\geqslant 0.5\mu m$ 的尘粒为限度标准。B 级区（静态）的空气尘埃粒子的级别为 ISO 5，同时包括表中两种粒径的尘粒。对于 C 级区（静态和动态）而言，空气尘埃粒子的级别分别为 ISO 7 和 ISO 8。对于 D 级区（静态）空气尘埃粒子的级别为 ISO 8。测试方法可参照 ISO 14644-1。

②在确认级别时，应使用采样管较短的便携式尘埃粒子计数器，以避免在远程采样系统长的采样管中 $\geqslant 5.0\mu m$ 尘粒的沉降。在单向流系统中，应采用等动力学的取样头。

③可在常规操作、培养基模拟灌装过程中进行测试，证明达到了动态的级别，但培养基模拟试验要求在"最差状况"下进行动态测试。

表 5-6　洁净区微生物监测的动态标准[1]

级别	浮游菌/(cfu/m^3)	沉降菌（$\phi 90mm$）/$(cfu/4h$[2]$)$	表面微生物	
			接触碟（$\phi 55mm$）/(cfu/碟)	5 指手套/(cfu/手套)
A 级	<1	<1	<1	<1
B 级	10	5	5	5
C 级	100	50	25	—
D 级	200	100	50	—

①表中各数值均为平均值。

②单个沉降碟的暴露时间可以少于 4h，同一位置可使用多个沉降碟连续进行监测并累积计数。

三、GMP 对空气净化系统的规定

1. 空调净化系统基本形式和系统划分

空调净化系统有全室净化、局部净化和洁净隧道三种基本形式。

全室净化是采用集中式净化空调系统对整个房间造成具有相同空气洁净度级别的环境。这种方式投资大、运行管理复杂、建设周期长，适合工艺设备高大，数量多，且室内要求相同洁净度的场所。

局部净化采用净化空调器或局部净化设备（如洁净工作台、棚式垂直层流单元、层流罩等），在一般空调环境中造成局部区域具有一定洁净度级别的环境。适用于生产批量较小或利用原有厂房进行技术改造的场所。

洁净隧道采用两条层流工艺区和中间的湍流操作活动区组成隧道型洁净环境。这是全室净化与局部净化相结合的典型，目前使用较少。

空气净化系统的划分原则和方法如下。

① 按不同的药品剂型划分，因各剂型对净化空调的要求不同。

② 按不同的空气洁净度等级划分，不同洁净度级别的洁净室对空调参数均有不同的要求。

③ 高效净化系统与中效净化系统要分开设置，因系统中高效过滤器与中效过滤器在运行时阻力变化不同。

④ 按楼层或平面分区划分。

⑤ 按运行班次不同划分。

⑥ 对青霉素类、头孢类、激素类和抗肿瘤药物应防止交叉污染，要设独立的空调系统。

⑦ 为便于对各生产区风量、温度、湿度的调整和控制，空调系统的风量不宜过大，一般风量不宜超过 $40000m^3/h$。

以上只是一般原则，在工程实践中往往需要根据具体情况而定。例如不同洁净度等级的系统划分在一起，不同药品剂型的系统划分在一起，高、中效净化系统划分在一起等，现代空调洁净技术完全可以实现这一目的。

GMP 检查要点：

① 结合空调净化系统运行及监控标准操作规程及平面布置图、洁净区换气次数（或风速）、温湿度监控标准，现场检查产品生产工序环境与要求是否一致。

a. 企业制定的洁净区压差梯度分布标准应当满足条款的要求；对于相同洁净级别区域，考虑不同操作间压差的要求，为防止交叉污染，其他功能区与称量、粉碎、制粒、压片等产尘量大的房间应保持适当的压差梯度和气流流向。

b. 口服液体和固体制剂、腔道用药（含直肠用药）、表皮外用药品等非无菌制剂生产的暴露工序区域及其直接接触药品的包装材料最终处理的暴露工序区域的洁净级别应当符合要求；应有对环境微生物监控及控制的措施。

c. 原料药应考虑是否满足"原料药"附录的相关要求；非无菌原料药精制、干燥、粉碎、包装等生产操作的暴露环境应当按照 D 级洁净区的要求设置。

② 检查现场空调净化机组、压差和温湿度监测记录，数据应当完整，并关注偏差的处理措施。

③ 检查洁净区定期监测的文件规定；检查监控记录，包括过滤器完好性检查、压差检查及过滤器更换的记录；监测数据超过限度时的处理措施及记录，对定期监测结果进行分析、评估的资料。

存在典型缺陷:

① 生产车间的温湿度设置不能满足生产工艺要求,如某产品需低湿控制,生产过程中湿度应控制到30%以下,但空调的调控能力达不到。

② 温湿度/压差记录,出现超标情况,未采取适当的处理措施,未按照偏差管理制度执行;温湿度记录与实际不符。

③ 对产尘大的房间的气流流型未进行确认,不能充分证明该区域的粉尘不外泄。

2. 洁净室消毒措施

药品生产企业洁净室(区)与其他工业洁净室有所不同,特别是无菌生产,不仅要控制空气中一般的悬浮状态的气溶胶粒子,还要控制活微生物数,即提供所谓的"无菌"环境(无菌室)。一方面,要了解无菌的定义是完全没有活的微生物存在,在实际应用中的含义是使用生长培养基试验时,无任何细菌生长。另一方面,不能认为进入洁净室(区)的空气就无菌了,室内各表面就不沾污细菌了。如果这些地方有营养源,细菌繁殖的可能性就存在。因此,洁净室,特别是无菌室,一般不安排三班生产,每天必须有足够的时间用于清洁、消毒。

消毒和灭菌是两个概念。灭菌(sterilization)、除菌(disinfection)和消毒(sanitization)这三个词常常不严格区别,灭菌是指杀灭或不活化所有生命形式;除菌则是破坏或不活化致病微生物的传染;而消毒是指减少微生物数量,使之达到安全或相对安全的水平,与使用规定和使用目的相符合。

洁净室常用的消毒和灭菌方法有以下几种。

① 干热法。在干燥空气中加热处理的方法,基于高热作用下的氧化作用破坏微生物的原理,一般需要的温度高达160℃以上,时间长达1~2h。

② 湿热法。是用高温湿蒸汽(通常为饱和蒸汽)的灭菌方法,基于湿热作用下使细菌细胞内蛋白质凝固的原理,一般需要的温度比干热法低,时间较短,如121℃、12min或134℃、2min。

③ 药物法。是用某种气体或药剂进行熏蒸或擦洗,其效果与药物种类及细菌对其敏感程度有关。但不要长期使用一种消毒剂,应定期更换,以防止耐药菌株的产生。

④ 电磁辐射法。是应用γ射线、β射线或其他电离辐射的高速电子流杀菌的方法。

⑤ 紫外线灭菌法。是紫外线作用于细菌的核酸蛋白质,使蛋白质变性而起杀菌作用。因紫外线以直线传播,穿透力弱,一般用作室内空气灭菌或表面灭菌。

⑥ 臭氧灭菌法。属于生物化学氧化反应。臭氧能氧化分解细菌细胞内的葡萄糖氧化酶,也能直接与细菌、病毒发生作用,破坏并分解其细胞的核酸、蛋白质、脂质类和多糖等大分子聚合物,使细菌的新陈代谢与繁殖过程遭到破坏;还可以渗透细胞膜组织,使细胞发生通透性畸变,导致细胞的溶解死亡。臭氧灭菌具有广谱性、高效性、高洁净性、方便性、经济性等特点。目前药品生产企业将此方法应用于HVAC系统,应用于对物料、工装模具、工作服和密闭容器管道的灭菌,应用于工艺用水的处理中。

⑦ 气体灭菌。是采用某种消毒液,在一定条件下让其蒸发产生气体来熏蒸。常用消毒液有甲醛、环氧乙烷、过氧乙酸、石炭酸和乳酸的混合液等。

⑧ 消毒剂灭菌。洁净室的墙面、天花板、门、窗、机器设备、仪器、操作台、车、桌、椅等表面以及人体双手(手套)在环境验证及日常生产时,应定期清洁并用消毒剂喷洒。常见消毒剂有异丙醇(75%)、乙醇(75%)、戊二醇、洁尔灭等。

中国GMP(2010年修订)实施指南中有关洁净厂房的清洁和消毒:

制药企业洁净厂房内表面必要时可采用化学的、物理的或其他的方式进行定期的清洁和消毒，杀灭病原微生物，使微生物总量控制在洁净环境日常监测的范围内，以防止微生物对生产车间环境可能的影响及污染。

·清洁剂应具有高效、环保、无残留、水溶性强、浓度明确或配制简便等特性。供应商应具备专业资质。每个最小包装单位上均有标识清晰的生产日期和有效期。

·清洁标准：要求所有清洁项目达到无尘、无痕、无脱落物、整洁。

·无尘：指墙面、地面、设施的表面无灰尘、粉尘。

·无痕：指地面、墙面、设施无施工遗留痕迹，地面无行车痕迹。

·无脱落物：指无纤维、墙皮等脱落物。

·整洁：指清洁过程有条不紊，清洁现场、使用的工器具自身洁净，摆放齐整。

·消毒剂应具有高效、环保、残留少、水溶性强等特征。使用符合《消毒管理办法》要求的消毒剂，每月轮换交替使用，以防止微生物产生耐受性。制定标准操作程序规定消毒剂的配置方法。消毒剂应现配现用。

·针对不同的消毒对象制定适宜的清洁/消毒方法和频次。清洁/消毒对象包括：墙面、地面、设备、地漏、洗手池、空调风口等。

·洁净区域内，在清洁完一个生产房间后，使用过的拖把、洗涤车等清洁工具，需要清洗后，才能进行下一个生产房间的清洁。

·清洁/消毒工作结束后应及时进行记录。

·通过季度和年度环境监测报告的数据分析，评估清洁/消毒方法的有效性。

3. 空气洁净技术的具体应用

（1）固体制剂（以片剂生产为例） 片剂生产的空调系统重要的是对生产区的粉尘进行有效控制，特别是在称量、混合、整粒、压片、包衣等易发生交叉污染的工序。除工艺上尽量使用真空输送物料和就地清洗以外，为防止原辅料、中间体和成品的交叉污染，防止粉尘从生产区逸出污染环境，同时考虑对生产人员的防护，除了在产尘点和产尘区设隔离罩和除尘设备，在发尘源附近就地排除粉尘以外，要合理组织气流，控制室内压力，产生粉尘的房间应保持相对负压。对多品种换批生产的片剂车间，产尘量大的房间若没有净化措施则不宜采用循环风。

（2）最终不可灭菌的无菌产品（以粉针剂生产为例） 由于粉针剂生产的最终成品不作灭菌处理，主要工序需处于高级别洁净室中，瓶子灭菌、冷却、分装、加盖等产品暴露于空间的工序均需处于 A 级保护下。主要生产工序温度为 20～22℃，相对湿度＜40％。

应用空气净化系统时，相同空气洁净度等级下的无菌室和非无菌室（无尘室），它们的功能是不同的。必须考虑工艺排风（如隧道烘箱）与空调净化系统的风量平衡，特别是当工艺排风停止时引起的无菌室风量失调或空气倒灌。

图 5-10 为粉针剂生产的空气洁净度级别示意图。

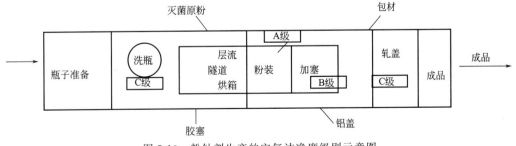

图 5-10　粉针剂生产的空气洁净度级别示意图

最终灭菌药品（以大容量注射剂生产为例）：

输液车间洁净重点是直接与药物接触的开口部位，产品暴露于室内空气的生产线，如洗瓶、瓶子运输等处，而不要追求整个车间的高标准。灌装工序要求 A 级，稀配、过滤为 B 级，浓配为 C 级。环境空气中微粒对大瓶装输液污染影响极小，不是影响其澄明度的主要因素，大瓶装输液中所存在的颗粒物，是在产品灭菌后由胶塞和瓶子上剥落下来的；最终关键在于产品要灭菌。

各工序温、湿度要求如下：

A 级、B 级区：温度 20～23℃，相对湿度 55％～60％。

C 级辅助生产区：温度 23～26℃，相对湿度 55％～65％。

图 5-11 为大容量注射剂生产的空气洁净度级别示意图。应注意 A 级洁净室内不得设置地漏。在灌装机层流罩下同样不得设置地漏，但可以在层流罩外的 B 级区域内设置可消毒带水封的有盖不锈钢地漏，或在 A 级层流罩下设置直接与设备相连的下水口。

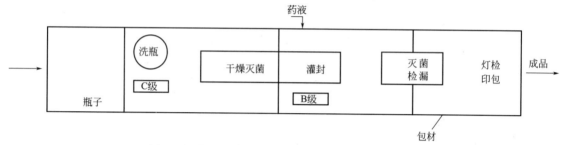

图 5-11　大容量注射剂生产的空气洁净度级别示意图

四、GMP 对设备的规定

药品生产工艺是以制药设备为支撑的，因而 GMP（2010 年修订）在第五章对制药设备做出了指导性的规定。

（一）原则

① 设备的设计、选型、安装、改造和维护必须符合预定用途，应尽可能降低污染、交叉污染、混淆和差错的发生，便于操作、清洁、维护，以及必要时进行的消毒或灭菌。

② 应建立设备使用、清洁、维护和维修的操作规程，并保存相应的操作记录。

③ 应保存设备采购、安装、确认、维修和维护、使用、清洁的文件和记录。

GMP 检查要点：

① 设备保障部应制定设备的设计、选型、安装、改造和维护等方面的管理规程，同时包括工艺设备和公用系统。

② 企业设备的设计和选型，应当根据自身条件（选址面积、厂房结构、生产能力、设备、硬件设施系统等）、环境、用途、使用目的、标准要求等提出用户需求说明（URS）。设备供应商依据客户的 URS 进行设备设计（或确认自己已经完成设计的设备能符合需求方的要求），完成设计确认（DQ）后，再进行设备的制造。

③ 设备安装应考虑不同剂型、不同产品以及特定工艺的要求，并兼顾实际生产操作符合 GMP 规范的要求。

④ 现场检查时应关注以下几点：

a.设备材质是否易生锈、发霉、产生脱落物，设备内表面是否光滑平整，便于清洁，不得吸附和污染药品。

b. 设备是否安装在适当位置，是否遮挡回风口，是否便于设备生产操作、清洗、消毒及灭菌、维护，需清洗和灭菌的零部件是否易于拆装。根据生产工艺要求，查看设备是否具备必要的密闭性、空气过滤设施等。

c. 查看设备文件有关设备清洗、消毒或灭菌的方法及周期，不能移动的设备是否有在线清洗的设施。

d. 查看生产设备是否在生产工艺规定的参数范围内运行。

⑤ 设备保障部门制定的设备使用、清洁、维护和维修的操作规程应当规范、内容全面并具有可操作性。

⑥ 操作记录应当清晰、准确、及时，记录保存完整。

⑦ 企业应注重预防维修，设备发生纠正性维修或故障维修时应严格按照偏差处理程序或变更控制程序执行。

⑧ 设备转移、改造、停用、启用应按照相关程序执行，例如转移、停用需在使用前进行功能和性能确认。

⑨ 设备保障部门应为每台设备建立设备档案，并且每台设备的编号唯一。

⑩ 企业应建立、保存设备采购、安装、确认的文件和记录，应尤其关注影响产品质量、工艺参数、产率、可能引入污染的设备。

⑪ 相关文件和记录内容应当全面，设备安装确认、运行确认、性能确认、变更控制、系统性回顾等工作有效实施，并做好设备的基础管理工作。

⑫ 注射用水系统的分配管路图、变更图应保存。

⑬ 关键管道内部焊接应保存相关资料。

存在典型缺陷：

① 在称量室、粉碎室等产尘量大的区域内，所配备的除尘设施，不能有效降低交叉污染的风险。

② 设备安装位置靠近排风口，对气流流型造成了影响，同时增加了污染的风险。

③ 设备维护的书面操作规程，内容不具体、可操作性差、缺少指导意义，不能有效减少设备运行过程中出现的不必要的故障。

④ 设备维护、维修记录与设备运行日志不一致，同一时间设备既在运行又在维修。

⑤ 生产设备的确认文件中，对个别参数确认的记录收集不完整，或相关确认工作不到位。

⑥ 部分设备的档案缺失。

⑦ 注射用水系统的分配管路图、变更图保存不完整。

（二）设计和安装

① 生产设备不得对药品有任何危害，与药品直接接触的生产设备表面应光洁、平整、易清洗或消毒、耐腐蚀，不得与药品发生化学反应或吸附药品，或向药品中释放物质而影响产品质量并造成危害。

② 药品的生产和控制应配备具有适当量程和精度的衡器、量具、仪器和仪表。

③ 应选择适当的清洗、清洁设备，以避免这类设备成为污染源。

④ 设备所用的润滑剂、冷却剂等不得对药品或容器造成污染，应尽可能使用食用级或与产品级别相当的润滑剂。

⑤ 生产用模具的采购、验收、保管、维护、发放及报废应制定相应操作规程，设专人

专柜保管，并有相应记录。

GMP 检查要点：

① 现场检查关键设备材质的选择是否满足上述要求。

② 检查企业是否制定相关文件，文件是否包括如生产设备的设计对药品质量影响的分析、用户需求的确定、设备安装等。

③ 检查生产过程中使用的衡器、量具、仪器、仪表的量程和精度是否能满足生产品种工艺的要求。

④ 结合质量标准、工艺参数的管理要求，检查计量器具是否具有适当的精度和合适的测量范围。

⑤ 检查检测仪器检定结果，其量程及精度能满足产品质量检测的要求。

⑥ 车间清洗、清洁设备的使用应当避免给药品生产带来污染。考察清洗、清洁设备应当具备自清洗、自清洁功能；清洗设备排水管口不能产生污水返流或浊气返流。

⑦ 每台清洁设备都应具有清洗、设计、安装确认文件和管理文件。

⑧ 企业通过对设备结构的分析，并结合设备供应商建议，确认需要使用食用级或级别相当的润滑剂的设备位置。

⑨ 检查设备使用的润滑剂或冷却剂是否有污染产品的风险。

⑩ 检查是否制定防止设备上使用的冷（热）媒介系统泄漏冷却剂并对产品造成污染的措施，设备使用的冷却剂是否为食品级或同等级别。

⑪ 制定设备文件对润滑剂、冷却剂有相应的管理规定，润滑剂的证明文件和质量标准，使用的润滑剂应为符合食用级或级别相当的润滑剂。

⑫ 检查企业制定生产用模具的采购、验收、保管、维护、发放及报废的操作规程。

⑬ 现场检查其保管条件是否满足安全、清洁、避免混淆的要求。应设有专人专柜，查看相关记录。

存在典型缺陷：

① 生产设备表面有污渍，清洁不到位。

② 注射用水分配系统管道没有使用氩弧焊焊接，焊接界面没有内窥镜观察，没有照片。

③ 称量岗位所配备的电子秤的精度不能满足处方中个别物料的投料精度。

④ 使用电子天平称量样品，加载样品时使用清零功能清零，再取下被称样品时，读数显示负数示值。

⑤ 称量器具未按照规定周期进行校验。

⑥ 缺少清洁设备的操作文件。

⑦ 清洁设备的选型不合理，容易对产品造成污染。

⑧ 生产车间缺少生产设备的清洁操作文件及相关记录。

⑨ 现场检查发现搅拌电机下方，有润滑油油渍，发现润滑油为非食品级，且没有充分资料证明其与食品级相当；使用的润滑油存在污染物料、容器的风险。

⑩ 未建立生产用模具的管理规程。

⑪ 生产用模具的保管未严格按照模具管理制度执行，造成保管过程中部分模具的锈蚀和轻微磕碰或变形。

⑫ 模具在使用结束、拆卸后，对其进行完好性检查时发现个别模具有破损现象，对其前期生产的产品未进行产品质量的追踪和质量评价。

（三）维护和维修

① 设备的维护和维修不得影响产品质量。

② 应制定设备的预防性维护计划和操作规程，设备的维护和维修应有相应的记录。

③ 经改造或重大维修的设备应进行重新确认或验证，符合要求后方可用于生产。

GMP 检查要点：

① 企业生产设备维修、保养规程等文件应规定定期维修、保养计划，并有相应的保证产品质量的措施，如维修或维护操作前进行必要的产品保护，维修或维护操作后对设备进行清洁，以及对设备相关性能的确认。

② 与设备维护相配套的如批生产记录、设备日志、设备维修保养计划和记录应当完整，可从中了解设备维修维护工作是否对设备使用和产品生产产生影响。

③ 维修中排出的制冷剂、润滑油、酸碱液、粉尘及其废弃物不应对生产环境造成污染。

④ 企业是否根据设备的设计参数、性能、验证结果等制定了设备维护检修操作规程，规定设备的维护检修、保养要求，如大修、中修、小修、维护保养等。

⑤ 查看企业预防性维护计划，以及维护检修记录，是否按计划执行。

⑥ 现场查看车间设备运行状态，是否完好，是否正常运行。

⑦ 查看是否有变更预防维护计划的情形，如有，则进一步查看变更是否按相关程序执行。

⑧ 根据企业的变更管理规程和再确认管理规定，对经改造或大修后的设备应当进行评估，必要时应对设备结构、与设备直接接触的部件、仪器仪表以及程序软件等进行再确认，符合要求后方可用于生产。

⑨ 查看企业是否有设备改造或重大维护，发生的变更是否履行了上述程序，并于再确认批准后用于生产。

存在典型缺陷：

① 检查现场，发现设备维护或维修后，拆卸下的废弃零部件，没有及时清理，易导致掉入物料的风险。

② 设备的维护操作程序中，维修前对产品进行的保护措施在程序中没有规定。

③ 在未采取必要的防护措施情况下，对生产过程中的设备进行维护。

④ 设备的预防维护、维修，未按照原定计划进行，且无正当理由进行说明。

⑤ 设备预防性维护的书面操作规程，维护内容不具体，可操作性差，缺少指导意义，操作人员是按照工作经验对关键设备进行维护。

⑥ 对维护、维修造成相应的偏差分析不够，或未按照变更控制程序执行。

⑦ 口服固体制剂包装瓶装连线设备，在数粒机因数粒不准确，对其控制面板进行了更换后，没有对数粒机进行再确认。

⑧ 口服固体制剂制粒机所使用的喷浆蠕动泵，在喷浆硅橡胶管老化、更换为新管后，未对喷浆速率重新进行确认，造成制粒过程中喷浆量不准、颗粒不易压片。

（四）使用、清洁和状态标识

① 主要生产和检验设备都应有明确的操作规程。

② 生产设备应在确认的参数范围内使用。

③ 应按详细规定的操作规程清洁生产设备。

生产设备清洁的操作规程应规定具体而完整的清洁方法、清洁用设备或工具、清洁剂的名称和配制方法、去除前一批次标识的方法、保护已清洁设备在使用前免受污染的方法、已清洁设备最长的保存时限、使用前检查设备清洁状况的方法，使操作者能以可重现的、有效的方式对各类设备进行清洁。

如需拆装设备，还应规定设备拆装的顺序和方法；如需对设备消毒或灭菌，还应规定消毒或灭菌的具体方法、消毒剂的名称和配制方法。还应规定设备生产结束至清洁前所允许的最长间隔时限。

④ 已清洁的生产设备通常应在清洁、干燥的条件下存放。

⑤ 用于药品生产或检验用的主要或关键设备，应有使用日志，记录内容包括使用、清洁、维护和维修情况以及日期、时间，所生产及检验的药品名称、规格和批号等。

⑥ 生产设备应有明显的状态标识，标明设备编号和内容物（如名称、规格、批号）；没有内容物的应标明清洁状态。

⑦ 应尽可能将闲置不用的设备搬出生产和质量控制区，有故障的设备应有醒目的状态标识。

⑧ 主要固定管道应标明内容物名称和流向。

GMP 检查要点：

① 查看企业制定的设备操作规程文件，是否包括药品生产、质量控制涉及的主要生产和检验设备。

② 需对设备使用过程涉及范围、责任人、操作人、维修维护人、过程监督人等职责划分等做出明确规定；需对设备名称、涉及部件、用途、基本结构、工作原理做出简单描述；需详细规定在换班、换批、换产品操作前的防止污染、交叉污染和混淆的措施；需对环境、清洁和安全、连接部分、公用系统、设备关键部件和关键参数的标准状况做出明确要求。

③ 企业的生产设备档案、设备验证文件和相关工艺规程中的参数要求应明确，设备在生产中使用的参数范围，应在工艺规程确认的参数范围内。

④ 企业应依据设备用途建立相应的清洁规程。

⑤ 企业制定的清洁规程应符合本条款的各项要求，确认操作人员了解相关清洁操作程序。

⑥ 具有特殊要求的设备或部件应当专用。

⑦ 根据风险评估或清洁验证结果，设备的清洁应当符合以下要求：

a. 设备使用后应在规定的时限内进行清洗。

b. 同一设备连续生产同一药品或阶段性生产连续数个批次时，宜间隔适当的时间对设备进行清洁，防止污染物（如降解产物、微生物）的累积。

c. 设备清洗后应在规定的时限内使用，超过时限使用时应重新清洗。

d. 非专用设备更换品种生产前必须对设备进行彻底的清洁，防止交叉污染。

⑧ 设备清洁后应有明显的清洁状态标识，标明清洁前后生产品种、批次，清洁时间，有效期，清洁日期等。

⑨ 企业用于药品生产及检验的设备和仪器是否建立了使用日志，并依照时间顺序连续记录设备使用、清洁、维护和维修等信息，是否具有追溯性。

⑩ 日志内容是否全面，应包括设备和仪器的使用、清洁、维护和维修情况以及日期、时间，所生产及检验的药品名称、规格和批号等内容。

⑪ 检查时应关注检验仪器设备的使用日志，如仪器的光源更换、色谱柱更换等是否有记录。

⑫ 检查设备文件是否有关于状态标识的上述规定。

⑬ 检查现场，生产设备是否有状态标识，状态标识的内容、样式是否符合规定，标识是否明显。

⑭ 检查设备管理文件，对不合格或停用的设备是否有相关的管理规定。

⑮ 检查生产和质量控制区现场，看现场是否有不合格设备或停用的设备，如有，设备上是否有醒目的状态标识。

⑯ 检查设备文件对设备管道标识的管理规定。

⑰ 检查现场应注意观察主要固定管道是否标明内容物名称和流向，包括公用工程系统（如风管、水管路、压缩空气、蒸汽等）、物料输送管道等。

存在典型缺陷：

① 对照设备台账，检查生产设备和检验设备操作规程，不能把生产使用的关键设备全部涵盖在内，且部分设备的相关操作规程内容不具体、没有可操作性。

② 车间使用的关键设备，工艺参数未经过验证或验证的参数不能涵盖日常生产使用的参数范围。

③ 清洁状态标识内容不完整。

④ 在清洁效期内的设备上，仍有目视可见的料渍，说明企业在对设备进行清洁时，未按清洁操作规程进行清洗，或是所制定的清洁操作规程未经过验证。

⑤ 设备清洁操作规程中，对清洗后设备如何进行干燥没有具体规定，易造成微生物的滋生、清洁设备受到污染。

⑥ 已清洁的生产设备、容器具等的存放条件应当符合本条款相关要求，避免被再次污染的可能。

⑦ 清洁规程中应要求设备清洁后在规定的条件下干燥。

⑧ 已清洁设备存放条件不符合要求。清洁设备、容器、部件的存放与待清洁设备、容器、部件放在同一房间，没有进行有效隔离和防护措施。

⑨ 对清洁后需要的干燥状态未按照相关规程进行确认。如某原料车间设备清洁操作规程中，要求设备清洁完成后是干燥状态，而在检查车间现场时发现一挂有"备用""已清洁"状态标识的结晶罐罐底有清洗水，设备没有彻底干燥，容易造成设备清洁后被污染。

⑩ 未建立药品生产或检验的设备和仪器使用管理规程或内容不完整。

⑪ 无药品生产或检验的设备和仪器使用日志或记录内容不完整。如生产设备缺少"设备状态、使用、清洁、维护和维修情况以及日期、时间，所生产及检验的药品名称、规格和批号等内容"，可追溯性差。

⑫ 生产设备状态标识内容不完整，没有完全包括设备状态标识应当标示的全部情况，如设备运行状态标识，生产过程中已清洁、待清洁、维修等状态标识；或公用工程设备、固定管道设施的状态标识；测量、检验设备状态标识；特殊产品、过程设备状态标识及特殊状态的设备状态标识。

⑬ 设备管理规程无不合格设备、停用设备的管理规定。

⑭ 已停用的生产、检验用设备、仪器未及时移出现场；或对生产、检验区域内已停用设备、仪器没有按照规定悬挂"停用"标识。

⑮ 主要固定管道未标明内容物名称和流向或管道颜色标志、标识字迹模糊不清。

（五）校准

① 应确保生产和检验使用的关键衡器、量具、仪表、记录和控制设备以及仪器经过校准，所得出的数据准确可靠。

② 应按照操作规程和校准计划定期对生产和检验用衡器、量具、仪表、记录和控制设

备以及仪器进行校准和检查，并保存相关记录。应特别注意校准的量程范围涵盖实际生产和检验的使用范围。

③ 应使用标准计量器具进行校准，且所用标准计量器具有可以溯源到国际或国家标准器具的计量合格证明。校准记录应标明所用标准计量器具的名称、编号、校准有效期和计量合格证明编号，确保记录的可追溯性。

④ 衡器、量具、仪表、记录和控制的设备以及仪器应有明显的标识，标明其校准有效期。

⑤ 超出校准合格标准的衡器、量具、仪表、记录和控制的设备以及仪器不得使用。

⑥ 如在生产、包装、仓储过程中使用自动或电子设备的，应按操作规程定期进行校准和检查，确保其操作功能正常。校准和检查应有相应的记录。

归纳起来，GMP（2010 年修订）对制药设备的要求是：满足工艺生产技术要求；使用时不污染药物，也不污染环境；有利于清洗、消毒或灭菌；能适应设备验证需要。要满足以上要求必须关注设备的材质和内部结构；建立设备维修、保养、清洗、校验、验证等管理制度，配备专职或兼职管理人员，确保设备始终如一符合 GMP 要求。

GMP 检查要点：

① 应查阅企业保留的所有校准活动的原始记录，包括定期校准管理规定、台账、操作规程、校准记录和原始数据或检定证书。

② 现场查阅所有的测量设备都应有对应的唯一的仪表、器具编号。现场检查其是否定期校准，抽查仪器仪表的校准档案、计量检定证书和计量检定合格证。检查校准的量程范围是否涵盖了实际生产和检验的使用范围。

③ 对不同类型的测量设备的校准方法核准是否便于操作。

④ 查阅是否建立了校准周期和工艺使用限度。制药企业应结合企业实际建立适合企业的计量校准管理体系，并按照仪器仪表的可靠性和使用设备的重要性确定分类和校准周期，指导企业内计量校准工作的实施，设立校准管理规程、校准操作规程、校准记录、校验台账等。

⑤ 现场应核准计量标准器是否比被校准仪表有更高的精度，并能够溯源到国家、国际或认可组织的标准。

⑥ 查阅书面文档证实计量人员是否经过培训后开展校验工作。校准人员应进行培训，并取得资格证书。校准工作也可由有资质的单位进行校准，校准证书上是否有结论项。

⑦ 查看校准的管理规程、台账、档案。

⑧ 检查校准操作规程是否与国家的相应计量规程要求一致，并按规程进行校准。

⑨ 抽查关键设备上显示的校准状态是否有据可查。日常使用期间是否有日常校准的要求，并按要求执行。

⑩ 检查企业校准管理规程，查企业从事校准工作的人员是否经过适当培训，具有足够工作能力。

⑪ 检查校准工作是否使用可追溯的已计量合格的标准量具，应当标明所用计量标准器具的名称、编号、校准有效期和计量合格证明编号。

⑫ 检查校验记录内容是否详细、保存是否完好。

⑬ 查看相关设备和计量器具是否有明显的合格标识，标明校准有效期，必要时核对国家法定部门定期检定的合格证书。

⑭ 结合校准台账、设备日志等，查看企业是否有使用未经校准、超过校准有效期、失准的衡器、量具、仪表以及用于记录和控制的设备、仪器。

⑮ 检查企业对发生失效、失准的情况是否有偏差处理程序并认真执行，如发生，应查

前次校验合格后至发现偏差期间，偏差对药品质量的影响。

⑯检查企业是否对生产、包装、仓储过程中使用的自动或电子设备建立校准和检查操作规程，特别需要提出的是企业必须在规程中，规定出现异常情况的处置方法或预案。

⑰检查企业是否按照规程对设备定期进行校准和检查，应检查其校准和检查记录内容是否完整。日常使用期间是否有日常校准和检查的要求，并按要求执行。

存在典型缺陷：

①未按照计量管理制度，定期对生产和检验用衡器、量具、仪表、记录和控制设备以及仪器等进行校准和检查，填写并保存相关记录。不能保证其准确性和有效性。如校准台账与现场情况不符，不能实现全部按照规定进行管理。

②校准过程中出现的不合格情况，未按照相关规程进行偏差分析和处理。

③计量器具的校准范围，未涵盖实际生产和检验的使用范围。

④对生产和检验使用的关键衡器、量具、仪表、记录和控制设备以及仪器等的校验未按周期执行。

⑤校准记录数据不准确，如有效数字位数未按要求保留填写，造成校准结果判定受到影响，不能保证其有效性。

⑥校准工作采用的计量标准器不符合国家相关规定，或所采用的标准器不适用某校验项目，例如用一精度低的标准器校准一精度高的仪表。

⑦校准记录不完整，不具可追溯性。例如，校准记录中无计量标准器的相关信息。

⑧衡器、量具、仪表和控制的设备以及仪器现场无标识，或者标识受损、外观不完整，标识被污染，无法正确识别其中信息，标识内容有空项，或仪表信息、校验日期及有效期等内容填写有错误等。

⑨未经校验或已过校验效期的衡器、量具、仪表以及用于记录和控制的设备、仪器仍在现场使用。

⑩现场发现计量器具超检定范围使用，如使用天平称量样品时，去掉加载药品后读数，读数为负数。

⑪计量管理规程内容不完整，对电子设备的校准仅有周期性的校准规定，但无日常使用期间的日常校准和检查的规定。

⑫生产过程中使用的自动或电子设备、仪器、仪表等，在生产操作前未对其校验日期是否在有效期内进行检查或确认。

例：反应釜日常检查维护保养

1.听减速机和电机声音是否正常，摸减速机、电机、机座轴承等各部位的开车温度情况：一般温度≤40℃、最高温度≤60℃（手背在上可停留8s以上为正常）。

2.经常检查减速机有无漏油现象，轴封是否完好，看油泵是否上油，检查减速箱内油位和油质变化情况，釜用机封油盒内是否缺油，必要时补加或更新相应的机油。

3.检查安全阀、防爆膜、压力表、温度计等安全装置是否准确灵敏好用，安全阀、压力表是否已校验，并铅封完好，压力表的红线是否划正确，防爆膜是否内漏。

4.经常倾听反应釜内有无异常的振动和响声。

5.保持搅拌轴清洁见光，对圆螺母连接的轴，检查搅拌轴转动方向是否按顺时针方向旋转，严禁反转。

6.定期进锅内检查搅拌、蛇管等锅内附件情况，并紧固松动螺栓，必要时更换有关零部件。

7.检查反应釜所有进出口阀是否完好可用,若有问题必须及时处理。

8.检查反应釜的法兰和机座等有无螺栓松动,安全护罩是否完好可靠。

9.检查反应釜本体有无裂纹、变形、鼓包、穿孔、腐蚀、泄漏等现象,保温、油漆等是不是完整,有无脱落、烧焦情况。

10.做好设备卫生,保证无油污、设备见本色。

五、人员、物料的净化

人员与物料进入洁净室会把外部污染物带入室内,特别是人员本身就是一个重要的污染源。对洁净室空气抽样分析也发现,主要的污染物有人的皮肤微屑、衣服织物的纤维与室外大气中同样性质的微粒。由此可见,要获得生产环境所需要的空气洁净度,人员与物料的净化是十分必要的。

1. 人员净化

中国 GMP（2010 年修订）规定："所有人员都应接受卫生要求的培训,企业应建立人员卫生操作规程,最大限度地降低人员对药品生产造成的污染风险。为满足企业的各种需要,人员卫生操作规程应包括与健康、卫生习惯及人员着装相关的内容。生产区和质量控制区的工作人员应正确理解相关的卫生操作规程。企业应采取措施确保人员卫生操作规程的执行。企业应采取措施保持人员良好的健康状况,并有健康档案。所有人员在招聘时均应接受体检。初次体检后,应根据工作需要及人员健康状况安排体检。直接接触药品的生产人员应每年至少体检一次。企业应采取适当措施,避免传染病或体表有伤口的人员从事直接接触药品或对药品质量有不利影响的生产。应限制参观人员和未经培训的人员进入生产区和质量控制区;不可避免时,应事先就个人卫生、更衣等要求进行指导。任何进入生产区的人员均应按规定更衣。工作服的选材、式样及穿戴方式应与所从事的工作和空气洁净度级别要求相适应。进入洁净生产区的人员不得化妆和佩戴饰物。生产区、仓储区应禁止吸烟和饮食,禁止存放食品、饮料、香烟和个人用药品等非生产用物品。操作人员应避免裸手直接接触药品、与药品直接接触的包装材料和设备的表面。"

GMP 检查要点:

① 检查是否针对不同岗位建立相关的人员卫生操作规程,包括环境卫生、厂房卫生、工艺卫生、人员卫生等;检查各项卫生措施是否能有效防止污染和交叉污染。

② 查看企业是否建立人员卫生方面的管理规程及操作规程,如卫生操作规程是否包括:健康检查与身体不适主动报告制度、工作着装与防护要求、洗手更衣、卫生要求与洁净作业、工作区人员限制等。

③ 查看企业培训档案中是否建立卫生方面的培训方案或计划,培训的范围是否包含所有人员;直接接触药品的人员是否经过微生物知识的相关培训。

④ 重点抽查生产、质量人员是否接受过本岗位卫生要求的培训。

⑤ 查看人员卫生操作规程中是否包括与健康、卫生习惯及人员着装相关的内容。

⑥ 查看不同洁净级别区域是否有相应的人员卫生操作规程,现场查看着装效果。

⑦ 现场询问生产区和质量控制区的工作人员是否正确理解本岗位的卫生操作规程。

⑧ 查看人员卫生操作规程的执行情况,包括培训、评估和实际操作。

⑨ 查看健康管理文件,包括主管健康体检工作的部门（或专人负责）、体检对象、体检项目、体检不合格人员的处理、体检造册登记等内容,并检查文件执行情况。

⑩ 文件是否明确规定直接接触药品人员上岗前必须接受体检,之后每年至少体检一次,

初次体检后，是否根据工作需要及人员健康状况安排定期体检。

⑪ 查看是否建立人员健康档案，档案内容是否齐全、完整。

⑫ 体检内容是否有针对性，如：灯检人员是否定期接受视力、辨色力等检查。

⑬ 抽查部分人员健康体检档案，抽查新员工体检表，查看是否在体检合格后上岗。

⑭ 查看企业是否制定了符合本条款要求的相关管理规定。

⑮ 检查体检档案，查看体检不合格人员的处理情况，是否有病患者调离生产岗位及病愈重返岗位的规定。

⑯ 了解是否建立员工身体不适主动报告制度，抽查报告实例，查看是否按规定处理。

⑰ 检查文件是否有限制参观人员和未经培训人员进入生产区和质量控制区的规定；对进入不同洁净级别的洁净室（区）的外来人员是否有批准、记录、监督、指导的规定。

⑱ 现场检查外来人员进出生产区和质量控制区记录及批准手续是否齐全；检查员进入时，岗位人员是否按规定对个人卫生、更衣进行现场指导。

⑲ 检查各个生产区和质量控制区进入人员数量是否符合规定。

⑳ 查看不同洁净级别区域相关更衣管理规定，是否有与洁净级别相适应的更衣流程图，并以文件形式规定穿戴操作规程。

㉑ 结合《无菌药品》附录第六章第二十四条的规定，查看不同洁净级别的工作服设计及实际穿着情况是否符合相关要求。

㉒ 查看工作服的管理文件、清洗周期的制定是否合理，不同级别洁净区的工作服是否分开清洗、整理，必要时消毒或灭菌，是否能有效防止混用。

㉓ 检查清洗、消毒或灭菌的记录，检查灭菌后的洁净工作服是否在规定的时间内使用。

㉔ 查看洁净工作服是否有专人保管，编号发放，并现场检查工作服发放记录。

㉕ 查看特殊品种、特殊要求工作服的清洗是否有必要的防污染措施。

㉖ 检查文件是否规定进入洁净生产区的人员不得化妆和佩戴饰物。

㉗ 现场检查进入洁净生产区的人员是否有化妆及佩戴手表、戒指、耳环等现象。

㉘ 检查相应的卫生管理文件是否符合本规范。

㉙ 查看生产区、仓储区，是否有存放食品、饮料、香烟、化妆品、个人用药品和花盆等非生产用物品的现象。

㉚ 查看管理文件是否明确规定操作人员应避免裸手直接接触药品及与药品直接接触的包装材料和设备表面。

㉛ 现场检查操作人员是否有裸手直接接触药品的现象，裸手操作是否可能与直接接触物料及产品的内包装材料和设备表面接触。

㉜ 无法避免裸手接触时，应在质量风险评估的基础上作出手部消毒的规定，必要时应检查现场是否有手部消毒设备。

存在典型缺陷：

① 企业年度培训方案或计划中未包含卫生方面的培训。

② 进入洁净区的维修人员未进行微生物知识培训。

③ 现场查看生产区人员卫生操作规程的执行情况，实际操作不熟练或与操作规程要求不符。

④ 新员工体检结果尚未确定是否合格，已上岗操作。

⑤ 企业未建立员工身体不适主动报告制度。

⑥ 对于进入不同洁净级别的洁净室（区）的外来人员未针对个人卫生、更衣等要求进行现场指导。

⑦ 不同级别洁净区的工作服式样相同，无明显区别，且均在一起清洗、整理。

⑧ 洁净服未进行编号管理，不能有效防止混淆。

⑨ 进入洁净生产区的人员，有化妆和佩戴饰物的现象。

⑩ 仓储区的办公桌内或冰箱内，存放食物、饮料等。

⑪ 生产操作过程中，无法避免裸手接触时，未规定如何对手部进行消毒处理。

人员净化用室应包括换鞋室、存外衣室、盥洗室、洁净工作服室、气闸室或空气吹淋室等。厕所、淋浴室、休息室等生活用室可根据需要设置，但不得对洁净室（区）产生不良影响。

人员净化用室应根据药品生产工艺和空气洁净度等级要求布置。多层厂房或同一平面生产区的空气洁净度等级不同时，到达各区域的人员净化程序可按以下程序（A）（B）要求，并结合具体情况进行组合。

（A）进入非无菌洁净室（区）的生产人员净化程序

说明：①进入不同空气洁净度等级非无菌洁净室（区）的人员净化设施应分别设置。

②进入 C 级、D 级洁净室（区）的人员，已在工厂总更衣室更衣的，实线框内程序可在同一房间内进行；无总更衣室的，实线框内程序宜按虚线分别在两个房间进行。进入 B 级非无菌洁净室（区）的人员，无论是否有总更衣室，实线框内程序均应按虚线分别在两个房间内进行。

③手消毒室也可以设在气闸室内，更衣室按气闸室要求设计时，气闸室可以取消。

④不设换鞋室时，更衣室内应设换鞋区。

（B）进入无菌洁净室（区）的人员净化程序

说明：①实线框内程序可在同一房间内进行。不设换鞋室时，更衣室内应设换鞋区。

②最后一次手消毒也可以在气闸室内；更衣室按气闸室要求设计时，气闸室可取消。

工作服及其质量应与生产操作的要求及操作区的洁净度级别相适应，其式样和穿着方式应能满足保护产品和人员的要求。各洁净区的着装要求规定如下。

D 级区：应将头发、胡须等相关部位遮盖。应穿合适的工作服和鞋子或鞋套。应采取适当措施，以避免带入洁净区外的污染物。

C 级区：应将头发、胡须等相关部位遮盖，应戴口罩。应穿手腕处可收紧的连体服或衣裤分开的工作服，并穿适当的鞋子或鞋套。工作服应不脱落纤维或微粒。

A/B 级区：应用头罩将所有头发以及胡须等相关部位全部遮盖，头罩应塞进衣领内，应戴口罩以防散发飞沫，必要时戴防护目镜。应戴经灭菌且无颗粒物（如滑石粉）散发的橡胶或塑料手套，穿经灭菌或消毒的脚套，裤腿应塞进脚套内，袖口应塞入手套内。工作服应为灭菌的连体工作服，不脱落纤维或微粒，并能滞留身体散发的微粒。

2. 物料净化

各种物品在送入洁净室（区）前必须经过净化处理，简称"物净"。药品生产企业洁净厂房应设置供进入洁净室（区）的原辅料、包装材料等清洁用的原辅料外包装清洁室、包装材料清洁室。对进入非最终灭菌的无菌药品生产区的原辅料、包装材料和其他物品，除满足以上要求外，还应设置供物料消毒或灭菌用的消毒灭菌室和消毒灭菌设施。物料清洁室或灭菌室与洁净室（区）之间应设置气闸室或传递窗（柜），用于传递清洁或灭菌后的原辅料、包装材料和其他物品。传递窗（柜）两边的传递门，应有防止同时被打开的措施，密封性好并易于清洁。传递窗（柜）的尺寸和结构，应满足传递物的大小和质量要求。传递至无菌洁净室的传递窗（柜）宜设置净化设施或其他防污染设施。

六、生产车间示意图示例

片剂生产洁净区域划分及工艺流程方框图见图 5-12。

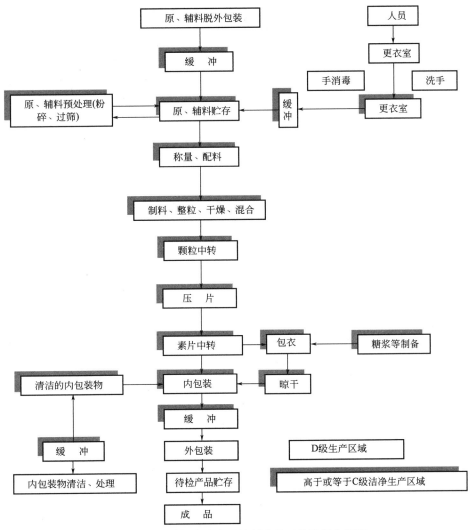

图 5-12　片剂生产洁净区域划分及工艺流程方框图

大输液生产洁净区域划分及工艺流程方框图见图 5-13。

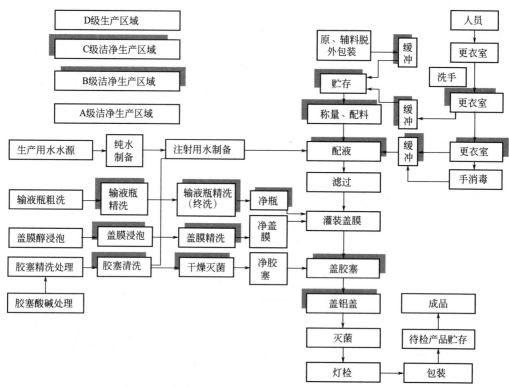

图 5-13　大输液生产洁净区域划分及工艺流程方框图

<hr>

复习思考题

一、填空题

1. 药品生产企业可分为两大部分，即：_____、_____。

2. GMP 的核心是_____。

3. 工艺布局"三协调"的原则是指_____、_____、_____。

4. 厂房设计内容主要包括_____、_____、_____。

5. 药品生产企业公用工程主要包括____、____、____、____、____。

6. HVAC 是指_____。

7. 空调净化系统的三种基本形式是_____、_____、_____。

二、选择题

1. 下列哪一项不符合药品生产企业的厂址选择原则（　　）。

A. 水源充足而且清洁　　　　　　　　B. 供电充足、通讯方便

C. 靠近交通要道或铁路、码头、机场　　D. 自然环境好的区域

2. 制药生产工艺中使用的水包括（　　）。

A. 纯化水　　B. 注射用水　　C. 饮用水　　D. 自来水

3. 中国生产注射用水的方法有（　　）。

A. 蒸馏法　　B. 离子交换法　　C. 反渗透法　　D. 超滤法

4. 以下不属于特殊类别生产厂房的是（　　）。

A. 青霉素生产厂房　　　　　　　　B. 卡介苗生产厂房

C. 中药液浓缩车间   D. 大容量注射剂车间

三、简答题

1. 洁净室常用的消毒灭菌方法有哪些?

2. 简述空气洁净技术的概念。

3. 简述制药生产设备 GMP 认证的重要性。

4. 通过本章的学习,试述关于 GMP 对厂房、设施和设备要求的整体认识。

────────┤ **实训项目** ├────────

实训目标:了解药品生产企业周围环境、厂区总体布置。

实训内容:学生分组到当地某一药品生产企业,实地考察药品生产企业周围环境,绘制药品生产企业厂区总体布置平面图,对企业布局进行分析。上交厂区总体布置平面图和分析报告。

第六章

GMP对软件的要求

【学习要求】通过本章学习掌握GMP实施过程的要求。熟悉每个环节的管理规定。

第一节　物料和产品管理

【学习目标】通过本节学习着重掌握 GMP 对物料和产品的规定，了解制药企业物料管理制度，熟悉物料管理记录的过程。

采用符合质量标准的物料进行药品生产是保证药品质量的基本要求。物料管理系统的工作标准和目标就是保证为药品生产提供符合质量标准的足够的物料，同时将合格的药品发送给用户。其功能有三项：一是采购和生产计划的功能，负责供应商的选择、物料采购计划的制订与实施、生产计划的制订与下达；二是物料管理的功能，负责原料、辅料和包装材料的接收、贮存、发放及销毁；三是成品管理的功能，负责成品的接收、贮存、发放及销毁。从GMP 要求看，物料管理的重心在预防污染、混淆和差错，并确保贮运条件，最终保证药品质量。

中国 GMP（2010 年修订）第十四章规定：物料是指原料、辅料和包装材料。药品制剂的原料是指原料药；生物制品的原料是指原材料；中药制剂的原料是指中药材、中药饮片和外购中药提取物；原料药的原料是指用于原料药生产的除包装材料以外的其他物料。

一、物料管理 GMP 有关规定

中国 GMP（2010 年修订）第六章对物料与产品规定如下。

第一节　原则

第一百零二条　药品生产所用的原辅料、与药品直接接触的包装材料应当符合相应的质量标准。药品上直接印字所用油墨应当符合食用标准要求。

进口原辅料应当符合国家相关的进口管理规定。

GMP 检查要点：

①查看药品生产所使用的原辅料及与药品直接接触的包装材料是否建立了内控质量标准。

②查看内控质量标准是否与相应的现行《中华人民共和国药典》、局颁标准、行业标准

或注册标准等国家标准要求一致。如注册标准高于现行《中华人民共和国药典》、局颁标准、行业标准，应执行注册标准。

③ 查看物料内控质量标准，结合产品生产工艺要求和中间控制方法，评估物料质量标准项目和限度制定的合理性和充分性。

④ 质量标准所包含的内容应符合《药品生产质量管理规范》（2010 年修订）第八章第二节的要求。

⑤ 中间产品或原料药生产中使用的某些材料，如工艺助剂、垫圈或其他材料，可能对产品质量有重要影响时，也应当制定相应材料的质量标准。

⑥ 检查油墨的标准，对于在药品上直接印字油墨应最低符合食用级标准，检查油墨供应商档案，检查油墨的采购、验收、质量检验等是否符合规定。

⑦ 进口原辅料是否符合国家相关的进口管理规定。如：进口原料药应有《进口药品注册证》或《医药产品注册证》，《进口药品检验报告书》或《进口药品通关单》和首次进口的《进口药品检验报告单》。可参考《药品注册管理办法》（国家食品药品监督管理局令第 28 号）、《药用辅料注册申报资料要求》（食药监注函【2005】61 号）和《化学药品注射剂和多组分生化药注射剂基本技术要求》（国食药监注【2008】7 号）等。

⑧ 抽查物料进厂检验记录，确认是否严格按照内控标准检验并出具报告。

存在典型缺陷：

① 某制剂产品所使用的原料生产工艺中使用了溶剂，但企业内控标准中缺少该溶剂残留项目的检测。

② 缺少直接在药品上印字所用油墨的企业内控质量标准。

第一百零三条　应当建立物料和产品的操作规程，确保物料和产品的正确接收、贮存、发放、使用和发运，防止污染、交叉污染、混淆和差错。

物料和产品的处理应当按照操作规程或工艺规程执行，并有记录。

GMP 检查要点：

① 查看物料接收、贮存、发放、使用和发运的相关管理规定、操作规程和记录。

② 查看物料的接收、请验、取样、放行、拒收、贮存、发放（至生产）的操作规程，物料部门应建立物料库卡、物料台账等，物料存放位置应与库卡上标明的一致。

③ 物料贮存的仓库是否有防止昆虫、鸟类、鼠类等动物进入的措施，是否有有效的通风、降温、除湿、温度监控仪器且有详细的记录。

④ 查看生产部门相关环节：物料领取（从库房）、车间暂存、称量配（备）料、暂存（待投料）。

⑤ 不合格物料：贮存、处理（销毁或退货等）。

⑥ 检查是否使用专用槽车来防止大宗液体物料运输过程中的交叉污染，检查是否对每车物料进行取样检验；若未使用专用槽车来运送物料，应采取适当的措施避免来自槽车所致的交叉污染。

⑦ 检查物料的放行、发放和使用是否符合相关规定。

⑧ 物料是否经质量管理部门放行后，方可发放使用。

⑨ 物料的使用是否采用"先进先出"和"近效期先出"的原则。

⑩ 检查物料是否有适当的标识，标识数量是否与实际相一致。

⑪ 检查物料的贮存条件、物料复验、取样封口的相关规定和要求，若出现偏差后采取的相关处理程序。

存在典型缺陷： 物料标识重量与实际不符。

第一百零四条 物料供应商的确定及变更应当进行质量评估，并经质量管理部门批准后方可采购。

GMP 检查要点：

① 检查是否制定了物料供应商的确定和变更管理程序，程序是否包含了对供应商进行评估、审计、批准、撤销、变更等内容。

② 应根据供应商管理程序，建立经质量部门批准的合格供应商清单，抽查主要物料供应商档案，检查供应商资质证明文件是否齐全并符合法规要求。

③ 检查是否对供应商进行定期评估，是否制订了供应商现场审计计划并执行。检查可结合《药品生产质量管理规范》（2010年修订）正文第十章第七节"供应商的评估与批准"。

存在典型缺陷：

① 生产所使用的某主要物料未按照供应商管理规定进行现场审计。

② 物料供应商的企业名称进行了变更，未及时补充供应商更名后的相关资质。

第一百零五条 物料和产品的运输应当能够满足其保证质量的要求，对运输有特殊要求的，其运输条件应当予以确认。

GMP 检查要点：

① 企业是否建立了物料和产品在运输方面保证其质量要求的管理规定，对有特殊要求的物料和产品，其运输条件控制方法是否有效并予以确认。

② 查看企业对承运商承运能力及质量体系的考察与选择，协议中是否涵盖特殊运输条件要求及相关的确认资料。

③ 查看企业在物料和产品运输方面的相关记录，尤其是有特殊要求的，在运输过程中是否进行了运输条件监控并保存记录。

存在典型缺陷： 冷链运输的产品在与运输商签署的质量运输协议中，未制定所运输产品的温度控制要求。

第一百零六条 原辅料、与药品直接接触的包装材料和印刷包装材料的接收应当有操作规程，所有到货物料均应当检查，以确保与订单一致，并确认供应商已经质量管理部门批准。物料的外包装应当有标签，并注明规定的信息。必要时，还应当进行清洁，发现外包装损坏或其他可能影响物料质量的问题，应当向质量管理部门报告并进行调查和记录。

每次接收均应当有记录，内容包括：

(1) 交货单和包装容器上所注物料的名称；

(2) 企业内部所用物料名称和（或）代码；

(3) 接收日期；

(4) 供应商和生产商（如不同）的名称；

(5) 供应商和生产商（如不同）标识的批号；

(6) 接收总量和包装容器数量；

(7) 接收后企业指定的批号或流水号；

(8) 有关说明（如包装状况）。

GMP 检查要点：

① 物料代码：企业对每一种物料编制唯一的代码，规格不同的同一种物料其代码也不同。物料代码是物料在企业内部的"身份证"，在企业内部统一使用。通过物料代码能有效识别物料的种类、具体名称、规格及其标准，根据物料的代码，能有效防止混淆和差错。

② 查看企业物料接收的相关操作规程。

③ 检查仓库是否有经质量部门批准的合格供应商清单，并按规定执行。

④ 检查物料接收操作规程，是否包括了物料名称、代码、规格、数量、接收日期、供应商名称、供应商批号、接收数量、包装容器数量和企业指定的批号或流水号等内容。

⑤ 操作规程中是否规定了如出现包装不完整或破损、标识信息不全或不正确，与订单或合格供应商清单不符等问题时，应向质量管理部门报告，并进行调查和记录的内容。

⑥ 现场查看物料接收过程：物料的接收过程是否与操作规程的规定相符并有相应的记录。

⑦ 如果收到的物料表面不干净，是否对物料进行了清洁。

⑧ 物料接收区域是否能够保护物料避免恶劣天气的影响，如接收区是否有雨棚或其他保护措施。

⑨ 物料接收是否有对物料数量进行验收的规定，称量前是否对称量器具进行了校验并有记录，称量过程是否有记录。

存在典型缺陷：

① 物料部门无经质量部门批准的合格供应商清单，库房内有超出合格供应商清单之外物料。

② 来料验收称量的计量器具没有进行定期校验，且称量前没有用标准砝码进行校验。

第一百零七条 物料接收和成品生产后应当及时按照待验管理，直至放行。

GMP 检查要点：

① 企业是否制定物料接收和成品生产后按照待验管理的相关规定。

② 查看是否有与企业生产规模相适应的接收区或待验区，在库物料或成品的质量状态控制情况、相关规程和记录。是否采取措施确保物料或成品在放行前处于受控状态，避免混淆、误用。物料台账是否清晰、完整、及时、易于查询。

③ 查看物料是否在放行后方可用于生产。

存在典型缺陷： 物料质量状态为"待验"，但物料已经发放用于生产。

第一百零八条 物料和产品应当根据其性质有序分批贮存和周转，发放及发运应当符合先进先出和近效期先出的原则。

GMP 检查要点：

① 企业是否制定了物料、产品贮存和周转相关规定，是否符合本条款要求。

② 现场查看是否根据物料和产品的性质对其进行分库或分区存放。

③ 物料是否按照品种、批号和规格分别存放。

④ 物料和产品的发放/发运是否按批发放使用，发放是否符合"先进先出（FIFO）"和"近效期先出（FEFO）"的原则。

⑤ 物料发放是否参照零头物料（一般为开封过的物料，如取过样）先发放的原则。

⑥ 查看仓库中的物料是否按照物料包装上的贮存条件分别在其相应的常温、阴凉或冷库中贮存。

存在典型缺陷： 物料存在未按照"先进先出"的原则进行发放。

第一百零九条 使用计算机化仓储管理的，应当有相应的操作规程，防止因系统故障、停机等特殊情况而造成物料和产品的混淆和差错。

使用完全计算机化仓储管理系统进行识别的，物料、产品等相关信息可不必以书面可读的方式标出。

GMP 检查要点：

① 完全计算机化仓储管理系统：是指完全依靠计算机化仓储管理系统实现对物料和产

品基本信息和质量状态（待验、合格、不合格）的控制，除条形码或电子标签外使用纸质标签和状态标识，不使用纸质仓储台账。

② 查看仓储计算机验证相关文件，检查系统验证文件是否包括物料状态改变的相应操作规程、内容测试，检查是否只有经批准的受权人可登录计算机系统进行物料状态的改变，是否有经批准的受权人清单。

③ 查看是否有有效保证计算机化系统可靠性的相关管理规定、操作规程、数据和记录，确认是否满足防止物料和产品混淆和差错的要求。

④ 仓储管理相关规程中是否有关于系统故障、停机等特殊情况的紧急处理措施。

⑤ 抽查单个货位的实物种类、规格、批号和数量、状态与计算机系统内的信息是否相符。

存在典型缺陷：仓储计算机系统内的个别成品生产日期与入库日期不匹配。仓储计算机系统出现故障，自动生成入库日期出现错误，产品入库日期先于生产日期。

第二节　原辅料

第一百一十条　应当制定相应的操作规程，采取核对或检验等适当措施，确认每一包装内的原辅料正确无误。

GMP 检查要点：

① 查看物料鉴别或核对确认的操作规程，抽查相关记录，确认是否按规定对每种物料、每个批次、每次进货的每一件包装的内容物均进行了鉴别或核对确认。

② 如采用逐件核对的确认方式则应确保：对于由原辅料生产商直接供货的情形，企业应通过审计能够确认原辅料生产商有健全的质量管理体系，其生产操作经验证确认能够确保单件原辅料的标签不会贴错；对于由经销商供应原辅料的情形，除符合前一条件外，企业还应通过审计能够确认经销商资质齐全，规范可靠，能确保原辅料自离开其生产企业直至到达本企业的整个过程中，其质量没有受到任何影响。

存在典型缺陷：没有对进厂物料进行逐件核对或鉴别，也没有进行供应商现场质量审计。

第一百一十一条　一次接收数个批次的物料，应当按批取样、检验、放行。

GMP 检查要点：

① 企业是否制定了仓库管理及物料取样操作规程，是否符合本条款的要求。

② 抽查物料检验放行相关记录是否符合规定。关注同种物料同一批号多次到货是否分别取样、检验和放行。

③ 现场检查取样过程

a. 物料取样人员是否经过了适当的培训，是否有书面的培训计划和记录。

b. 查看是否在规定的地点、用规定的取样方法、取样容器等，避免取样的物料受到污染或污染其他物料。

c. 取样区的洁净级别是否与生产产品的物料称量环境要求一致，洁净区是否进行了相应的级别确认并定期进行环境监测。

d. 取样后物料的包装是否恢复原包装或使包装保持严密，防止物料污染。

e. 取样后，样品包装容器上是否有取样标签。

存在典型缺陷：对一次接收的多个批次的物料，混为一批进行取样、检验和放行。

第一百一十二条　仓储区内的原辅料应当有适当的标识，并至少标明下述内容：

（1）指定的物料名称和企业内部的物料代码；

（2）企业接收时设定的批号；

（3）物料质量状态（如待验、合格、不合格、已取样）；

（4）有效期或复验期。

GMP 检查要点：

① 查看相关物料标识的管理规定是否符合本条款的要求。

② 查看仓库已接收的原辅料的标识信息是否满足相关的规定。

存在典型缺陷： 物料标识中缺少企业内部物料代码。

第一百一十三条　只有经质量管理部门批准放行并在有效期或复验期内的原辅料方可使用。

GMP 检查要点：

① 查看原辅料审核放行程序，是否根据物料的检验及验收结果进行放行，原辅料是否由质量管理部门批准放行。

② 抽查原辅料的使用情况，检查其是否在有效期或复验期内。

存在典型缺陷： 将超出复验期的物料用于生产。

第一百一十四条　原辅料应当按照有效期或复验期贮存。贮存期内，如发现对质量有不良影响的特殊情况，应当进行复验。

GMP 检查要点：

① 查看规定物料贮存期限的相关文件，企业是否结合原辅料的特性和使用情况规定物料的贮存期或复验期；是否制定到复验期物料提前申请复验的时限，是否规定复验申请部门。

② 查看现场的物料是否标识出有效期或复验期，在接近复验期前是否及时进行复验。

③ 查看库存原辅料在存储过程中发现对质量有不良影响情形的处理规定及记录，是否进行偏差分析、必要时进行了复验，合格后经质量部门批准使用。

存在典型缺陷： 物料在存储过程中仓库温控系统出现故障，存储温度超标，没有对物料质量情况进行评估而继续用于生产。

第一百一十五条　应当由指定人员按照操作规程进行配料，核对物料后，精确称量或计量，并作好标识。

第一百一十六条　配制的每一物料及其重量或体积应当由他人独立进行复核，并有复核记录。

GMP 检查要点：

① 查看配料的操作规程、记录和称量操作。包括：

a. 称量或计量工具的使用是否能够防止污染和交叉污染。

b. 称量前是否进行了计量器具的校验，并有校验记录。校验用的标准砝码是否经过校准并在效期内，标准砝码的存放是否符合要求，达到防潮、防腐蚀和防污染等。

c. 计量器具的称量范围及精度是否与所称量物料的工艺要求相一致。

d. 检查所称量物料计算的准确性，并经复核。

e. 称量的物料是否由称量操作以外的有资质的人员独立进行复核，并有记录。

f. 查看物料的称量过程是否能够防止污染和交叉污染，做到物料称量工具专用。

② 考虑到原辅料的活性成分及交叉污染的风险，是否规定了原辅料的称量顺序，实际操作是否符合要求。

③ 查看称量操作人员的培训记录，确认称量操作人员是否符合要求。

存在典型缺陷： 现场检查时，发现生产某口服制剂的物料在称量过程中，没有称量指定人员，未独立进行复核，仅进行了签字。

第一百一十七条 用于同一批药品生产的所有配料应当集中存放，并作好标识。

GMP 检查要点：
① 查看已称量物料的包装形式和贮存方式，每批产品的生产配料是否集中存放，能够防止混淆、差错和交叉污染。
② 查看已称量物料是否有标识，内容是否包括产品的名称、产品批号（或代号）、物料代码、物料名称、物料批号、数量等信息。

存在典型缺陷： 某口服固体制剂已称量的物料堆放在一起，没有任何标识。

第三节 中间产品和待包装产品

第一百一十八条 中间产品和待包装产品应当在适当的条件下贮存。

GMP 检查要点：
① 查看企业是否建立了中间产品和待包装产品的存放或贮存的相关管理文件，包括其贮存方式、贮存条件和贮存期限的规定，贮存期限是否经过验证，超出贮存期限或偏离贮存条件的产品如何进行处理。
② 查看中间产品和待包装产品实际的贮存情况，如贮存过程中的贮存条件监测记录及实际贮存期限是否与规定相符。

存在典型缺陷： 某中间产品的贮存期限未经过验证，没有数据支持。

第一百一十九条 中间产品和待包装产品应当有明确的标识，并至少标明下述内容：
（1）产品名称和企业内部的产品代码；
（2）产品批号；
（3）数量或重量（如毛重、净重等）；
（4）生产工序（必要时）；
（5）产品质量状态（必要时，如待验、合格、不合格、已取样）。

GMP 检查要点：
① 查看中间产品和待包装产品的标识信息是否满足本条款的要求，是否清晰、完整、正确。
② 查看标识是否牢固，不易脱落。
③ 标识内容是否与实物相符，即账、物、卡相符。

存在典型缺陷： 某中间产品在存放过程中标识直接贴在了外包装的桶盖上，而桶盖可以挪动，易与其他品种或规格造成混淆。

第四节 包装材料

第一百二十条 与药品直接接触的包装材料和印刷包装材料的管理和控制要求与原辅料相同。

GMP 检查要点： 请参考"第一节 原则"和"第二节 原辅料"中的相关条款和检查指导内容进行检查。

存在典型缺陷：
① 标签储藏间内不同品种、规格的标签存放在同一个储藏柜中，没有加标识进行管理。
② 有文字印刷的铝箔、小盒、说明书未计数发放使用。

第一百二十一条 包装材料应当由专人按照操作规程发放，并采取措施避免混淆和差错，确保用于药品生产的包装材料正确无误。

GMP 检查要点：

① 检查质量管理部门是否设专人负责对印刷包材进行检查，仓储部门是否有专人保管、发放，是否规定生产车间对领取的包材进行核对，并有核对记录。

② 车间是否有专人负责印刷包材的领取、贮存、计数发放，是否规定包装生产线对领用的包材进行检查核对。

③ 检查印刷包材是否有销毁的规定，销毁是否在质量管理部门的监督下销毁，并有记录。

④ 查看包装材料的发放管理、操作规程及相关记录。

⑤ 查看现场印刷类包材的发放过程是否符合要求。

存在典型缺陷： 查看仓库标签管理人员的培训档案，其培训档案中没有对标签管理制度的培训内容及时归档。

第一百二十二条 应当建立印刷包装材料设计、审核、批准的操作规程，确保印刷包装材料印制的内容与药品监督管理部门核准的一致，并建立专门的文档，保存经签名批准的印刷包装材料原版实样。

GMP 检查要点：

① 查看企业是否建立了印刷包装材料设计、审核、批准的操作规程，规定了对印刷版本的管理及对供货商的特殊要求，防止印刷过程中可能发生的混淆和差错。

② 检查是否保存了经签名批准的印刷包装材料原版实样。

③ 查看具体品种的包装标签备案批件和说明书批准文件，与企业保存的印刷包装材料原版实样相核对，确认是否满足本条款的要求。

存在典型缺陷： 标签管理没有严格按照文件控制，个别版本标签原版实样存在缺失。

第一百二十三条 印刷包装材料的版本变更时，应当采取措施，确保产品所用印刷包装材料的版本正确无误。宜收回作废的旧版印刷模版并予以销毁。

GMP 检查要点：

① 查看印刷包装材料版本管理和版本变更相关的规程，并抽查相应的记录，是否满足本条款的要求；

② 查看企业与承印商签署的相关协议，是否有关于标签变更时收回旧版印刷模版的相关规定。

存在典型缺陷： 标签发生变更后，未及时将承印商的旧版印刷模板收回。

第一百二十四条 印刷包装材料应当设置专门区域妥善存放，未经批准人员不得进入。切割式标签或其他散装印刷包装材料应当分别置于密闭容器内储运，以防混淆。

GMP 检查要点：

① 查看印刷包装材料的存放情况，是否在专门的区域由专人妥善保管。

② 查看切割式标签或其他散装印刷包装材料发放时的转运方式和操作情况，是否符合本条款的要求。

③ 查看相关管理文件，非指定人员不得随意替代指定人员履行标签管理责任。

存在典型缺陷： 切割式标签在运输时的操作要求未在文件中进行明确的规定。

第一百二十五条 印刷包装材料应当由专人保管，并按照操作规程和需求量发放。

GMP 检查要点：

① 查看印刷类包装材料的发放规程和记录，确认是否符合本条款的要求。

② 查看印刷类包装材料的发放和领取方式，若印刷类包材一次发放多批，查看领取后

的贮存和使用是否有相应的管理和操作要求，并按要求执行。

③ 查看剩余包装材料的退回处置情况。

存在典型缺陷：检查某产品标签发放及使用情况，对发出、使用和退回的标签进行数额平衡核算，发现存在不平衡的情况，未进行偏差调查。

第一百二十六条 每批或每次发放的与药品直接接触的包装材料或印刷包装材料，均应当有识别标志，标明所用产品的名称和批号。

GMP 检查要点：

① 查看与药品直接接触的包装材料或印刷包装材料的发放操作规程和记录，确认是否符合本条款的要求。

② 检查已发放的包装材料是否有识别标志，标明了所用产品的名称和批号。

存在典型缺陷：包装岗位现场领取的待用标签货位卡未标明所用产品的名称和批号。

第一百二十七条 过期或废弃的印刷包装材料应当予以销毁并记录。

GMP 检查要点：

① 查看过期或废弃的印刷类包装材料的相关处理程序和记录，确认是否满足本条款的要求。

② 查看废弃的印刷类包装材料的销毁是否在质管部的监督下进行。

存在典型缺陷：印刷类包装材料的销毁方式没有在文件中进行具体的规定。

第五节 成品

第一百二十八条 成品放行前应当待验贮存。

GMP 检查要点：

① 查看成品放行及入库的相关管理程序和记录。

② 检查成品的贮存条件是否满足成品贮存的要求，成品是否分类、分品种、分批号贮存，对于特殊要求的产品，是否专库或专柜贮存。

③ 现场查看待验成品是否有待验标识。成品的状态标识是否清晰、明确，是否做到账、物、卡一致。

存在典型缺陷：某产品放行前没有在特定的待验区域进行贮存，也没有悬挂相应的待验标识。

第一百二十九条 成品的贮存条件应当符合药品注册批准的要求。

GMP 检查要点：

① 查看企业是否根据药品注册批准的贮存条件建立了成品贮存相关规定，包括温湿度及相应的监测记录等要求。

② 对于温度敏感的成品，检查生产过程中是否有规定控制超出温度范围的中间产品或待包装品的措施及贮存时限，是否有相应的验证数据。

③ 现场查看成品贮存是否符合规定。监测记录是否及时准确可追溯。

存在典型缺陷：某产品贮存条件为 20℃ 以下，但是生产过程中如分装、包装等工序存在温度超过贮存条件的情况，未规定产品在车间的生产时限。

第六节 特殊管理的物料和产品

第一百三十条 麻醉药品、精神药品、医疗用毒性药品（包括药材）、放射性药品、药品类易制毒化学品及易燃、易爆和其他危险品的验收、贮存、管理应当执行国家有关的规定。

GMP 检查要点：

① 检查企业对于麻醉药品、精神药品、医疗用毒性药品等的相关的管理规定，检查此类特殊药品的购入批件、验收、入库、领用、发放记录。

② 检查该类特殊药品的存放是否做到账、物、卡相符。

③ 检查企业对于"毒、麻、精、放"药品是否与公安机关联网或专柜存放，双人双锁管理并有明显的标识。

④ 查看需在阴凉处贮存的毒性药材（包括易燃易爆物料）是否有符合要求的调温设施；查看在室外或敞开式库房的腐蚀性物料等的标识是否脱落。

⑤ 可结合以下法规进行检查：

《麻醉药品和精神药品管理条例》（国务院令第 442 号）

《麻醉药品和精神药品生产管理办法》（试行）（国食药监安［2005］528 号）

《医疗用毒性药品管理办法》（国务院令第 23 号）

《放射性药品管理办法》（国务院令第 25 号）

《放射性同位素与射线装置安全许可管理办法》（国家环境保护总局令第 31 号）

《易制毒化学品管理条例》（国务院第 445 号）

《药品类易制毒化学品管理办法》（卫生部令第 72 号）

存在典型缺陷： 对过期、损坏的药品类易制毒化学品自行进行了销毁，但未登记造册。

第七节　其他

第一百三十一条　不合格的物料、中间产品、待包装产品和成品的每个包装容器上均应当有清晰醒目的标志，并在隔离区内妥善保存。

GMP 检查要点：

① 查看企业关于不合格物料、中间产品、待包装产品和成品的相关管理规定、操作规程和记录，确认是否满足本条款的要求。

② 查看不合格物料、中间产品、待包装产品和成品的贮存地点、控制进入措施和每件包装上的标识信息。

③ 如企业采用计算机控制系统，系统是否能够确保对不合格物料及不合格产品不放行。

④ 应同时考虑是否满足"中药制剂"附录第 12 条的要求：中药提取后的废渣如需贮存、处理时，应有专用区域。

存在典型缺陷： 不合格中间产品标志不醒目，未设置专门隔离区域。

第一百三十二条　不合格的物料、中间产品、待包装产品和成品的处理应当经质量管理负责人批准，并有记录。

GMP 检查要点：

① 查看不合格物料、中间产品、待包装产品和成品的处理程序是否符合要求。

② 查看不合格物料、中间产品、待包装产品和成品的实际处理和记录，其处理是否与规定相符。

③ 检查委托处理不合格品的公司是否具备许可证和相应的资质。

存在典型缺陷： 在企业质量负责人的职责中未明确规定对不合格物料、中间产品、待包装产品和成品的处理进行批准。

第一百三十三条　产品回收需经预先批准，并对相关的质量风险进行充分评估，根据评估结论决定是否回收。回收应当按照预定的操作规程进行，并有相应记录。回收处理后的产品应当按照回收处理中最早批次产品的生产日期确定有效期。

GMP 检查要点：

① 查看有关产品回收的管理规定和操作规程，是否满足本条款的要求。

② 查看产品的回收实例和相关记录是否符合规定要求。

③ 产品批准回收前是否进行了质量风险评估，回收是否经过质量管理部门的批准。

④ 查看产品的回收记录及回收后产品效期的规定，是否按照回收处理中最早批次的产品确定回收后产品的效期。

存在典型缺陷：

① 企业未制定回收的文件规定。

② 企业有回收批次的产品有效期未按照回收处理中最早批次确定。

第一百三十四条 制剂产品不得进行重新加工。不合格的制剂中间产品、待包装产品和成品一般不得进行返工。只有不影响产品质量、符合相应质量标准，且根据预定、经批准的操作规程以及对相关风险充分评估后，才允许返工处理。返工应当有相应记录。

GMP 检查要点：

① 查看产品返工的相关管理和操作规程是否符合本条款要求。

② 查看相关产品返工的记录，包括返工前是否进行了质量风险评估及对返工后产品的评估过程以及结论。

存在典型缺陷：查看某产品的返工记录时，发现个别返工工艺控制参数与原工艺存在不一致的情况。

第一百三十五条 对返工或重新加工或回收合并后生产的成品，质量管理部门应当考虑需要进行额外相关项目的检验和稳定性考察。

GMP 检查要点：

① 查看产品返工或重新加工管理规程，规程中是否有对产品增加额外的检测项目和进行稳定性考察的要求。

② 查看是否有返工工艺，该工艺是否经过验证。

③ 查看产品返工和重新加工的记录，产品是否经过了质量部门的评估，若产品常规检测不足以证明产品批次特性符合要求，是否增加了额外的检测项目并对产品进行了稳定性考察。

存在典型缺陷：某批次产品经重新加工后，仅按照常规检测项目进行了检验合格后放行，质量管理部门没有对重新加工后的产品进行评估，没有评估是否需要增加额外的检测项目。

第一百三十六条 企业应当建立药品退货的操作规程，并有相应的记录，内容至少应当包括：产品名称、批号、规格、数量、退货单位及地址、退货原因及日期、最终处理意见。同一产品同一批号不同渠道的退货应当分别记录、存放和处理。

GMP 检查要点：

① 查看药品退货的操作规程内容。

② 查看退货产品的存放情况，是否进行了有效隔离，采取了限制进入的措施，并有适当的标识。

存在典型缺陷：某产品同一个批号不同退货渠道的退货产品没有分开存放和记录。

第一百三十七条 只有经检查、检验和调查，有证据证明退货质量未受影响，且经质量管理部门根据操作规程评价后，方可考虑将退货重新包装、重新发运销售。

评价考虑的因素至少应当包括药品的性质、所需的贮存条件，药品的现状、历史，以及发运与退货之间的间隔时间等因素。不符合贮存和运输要求的退货，应当在质量管理部门监督下予以销毁。对退货质量存有怀疑时，不得重新发运。

对退货进行回收处理的，回收后的产品应当符合预定的质量标准和第一百三十三条的要求。

退货处理的过程和结果应当有相应记录。

GMP 检查要点：

① 查看产品退货管理相关文件对退货产品处理的规定是否包含了退货申请、退货接收、退货贮存、退货调查和评估以及对退货产品的处理。

② 抽查产品退货处理相关记录，退货产品是否经过了各环节的调查并经过了质量管理部门的评估。

③ 检查退货产品是否处于待验状态并隔离存放，若采用计算机化仓储管理等其他方法替代物理隔离，退货的品名、批号、数量、货位、质量状态等在计算机系统中是否明晰。

④ 对于经评估决定进行返工、重新加工、回收、重新包装、重新销售的退货应重点检查，包括接收、贮存、检验、评估、重新销售、返工的相关记录。

存在典型缺陷： 某退货产品检验合格后已重新销售，但调查分析时没有对产品售出后的贮存条件（产品贮存温度要求 20℃ 以下）进行调查和评估。

二、物料管理规章制度

1. 物料管理制度

依据我国 GMP（2010 年修订）第一百零三条规定，应当建立物料和产品的操作规程，确保物料和产品的正确接收、贮存、发放、使用和发运，防止污染、交叉污染、混淆和差错。物料和产品的处理应当按照操作规程或工艺规程执行，并有记录。这是药品生产中能否用到合格的物料的保证。没有制度，其管理和检查则失去了依据。按照 GMP 的要求，一切关系到原料、辅料及包装材料的方面都应有规定，一切规定都要写成详细的文字材料。有关物料管理的文件包括：①物料采购的规定；②原辅料、包装材料和成品的仓库管理制度以及验收、贮存、发放规定；③危险品、特殊类药品的仓库管理规定；④仓库仓储管理制度；⑤物料贮存条件规定；⑥成品销售规定，标签、使用说明书及其他印刷包装材料管理制度等内容。

对于特殊管理的物料和产品，如麻醉药品、精神药品、医疗用毒性药品（包括药材）、放射性药品及易燃、易爆和其他危险品，其验收、贮存、管理应执行国家有关的规定。

2. 药品标签、说明书的管理制度

我国的《药品管理法》和 GMP（2010 年修订）中都对药品标签和说明书做出规定，同时还要求相关企业执行《药品包装、标签和说明书管理规定》。所以，对标签、使用说明书的管理，不仅具有科学管理的意义，也具有法制管理的意义。

① 药品标签和说明书的内容必须符合国家法律法规的规定，必须与药品监督管理部门批准的内容、式样、文字相一致。

② 药品生产企业质量管理部门应对每批标签和说明书与标准样本详细核对，符合要求后签发检验合格证，并分发给质量检验、供应、销售仓库、生产等部门作为验收核对的标准。特殊管理药品应有明显标志。

③ 标签和说明书进厂进仓库应由专人进行检查，按标准样本核对外观、尺寸、式样、

颜色、文字内容，应无污损，数量正确。不合格标签、说明书不得退回印刷厂，按不合格品点数封存，按有关规定处理，防止外流。标签不得改作他用或涂改后再用。

④ 生产部门专人按企业标准样本核对内容、数量或批号，并检查印刷质量，做好验收记录，并负责保管。标签、说明书宜按品种、规格、批号分类，存放在专柜内上锁保管，做好出入数量账册。

⑤ 产品贴标签工序由专人向生产部门领取标签、说明书，生产部门根据包装指令单及中间品检验合格单限额计数发放，并填写标签、说明书发放记录；贴标签工序应填报标签实际用量，如果实用数、残损数及剩余数之和与领用数发生差额时，应查明差额原因，并做好领用记录。剩余的印有批号及残损的标签，不得退回仓库，应指定工人负责销毁，并做好销毁记录，监销人审查签名。

⑥ 印有品名、商标等标记的包装材料，应视同标签、说明书进行严格管理，并制定管理规程。特殊管理的药品包装材料应有明显标记。

⑦ 印刷标签、说明书的模版在未终止使用前，企业应采取严格管理措施，淘汰的模版应收回后保管或监督销毁。

3. 物料质量标准

药品生产企业应严格遵守法定标准、行业标准及相关标准中制定的原料（包括中药材）、辅料及包装材料的质量标准。上述标准未收载的，企业应根据实际情况制定切实可行的企业标准。

法定标准是国家颁布的对产品质量的最基本要求，是药品生产中必须达到的质量标准，如《中华人民共和国药典》和《中华人民共和国药品管理法》。另外，还有局颁标准（对药典中收载不完善以及新药典未出版前的优良产品制定颁发的国家药品标准），进口药品标准（《进口药品管理办法》《进口药品质量复核规则》），包装材料标准（《药品包装用材料容器管理办法》）以及《生物制品规程》（收载现已批准生产的预防、治疗和体内诊断用生物制品的制造及检定规程）。

行业标准是医药行业系统内部制定的，一般情况下高于法定标准，多用于开展同品种评比、考核或考察各企业间的质量、生产水平等。

企业标准是企业根据法定标准、行业标准和企业的生产技术水平、用户要求等制定的高于法定标准、行业标准的内控标准。目的是确保药品出厂后在规定期限内的质量，并控制没有法定标准的物料的质量。

4. 物料的订货与采购

物料的订货与采购已经从传统意义上的单纯的商业买卖发展成为一种职能、一门专业和获取利润的重要资源。采购是为了取得经营所需物料而按一定的代价与外部进行的业务活动，是对物料从供应商到企业内部物流移动的管理过程。采购必须要保证本企业物料的正常供应，支持生产经营活动的顺利运作，控制、减少所有与采购相关的成本，建立可靠、安全、最优的供应配套体系，既要使采购活动尽量集中、降低费用，又要避免独家供应商，防止垄断供应的风险。采购同时还是利用供应商的专业优势，积极参与产品开发的过程，是持续改进采购过程和供应商的管理过程，还是维护本企业形象的窗口。

不同企业采购的特点不同。按库存量生产的企业一次采购量大，标准化程度高，成本低，通常是成批采购，采购的功能相对简单；按订单生产的企业，一般是分类采购管理，要求高质量，强调按时交货，采购要求较高；按订单设计生产的企业，一般采购数量较少，带有极强的技术采购特色，对采购能力要求极高。

随着全球经济一体化的发展，供应商的"即时供应"、企业的"即时采购"成为企业开展"准时生产（just in time，JIT）"的基本保证，成为整体供应链管理中"上游控制"的主导力量，也是企业管理中"最有价值"的部分，是企业获取利润的一个最大源泉。同时，因为产品质量除在企业内部控制以外，更多的控制在供应商的质量过程中，因而企业通过采购质量管理延伸到供应商，是企业提高自身质量水平的基本保证。

我国GMP（2010年修订）中对物料的采购以及物料供应商做了如下要求：

（1）按企业制定的原辅料、包装材料的质量标准采购。

（2）质量管理部门应对所有生产用物料的供应商进行质量评估，会同有关部门对主要物料供应商（尤其是生产商）的质量体系进行现场质量审计，并对质量审计或评估不符合要求的供应商行使否决权。

主要物料的确定应综合考虑企业所生产的药品质量风险、物料用量以及物料对药品质量的影响程度等因素。

企业法人代表、企业负责人及其他部门的人员不得干扰或妨碍质量管理部门对物料供应商独立做出质量评估。

（3）应建立物料供应商审计和批准的操作规程，明确供应商的资质、选择的原则、质量评估方式、质量审计内容、评估标准、质量审计人员的组成及资质，确定现场质量审计周期以及物料供应商批准的程序。

（4）质量管理部门应指定专人负责物料供应商质量审计和质量评估，分发经批准的合格供应商名单。被指定的人员应具有相关的法规和专业知识，具有足够的质量审计和评估的实践经验。

（5）现场质量审计应核实供应商资质证明文件和检验报告的真实性，核实是否具备检验条件。应对其人员机构、厂房设施和设备、物料管理、生产工艺流程和生产管理、质量控制实验室的设备、仪器、文件管理等进行检查，以全面评估其质量保证体系。现场质量审计应有报告。

（6）必要时，应对主要物料供应商提供的样品进行小批量试生产，并对试生产的药品进行稳定性考察。

（7）质量管理部门对物料供应商的评估应至少包括：供应商的资质证明文件、质量标准、检验报告、企业对物料样品的检验数据和报告。如进行现场质量审计和样品小试的，还应包括现场质量审计报告，以及小试产品的质量检验报告和稳定性考察报告。

（8）质量管理部门应向物料管理部门分发经批准的合格供应商名单，该名单内容至少包括物料名称、规格、质量标准、生产商名称和地址、经销商名称（如有）等，并及时更新。

（9）质量管理部门应定期对物料供应商进行评估和现场质量审计，回顾分析物料质量检验结果、质量投诉和不合格处理记录。如物料出现质量问题或生产条件、工艺、质量标准和检验方法等可能影响质量的关键因素发生重大改变时，还应尽快进行相关的现场质量审计。

（10）质量管理部门应与主要物料供应商签订质量协议，在协议中应明确双方所承担的质量责任。

（11）企业应对每家物料供应商建立质量档案，档案内容应包括供应商的资质证明文件、质量协议、质量标准、样品检验数据和报告、供应商的检验报告、现场质量审计报告、产品稳定性考察报告、定期的质量回顾分析报告等。

企业经营活动中，物料采购的管理与库存管理有着紧密的关系。采购超量，会造成大量多余的库存，占压资金，发生管理成本；采购量少，会产生缺货状态，影响生产进度及时限，影响安全库存。

三、物料接收

1. 物料确认

货车到达时，仓库管理员根据供应商提供的随货书面信息和本企业的采购订单及采购标准检查物料，确保所到物料符合要求，如果到货数量大于采购订单上的数量，超出双方同意的数量偏差范围时，仓库管理员应通知采购负责人，在得到采购负责人明确答复后，仓库管理员方可对多余部分进行接收或拒收。

2. 物料检查和接受

仓库管理员检查物料：外包装应完好，无破损，无启封痕迹，标签清晰，文字完整，易于辨认。仓库管理员将符合要求的物料，转移到指定区，所有物料必须逐批分开放。如果物料的外包装上有原生产商的状态标签如合格证等，则在生产商的状态标签上打叉后才能码放到仓库存放区。

当来货出现缺陷或破损时，仓库管理员对来货进行拍照并及时通知 QA 相关负责人员到现场进行检查，将有缺陷的物料存放在单独的托盘上，并按偏差管理操作规程执行。仓库管理员根据收货信息填写物料收货台账，并及时填写《物料货位卡》，物料货位卡的内容包括：物料名称、数量、批号、接收日期、收发人等。

四、物料管理的记录

物料管理的记录包括：物料的接收记录；原辅料的取样、检验、放行和使用记录；包装的发放、使用、销毁记录；不合格的物料、中间产品、待包装产品和成品的任何处理记录等。每种记录都按照 GMP 有关规定制定执行，如接收记录至少应该包括：①交货单和包装容器上所注物料的名称；②企业内部所用物料名称和（或）代码；③接收日期；④供应商和生产商（如不同）的名称；⑤供应商和生产商（如不同）的批号；⑥接收总量和包装容器数量；⑦接收后企业指定的批号或流水号；⑧有关说明（如包装状况）。其他记录可以根据企业具体情况进行制定。

药品公共安全事件典型案例 6-1——"齐二药事件"

◇事件发生　2006 年 4 月底，广东中山三院传染病科先后出现多例急性肾功能衰竭，怀疑与使用齐齐哈尔第二制药有限公司生产的亮菌甲素注射液有关。

◇快速应对　5 月 3 日上午，国家食品药品监督管理局 ADR 中心获知事件情况，立即检索国家 ADR 中心数据库及相关文献，结果过去无类似报道。

5 月 9 日，国家食品药品监督管理局向全国发出通知，暂停齐齐哈尔第二制药有限公司亮菌甲素注射液的生产、销售与使用。全国药品监管系统连夜出击、连续奋战，控制生产企业、流通渠道、医疗机构所有亮菌甲素注射液。

◇案例真相　齐齐哈尔第二制药有限公司钮××在采购丙二醇辅料时，贪图便宜，在未核实供应商王××供货资质的情况下，没有按规定在原、辅料采购前派人实地考察供货方，也没有要求供货方提供原、辅料样品进行检验，购进了王××供应的实际为"二苷醇"假冒丙二醇 1 吨。

在这批假冒丙二醇被检出"相对密度"不合格，在没有准确鉴别的情况下，主管生产、质量的副总经理朱××指令化验室主任陈××开具虚假的合格检验报告书。化验室主任陈××只有初中一年级的文化程度，几乎看不懂化学光谱，她按朱××的授意开具虚假的合格检验报告书，最终导致标示为"丙二醇"的毒性物质"二甘醇"加入到治病救人的亮菌甲素注射液之中。

◇事件处理

没收查封扣押的假药；

没收其违法所得 238 万元，并处货值金额 5 倍罚款 1682 万元；

收回药品 GMP 证书；

吊销其《药品生产许可证》；

撤销其 129 个药品批准文号；

受害者的起诉索赔工作仍在进行中。

◇案例教训

• 物料供应商审计流于形式、疏于管理。

• 企业改制，有实际工作经验的员工严重流失。

• 检验人员未经培训，鉴别试验出错。

===== **实训项目** =====

原辅料管理模拟实训

实训要求和目的

① 掌握原辅料的接收、取样、检验过程；

② 掌握原辅料的质量状态标识；

③ 学会原辅料的接收、取样、检验等记录。

实训过程和内容

① 模拟制药企业的物料管理过程，以指导老师为供货方，学生为企业购买方，模拟原辅料的接收、取样、检验；

② 对所管理的物料进行质量状态标识，并将各种物料放置在相对应的区域；

③ 写出各种记录。

实训仪器设备

取常见的盐类 10 种共 20 个样品（包括合格和不合格品）；其他分析仪器。

实训步骤

一、班级分组

实训模拟过程以班级为单位进行分组，每组 7～9 人，并指定一名负责人。

二、模拟操作

1. 原辅料的接收、仓储、取样、检验

（1）接收

老师将已经经过质量检验的且有标号的 20 个样品发放给每个组，每组出 2 人，其中一人进行接收，另外一人进行复核，接收复核结束后，填写接收记录。

（2）仓储

对所接收的物料进行放置管理。在实训室划出一定的区域作为模拟仓储区，把所接收物料存放于相应的区域，而且在仓储区内的原辅料应有适当的标识。

（3）取样

对接收样品按照 GMP 要求进行全部取样，每组出 2 人，其中一人进行取样，另外一人进行复核，取样结束后，填写取样记录。

（4）检验

依据国家有关质量标准，对所取样品进行检验，每组出 2 人，其中一人进行检验，另外一人进行复核，检验结束后，给出检验报告并写出检验记录。

2. 原辅料的质量状态标识

对仓储区内的原辅料进行适当的标识。主要包括以下内容：

① 标识出指定的物料名称和企业内部的物料代码；

② 标识出接收时设定的批号；

③ 标识出物料质量状态（一般将存放待验物料区域标为黄色、将存放检验合格物料区域标为绿色、将存放不合格物料区域标为红色）；

④ 标识出有效期或复验期。

3. 检查和确认

指导老师按照每组负责人的实训汇报，根据制定好的检查程序和标准进行检查和确认，其内容主要包括：

① 接收过程是否合理，是否有 2 人进行接收，且是否有接收记录；

② 取样过程是否合理，是否有 2 人进行取样，且是否有取样记录；

③ 检验过程是否合理，是否有 2 人进行检验，且是否有检验报告和检验记录；

④ 是否对物料质量状态进行标识；如果有标识，是否正确；是否将原辅料存放于不对应的质量标识区域；

⑤ 是否标识出有效期或复验期；

⑥ 是否标识出质量负责人。

实训报告

模拟实训结束后，学生根据实训内容和实训步骤写出实训报告，实训报告包括：

①原辅料的接收、取样、检验过程；

②各种原辅料的质量状态标识；

③原辅料的接收、取样、检验等报告和记录；

④对模拟实训过程中存在的问题进行分析。

第二节　生产过程管理

【学习目标】通过本节学习掌握药品生产管理的过程，了解生产管理的 GMP 规定，熟悉生产过程的记录。

生产作业管理是企业管理中地位重要的一个子系统。其任务是运用组织、计划和控制的手段，生产出高质量的产品。生产作业管理的内容见图 6-1。

一、生产管理 GMP 有关规定

第一节　原则

第一百八十四条　所有药品的生产和包装均应当按照批准的工艺规程和操作规程进行操作并有相关记录，以确保药品达到规定的质量标准，并符合药品生产许可和注册批准的要求。

GMP 检查要点：

（1）查看企业制定的药品工艺规程与药品生产许可和药品注册批准文件，检查：

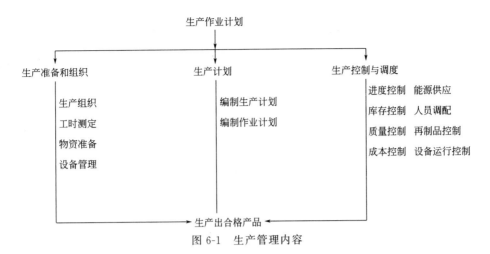

图 6-1　生产管理内容

① 药品处方及处方量与注册批准文件是否一致，是否添加了处方之外的物料；

② 药品生产工艺中的关键工序及参数控制与药品注册批准文件是否一致；

③ 如采用灭菌工艺，其灭菌工艺和灭菌方法是否符合《药品生产质量管理规范》（2010年修订）附录1无菌药品第十一章灭菌工艺、第十二章灭菌方法的要求；

④ 药品关键物料供应商与药品注册批准、备案的供应商是否一致；

⑤ 药品质量标准是否与相应的现行《中华人民共和国药典》、局颁标准、行业标准或注册标准等国家标准要求一致；

⑥ 上述条款如有不一致，是否对变更进行了风险评估，是否依照相关法规要求执行了变更控制程序，查看风险评估资料、变更相关资料检查是否符合要求。

（2）工艺规程、操作规程、批生产记录、批包装记录及其他记录的制定应符合《药品生产质量管理规范》（2010年修订）第八章文件管理第三节工艺规程、第四节批生产记录、第五节批包装记录、第六节操作规程和记录的规定。

（3）查看批生产记录和批包装记录，与标准操作规程、工艺规程对照检查是否按其要求进行操作；检查处方、工艺流程、关键工艺参数的执行情况，有无偏差或变更情况，是否进行记录，如何处理。

（4）查看员工操作能否按照标准操作规程执行，工艺规程及标准操作规程的可执行性，员工能否在生产操作完成后及时记录。

存在典型缺陷：药品生产关键工艺参数如过筛目数与药品注册批准文件不一致。

第一百八十五条　应当建立划分产品生产批次的操作规程，生产批次的划分应当能够确保同一批次产品质量和特性的均一性。

GMP 检查要点：

① 企业是否有划分产品批次的操作规程，批次划分是否符合本规范要求，确保同一批次产品质量和特性的均一性。

② 检查自投料至产品包装过程中每个环节的批号编制原则，如亚批的规定，何时形成成品批号等是否有文件规定；批号编制是否同文件要求一致。

③ 抽查认证品种中工艺复杂、有特殊要求或常年生产品种各三批批生产记录，针对产品及工艺特性分析批次划分的合理性，批量与工艺规程规定是否一致。

④ 返工批、混合批等规定是否符合要求，是否能确保批量内药品质量的均一性，是否符合混合批有效期的规定。

⑤ 现场检查不同剂型产品的总混设备，其容量能否满足批量要求。

存在典型缺陷： 检查企业某品种批生产记录，发现批量超出工艺规程规定的最大批量。

第一百八十六条　应当建立编制药品批号和确定生产日期的操作规程。每批药品均应当编制唯一的批号。除另有法定要求外，生产日期不得迟于产品成型或灌装（封）前经最后混合的操作开始日期，不得以产品包装日期作为生产日期。

GMP 检查要点：

① 企业是否建立了药品批号编制的管理办法或操作规程，保证产品批号在本企业的唯一性；是否建立了确定生产日期的操作规程，以符合本条款要求。

② 现场抽查相关产品批号，调阅批生产记录和批包装记录，按产品批号检查是否可以追溯到亚批直至原辅料批号，检查批号的可追溯性。

③ 通过批生产记录检查生产日期的确定是否符合规范、附录及法规的要求，生产日期确定是否满足以下条件：不得迟于产品成型或灌装（封）前经最后混合的操作日期；不得以产品包装日期作为生产日期；对于回收处理后的产品应按照回收处理中最早批次产品的生产日期确定本批产品的生产日期；混合批次的有效期应当根据参与混合的最早批次产品的生产日期确定等。

④ 检查药品批号编制的管理办法或操作规程中规定的批号编制方法、与批生产记录及批包装记录是否一致。

存在典型缺陷： 每批产品均有唯一批号，但是企业不同产品或同一产品的不同规格间批号编制相同，存在同一批号的可能。

第一百八十七条　每批产品应当检查产量和物料平衡，确保物料平衡符合设定的限度。如有差异，必须查明原因，确认无潜在质量风险后，方可按照正常产品处理。

GMP 检查要点：

① 检查产品工艺规程及标准操作规程中是否规定了批产量和每个关键工序的物料平衡计算要求，计算方法是否合理，物料平衡的设定限度是否经过工艺验证确认。

② 检查批生产记录和批包装记录中原料、关键辅料、直接接触药品的包装材料、标签等物料平衡计算过程，查物料及产品的实际用量或实际产量的数据来源，损耗的来源，并复核计算过程，检查计算结果是否正确。

③ 检查批记录中物料平衡是否存在超出限度范围情况，超出范围是否进行了偏差调查，查看偏差调查情况是否符合 GMP 要求。

④ 关键工序的物料平衡是否有相关管理人员的复核。

⑤ 原料药、中药提取、生物制品原液制备等工序，一般以计算收率的方式，对生产过程进行控制。

存在典型缺陷： 口服固体制剂产品用收率计算代替物料平衡计算。

第一百八十八条　不得在同一生产操作间同时进行不同品种和规格药品的生产操作，除非没有发生混淆或交叉污染的可能。

GMP 检查要点：

① 现场检查制剂生产是否能做到单机单间，同一操作间内有多台设备的检查批生产记录、设备日志等，是否有同时进行不同品种和规格的药品生产操作的情况。

② 检查企业是否制定了不同品种和规格的药品生产操作不得在同一操作间同时进行的标准操作规程，并制定了防止混淆和交叉污染的有效措施。

存在典型缺陷：同一包装间存在多台包装设备，没有设置有效的物理隔离措施，不足以避免混淆和差错。

第一百八十九条 在生产的每一阶段，应当保护产品和物料免受微生物和其他污染。

GMP 检查要点：

① 检查企业对产品生产工艺全过程的风险评估，企业在生产的各个阶段是否考虑到了产品和物料免受微生物和其他污染的风险，风险评价如何，是否采取了有效的避免风险的措施，采取措施后相应风险是否降低，是否引入了其他风险。

② 检查风险评估是否符合操作规程的要求，分析是否合理，措施是否有效；根据评估结果在每一生产阶段建立降低污染和交叉污染的相关操作规程。

③ 现场核实人员操作规范性、采取密闭设备或容器生产控制污染措施的有效性及可行性。

④ 查看环境监测记录，查看车间环境控制能否满足 GMP 要求，保护产品和物料免受污染。

存在典型缺陷：

① 设备清洁验证中未对未清洁及已清洁设备的保留时间进行确认。

② 环境监测未按规定执行，如培养皿放置时间和布点不合理。

第一百九十条 在干燥物料或产品，尤其是高活性、高毒性或高致敏性物料或产品的生产过程中，应当采取特殊措施，防止粉尘的产生和扩散。

GMP 检查要点：

（1）通过认证资料了解企业是否存在高活性、高毒性或高致敏性物料或产品，易产尘的干燥物料或产品。

（2）检查相关操作规程，是否根据品种特性和易产尘工序或操作间制定了防止粉尘产生和扩散措施的规定。

（3）防范措施的有效性是否经验证确认，查相关内容的验证项目文件。

（4）检查现场，是否采取了适当的技术手段或管理措施来防止交叉污染，措施是否有效：

① 产尘操作间是否保持相对负压并配备了相应操作单元，避免粉尘外泄；

② 产尘操作间是否采用全排风设计；

③ 是否有有效的清洁和降低污染的方法/程序；

④ 是否采用"全封闭生产系统"；

⑤ 高致敏性、高活性药品生产是否符合第四章第四十六条（二）、（三）、（四）、（五）的要求。

存在典型缺陷：

① 总混料斗出料时与接料斗密封不严，有粉尘扩散，易造成交叉污染。

② 称量单元进行气流流型测试时未考虑物料放置位置、操作人员站立位置，未验证称量操作时气流能否有效带走粉尘。

第一百九十一条 生产期间使用的所有物料、中间产品或待包装产品的容器及主要设备、必要的操作室应当贴签标识或以其他方式标明生产中的产品或物料名称、规格和批号，如有必要，还应当标明生产工序。

GMP 检查要点：

① 检查企业是否建立"物料及产品状态标识管理"文件。规程中是否明确规定了状态

标识的种类、对象、内容、色标、文字、符号等内容，并在文件后附样张。

②是否在操作间、生产设备、容器的醒目位置挂有生产状态标识。生产操作时，状态标识内容是否包括产品（中间产品）名称、批号、数量、规格、必要的生产工序、生产日期、负责人等内容，中间产品是否标明贮存条件、有效期、质量状态等信息，无生产操作时是否标明清洁状态及清洁有效期。

存在典型缺陷： 中转站贮存的中间产品未按操作规程规定标明中间产品的贮存期限。

第一百九十二条　容器、设备或设施所用标识应当清晰明了，标识的格式应当经企业相关部门批准。除在标识上使用文字说明外，还可采用不同的颜色区分被标识物的状态（如待验、合格、不合格或已清洁等）。

GMP 检查要点：

①检查企业是否建立"厂房、设施、设备标识管理"文件，是否符合本条款要求。

②规程中是否明确规定了状态标识内容及格式，并在文件后附样张，并经过有关部门批准。

③现场检查容器、设备、设施及工器具是否均标明名称、用途或清洁状态标识，是否存在未标明状态的工器具或容器。

④现场检查物料质量状态标识是否醒目，有不同颜色区分。

存在典型缺陷： 生产现场存在没有标识的容器或工器具如不锈钢盆。

第一百九十三条　应当检查产品从一个区域输送至另一个区域的管道和其他设备连接，确保连接正确无误。

GMP 检查要点：

①根据企业药品生产特点，检查管道及设备使用、设计、安装确认文件，确认管道连接是否有防错接设计。

②检查企业是否建立操作规程，规定管道连接时输送及接收人员应进行的防止错接的有关措施。

③现场查看生产前操作或检查记录，是否有相关人员的复核，能否体现操作规程规定的防止错接的有关要求。

④现场检查输送管道是否有内容物、输送方向的标识。

⑤检查管道连接处应密封、无缝隙、无泄漏。

存在典型缺陷： 检查管道连接操作记录，管道连接无防止错接的设计，操作没有复核人员复核。

第一百九十四条　每次生产结束后应当进行清场，确保设备和工作场所没有遗留与本次生产有关的物料、产品和文件。下次生产开始前，应当对前次清场情况进行确认。

GMP 检查要点：

①检查是否有清场操作规程，是否对不同产品、同一产品的不同规格、同一产品不同批次间清场有不同的要求，是否规定了同一产品连续生产的最大批次，是否经过验证，查看清洁验证文件，验证最大批次是否与文件规定一致。

②检查是否有清场合格允许生产的凭证（清场记录或清场合格证），内容是否齐全，并有清场操作人和复核人签名，清场记录或清场合格证是否纳入批记录。

③检查每工序或岗位生产前是否有对前次清场情况进行确认的要求，生产前检查记录中是否体现了这一要求，是否有操作人及复核人签名。

④现场检查：清场后现场的清洁卫生是否符合要求；现场是否无上次产品、物料、包

装、标识、标签、文件、记录等；已清洁过的操作间、设备、容器具等是否都有清洁合格和清洁有效期标识。

存在典型缺陷： 同一产品连续生产的最大批次清洁验证资料不充分。

第一百九十五条 应当尽可能避免出现任何偏离工艺规程或操作规程的偏差。一旦出现偏差，应当按照偏差处理操作规程执行。

GMP 检查要点：

① 查看企业是否制定了偏差管理规定，是否采取有效措施避免偏离工艺规程和操作规程的偏差的发生，以及发生任何偏差的报告制度。

② 查看偏差清单，检查是否有偏离工艺规程和操作规程的偏差的发生；若出现偏差，是否进行了风险评估，是否按照偏差调查处理程序进行了偏差的调查、分析及处理，是否找到了偏差发生的根本原因，并制定了纠正预防措施。处理过程的有关资料，如原因分析、数据核算结果、产品检验报告书、质量管理部门审批结论等是否全部纳入批生产记录。

存在典型缺陷： 片剂包衣设备排风温度比操作规程规定温度偏低，操作人员认为出口温度不关键，稍低不影响包衣效果。

第一百九十六条 生产厂房应当仅限于经批准的人员出入。

GMP 检查要点：

① 检查企业是否有对进入生产厂区、仓储区的人员受控管理规定并执行。

② 检查企业是否有外来人员进出生产厂区的管理程序，并严格执行。

③ 关键区域如洁净区是否规定受控人数限制，进入洁净区人员数量是否有文件依据，进出人员是否有批准程序。

存在典型缺陷：

① 企业无外来人员进出生产厂区的规定和检查措施。

② 进入洁净区人员数量限制无依据。

第二节　防止生产过程中的污染和交叉污染

第一百九十七条　生产过程中应当尽可能采取措施，防止污染和交叉污染，如：

（1）在分隔的区域内生产不同品种的药品；

（2）采用阶段性生产方式；

（3）设置必要的气锁间和排风；空气洁净度级别不同的区域应当有压差控制；

（4）应当降低未经处理或未经充分处理的空气再次进入生产区导致污染的风险；

（5）在易产生交叉污染的生产区内，操作人员应当穿戴该区域专用的防护服；

（6）采用经过验证或已知有效的清洁和去污染操作规程进行设备清洁；必要时，应当对与物料直接接触的设备表面的残留物进行检测；

（7）采用密闭系统生产；

（8）干燥设备的进风应当有空气过滤器，排风应当有防止空气倒流装置；

（9）生产和清洁过程中应当避免使用易碎、易脱屑、易发霉器具；使用筛网时，应当有防止因筛网断裂而造成污染的措施；

（10）液体制剂的配制、过滤、灌封、灭菌等工序应当在规定时间内完成；

（11）软膏剂、乳膏剂、凝胶剂等半固体制剂以及栓剂的中间产品应当规定贮存期和贮存条件。

GMP 检查要点：

① 依据生产产品特性，现场检查厂房设计、空调系统、水系统、设备选型是否符合本

条款要求。

②检查企业是否依据产品特性对产品生产工艺全过程进行了风险评估，是否对厂房、设备、空调系统、水系统等影响产品质量的因素进行了风险评估，企业在生产的各个阶段是否考虑到了污染、交叉污染、混淆和差错的风险，风险评价如何，是否采取了有效的避免风险的措施，采取措施后相应风险是否降低，是否引入了其他风险。检查风险评估是否符合操作规程的要求，分析是否合理，措施是否有效。

③检查企业是否根据风险评估的结果建立了具体的管理和操作规程，并进行了必要的验证和确认活动。

④依据生产产品特性，现场检查生产操作时防止交叉污染的措施是否有效。如采用阶段性生产方式，在易产生交叉污染的生产区内，操作人员应当穿戴该区域专用的防护服；采用经过验证或已知有效的清洁和去污染操作规程进行设备清洁；必要时，应当对与物料直接接触的设备表面的残留物进行检测；液体制剂的配制、过滤、灌封、灭菌等工序应当在规定时间内完成；软膏剂、乳膏剂、凝胶剂等半固体制剂以及栓剂的中间产品应当规定贮存期和贮存条件等。

存在典型缺陷：

①清洁后并在有效期内的料斗内壁残留水珠。

②清洁后并在有效期内的料斗内壁触摸有残渣残留。

第一百九十八条　应当定期检查防止污染和交叉污染的措施并评估其适用性和有效性。

GMP 检查要点：

①检查企业相关文件，有无定期检查防止污染和交叉污染的措施并评估其适用性及有效性的标准操作规程，分析评估方式是否符合本规范要求。

②查看企业防止污染和交叉污染措施执行是否到位，检查分析评估报告，评估内容是否全面，通过评估是否采取了更为有效的防止污染和交叉污染的措施。

③重点查看自检、产品质量年度回顾、环境监控等检测结果的趋势分析数据，评估判断其措施是否适用和有效。

存在典型缺陷：企业 A 级洁净区环境监测数据规定一年回顾一次，回顾频率太低，不能及时发现不良趋势。

第三节　生产操作

第一百九十九条　生产开始前应当进行检查，确保设备和工作场所没有上批遗留的产品、文件或与本批产品生产无关的物料，设备处于已清洁及待用状态。检查结果应当有记录。

生产操作前，还应当核对物料或中间产品的名称、代码、批号和标识，确保生产所用物料或中间产品正确且符合要求。

GMP 检查要点：

①检查企业是否有"生产前检查操作规程"文件及执行记录。是否规定每个岗位每次生产前都进行检查，检查内容是否符合本规范要求。

②现场检查车间生产状态，工作场所和设备是否彻底清场并清洁，是否处于效期内的已清洁待用状态；现场用于生产的物料和生产的产品的名称、代码、批号是否符合生产指令的要求，质量状态是否明确。

③现场核对用于生产的物料的名称、代码、批号等信息是否与生产指令一致。

④现场检查"生产前检查记录"内容是否齐全，并有操作人和复核人签名。

存在典型缺陷： 现场检查发现用于胶囊灌装的中间产品贮存料桶的标识内容中缺少"数量"标识。

第二百条 应当进行中间控制和必要的环境监测，并予以记录。

GMP 检查要点：

① 检查企业是否根据产品特性制定了中间控制项目和环境监测项目标准及操作规程，并对关键工序中间产品进行质量控制和生产环境的监控。

② 检查批生产记录，是否如实记录中间控制和环境监测的结果。

③ 抽查 2～3 个品种的产品质量年度回顾，检查中间控制项目和环境监测的变化趋势，如有不良趋势是否按照相关程序进行了偏差调查处理，是否采取了纠正和预防措施。

存在典型缺陷：

① 口服固体制剂铝塑包装工序无铝塑包装材料密封性检查控制项目。

② 口服固体制剂铝塑包装工序对剔废装置的有效性未制定检查手段和频率。

第二百零一条 每批药品的每一生产阶段完成后必须由生产操作人员清场，并填写清场记录。清场记录内容包括：操作间编号、产品名称、批号、生产工序、清场日期、检查项目及结果、清场负责人及复核人签名。清场记录应当纳入批生产记录。

GMP 检查要点：

① 检查企业是否建立清场操作规程，规程内容是否全面，如清场项目是否包括换品种清场、同品种换规格清场、同品种换批清场；操作要求、时间要求是否明确。

② 抽查批记录查看清场记录是否包括操作间编号、产品名称、批号、生产工序、清场日期、检查项目及结果、清场负责人及复核人签名。

③ 现场检查清场是否彻底，有无遗留的产品、物料、标识、容器具及文件和记录等。

存在典型缺陷： 多个压片间清场记录中仅体现了操作间名称，未体现操作间编号。

第四节　包装操作

第二百零二条 包装操作规程应当规定降低污染和交叉污染、混淆或差错风险的措施。

GMP 检查要点：

① 检查企业是否对包装操作过程中易导致污染、交叉污染、混淆和差错的风险进行识别和评价，并采取了降低风险的措施，相关措施是否写入包装操作规程中，并在生产过程中执行。

② 企业是否有文件明确规定，有数条包装线同时包装时有隔离或其他有效防止污染或混淆的措施。

③ 检查产品质量年度回顾、投诉及偏差记录，评估采取的措施是否有效，是否有多次偏差或投诉发生。

④ 现场检查实际操作情况，隔离或防止污染和混淆的措施是否有效。

存在典型缺陷： 贴签操作人员未严格执行贴签操作规程规定，未对更换批号后印字模块进行复核，造成产品生产批号打印错误。

第二百零三条 包装开始前应当进行检查，确保工作场所、包装生产线、印刷机及其他设备已处于清洁或待用状态，无上批遗留的产品、文件或与本批产品包装无关的物料。检查结果应当有记录。

GMP 检查要点：

① 检查企业包装操作是否有"生产前检查操作规程"文件及记录。包装操作的每个岗

位每次生产前是否都进行检查，检查内容是否包括生产现场无上批产品、文件或和本批包装无关的物料；用于包装的待包装产品的名称、代码、批号和标识是否与包装指令一致等内容。

② 现场检查车间生产状态，工作场所和设备是否彻底清场并清洁，现场用于包装的待包装产品和生产的产品的名称、代码、规格、批号、数量是否符合包装指令的要求，质量状态是否明确。

③ 现场核对用于包装的待包装产品的名称、规格、代码、批号、数量等信息是否与生产指令一致。

④ 现场检查"包装岗位生产前检查记录"内容是否齐全，并有操作人和复核人签名。

存在典型缺陷：粉针剂产品包装贴签工序贴切割式瓶签时，清场不严格，现场检查时贴签机内残留上批次瓶签。

第二百零四条　包装操作前，还应当检查所领用的包装材料正确无误，核对待包装产品和所用包装材料的名称、规格、数量、质量状态，且与工艺规程相符。

GMP 检查要点：

① 现场检查操作人员是否按照包装指令的名称、规格、数量领用包材，是否对领用的包材名称、规格、数量进行了核对。

② 现场检查已经套印有产品批号、生产日期、有效期的标签是否专人保管并在上锁的标签盒或柜中单独存放，操作人员是否对印刷产品批号、生产日期、有效期进行了核对。

③ 现场检查"包装岗位生产前检查记录"内容是否齐全，是否包括对待包装产品和领用的包装材料检查内容，并有操作人和复核人签名。

存在典型缺陷：包装生产现场检查发现领用的已打印产品批号、生产日期、有效期的标签未隔离存放，保管措施不完善，不能避免遗失、混淆和差错。

第二百零五条　每一包装操作场所或包装生产线，应当有标识标明包装中的产品名称、规格、批号和批量的生产状态。

GMP 检查要点：

① 现场检查每一包装生产线或每一包装场所是否有生产状态标识。

② 包装生产状态标识是否包括：产品名称、规格、批号和理论产量等信息。

存在典型缺陷：生产状态标识信息内容不全，没有标明"理论产量"。

第二百零六条　有数条包装线同时进行包装时，应当采取隔离或其他有效防止污染、交叉污染或混淆的措施。

GMP 检查要点：

① 企业是否有文件明确规定，有数条包装线同时包装时有隔离或其他有效防止污染或混淆的措施。

② 铝塑泡罩包装素片等产尘操作，品种、规格、批号不同时，是否分室进行，以防止污染和混淆。

③ 不产尘操作的外包装，有数条包装线同时包装时，是否有有效的隔离设施能防止药品和包材的混淆。

④ 现场检查实际操作情况，隔离或防止污染和混淆的设施是否有效，如包装前产品和物料的检查、包装过程控制、状态标识、产品的密闭保护等。

存在典型缺陷：同一包装间存在多台包装设备，有同时进行不同品种和规格药品包装的情况，物理隔离措施不足以避免混淆和差错。

第二百零七条 待用分装容器在分装前应当保持清洁，避免容器中有玻璃碎屑、金属颗粒等污染物。

GMP 检查要点：

① 检查企业是否有待分装容器的清洁规程，并规定了容器的清洁方法、清洁频率、可接受标准及清洁后贮存条件和清洁有效期等内容。

② 检查待分装容器的有效期是否经过验证。

③ 现场检查待分装容器清洁程度是否符合工艺要求，是否有防止污染的措施。

④ 现场检查清洁后容器存放间环境是否符合规定，是否有清洁状态标识，标明名称、编号、清洁日期、有效期等内容，涉及时间的一定要具体精确。

存在典型缺陷：待分装容器没有进行编号管理，可追溯性差，无法确定是否进行了清洁。

第二百零八条 产品分装、封口后应当及时贴签。未能及时贴签时，应当按照相关的操作规程操作，避免发生混淆或贴错标签等差错。

GMP 检查要点：

① 检查企业相关文件，是否明确规定了对未贴签产品防止混淆和差错的措施，必要时，是否有分装封口后至贴签的时限要求，贴签前是否有检查待包装产品名称、规格、批号、生产日期、数量等要求，并有相关人员的复核。

② 现场检查中转站待包装产品是否贴签，如没有贴签是否采取防止混淆和差错的措施。

③ 未贴签产品的存放方式、存放地点或存放容器是否隔离，防止或警示未经授权的人员接触，有效防止产品散落，有牢固状态标识。

④ 检查待包装产品的每一独立容器是否均有产品信息标识，标明产品名称、规格、产品批号、代码、生产日期、数量等。

存在典型缺陷：粉针剂待外包装产品在盘中集中存放，只用绿色丝带包围，无明显状态标识，存放方式不能有效避免混淆和差错发生。

第二百零九条 单独打印或包装过程中在线打印的信息（如产品批号或有效期）均应当进行检查，确保其正确无误，并予以记录。如手工打印，应当增加检查频次。

GMP 检查要点：

① 企业是否制定标签、纸盒、纸箱、合格证等包材进行产品信息打印的操作规程，明确了打印的方式、正确性的检查方法、检查频率，如果为手工打印，是否制定了适当的检查频次。

② 现场查看产品信息打印记录和检查记录，是否有复核人签字，是否保存了标签、说明书、纸盒、纸箱、合格证、封签等打印样张。

③ 如有在线检测功能，是否定期测试，是否有测试记录。

④ 打印设备和在线检测设备应进行设备性能确认。

⑤ 现场检查保存打印后标签或纸盒的存放场所是否受控，打印后标签的标识是否明显并不易脱落。

存在典型缺陷：用于检查漏贴签的在线检测设备未定期进行测试，没有测试记录。

第二百一十条 使用切割式标签或在包装线以外单独打印标签，应当采取专门措施，防止混淆。

GMP 检查要点：

① 检查企业有无相关文件，明确规定对易散落的切割式标签的运输、接收、发放和使用过程中防止混淆和差错的措施。

② 检查企业有无相关文件，是否明确规定对已打印产品批号等信息的不同批次的标签采取的防止混淆和差错的措施。

③ 现场检查标签打印场所是否受控，是否有防止污染和混淆的措施。

④ 检查标签存放间各类标签是否有明显不易脱落标识，标明品名、规格、标签进厂批号、数量、负责人等。

⑤ 如果由供应商印刷批号、生产日期、有效期的，在文件中是否有控制措施，保证印刷信息的正确性，接收后是否有检查和计数措施，检查相关包材的接收记录。

存在典型缺陷： 切割时瓶签接收发放过程未密闭包装，易因磕碰等原因散失，存在混淆风险。

第二百一十一条　应当对电子读码机、标签计数器或其他类似装置的功能进行检查，确保其准确运行。检查应当有记录。

GMP 检查要点：

① 查看企业是否制定了对电子读码机、标签计数器等类似装置的功能进行定期检查的标准操作规程，测试方法和频率是否经过验证，确保其准确运行。

② 现场检查企业是否有功能测试所需的样本，该样本可根据实际生产精度或设备需求自制、外购或机配样品。

③ 查看相关检查记录，是否符合文件规定的要求。

存在典型缺陷： 用于标签打印正确性检查的在线检测设备未定期进行测试，没有测试记录。

第二百一十二条　包装材料上印刷或模压的内容应当清晰，不易褪色和擦除。

GMP 检查要点：

① 检查企业印刷包装材料是否有对印刷版本的控制要求文件，包材是否按规定备案，现场检查印刷包装材料版本号是否为现行版本。

② 检查企业对印刷包装材料供应商的管理要求，是否定期审计，印刷版本换版时是否到供应商现场对供应商印刷版进行销毁。

③ 现场检查企业是否按照规定的时间间隔对由供应商直接印刷的包装材料上的"产品批号、生产日期、有效期"进行检查，是否有检查记录。

④ 检查企业年度偏差清单，查看是否有印刷包装材料出现褪色或易擦除的偏差发生，如何处理的。

存在典型缺陷： 企业对标准样签的管理不完善，无版本号控制要求。

第二百一十三条　包装期间，产品的中间控制检查应当至少包括下述内容：

（1）包装外观；

（2）包装是否完整；

（3）产品和包装材料是否正确；

（4）打印信息是否正确；

（5）在线监控装置的功能是否正常。样品从包装生产线取走后不应当再返还，以防止产品混淆或污染。

GMP 检查要点:

　　① 检查企业是否制定相关文件,明确包装工序中间控制检查项目和检查频次,文件规定与本条款内容是否相符。

　　② 随机抽查 2～3 个品种的批包装记录,检查企业是否按照文件规定的检查项目和检查频次进行了中间控制检查。

　　③ 检查企业年度偏差清单,查看包装工序中间控制项目是否有偏差发生,调查处理情况。

　　④ 样品从包装线取走后不得再返回生产线实际执行情况和记录,如何处理。

存在典型缺陷: 企业包装工序中间控制项目的检查频次为每班两次,但是包装过程中间控制检查记录没有记录检查时间,无法实现追溯。

　　第二百一十四条　因包装过程产生异常情况而需要重新包装产品的,必须经专门检查、调查并由指定人员批准。重新包装应当有详细记录。

GMP 检查要点:

　　① 检查企业是否有重新包装产品相关文件规定和记录,是否符合本条款要求。

　　② 从偏差清单、不合格品清单检查企业在包装生产过程中是否存在重新包装的行为。重新包装前是否按照文件规定程序进行。

　　③ 检查重新包装记录,是否记录了重新包装的日期、时间、地点、操作人员、原因,重新包装的产品名称、规格、批号、数量,使用的设备,使用的印刷包装材料的批号、数量等信息,并归入批包装记录一并保存。

存在典型缺陷: 从偏差调查处理记录发现有重新包装行为,但是批包装记录中未体现重新包装的内容及记录。

　　第二百一十五条　在物料平衡检查中,发现待包装产品、印刷包装材料以及成品数量有显著差异时,应当进行调查,未得出结论前,成品不得放行。

GMP 检查要点:

　　① 检查企业工艺规程或相关文件,看企业是否制定了包装工序物料平衡计算的项目、计算方法和限度,制定的限度是否合理。超出限度或有显著差异时,处理措施是否符合本条款要求。

　　② 抽查 2～3 个品种的批包装记录看是否进行了物料平衡计算。

　　③ 查年度质量回顾或偏差记录,了解待包装产品、包装材料及成品有无物料平衡超标情况,是否按偏差调查处理程序进行了调查,调查结论与产品放行时间关联性。

存在典型缺陷: 包装工序中纸盒打印"批号、生产日期、有效期"工序未进行物料平衡计算。

　　第二百一十六条　包装结束时,已打印批号的剩余包装材料应当由专人负责全部计数销毁,并有记录。如将未打印批号的印刷包装材料退库,应当按照操作规程执行。

GMP 检查要点:

　　① 查看企业是否制定了已打印批号和未打印批号的包装材料处理或退库操作规程,是否符合本规范要求。

　　② 抽查标签销毁记录,是否有名称、规格、批号、数量、销毁日期、销毁方式,并有操作人员和质量部门监督人员的签字。

　　③ 剩余未打印包装材料是否执行了退库程序,检查包装岗位或库房,包装材料是否账

物相符。

④ 检查生产现场生产线上对废弃的打印标签、损坏的包装材料和不合格产品是否有隔离的措施，是否有明显标识。

存在典型缺陷：标签销毁记录内容不全，如未记录销毁具体时间、销毁方式。

二、生产工艺、操作规程及管理制度

生产作业的组织是指对生产系统内所有要素进行合理的安排和组合，使其形成一个协调的系统。包括生产作业流程、生产管理过程和在制品的控制与管理。

1. 生产作业流程

生产作业管理中，生产作业流程的安排是很重要的。企业在布置各个生产单元和作业单元时，要考虑使生产过程中的物流自始至终都处于连续状态，没有不必要的停顿、等待或迂回现象，以增加生产作业过程的连续性，从而缩短产品的生产周期，降低在制品的库存，加快资金的周转。据此，生产作业流程的安排要考虑以下要求。

① 按工艺专业化安排生产作业流程。工艺专业化是指按照生产工艺的特点来设置生产单元，集中同种类型的生产设备和同工种的工人，每个生产单元只完成同种工艺方法的加工任务。这样安排生产作业流程，设备利用率高，可是产品在加工过程中运输线路长，等待时间长，而且生产作业管理协调比较复杂。

② 生产作业流水线。生产作业流水线就是我们常说的流水作业，加工品按一定工艺路线和统一的生产速度，连续不断地通过各个工作地，并顺序地进行加工和出产品。流水作业的生产过程是连续的和均衡的，生产率高，生产周期短，在制品少，成本低，管理较简单，只是生产不够灵活。

③ 减少交叉污染。这是 GMP 在生产流程安排中的一个指导性原则。在生产作业安排中，从硬件（如厂房设施）进行有效分离，减少折返和交叉；从物料（文件中）管理上，明确人流、物流的走向，从而确保生产作业流程的顺畅和有效。

2. 生产工艺技术管理

GMP 强调生产全过程必须严格执行生产工艺规程、岗位操作法和 SOP，不得任意更改。

非无菌药品生产中，液体制剂的配制、过滤、灌封、灭菌等过程应在规定时间内完成；无菌药品生产中，药液从配制到除菌过滤或灭菌的时间间隔要有明确的规定。

直接接触药品的包装材料、设备容器的清洗、干燥、灭菌到使用时间应有规定。

计量、称量和投料要有人复查，操作人、复核人均应签字，以示负责。

半成品（中间产品）在生产过程中应按生产工序规定的质量标准作为上下工序交接验收的依据；在中转库，也应按"待验""合格""不合格"分别堆放，"不合格"的不得流入下一工序。

对检测耗时较长的中间品，以及中药制剂生产中所需贵重、毒性材料和中药饮片应监控投料，及时记录，操作者和监控者有签字。

生产中发生事故，应按事故管理的有关规定及时处理、报告和记录。

生产整个过程应按工艺、质量控制要点进行工艺查证，及时预防、发现和消除事故差错，并做好记录。

3. 生产过程管理制度

生产过程管理是一个多方位的系统管理，包括生产调度、生产进度控制、生产过程管理三方面内容。

生产调度是指对执行生产作业过程中可能出现的偏差及时了解、掌握、预防和处理，保证整个生产活动协调进行。生产调度工作要以生产作业计划为依据，以预防为原则，强化横向、纵向的协调与领导，指挥下级生产单位，同级职能部门，共同完成生产计划，发挥生产调度部门的权威性，同时调动生产部门人员的作业积极性，主动工作，尽力完成生产任务。

生产进度控制是指从对原材料投入生产到产品入库为止的全过程进行控制，如投入进度控制、产出进度控制、工序进度控制、降低在制品数量、缩短生产周期和均衡生产等。在实施生产控制中需注重生产过程的准时性以及柔性（或称适应性）。一个生产企业越是生产准时，又具有很高的柔性，其生产进度控制就越容易实现。

生产过程的管理，正体现了药品质量在生产过程受控中形成的 GMP 精神。其中重要的环节包括生产前准备的管理、批号管理、包装管理、生产记录管理、不合格品管理、物料平衡检查和清场管理。

（1）生产前准备的管理　包括工时测定、物资准备及设备管理准备，还有生产组织及生产作业流程、生产过程管理、在制品的控制。

我国 GMP（2010 年修订）第一百九十九条规定，生产开始前应当进行检查，确保设备和工作场所没有上批遗留的产品、文件或与本批产品生产无关的物料，设备处于已清洁及待用状态。检查结果应当有记录。生产操作前，还应当核对物料或中间产品的名称、代码、批号和标识，确保生产所用物料或中间产品正确且符合要求。要求生产人员检查生产场所是否符合该区域清洁卫生要求；更换生产品种及规格前是否清场过；有无前次清场记录副本，清场者、检查者是否签字，未取得清场合格证"不得进行另一个品种的生产"；对设备状况进行严格检查，检查合格挂上"合格"标牌后方可使用；检查（或校准）生产用计量容器、度量衡器以及测定、测试仪器、仪表，超过计量周检期限的计量仪器不得使用；检查与生产品种相适应的工艺规程、岗位操作法、SOP（standard operating procedure）、SMP（standard managing procedure）等生产管理文件是否齐全；设备、工具、容器清洗是否符合标准；按生产需料送料单对所用原辅料、半成品（中间产品）进行核对等。

（2）批号管理　我国 GMP（2010 年修订）附录中对批的规定是：经一个或若干加工过程生产的具有预期均一质量和特性的一定数量的原辅料、包装材料或成品。为完成某些生产操作步骤，可能有必要将一批产品分成若干亚批，最终合并成为一个均一的批。在连续生产情况下，批必须与生产中具有预期均一特性的确定数量的产品相对应，批量可以是固定数量或固定时间段内生产的产品。每批药品均应编制生产批号。对"批号"定义为用于识别"批"的一组数字或字母加数字，用以追溯和审查该批药品的生产历史。对不同剂型的药品有关批的划分原则规定如下：

① 原料药

a.连续生产的原料药，在一定时间间隔内生产的在规定限度内的均质产品为一批。

b.间歇生产的原料药，可由一定数量的产品经最后混合所得的在规定限度内的均质产品为一批。

② 无菌药品　除另有规定外，无菌药品批次划分的原则为：

a.容量注射剂以同一配液罐最终一次配制的药液所生产的均质产品为一批；同一批产品如用不同的灭菌设备或同一灭菌设备分次灭菌的，应可追溯。

b.粉针剂以一批无菌原料药在同一连续生产周期内生产的均质产品为一批。

c.冻干产品以同一批配制的药液使用同一台冻干设备在同一生产周期内生产的均质产品为一批。

d. 眼用制剂、软膏剂、乳剂和混悬剂以同一配制罐最终一次配制所生产的均质产品为一批。

③ 生物制品　生物制品生产应按照《中国生物制品规程》中的"生物制品的分批规程"分批和编写批号。

（3）包装管理　制定包装操作规程时，应特别注意采取措施降低发生污染和交叉污染、混淆或差错的风险。有数条包装线同时进行包装时，应采取隔离或其他有效防止污染、交叉污染或混淆的措施。经检验合格的药品可下达包装指令。根据包装指令，应对品名、规格、数量、包装要求等进行核对，并要有专人进行复核。

包装操作前，应采取适当措施，确保工作区、包装生产线、印刷机及其他设备已处于清洁状态，没有任何与本批包装无关的产品、物料和文件。包装操作前，应核对待包装产品和所用包装材料的名称、规格、数量、质量状态，且与工艺规程相符。包装用的标签，必须由车间填写需料送料单，派专人到仓库限额领取。废标签应按规定销毁。药品零头包装（以中包装为单位）只限两个批号为一合箱。合箱外标明两个批号，并填写装箱记录。及时填写批包装记录。

每一包装操作场所或包装生产线，应有标明包装中的产品名称、批号和批量的生产状态标识。待分装容器在分装前应保持清洁，并注意清除容器中玻璃碎屑、金属颗粒等污染物。通常情况下，产品分装、封口后应及时贴签；否则，应按照相关的操作规程操作，以确保不会发生混淆或贴错标签等差错。

任何单独打印或包装过程中的打印（如生产批号或有效期）均应进行检查，确保其正确无误，并予以记录。应特别注意手工打印情况并定期复核。使用切割式标签，以及在包装线以外打印标签时，应有专门的管理措施，防止混淆。如果包装过程中使用电子读码机、标签计数器或其他类似装置，应对其功能进行检查，确保其准确运行。检查应有记录。包装材料上印刷或模压的内容应清晰、不褪色、不易擦去。对于出现异常情况时需要重新包装的产品，只有经过专门检查、调查，并由指定人员批准后方可进行，此过程应有详细记录。

包装操作结束后应进行物料平衡检查，如果发现待包装产品、印刷包装材料以及成品数量有显著差异或异常时，应进行调查，未得到合理解释前，成品不得放行。如果包装操作结束后，有剩余已打印批号的包装材料，则应由专人负责全部计数销毁，并有记录。如将未打印批号的印刷包装材料退库，应严格按照操作规程执行。

（4）不合格品的管理　GMP 要求，不合格的原辅料不准投入生产，不合格半成品不得流入下工序，不合格成品不准出厂。依据我国 GMP（2010 年修订）第一百三十一到一百三十七条的规定，不合格的物料、中间产品、待包装产品和成品的每个包装容器上均应当有清晰醒目的标志，并在隔离区内妥善保存。不合格的物料、中间产品、待包装产品和成品的处理应当经质量管理负责人批准，并有记录。

产品回收需经预先批准，并对相关的质量风险进行充分评估，根据评估结论决定是否回收。回收应当按照预定的操作规程进行，并有相应记录。回收处理后的产品应当按照回收处理中最早批次产品的生产日期确定有效期。制剂产品不得进行重新加工。不合格的制剂中间产品、待包装产品和成品一般不得进行返工。只有不影响产品质量、符合相应质量标准，且根据预定、经批准的操作规程以及对相关风险充分评估后，才允许返工处理。返工应当有相应记录。对返工或重新加工或回收合并后生产的成品，质量管理部门应当考虑需要进行额外相关项目的检验和稳定性考察。

企业应当建立药品退货的操作规程，并有相应的记录，内容至少应当包括：产品名称、批号、规格、数量、退货单位及地址、退货原因及日期、最终处理意见。同一产品同一批号不同渠道的退货应当分别记录、存放和处理。只有经检查、检验和调查，有证据证明退货质量未受影响，且经质量管理部门根据操作规程评价后，方可考虑将退货重新包装、重新发运销售。评价考虑的因素至少应当包括药品的性质、所需的贮存条件、药品的现状及历史，以及发运与退货之间的间隔时间等因素。不符合贮存和运输要求的退货，应当在质量管理部门监督下予以销毁。对退货质量存有怀疑时，不得重新发运。对退货进行回收处理的，回收后的产品应当符合预定的质量标准和第一百三十三条的要求。退货处理的过程和结果应当有相应记录。

（5）物料平衡检查　GMP中定义"物料平衡"为：产品或物料实际产量或实际用量及收集到的损耗之和与理论产量或理论用量之间的比较，并适当考虑可允许的正常偏差范围。依据我国GMP（2010年修订）第一百八十七条规定，每批产品应检查产量和物料平衡，确保物料平衡符合设定的限度。如有差异，必须查明原因，在得出合理解释、确认无潜在质量风险后，方可按正常产品处理。

药品生产企业在药品制剂生产中，必须按照标示量投料，若已知某成分可能在生产或贮存期间降低含量，工艺规程中可规定适当增加投料量。每批产品应在生产作业完成后，填写岗位物料结存卡，并做物料平衡检查。如有显著差异需查明原因，确认无潜在质量事故后，方可按正常产品处理。

生产中实际收得率和理论收得率之间存在一定比值，药品生产企业应根据生产实际情况、产品工艺验证、生产消耗等确定一个适当的百分比值。如果超过正常允许的偏差，对产生偏差的不同原因进行及时处理。发生偏差处理过程如下。

① 发生超限偏差时，需填写偏差处理单，写明品名、批号、规格、批量、工序、偏差内容、发生过程及原因、地点、填表人签字、日期。偏差处理单交给生产部门管理人员。

② 生产部门根据偏差处理单会同有关人员进行调查，并提出正确的处理建议，如继续加工、重新加工、回收或采取其他补救措施或者当确认可能影响产品质量时，报废或销毁。

③ 生产部门人员将处理建议，写出书面报告（一式两份），生产部门负责人签字后连同偏差通知单报质量管理部门，由该部门负责人必要时会同有关部门负责人审核、批准。

④ 生产部门按批准的文件组织实施；同时将偏差报告单、调查报告、处理措施及实施结果归档备查。

⑤ 发现偏差批次与该批前后批次产品有关联时，必须立即通知质量管理部门，做出相应处理。

（6）清场管理　清场对于防止药品混淆是非常重要的，因而依据我国GMP（2010年修订）第二百零一条规定，每批药品的每一生产阶段完成后必须由生产操作人员清场，填写清场记录。清场记录内容包括：操作间编号、产品名称、批号、生产工序、清场日期、检查项目及结果、清场负责人及复核人签名。清场记录上必须有签名，以示负责，若发生混药事故，造成人身伤亡，不仅要负民事赔偿责任，而且要负刑事责任。

GMP中对清场的要求如下：

① 室内不得存放与生产无关的杂物。

② 地面无积灰、无结垢，门窗、室内照明灯、风管、墙面、开关箱外无积灰。

③ 使用的工具、容器应清洁、无异物，无前次产品的遗留物；设备内外无前次生产遗留的产品，没有油垢。

④ 直接接触药品的机器、设备及管道工具、容器应每天或每批清洗或清理；非专用设备、管道、容器、工具应按规定拆洗或灭菌；同一设备连续加工同一非无菌药品时，其清洗

周期按有关规定进行。

⑤ 包装工序调换品种时，多余的标签及包装材料应全部按规定处理。

⑥ 固体制剂工序调换品种时，对难以清洗的部位要进行验证。

清场结束由生产部门（车间）质量检查员复查合格后发给"清场合格证"。这是下一个甚至同一品种不同批的生产凭证，附入生产记录，未领得"清场合格证"不得进行下一步的生产。

生产过程的管理是药品质量形成的关键环节，不仅要确保生产过程能够正确地遵循现行的经批准的有效的规程进行，更重要的是要防止污染和混淆，防止混药或混批的发生。上面的八项仅仅是生产过程管理的一部分，药品生产企业要按照质量管理体系标准，不断寻求满足 GMP 要求的更新更好的科学方法，以生产出高质量的药品。

三、生产管理记录

生产记录的管理包括批生产记录的管理、批包装记录的管理和清场记录的管理。

批生产记录由生产指令、各工序岗位生产原始记录、清场记录、物料平衡及偏差调查处理情况、检验报告单等汇总而成。批生产记录可由岗位工艺员分段填写，生产车间技术人员汇总，生产部门有关负责人审核并签字。跨车间的产品，各车间分别填写，由指定人员汇总、审核并签字后送质量管理部门。该记录应具有质量的可追踪性，保持整洁，不得撕毁和任意涂改。若发现填写错误，应按规定程序更改。批生产记录应按批号归档，保存至药品有效期后 1 年，未规定有效期的药品，批生产记录应保存 3 年。

批包装记录是该批产品包装全过程的完整记录，可以单独设置，也可以作为批生产记录中的一部分，管理要求与批生产记录管理要求相同。

四、注明主要过程控制点及控制项目的工艺流程图示例

工艺流程图是指用图形符号表明工艺流程所使用的机械设备及其相互联系的系统图，又称带控制点的工艺流程图。包括所有的管路、反应器、储罐、泵、换热器等化工设备，以及各种阀门等。图 6-2 是某维生素原料药的发酵过程的工艺流程图。

与此工艺流程图相匹配的主要过程控制点见表 6-1。

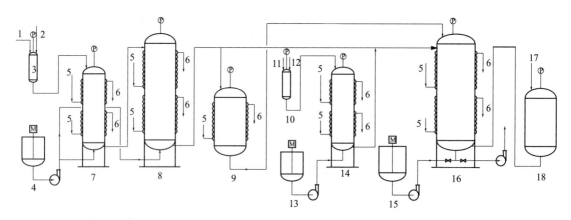

图 6-2　某维生素原料药的发酵过程的工艺流程图

1——步种液；2——培养基；3——步一级种子罐；4——步配料罐；5——上水；6——回水；7——步二级种子罐；
8——步发酵罐；9——山梨糖储罐；10——二步一级种子罐；11——二步种液；12——培养基；13——二步配料罐；
14—二步二级种子罐；15—二步发酵罐配料罐；16—二步发酵罐；17—碳酸钠；18—碳酸储罐

表 6-1 某维生素原料药发酵工序主要过程控制点

发酵工序主要过程控制点

序号	岗位	管理点名称	级别	监测项目	控制范围或要求	监测方法	监测周期
1	菌种	一步种液培养温度	B	温度	30±2℃	仪表监测	即时
2		一步三角瓶及克氏瓶发酵率	B	浓度	≥55%	化验	每批
3		二步种液培养温度	C	温度	(29±2)℃	仪表监测	即时
4	菌种镜检	无菌检查恒温箱温度	C	温度	(37±2)℃	玻璃温度计	2次/天
5		冷藏柜温度	C	温度	2～8℃	玻璃温度计	2次/天
6	镜检	一步一级、二级种液终点发酵率	A	浓度	≥60%	化验	每批
7		一步发酵液终点发酵率	B	浓度	≥95%	化验	每批
8		二步一级、二级终点酸量	A	浓度	≥3.1mg/ml	化验	每批
9		二步发酵醪液残糖	A	浓度	≤0.7mg/ml	化验	每批
10	消毒	各级罐保压温度	B	温度	(120±2)℃	仪表监测	消毒时
11		各级罐保压时间	B	时间	(20±3)min	仪表监测	消毒时
12		各级罐灭菌压力	C	压力	0.08～0.11MPa	仪表监测	消毒时
13		空气过滤器消毒、保压温度	B	温度	(115±5)℃	仪表监测	每批
14		空气过滤器消毒、保压时间	B	时间	(15±5)min	仪表监测	每批
15	发酵	一步一级种子培养温度	B	温度	(32±3)℃	仪表监测	随时
16		一步二级种子罐和发酵罐培养温度	B	温度	(33±3)℃	仪表监测	随时
17		二步各级罐培养温度	B	温度	(28±3)℃	仪表监测	随时
18		各级罐培养罐压	C	压力	0.02～0.04MPa	压力表	随时
19		一步发酵罐空气流量	C	流量	≥400m³/h	仪表监测	随时
20		二步发酵罐运转pH值	C	pH值	6.2～7.5	仪表监测	随时

药品公共安全事件典型案例 6-2——"甲氨蝶呤事件"

◇事件发生　2007 年 7 月 6 日，国家食品药品监督管理局 ADR 中心收到广西 ADR 中心报告：广西医科大学第一附属医院鞘内注射标示为上海医药（集团）有限公司华联制药厂生产的注射用甲氨蝶呤出现软瘫的不良事件报告。

◇快速应对　7 月 7 日，国家食品药品监督管理局通知全国暂停标示为上海医药（集团）有限公司华联制药厂生产的注射用甲氨蝶呤（批号为 070403A、070403B，规格 5mg）的销售和使用。

8 月 31 日，国家食品药品监督管理局和卫生部决定暂停上海医药（集团）有限公司华联制药厂生产的注射用甲氨蝶呤、注射用盐酸阿糖胞苷用于鞘内注射。

9 月 5 日，国家食品药品监督管理局和卫生部联合发出通知：暂停上海医药（集团）有限公司华联制药厂生产的注射用甲氨蝶呤、注射用盐酸阿糖胞苷的生产、销售和使用。

◇案例真相　9 月 14 日，国家食品药品监督管理局公布调查结果：注射用甲氨蝶呤、注射用盐酸阿糖胞苷鞘内注射后引起的损害，与两种药品的部分批号产品中混入了微量硫酸长春新碱有关。

华联制药厂在生产过程中，现场操作人员将硫酸长春新碱尾液混于注射用甲氨蝶呤及盐酸阿糖胞苷等批号药品中，导致了多个批次的药品被硫酸长春新碱污染，造成重大的药品生产质量责任事故。华联制药厂有关责任人在前期的联合调查组调查期间和后期公安机关侦察中，有组织地隐瞒违规生产的事实。

◇事件处理 12月13日公布：在卫生部、国家食品药品监督管理局联合调查组的指导和参与下，上海市政府相关部门近期基本查明上海医药（集团）有限公司华联制药厂生产的鞘内注射用甲氨蝶呤和阿糖胞苷药物损害事件原因。上海华联制药厂因造成重大药品生产质量责任事故被依法吊销《药品生产许可证》，企业相关责任人已被公安部门拘留。相关赔付工作已启动。

◇案例教训

- 不同给药途径的药品清场要彻底。
- 忽视各种标志在防止差错中起的重要作用。
- 对于高风险品种，清洁验证工作要逐品种进行；抗肿瘤类、激素类等产品要提高可接受标准。
- 换品种后，尝试增加上批产品残留的监测。
- 对于无菌药品生产，生产人员的技能、所接受的培训及其工作态度极其重要。

=== 复习思考题 ===

1. 物料质量标准可分为_____、_____、_____。
2. 生产计划包括_____、_____、_____或季度生产计划、月度生产计划和_____。
3. 计划预防修理包括_____、_____和_____。
4. 物料管理系统的目标和功能是什么？
5. 简述药品标签、说明书的管理。
6. 简述生产过程管理的重要内容。
7. 判断下列说法的正误：
（1）药品标签和说明书的内容可以根据药品的特色由企业制定。
（2）生产作业流水线的生产过程连续、均衡、生产率高、成本低、生产灵活。
（3）生产效率即是生产率。
8. 作为药厂员工，谈谈你对药品生产企业的生产管理及其作用的看法。

=== 实训项目 ===

清场管理模拟实训

实训要求和目的

① 理解清场的意义和重要性；
② 掌握清场记录的内容；
③ 熟悉 GMP 中对清场的要求。

实训过程和内容

① 在实训室模拟制药企业的清场过程；
② 清场同时填写清场记录；
③ 清场结束后，由学生复查清场，然后由指导老师确认清场是否合格，决定是否发放"清场合格证"。

实训仪器设备

每组青霉素原料药 50g，西林瓶 50 个，小标签 50 个，外包装 20 个，其他分析仪器。

实训步骤

一、班级分组

实训模拟过程以班级为单位进行分组,每组4~6人,并指定一名负责人作为质量核查员。

二、模拟操作

1. 青霉素的分装

由指导老师下达生产指令,学生根据生产指令进行模拟生产。

(1)计算 按每个西林瓶装100万青霉素单位,计算出装50个西林瓶所需要的青霉素量。其中一人进行计算,另外一人进行复核,计算结束后,填写记录。

(2)称量分装 按上述所计算的量,称量分装。其中一人进行称量,另外一人进行复核;其中一人进行分装,另外一人进行复核。称量分装结束后,填写记录。

(3)贴小标签 将分装好的西林瓶进行贴小标签操作,要求小标签所贴位置恰当。其中一人进行贴签,另外一人进行复核,贴签结束后,填写记录。

(4)包装 将分装好的西林瓶进行包装,每个包装盒中放10支西林瓶。其中一人进行包装,另外一人进行复核,包装结束后,填写记录。

2. 清场

(1)物料衡算 上述操作结束后,首先进行物料衡算,包括青霉素原料、西林瓶、小标签、外包装等。

① 青霉素原料衡算 根据所分装的西林瓶中青霉素量和剩余的青霉素量以及总的青霉素量,计算出称量、分装过程中损失的青霉素量,并分析这种损失是否处于设定误差范围之内。如果损失超过设定误差,分析出原因。

② 西林瓶计数 根据所分装的西林瓶数量和总的西林瓶数量,计算出称量、分装、包装过程中损失的西林瓶数量,并分析这种损失是否处于设定误差范围之内。如果损失超过设定误差,分析出原因。

③ 小标签计数 根据所分装的小标签数量和总的小标签数量,计算出包装过程中损失的小标签数量,并分析这种损失是否处于设定误差范围之内。如果损失超过设定误差,分析出原因。

④ 外包装计数 根据所分装的外包装数量和总的外包装数量,计算出包装过程中损失的外包装数量,并分析这种损失是否处于设定误差范围之内。如果损失超过设定误差,分析出原因。

(2)现场清场

将本次操作所涉及的所有物品进行清场。包括:

① 本次模拟生产操作中已分装和未分装的青霉素原料、西林瓶,未使用的小标签和外包装;

② 本次模拟生产操作的生产指令、批号、所有记录;

③ 其他现场遗留物;

④ 本次模拟生产操作中所涉及的称量仪器、分装仪器的清洁;

⑤ 生产用设备、容器具、工具的清洁;

⑥ 操作台、地面、门窗、墙壁、照明等环境设施的清洁。

(3)清场复查 清场结束后,由每组的质量核查员进行复查,复查内容包括:

① 室内是否存放与生产无关的杂物;

② 室内地面是否有积灰、结垢,门窗、室内照明灯、风管、墙面、开关箱外是否有积灰;

③ 使用的工具、容器是否清洁、无异物;设备内外是否有前次生产遗留的产品;

④ 直接接触药品的机器、设备及管道工具、容器是否清洗或清理过;

⑤ 多余的标签及包装材料是否按规定处理。

清场复查结束后,质量核查员填写清场记录,内容包括:

操作间编号、产品名称、批号、生产工序、清场日期、检查项目及结果、清场负责人及复核人签名。

（4）指导老师复查　指导老师根据清场记录进行复查，以确定清场是否合格，以决定是否发放"清场合格证"。

实训报告

模拟实训结束后，学生根据实训内容和实训步骤写出实训报告，实训报告包括：

① 清场在制药行业的重要性和意义；

② 青霉素原料药的计算、称量、分装、贴签、包装过程以及每个过程的记录；

③ 清场过程和清场记录；

④ 质量复核员复核过程和记录；

⑤ 对模拟实训过程中存在的问题进行分析。

第三节　质量控制与质量保证

【学习目标】本节着重了解质量管理体系的内容和质量管理的基础工作，明确质量检验和实验室的设计与管理，重点理解在 GMP 认证中质量体系的特点、质量管理部门的作用和地位。

一、质量体系

1. 质量体系的概念

质量管理是一个全面管理。这种全面管理不是靠一个人或一个部门就能完成，几个部门的简单组合也不能完成，必须靠一个包括组织结构、程序、过程和必要的资源在内的质量体系去完成。通过这个体系，各部门既明确各自的职责和权利，又被共同的目标有机地结合在一起，通过准确执行计划的各质量程序，优化资源，以最佳途径去实现组织所有的质量保证活动，最后实现组织目标。因此，要搞好一个组织的质量管理，必须首先在组织内建立一个质量管理体系。一个药品生产组织，其质量管理必须要适应药品生产的特性，其质量管理体系的内容必须符合 GMP，而完整表达质量管理体系的文件系统就成为 GMP 文件系统。

2. 质量体系的种类

质量体系的建立是为了保证产品质量，而质量保证又有两个目的，一个是为组织内部最高管理者提供信任，另一个是向顾客或他方提供信任。针对这两个目的，可将质量体系分为两种类型。

① 质量管理体系（内部质量保证体系）　是为了满足该组织内部的管理需要而建立的内部质量管理体系，称为质量管理体系。

② 质量保证体系　组织为满足顾客规定的产品或服务的外部质量要求，并向顾客证实质量保证能力的质量体系，称为质量保证体系。

这两种类型的质量体系之间既有区别，又有内在的联系。内部质量管理体系应能广泛覆盖组织的产品或服务，它比特定顾客的要求要广泛，顾客仅评价质量管理体系中的有关部分。而顾客要求的质量保证体系的规定与要求，则必须通过实施内部质量管理体系方可得以落实和提供证据。

3. 质量体系的内容

质量体系的内容可用图 6-3 表示。

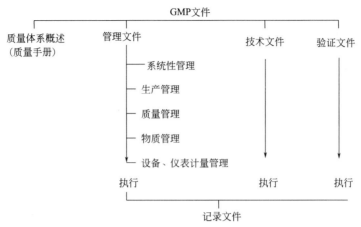

图 6-3　质量体系内容示意图

（1）**质量体系概述**　许多参考书中也称为《质量手册》，它包括组织质量概况、质量方针政策、组织机构及职责，以及文件体系构架和目录。

（2）**技术文件**　指某一具体药品及原料药的工艺专论，包括处方（投料单）、设备、工艺规程、操作指导、收率、包装材料及中间体中间过程的控制规格标准、原料成品的规格标准、检验方法、稳定性数据等。技术文件的特点是，只为某一具体产品所用，而不能用于任何其他产品，所以是产品特异性规程。

（3）**管理文件**　这不只是一些规章制度，它是有关生产部门所有通用的管理程序和操作规程。比如文件的起草、制备、发布与管理，全员培训制度等属于综合性管理；仓库的货物接受程序与操作规程，货物状态的表明和其存放区域等都属于物资管理的规程；注射用水系统的消毒操作，空压机的维护保养等都属于设备管理的规程；文件、工艺变更控制、批记录审阅等都属于物资管理；车间的清场、清扫、更衣及配料管理属于生产管理。

管理文件的特点是，不为某一具体产品所用，而为同类产品所通用的操作和管理规程，是非产品特异性的规程。

（4）**验证文件**　是用数据证明产品工艺能力或某一个操作方法是否能达到预期的效果。一般都是在一个新产品正式生产的开始或老产品工艺方法或设备环境有变动时作此工作。它包括验证报告批准，验证报告、验证方案所涉及的操作规程和仪器校正规程，验证方法，验证运行记录，验证结果和结果总结等。

（5）**记录文件**　除质量体系概述以外，对其他所有文件规程的执行记录就构成了各领域的记录文件。

4. 质量体系的特点

（1）**系统工程化**　质量体系如同别的体系一样，是由若干个相关的环节相互联系、相互制约而构成的整体，其核心是实现整体优化达到 $1+1>2$ 的效果，它从最经济地满足顾客对质量的要求出发，把药品质量产生、形成和实现过程中的全部活动综合地系统地协调起来。它不仅强调每个部门、每个人、每台机器各自所发挥的作用，而且还强调它们共同工作时的协同作用。

（2）**文件化**　质量体系表现为一整套深入细致的质量文件。通过这些文件来识别、规定、沟通和维持企业的全部质量活动，使每个人都可以清楚地了解到自己在质量工作中应承担的任务、责任和所具有的权限。当质量问题发生时，它使人们能及时地了解是何地、何人、何时、何事以及为何而发生了这一问题。

（3）预防为主　全面质量管理推行的以预防为主的方针在质量体系中得到了很好的体现，所有的控制都是针对减少和消除不合格，尤其是预防不合格产品的产生。

这些特点可使得质量体系在提高药品质量的同时，降低质量成本和药品成本。工业发展的实际经验也表明，质量差、成本高的药品几乎都是在同样差的质量体系下产生的结果。

二、质量管理

1. 质量管理部门的作用

产品质量是企业生产（经营）活动的成果。GMP规定："质量管理部门应独立于其他部门，履行质量保证和质量控制的职责。质量管理部门应参与所有与质量有关的活动和事务，负责审核所有与本规范有关的文件。质量管理部门人员的职责不得委托给其他部门的人员。"

全过程的质量管理和检验指的是药品质量形成和检验的全过程。而这一过程涉及许多环节，既涉及生产企业内部，也涉及生产企业外部（例如供应商、运输部门等），涉及的每一环节又都有各自的质量职能。在药品生产企业中，实行全过程的质量管理，就要求把不合格品消灭在质量形成的过程中，贯彻预防为主的管理原则，即一方面要把管理工作的重点，从事后检验转到事前设计和制造过程上来，在生产过程的一切环节加强质量管理，消除产生不合格品的种种隐患，作到"防患于未然"；另一方面，要逐步形成一个包括市场研究、研制设计到销售使用的全过程的质量保证体系。这就要求在投产前对全部生产过程必须规定得十分明确，采用经过批准的生产方法；建造和购置合适的厂房、建筑及装备；使用合格的原辅料；对工艺卫生和文明生产有严格的要求；要有足够的、经过适当培训并能胜任其职的工作人员；还需要有适当的仓储及运输设施。为保证药品的安全性、有效性、稳定性、均一性和品质优良，确保产品全部符合质量要求，对药品质量的控制不仅限于分析、化验、检查、车间检验和出厂检验等，而且涉及整个生产过程的全部监控措施。质量管理部门还负责药品生产全过程的质量监督。

2. 质量管理部门的地位

GMP是要百分之百地保证药品质量，其关键就在于加强质量管理。与传统的质量检验不同，质量管理比质量检验具有更全面、更广泛的内容和含义。它包括有关质量政策的制定、质量水平目标的确定以及在企业内部和外部有关产品、生产过程或服务方面的质量保证和质量控制的组织和措施。这就要求企业必须有一套完整的质量管理系统，并有一个独立的、有足够权威的负责协调、实施该系统的质量管理部门，以便从组织上予以保证。所以GMP规定：企业负责人应负责提供必要的资源配置，合理计划、组织和协调，不得干扰和妨碍质量管理部门独立履行其职责。并应配备一定数量的质量管理和检验人员，有与药品生产规模、品种、检验要求相适应的场所、仪器、设备。这就明确了药品质量管理部门在药品生产企业中的地位：是独立于其他部门的质量管理部门。该部门不仅负责传统意义上的质量检验，还负责原辅料、生产过程和成品质量与稳定性管理。

为了强调药品质量管理部门的职责是质量管理而不是质量检验，强化质量管理功能、突出其必不可少的权威性，GMP还规定，生产与质量管理的部门负责人必须由不同的两个人分别担任，二者之间不能互相代替，他们均承担保证药品符合规定质量的职能。对质量管理负责人和质量受权人的学历、经历与能力等提出了具体的要求。

随着质量管理功能的强化，质量管理部门必须负责审查可能对药品质量有影响的各个方面，比如厂房设施、厂房布局、工作职责指令等。质量管理部门能从质量保证的角度对药品生产的各个方面提出适当的问题，而且要能对来自相应部门人员所做的答复做出判断。所得到的答复及做出的判断要予以存档，以表明质量管理部门在做出结论时所依据的事实和看法。因此，对制药企业来说，应当建立这样一个程序，即保证所有与产品有关的资料、所有规程均送至质量管理部门批准。制药企业的组织机构及其管理还必须能反映出该部门对所有影响药品质量的各方面因素均具有否决权。

药品不同于其他商品，作为政府一部分的药品监督管理机构负有代表人民、保护人民的职责，所以不少国家要求制药企业应有专人就其药品质量对药品监督部门负责，这个人往往就是质量管理负责人。

3. 质量管理工作内容

（1）物料和产品放行　物料管理中明确规定"三不准"原则，即不合格的原材料不准投产，不合格的中间产品不准流入下一道工序，不合格的产品不准出厂。要确保此项原则的执行，需要质量管理部门分别建立物料和产品批准放行的操作规程，明确批准放行的标准、职责，并有相应的记录。

物料的放行原则：

① 物料的质量评价内容应至少包括生产商的检验报告，物料包装完整性、密封性的检查情况和检验结果。

② 物料的质量评价应有明确的结论，如批准放行、不合格或其他决定。

③ 物料的放行应由指定人员签名批准放行。

GMP 检查要点：

① 各种物料是否分别制定有符合物料特点的检查验收、质量评价内容及放行标准。

② 评价的结论是否明确。

存在典型缺陷： 放行责任人未见到操作规程规定的物料全部检验结果就放行。

产品的放行原则：

① 在批准放行前，应对每批药品进行质量评价，保证药品及其生产应符合注册批准或规定的要求和质量标准，主要生产工艺和检验方法经过验证，保证药品的生产符合本规范要求，并确认符合以下各项要求：

a.已完成所有必需的检查、检验，并综合考虑实际生产条件和生产记录；

b.所有必需的生产和质量控制均已完成并经相关主管人员签名；

c.变更已按照相关规程处理完毕，需要经药品监督管理部门批准的变更已得到批准；

d.对变更或偏差已完成所有额外的取样、检查、检验和审核；

e.所有与该批产品有关的偏差均已有明确的解释或说明，或者已经过彻底调查和适当处理；如偏差还涉及其他批次产品，应一并处理。

② 药品的质量评价应有明确的结论，如批准放行、不合格或其他决定。

③ 每批经批准放行的药品均应由质量受权人签名放行。

④ 生物制品和血液制品的放行还应符合《生物制品批签发管理办法》的要求。

GMP 检查要点：

① 质量受权人是否对必须审核的内容进行了审查并签字。

② 批准放行的时间是否是在所有生产工序、质量控制、检验检测、偏差处理（如有）、变更控制（如有）等工作完成并有明确的结果之后批准放行。

③ 综合质量评价是否有明确的结论。

④ 必须经国家有关部门批准放行的产品是否取得相应的文件。

存在典型缺陷： 某一批产品是在该批产品某项检验结果超标（OOS）尚未完全处理完毕之前放行。

（2）**变更控制** 药品生产过程中，影响药品质量的因素如人员、机械、设备、物料、环境等经常发生不同程度或不同形式的变更。变更的目的是更好地保证药品质量，但变更得不到有效控制，不仅达不到变更的目的，甚至会产生与变更目的相反的结果。为此，变更应遵循以下原则：

① 企业应建立变更控制系统，对所有影响产品质量的变更进行评估和管理。需要经药品监督管理部门批准的变更应在得到批准后方可实施。

② 应建立操作规程规定原辅料、包装材料、质量标准、检验方法、操作规程、厂房、设施、设备、仪器、生产工艺和计算机软件变更的申请、评估、审核、批准和实施。质量管理部门应指定专人负责变更控制。

③ 任何申请的变更都应评估其对产品质量的潜在影响。企业可以根据变更的性质、范围、对产品质量潜在影响的程度将变更分类（如主要、次要变更）。判断变更所需的验证、额外的检验以及稳定性考察应有科学依据。

④ 任何与本规范有关的变更经申请部门提出后，应由质量管理部门评估、审核和批准，制订变更实施的计划，明确实施的职责分工，并监督实施。变更实施应有相应的完整记录。

⑤ 改变原辅料、与药品直接接触的包装材料、生产工艺、主要生产设备以及其他影响药品质量的主要因素时，还应对变更实施后最初至少三个批次的药品质量进行评估。如果变更可能影响药品的有效期，则质量评估还应包括对变更实施后生产的药品进行稳定性考察。

⑥ 变更实施时，应确保与变更相关的文件均已修订。

⑦ 质量管理部门应保存所有变更的文件和记录。

GMP一个重要的理念就是：药品是依赖稳定、一致和持续可控的状态来确保产品的质量、安全性和有效性。因此，一旦已经建立起来的规程、设备、工艺等发生了变化，也就意味着原有的稳定和一致性发生变化，也就有理由对产品质量产生担心。如果能够对这些变化可能带来的影响进行充分的评估，实施有效的变更管理，尽量降低风险，对变更可能引起的产品质量的担心就可以消除。

企业应当建立变更管理规程，对任何可能影响产品质量或一致性的变更都必须进行有效的控制，至少应当建立原辅料、包装材料、质量标准、检验方法、操作规程、厂房、设施、设备、仪器、生产工艺和计算机软件变更的操作规程，对于一些重要因素的变更，还应当对变更后生产的产品进行必要的质量评估和稳定性考察。对必须申报的变更还应当按照相关法规进行申报。

GMP检查要点：

（1）检查企业是否建立了变更管理、评估的书面规程，重点关注文件中关于变更分类，变更的审批流程（是否由质量管理部门批准），需要的支持性数据评估（如验证、稳定性试验等），变更影响的风险评价，变更实施的时限要求及是否需要通知官方或客户的判断及变更后的效果评价是否开展，变更带来的后续法规部门审批、验证、稳定性试验等关联工作的判断和开展等等内容是如何规定的。

（2）查看企业年度的变更台账，并从变更台账中选取各类变更典型案例（按变更分类比例抽查）对企业变更全过程实施情况进行评价：重点关注变更的内容以及前期对变更带来的风险是否进行评价，评价内容是否全面和科学，变更审批流程是否按照文件规定执行；变更实施后相关评价和相关更新工作是否及时完成等等。

① 查看变更发起部门、变更的内容描述以及变更分类，评价变更分类的依据合理性。

② 查看变更审批过程以及各审批意见、时限；查看变更审批依据即风险评价报告，是否涵盖了对产品质量影响、法规注册影响、EHS影响以及对其他所有关联方的影响，尤其看审批过程中对变更额外需要开展工作如验证、额外检验以及稳定性考察等的判定依据；查看是否质量部门最终审批了变更；查看对于需要药监部门批准方可实施的变更（一般为影响到产品质量的重大变更）是否得到了药政部门的审批。

③ 查看变更是否按照批准的方案执行，尤其各项措施的执行时限和结果是否有书面记录。查看变更的效果评价和结论，重点在于变更执行过程中数据、文件化的记录或其他和证据等。

④ 查看变更发生后有无及时更新关联文件，员工对于更新的内容是否得到充分培训。

⑤ 查看企业是否定期对变更管理系统进行了回顾评价，以持续改进变更管理系统，如在企业的年度质量回顾、内部审计或者质量管理评审之类的活动中应该对企业的变更管理系统的有效性、可操作性和变更SOP的执行情况进行总结评价。

存在典型缺陷：

① 某原料的合成过程中，将离心过滤变更为减压抽滤，未对该变更进行评估。

② 制剂企业变更了原料供应商，变更实施后评估数据不足，未对实施变更后的产品稳定性进行考察。

③ 典型缺陷：公司某产品的分析方法使用的色谱柱型号和规格发生了变化，未按照分析方法变更进行审批；或者某产品标准水分由小于10%改为严格的小于5%，企业仅仅进行了相关的产品标准文件更新，未按照变更程序执行。

④ 典型缺陷：检查发现质量管理部门只是有变更台账，其他变更申请单、评估报告等均在变更申请部门存放。

⑤ 典型缺陷：车间根据生产任务，要临时调整粉针灌装速度，向质量部门申请了变更，并得到了质量部门的批准。但车间未及时修订操作SOP，只是使用了临时非受控文件，便正式实施了变更。

（3）偏差处理　药品生产由于工艺流程的漂移、设备设施的劣化、物料生产的变更、人员操作的不规范等原因，会产生各种偏差。偏差出现后，如何进行科学、有效、及时的调查，进而决定放行；如何分析其原因并提出纠偏措施，关系到最终产品的质量以及质量保证体系的优化。

① 各部门负责人应确保所有人员严格、正确执行预定的生产工艺、质量标准、检验方法和操作规程，防止偏差的产生。

② 企业应建立偏差处理的操作规程，规定偏差的报告、记录、调查、处理程序或所采取的纠正措施，并有相应的记录。

③ 任何偏差都应评估其对产品质量的潜在影响。企业可以根据偏差的性质、范围、对产品质量潜在影响的程度将偏差分类（如重大、次要偏差），对重大偏差的评估还应考虑是否需要对产品进行额外的检验以及对产品有效期的影响，必要时，应对涉及重大偏差的产品进行稳定性考察。

④ 任何偏离预定的生产工艺、物料平衡限度、质量标准、检验方法、操作规程等的情况均应有记录并立即报告主管人员及质量管理部门，应有清楚的解释或说明，重大偏差应会同其他部门进行彻底调查，并有调查报告。偏差调查报告应由质量管理部门的指定人员审核并签字。企业还应采取充分的预防措施有效防止类似偏差的再次发生。

⑤ 质量管理部门应负责偏差的分类，保存偏差调查、处理的文件和记录。

GMP 检查要点：

① 检查企业是否建立偏差管理程序，明确各部门和人员的职责和权限。

② 检查企业是否对生产质量活动中的员工进行了偏差程序的培训，了解员工是否理解偏差的概念并具备识别偏差的能力，清楚必须主动、及时上报偏差的职责；检查企业是否对偏差报告有时限要求。

③ 检查企业关于偏差的分类原则，根据具体偏差案例来判断偏差分类是否由质量部门确认，分类判定是否合理。

④ 检查企业的偏差台账，从台账中随机抽取各类偏差案例若干，查看企业关于偏差调查是否及时（有无按照文件规定时限进行）、是否全面彻底；根本原因界定是否合理；重大偏差调查是否由质量部门会同其他部门进行。

⑤ 检查上述案例中，企业对偏差可能给产品造成的影响是否进行评估，评估是否恰当；查看评估方法和结果。

⑥ 检查企业针对上述偏差制定的纠正和预防措施是否合理；是否有效、及时执行，尤其偏差需要在文件规定的时限内关闭，没有关闭需要额外文件及时关闭的，应当进行解释。

⑦ 检查企业是否对偏差进行了定期的回顾和评价，尤其注意在回顾中，企业是否存在同样的原因或者类似的偏差重复出现的情况，重复多次出现同一类偏差说明偏差系统失效，未指定有效的预防措施。

存在典型缺陷：

① 检查员要求查看企业偏差台账，企业回复没有偏差发生；或者答复说有偏差，调查了没有记录。

② 检查员检查企业年度偏差台账，发现企业有多次的偏差原因都是归结为员工操作失误导致，制定的纠正预防措施都是对员工进行培训，都是设备标识相关的问题，比如设备标识不清晰、无设备标识等。

③ 偏差案例检查中，发现某片剂生产过程中，操作工发现片剂表面有黑点后，上报了车间，偏差处理报告称：经车间设备员调查，黑点的原因可能为设备漏油导致，并让维修工进行了设备维修，关闭了偏差。

④ 企业某偏差报告 AB2012001 显示，某批原料药生产过程中，中控检测结果表明：某中间体的水分偏高，偏差调查显示为操作工取样瓶可能不干燥所致，纠正预防措施对中间体重新进行了取样检测，水分合格，下游工序继续使用。

⑤ 检查成品库房的温湿度记录，发现在夏天某时段有偏离规定贮存条件（阴凉）的情况，企业只是在温湿度记录的备注栏中简单写了一下措施（比如：开启空调），但未上报质量管理部门，未按偏差管理标准进行记录，包括对产品质量的影响评估、预防措施等。

⑥ 在粉针分装线车间检查时，正在进行胶塞灭菌的湿热灭菌柜出现报警，岗位员工确定是由于蒸汽压力不稳定导致，员工立即消除了报警。第二天在索要该偏差具体处理情况时，车间未能出具，解释说当时便消除报警，且不会对灭菌效果造成影响。

（4）纠正和预防措施　企业应建立纠正和预防措施系统，对投诉、召回、偏差、自检或外部检查结果、工艺性能和质量监测趋势等进行调查并采取纠正和预防措施。调查的深度和形式应与风险的级别相适应。纠正和预防措施系统采用的方法应能改进产品和工艺，增进对产品和工艺的理解。

企业应建立实施纠正和预防措施的操作规程，内容包括：

① 对投诉、召回、偏差、自检或外部检查结果、工艺性能和质量监测趋势以及其他来源的质量数据进行分析，确定已有和潜在的质量问题。必要时，应采用适当的统计学方法。

② 调查与产品、工艺和质量保证系统有关的原因。

③ 确定所需采取的纠正和预防措施，防止问题的再次发生。

④ 评估纠正和预防措施的合理性、有效性和充分性。

⑤ 对实施纠正和预防措施过程中所有发生的变更应予以记录。

⑥ 确保相关信息已传递到质量受权人和预防问题再次发生的直接负责人。

⑦ 确保相关信息及其纠正和预防措施已通过高层管理人员的评审。

⑧ 实施纠正和预防措施应有文件记录，并由质量管理部门保存。

GMP 检查要点：

① 是否有书面的纠正和预防措施程序。

② 是否对发现或发生的缺陷、偏差的根本原因进行调查、风险评估，及时制定了纠正与预防措施，明确了各部门的或人员的责任、实施时限。

③ 所有的活动是否有记录和报告。

存在典型缺陷： 纠正与预防措施未及时执行和实施。

（5）供应商的审计与批准 药品生产原材料的质量直接影响药品的质量，因此质量管理部门应对所有生产用物料的供应商进行质量评估，会同有关部门对主要物料供应商（尤其是生产商）的质量体系进行现场质量审计，并对质量审计或评估不符合要求的供应商行使否决权。主要物料的确定应综合考虑企业所生产的药品质量风险、物料用量以及物料对药品质量的影响程度等因素。企业法定代表人、企业负责人及其他部门的人员不得干扰或妨碍质量管理部门对物料供应商独立作出质量评估。

① 应建立物料供应商审计和批准的操作规程，明确供应商的资质、选择的原则、质量评估方式、质量审计内容、评估标准、质量审计人员的组成及资质，确定现场质量审计周期以及物料供应商批准的程序。

② 质量管理部门应指定专人负责物料供应商质量审计和质量评估，分发经批准的合格供应商名单。被指定的人员应具有相关的法规和专业知识，具有足够的质量审计和评估的实践经验。

③ 现场质量审计应核实供应商资质证明文件和检验报告的真实性，核实是否具备检验条件。应对其人员机构、厂房设施和设备、物料管理、生产工艺流程和生产管理、质量控制实验室的设备、仪器、文件管理等进行检查，以全面评估其质量保证体系。现场质量审计应有报告。

④ 必要时，应对主要物料供应商提供的样品进行小批量试生产，并对试生产的药品进行稳定性考察。

⑤ 质量管理部门对物料供应商的评估应至少包括：供应商的资质证明文件、质量标准、检验报告、企业对物料样品的检验数据和报告。如进行现场质量审计和样品小批量试生产的，还应包括现场质量审计报告，以及小试产品的质量检验报告和稳定性考察报告。

⑥ 质量管理部门应向物料管理部门分发经批准的合格供应商名单，该名单内容至少包括物料名称、规格、质量标准、生产商名称和地址、经销商名称（如有）等，并及时更新。

⑦ 质量管理部门应定期对物料供应商进行评估或现场质量审计，回顾分析物料质量检验结果、质量投诉和不合格处理记录。如物料出现质量问题或生产条件、工艺、质量标准和检验方法等可能影响质量的关键因素发生重大改变时，还应尽快进行相关的现场质量审计。

⑧ 质量管理部门应与主要物料供应商签订质量协议，在协议中应明确双方所承担的质量责任。

⑨ 企业应对每家物料供应商建立质量档案，档案内容应包括供应商的资质证明文件、质量协议、质量标准、样品检验数据和报告、供应商的检验报告、现场质量审计报告、产品稳定性考察报告、定期的质量回顾分析报告等。

GMP 检查要点：

① 对物料供应商审计、评估时各部门职责分工与权力是否明确。

② 评估供应商及物料时的参数及范围设置是否合理。

③ 供应商质量评估结果是否由质量管理部门独立作出。

④ 是否建立了对供应商评估、审计、批准、变更的操作规程。

⑤ 是否规定了供应商的最低要求及资质。

⑥ 参加评估的部门及人员的资质是否能够满足要求。

⑦ 是否规定了对供应商的定期审计、定期回顾并执行。

⑧ 检查是否明确规定有专人负责。

⑨ 检查负责人员的相关资质、资历证明文件及履行管理职责的情况。

⑩ 检查合格供应商名单发放情况及相关内容。

⑪ 检查是否制订了现场审计计划；关键环节是否进行了审计。

⑫ 是否记录了必要的支持审计结果的设施设备、人员情况、仪器、参数、文件等信息。

⑬ 现场审计结果是否及时报告并提交有关部门和人员。

⑭ 检查供应商是否相对固定；变更主要物料的供应商是否进行了重新评估。

⑮ 检查对供应商生产状态的了解是否及时。

⑯ 检查评估报告中的内容及供应商信息是否全面。

⑰ 检查应当申报的供应商变更是否按照规定进行了申报，并经批准后实施。

⑱ 检查与供应商签订的协议中是否有明确的质量责任。

⑲ 检查是否建立了供应商质量档案；质量档案中的供应商信息是否全面。

存在典型缺陷：

① 评估某长期物料供应商时，质量管理部门在对供应商做出质量评估报告之前，企业负责供应和销售的负责人先签署了意见，不符合质量管理部门独立评估、审核的原则。

② 某一物料的无菌保证水平对企业的产品质量有较大影响，企业未对供应商生产现场的无菌保证条件进行审查。

③ 参加对供应商现场质量评估的人员专业能力不够。

④ 供应商可以提供某一物料的多种规格，且有不同的质量标准，但是物料供应处的合格供应商资料中，没有供应商提供物料的规格信息。

⑤ 现场审计记录不详细，没有记录必要的仪器、设备、人员等详细信息，仅仅是在格式化的记录表格中用"是""否"来表示。

⑥ 供应商生产状态发生了较大变化，未对其进行重新评估。

⑦ 供应商档案信息不全，库房验收记录显示曾有过物料验收外包装不符合要求的情况发生，但是在供应商档案中未见到相应的记录资料。

（6）产品质量回顾分析 质量管理部门应每年对所有生产的药品按品种进行产品质量回顾分析，以确认工艺稳定可靠，以及原辅料、成品现行质量标准的适用性，及时发现不良趋势，确定产品及工艺改进的方向。应考虑以往回顾分析的历史数据，回顾分析应有文件记录。应当对回顾分析的结果进行评估，并有是否需要采取纠正和预防措施或进行再验证的评估意见。应有文件和记录说明采取纠正和预防措施的理由。应及时、有效地完成经批准的整改计划。应有检查、回顾这类措施的管理规程，自检过程中，应检查管理规程的有效性。当有合理的科学依据时，可按产品的剂型分类进行质量回顾，如固体制剂、液体制剂和无菌制剂等。

企业至少应对下列各方面进行回顾分析：

① 产品所用原辅料的所有变更，尤其是来自新供应商的原辅料；

② 关键中间控制点及成品的检验结果；

③ 所有不符合质量标准的批次及其调查；

④ 所有重大偏差（包括不符合要求）及相关的调查、所采取的整改措施和预防措施的有效性；

⑤ 生产工艺或检验方法等的所有变更；

⑥ 已批准或备案的药品注册所有变更；

⑦ 稳定性考察的结果及任何不良趋势；

⑧ 所有因质量原因造成的退货、投诉、召回及其当时的调查；

⑨ 与产品工艺或设备相关的纠正措施的执行情况和效果；

⑩ 新获批准和有变更的药品，按照注册要求上市后应完成的工作情况；相关设备和设施，如空调净化系统、水系统、压缩空气等的确认状态；对委托生产或检验的技术合同的回顾分析，以确保内容更新。

GMP 检查要点：

① 检查是否制订了质量回顾分析计划及操作规程。

② 检查回顾分析内容（一般包括两部分：各种数据汇总及总结报告）是否全面；数据汇总、总结报告内容是否全面、结论是否明确。

③ 检查审核及批准是否按规程进行。

④ 检查回顾分析是否涵盖了企业的所有品种。

⑤ 检查所有回顾分析形成的文件是否存档保存。

存在典型缺陷：

① 数据汇总不全面。

② 质量回顾分析中发现不良趋势，报告中未能提出并建立明确的整改措施。

（7）投诉与召回 药品是特殊商品，事关人民群众安危。药品生产企业生产药品出现质量问题，遭遇患者投诉，质量管理部门要予以高度重视。

① 应根据操作规程，详细审核所有的投诉以及有关产品潜在质量缺陷的其他信息。

② 所有产品缺陷的投诉，都应详细记录投诉的各个细节，并彻底进行调查。

③ 应有专人及足够的辅助人员负责进行质量投诉的调查和处理，如投诉处理负责人不是质量受权人，则所有投诉、调查的信息应向质量受权人通报。

④ 应有操作规程，详细阐述因可能的产品缺陷发生投诉时应采取的措施，包括考虑是否有必要从市场召回药品。

⑤ 如果发现或怀疑某批药品存在缺陷，应考虑检查其他批次的药品，以查明其是否受到影响。

⑥ 因投诉作出的所有决定和采取的措施，均应有记录，并应注明所查相关批记录的信息。

⑦ 应定期检查投诉记录，以便及时发现需引起注意的问题，以及可能需要从市场召回药品的特殊问题或重复出现的问题。

⑧ 如企业出现生产失误、药品变质或其他重大质量问题，在考虑采取相应措施的同时，还应及时向当地药品监督管理部门报告。

如果已上市销售的药品存在安全隐患，药品生产企业都须按照规定程序召回。

① 应指定专人负责执行召回及协调相关工作，并应根据情况的紧急程度配备足够数量的人员参与这项工作。产品召回负责人一般应独立于销售和市场部门；如召回负责人不是质量受权人，则应向质量受权人通报所有产品召回处理情况。

② 为良好组织所有召回工作，应制定书面的召回处理操作规程，并定期检查，必要时进行修订。

③ 召回处理应能随时启动，并迅速实施。

④ 如因产品有不良事件或有缺陷或怀疑有缺陷而拟从市场召回时，应立即向当地药品监督管理部门报告。

⑤ 负责产品召回的人员应能迅速查阅到药品发运记录。

⑥ 已召回的产品应有标识，并单独贮存在安全的区域内，等待最终处理决定。

⑦ 召回的进展过程应有记录，并有最终报告，内容包括产品发运数和召回数之间的数量平衡。

⑧ 应定期对产品召回系统的有效性进行评估。

GMP 检查要点：

① 检查是否建立投诉、不良反应报告的管理规程，责任是否明确。

② 检查相关记录是否详细、及时；对所有投诉是否及时进行了调查、处理，是否向有关负责人（如质量受权人）进行了报告。

③ 检查是否根据质量投诉建立了相应的改进和预防措施并实施。

④ 检查收集到的不良反应报告是否按规定报告。

存在典型缺陷：

① 投诉记录不全，在库房有退货记录但是却没有投诉记录。

② 没有主动收集药品不良反应的程序记录。

（8）持续稳定性考察 持续稳定性考察的目的是在有效期内监控药品质量，并确定药品可以或预期可以在标示的贮存条件下，符合质量标准的各项要求。因此质量管理部门应进行适当的持续稳定性考察，监控已上市药品的稳定性，以发现市售包装药品与生产相关的任何稳定性问题（如杂质含量或溶出度特性的变化）。

持续稳定性考察主要针对市售包装药品，但也需兼顾待包装产品。例如，当待包装产品在完成包装前，或从生产厂运输到包装厂，还需要长期贮存时，应在相应的环境条件下，评估其对包装后产品稳定性的影响。此外，还应考虑对贮存时间较长的中间产品进行考察。持续稳定性考察应有考察方案，结果应有报告。用于持续稳定性考察的设备（尤其是稳定性试验设备或设施）应按照要求进行确认和维护。

考察方案应涵盖药品有效期，应至少包括以下内容：

① 每种规格、每种生产批量药品的考察批次；

② 相关的物理、化学、微生物和生物学检验方法，可考虑采用稳定性考察专属的检验方法；

③ 检验方法依据；

④ 合格标准；

⑤ 容器密封系统的描述；

⑥ 试验间隔时间（测试时间点）；

⑦ 贮存条件（应采用与药品标示贮存条件相对应的《中华人民共和国药典》长期稳定性试验的标准条件）；

⑧ 检验项目，如检验项目少于成品质量标准所包含的项目，应说明理由。

考察批次数和检验频率应能获得足够的数据，以供趋势分析。通常情况下，每种规格、每种内包装形式的药品，至少每年应考察一个批次，除非当年没有生产。某些情况下，持续稳定性考察中应额外增加批次，如重大变更或生产和包装有重大偏差的药品应列入稳定性考察。此外，任何采用非常规工艺重新加工、返工或有回收操作的批次，也应考虑列入考察，除非已经过验证和稳定性考察。

关键人员，尤其是质量受权人，应了解持续稳定性考察的结果。当持续稳定性考察不在待包装产品和成品的生产企业进行时，则相关各方之间应有书面协议。生产企业应保存持续稳定性考察的结果以供药品监督管理部门审查。应对不符合质量标准的结果或重要的异常趋势进行调查。任何已确认的不符合质量标准的结果或重大不良趋势，都应向当地药品监督管理部门报告；企业还应考虑是否可能对已上市药品造成影响，必要时应实施召回。应根据所获得的全部数据资料，包括考察的阶段性结论，撰写总结报告并保存。应定期审核总结报告。

GMP 检查要点：

① 主要检查和现场考核企业有关人员对持续稳定性考察意义是否理解。

② 是否对成品按操作规程进行了考察。

③ 是否根据生产工艺、包装、运输等情况，对中间产品及待包装产品进行了考察。

④ 不同品种是否制定有相应的稳定性考察方案和操作规程。

⑤ 考察结果及报告是否按照操作规程审查确认。

⑥ 考察用的样品存放设备、检验检测仪器、设备是否进行了验证或确认；性能指标是否能够满足要求。

⑦ 方案是否对各成品考察批次有明确的规定；是否都制定了考察方案。

⑧ 采用的检验方法是否明确、合理；检测项目是否合理（可参考《中国药典》中的有关要求设置检测项目）；是否制定了判断标准；制定的测试点是否合理。

⑨ 样品容器的选择、存放条件是否合理。

⑩ 不同规格、不同包装的样品的稳定性考察批次、检验频次数据是否充足。

⑪ 不同品种是否根据其本身的性质及有效期确定测定频次；需要注意的是对于规格的区分，如果仅仅是包装规格的不同，可以视为同一种规格。例如某一种玻璃瓶装的胶囊制剂，每一粒胶囊中的主成分含量、辅料组成及用量、制备工艺、内包装材料及玻璃瓶材质等完全一样，仅仅一种瓶装量为 50 粒，另一种瓶装量为 100 粒。此两种包装规格的制剂在持续稳定性考察试验中，可以视为一种规格。

⑫ 详细了解企业的重大变更情况以及是否发生过重大偏差，是否存在重新加工、返工、回收等情况，对上述"异常"情况下生产的产品是否进行过验证或稳定性实验。

⑬ 关键人员特别是质量管理负责人、受权人，是否了解并参与稳定性考察方案的制定；是否了解考察结果。

⑭ 如果企业委托其他部门进行稳定性考察实验，应当参照委托检验进行管理，承担部门的资质和能力应当进行评估，并签订书面协议。

⑮ 企业是否明确了重点观察和分析的关键参数和指标；关键参数的数据记录及结果判断是否科学；对结果、数据的判断、趋势分析是否准确；分析异常变化对产品质量及临床影响是否全面。

⑯ 稳定性考察数据是否进行了分析、汇总。

⑰ 是否根据考察数据，对考察的产品稳定性给予明确结论。

⑱ 总结报告是否按考察方案经过有关部门和人员审核批准。

存在典型缺陷：

① 某中间产品贮存期为 30 天，但企业未进行稳定性考察。

② 某产品的持续稳定性考察结果及数据未形成完整报告，也未经质量管理负责人审核。

③ 乳膏剂的持续稳定性考察方案中，检测项目未包括"分层现象"。

④ 某一稳定性不太好的药品，规定有效期为 8 个月，企业制定的持续稳定性考察的检测点除原始数据外，在 1 个月、3 个月、6 个月、12 个月时取样检测，检测频率设计不合理，数据不够充足。

⑤ 某一批产品的中间体，工艺规定要 60℃隧道烘 20min，然后控制水分含量。结果第一次烘干后水分没有达标，经检查是因为设备异常，温度未能达到要求，设备修复后又重新进行了一次烘干。企业仅是对该批中间体补充增加了一项有关物质检测，未对最后成品进行稳定性考察。

⑥ 企业委托第三方实验室对产品进行稳定性考察，但是只出具了考察报告，未能提供详细的实验方案、实验记录、资质证明。

⑦ 对关键参数的记录及判断不科学，没有记录指标的详细变化情况，无法对趋势进行分析。

⑧ 某产品稳定性考察需进行三年，每年数据都进行了年度回顾，但总结报告中未引用年度回顾中该批产品结论。

4. 质量管理活动

（1）质量管理活动的目的 质量管理活动的目的在于防止事故。质量管理活动中，要确立和贯彻预防为主的原则，要尽一切可能将伪劣药品消灭在制造完成以前，才能真正减少企业和社会的损失。要贯彻预防为主的原则，重要的是要有预防的措施，也就是要实行对生产过程的控制。预防的原则并不意味着不需要最终检验，而是要将过程控制与最终检查相结合。对未生产和正在生产的药品强调预防；对已经制造出来的药品则应强调最终检查。这二者是相辅相成的，二者相结合，才能有效地防止事故。

（2）贯穿于生产全过程的质量管理活动 质量管理活动必须贯穿于整个生产全过程，以得到符合规定质量的产品。药品的生产过程包括原辅料、包装材料的采购、接收、留验、评价，生产，包装，成品留验、评价和销售等，必须在上述的每一个环节都把好质量关，才能保证药品的质量。此外，除了基本生产过程外，还必须重视辅助生产过程的质量管理工作，如工程维修等的质量，它们都是影响药品质量的因素，药品质量不合格常常是由这些辅助部门的质量管理跟不上造成的。

整个生产过程中各个环节的配合和信息反馈是非常重要的。例如，药品生产过程中可以反映出研究开发过程中的质量问题，药品使用过程中又可以反映出研究和生产过程中的质量问题，及时地将这些信息反馈到有关部门，是执行 GMP 的重要方面，是不断提高药品质量、促进药品质量良性循环不可缺少的条件。

三、质量控制

企业质量管理部门的工作范围，概括起来有两方面，其一是质量保证，其二是质量控制。质量控制为质量保证提供信息，质量保证则为质量控制提供保证措施。质量保证要求企业在生产过程中，采用一切有效的措施，把影响药品质量的因素，消除在生产过程之中，以最大努力做到事前预防，而质量控制是事后把关。

质量控制就是按规定的方法检测原料、中间体或半成品及药品的质量特性，与规定的质量标准进行比较，从而对药品做出合格与不合格判定的过程。通过对检验结果的综合分析，可以提供质量信息，作为质量改进的依据。质量控制是质量管理的一个重要内容，又是保证出厂药品质量的主要手段，因此必须强化检验工作，使其充分地发挥监督药品的作用。

（一）质量控制的职能

质量控制的职能概括地说就是严格把关、反馈数据、预防、监督和保证出厂药品的质量，促进药品质量的提高。

（1）**检验（化验）职能**　对生产过程中使用的一切原料、辅料、包装材料、容器、半成品（中间体）以及成品按规定的方法进行检测，其结果与质量标准进行比较，做出合格与否的判定。

（2）**保证（把关）职能**　根据检验所提供的判定结果，严把"三关"，即不合格的原料、包装材料、容器等外购物不准投入生产使用；不合格的半成品（或中间体）不准流入下道工序；不合格的成品不准出厂。严把"三关"是检验工作最基本的、最重要的职能。

（3）**预防职能**　在生产过程中，通过检验取得大量的质量数据和信息，经过科学的分析，找出影响质量的因素，及时采取有效措施，使已出现的质量问题得到纠正，使质量隐患得到根除，从而达到质量控制和质量改进的目的，实现预防职能。

（4）**报告职能**　把检验所获得的数据、信息，认真进行分析与评价，向企业领导和有关部门发出报告，使领导和主管部门及时了解和掌握药品质量水平及生产过程出现的质量问题，为质量决策提供依据。

检验、保证、预防和报告，四者是密不可分的统一体。通过检验及检验报告的反馈，一方面可以保证不合格的原辅料、半成品、成品不流入下道工序，另一方面可以得到许多质量信息、数据、资料，及时向上级和有关部门报告，为稳定和提高药品质量提供依据，指出方向，这些都起到"事先预防"的功能。因此，重视质量检验，做好质检工作，充分发挥质量检验的四个职能，就显得十分重要。

（二）质量控制的机构和人员

质量是产品的生命线，药品质量的优劣直接关系到人们的身体健康和生命安危。因此药品生产企业必须坚持"质量第一""预防为主"的方针，保证药品质量，维护企业信誉，满足医疗和用药需要。无论是质量管理、质量保证，还是质量控制，都要求企业设立质量检验机构并配备一定数量的能胜任检验工作的质量检验人员，严格进行各种有效的质量检验活动。只有这样，才能控制生产过程中的质量情况，使一些质量问题消灭在萌芽之中。

药品生产企业应设置直属厂长领导，技术上受总工程师（或技术副厂长）指导（亦可设总质量师），业务上受地方药检所监督与指导的质量控制部门。

企业的质量控制部门——质检处（科）根据企业集体情况可设质量监督组、质量科研组、留样观察组和中心化验室等。

车间可设总质量监督员；仓库可设质量监督员；生产班组可设专职质量监督员，其业务受质检部门领导，以便开展全方位质量监督控制。中心化验室根据需要可设化学分析组、生物鉴定组、无菌实验组及药理实验组等。

质量监督检验人员是企业内部质量信息的提供者，对确保药品质量负有重要责任。因此质检人员的责任心、事业心和素质（技术水平）是很重要的，特别是对负责检验关键性质量特性的检验人员、成品检验人员，实行资格认证制度。

由于新技术、新方法的不断推出，质检人员必须不断学习新知识、新技术，从而不断提高业务水平。同时也要注意对质检人员加强质量意识、提高职业道德和责任心的培训教育。

（三）质量控制

1. 质量控制内容与分工

药品质量控制就其生产过程而言，可分为原辅料、包装材料、容器、半成品（中间体）以及成品的检验。包装材料、容器的物理项目检查，一般可由质检部门的专职质检员负责；原辅料、包装材料、容器的化学项目以及成品、副产品的质量检验，一般由企业质量控制实验室负责；半成品（中间体）的检验由车间化验室负责。小型企业不设车间化验室的，可由质量控制实验室设专人负责半成品（中间体）的检验工作。

2. 取样

取样是药品质量检验的首要程序，取样应满足以下要求。

（1）取样应遵循经批准的取样规程，取样方法应能使所取样品代表所取的那一批。取样规程应包括下列内容：经授权的取样人；取样方法；所用器具；样品量；分样的方法；存放样品容器的类型和状态；取样后剩余部分及样品的处置和标识；取样注意事项，包括为降低取样过程产生的各种风险所采取的预防措施，尤其是无菌或有害物料的取样以及防止取样过程中污染和交叉污染的注意事项；贮存条件；取样器具的清洁方法和贮存要求。

（2）每份样品均应带有标签，表明其含量、批号和取样日期。对样品已用完的容器亦应注意适当标志，以示区别。

（3）在取样方法中对取样环境的洁净要求、取样人员、取样容器、取样部位、顺序、取样量、样品混合方法、取样容器的清晰、保管、必要的留样时间以及对无菌或有毒物料在取样时的特殊要求等都应有明确的规定。

（4）取样数量，一般情况当总件数 $N \leqslant 3$ 时，每件抽；N 为 $4 \sim 300$ 时，抽样量为 $\sqrt{n}+1$；$N > 300$ 时抽样量为 $n/2+1$。

取样时须填写取样记录，写明取样日期、品种、代号、规格、癖好、编号、食粮、来源、包装、必要的取样说明和取样人签名等。

GMP 检查要点：

① 取样人员的培训及授权情况；不同物品的取样操作是否有各自的操作规程，规定的取样量、取样容器是否合理等；取样过程的记录、样品的存放及分发是否符合要求。

② 检查时关注取样规程中规定的取样方法是否能保证样品代表性与均一性，根据产品特点在质量关键点的控制是否进行取样。

③ 生产岗位人员代取样的，是否经过培训并授权。

存在典型缺陷：未根据不同剂型、不同包装制定相应的取样操作规程。

3. 检验

（1）检验操作规程 企业应确保药品按照注册批准的方法进行全项检验，企业应有物料和不同生产阶段产品的书面检验操作规程，阐述所用方法、仪器和设备。根据 GMP 要求，原辅料、半成品、成品、包装材料等均应制定检验操作规程。

原辅料、中间体（半成品）、成品、副产品及包装材料和容器的检验操作规程，是检验人员进行质量检验工作的依据。检验操作规程由各级化验室技术负责人根据质量标准组织编制，经质检部门负责人审核，总工程师（或厂技术负责人）批准，签章后由企业行文颁布执行。凡经批准的检验操作规程，任何人不得修改，确须修改时，必须履行与编制时的同样程序。其中药用原料、成品的检验方法变更，需报请药品监督管理部门批准。检验操作规程一般 $3 \sim 5$ 年复审、修订一次，审核、批准的程序也与编制时相同。

检验操作规程的内容主要包括：名称；原料药、化学结构式、分子式、分子量、制剂处方；批准文号；检验依据；性状概述；取样方法；质量标准（法定标准、行业标准、企业标准）；检验所用仪器设备、试剂；操作原理；化学反应方程式；操作方法；计算公式；允许误差及复验规定；注意事项等。

（2）**检验记录**　检验应有可追溯的记录并应复核，确保结果与记录一致。检验记录包括产品或物料的名称、剂型、规格、批号或供货批号，必要时注明供应商和生产商（如不同）的名称或来源；依据的质量标准和检验操作规程；检验所用的仪器或设备的型号和编号；检验所用的试液和培养基的配制批号、对照品或标准品的来源和批号；检验所用动物的相关信息；检验过程，包括对照品溶液的配制、各项具体的检验操作、必要的环境温湿度；检验结果，包括观察情况、计算和图谱或曲线图，以及依据的检验报告编号；检验日期；检验人员的签名和日期；检验、计算复核人员的签名和日期。检验记录一定要保持正确性、严密性、全面性和可靠性，即原始记录要统一规格、填写完整，字迹清晰、不得涂改（如需修改，要把原字用两条横线划去后，在旁边重写并签章）。记录要及时，不得事后写回忆或超前记录；原始记录一定要执行复核制度，要统一按批号保存至药品有效期或负责期后一年，记录本使用完毕交化验室负责人保管，以备必要时查阅。

（3）**检验报告单**　检验报告单要以检验原始记录为依据，是决定原料、包装材料和容器是否投入生产，半成品（中间体）是否流入下道工序，成品是否出厂的依据。因此填写检验报告单时，检验依据必须明确，检验结论必须清楚。要有化验人员签章，专业技术负责人复核签章，质量管理部门负责人审查、签章和质检部门签章。检验报告单须按批号保存至药品有效期或负责期后一年。

GMP 检查要点：
① 各种样品检验的标准及操作规程。
② 成品检验的项目是否完全涵盖注册批准的标准规定。
③ 应当进行验证的检验方法的验证情况。
④ 各检验项目的操作规程。
⑤ 检验记录的唯一性和原始、真实性。
⑥ 检验设施设备、仪器的性能、参数、灵敏度，试剂试药的质量检查。

存在典型缺陷：
① 某一批物料的进厂检验记录中，物料的基本信息（名称）与其实际名称不一致。
② 某产品鉴别试验中，标准规定为"加某种试剂数 ml"，企业的检验记录为格式化记录，没有记录实际操作中加入试剂的准确数量。
③ 某产品注册标准高于药典标准（比药典多 1 项鉴别），企业只按照药典进行了全项检验，没有按照注册标准进行全项检验。
④ 国家标准对某一片剂的标准进行了修订，增加了有关物质检查，企业直接采用了国家标准方法，未进行必要的方法验证，也未能提供国家标准修订时曾对该企业样品进行过验证的证明。

4. 留样
企业按规定保存的、用于药品质量追溯或调查的物料、产品样品为留样。

（1）成品的留样
① 每批药品均应有留样；如果一批药品分成数次进行包装，则每次包装应至少保留一件最小市售包装的成品。
② 留样的包装形式应与药品市售包装形式相同，原料药的留样如不采用市售包装形式

的,可采用模拟包装。

③ 每批药品的留样数量一般应至少能确保按照注册批准的质量标准完成二次全检(无菌检查和热原检查等除外)。

④ 如果不影响留样的包装完整性,保存期间内应至少每年对留样进行一次目检观察,如有异常,应进行彻底调查并采取相应的处理措施。

⑤ 留样观察应有记录。

⑥ 留样应按注册批准的贮存条件至少保存至药品有效期后一年。

⑦ 如企业终止药品生产或关闭的,应将留样转交受权单位保存,并告知当地药品监督管理部门,以便在必要时可随时取得留样。

（2）物料的留样

① 制剂生产用每批原辅料和与药品直接接触的包装材料均应有留样,与药品直接接触的包装材料(如输液瓶),如成品已有留样,可不必单独留样。

② 物料的留样量应至少满足鉴别要求。

③ 除稳定性较差的原辅料外,用于制剂生产的原辅料(不包括生产过程中使用的溶剂、气体或制药用水)和与药品直接接触的包装材料的留样应至少保存至产品放行后二年。如果物料的有效期较短,则留样时间可相应缩短。

④ 物料的留样应当按照规定的条件贮存,必要时还应适当包装密封。

GMP 检查要点:

① 留样操作规程是否建立;留样的目的是否明确。

② 留样是否有代表性（留样应能代表本批产品的整体、全面质量）。

③ 留样的保存条件是否与企业操作规程规定一致。

存在典型缺陷: 某一产品的贮存条件为常温保存,但是企业将该产品的留样在阴凉处保存,留样保存条件与规定不一致。

（四）实验室管理

1. 实验室设计与要求

按照 GMP 要求,实验室是药品检验的重要场所,应与生产区完全分开,并能满足下列要求。

（1）分析实验室应有足够的场所以满足各项实验的需要。每一类分析操作均应有单独的、适宜的区域。一般具有安静、洁净、明亮、通风的环境,并根据具体要求作到防震、防尘、防潮或恒温。此外,最好具有物理分隔的区域或场所:①送检样品的接收与贮存区;②试剂、标准品的接收与贮存区;③清洁洗涤区;④特殊作业区;⑤一般分析实验区;⑥数据处理、资料贮存区;⑦办公室;⑧人员用室,如更衣室和休息室。

（2）实验室周围应无明显污染源。

（3）实验室应备有与实验操作相适应的设施。一般来说,应有足够的照明、良好的通风,并视需要决定是否安装温、湿度监视装置。此外,应满足特定区域的特殊要求,如:①仪器室应有能避免干扰仪器正常功能的设施;②实验室的库存区应与所贮存物料的性质,如易燃、腐蚀、机密等相适应;③动物房应位于专门的低噪声区域,安装专门的空调系统。

（4）实验室应能提供良好的工作环境,并执行书面的清洁、保养、维修规程,以保持实验室的清洁、整齐。

（5）与一般厂房类似,实验室应设置事故照明和报警装置并考虑合理的避灾路线。应在方便的地方设置供事故用冲眼器和事故淋浴。

GMP 检查要点：

① 企业产品所需的实验室设备是否齐全，是否配备与生产品种相适应的配件及消耗品，检验人员及数量是否同生产要求相适应。

② 实验室布局是否合理，并有足够的操作空间。

③ 无菌检查实验室与微生物限度检查实验室是否分开，阳性菌室是否单独设立，是否有直排。

④ 实验动物及其实验室是否有国家规定的资质。

⑤ 仪器设备放置及使用环境是否符合测量项目的要求，是否能保证测定结果的准确性。

⑥ 委托检验是否符合规定。

存在典型缺陷：

① 某产品涉及药理毒理（动物实验）的检验项目，但是实验室未配备具有相应检验能力的人员。

② 放置分析天平的实验台无有效的防震措施。

2. 实验室人员管理

分析实验对人员素质要求较高，因此所有参与或负责做分析实验的人员，均应具备相应的资格，以胜任其工作。为了清楚地表明这类人员的能力，制药企业应保存每一位实验室人员的书面人事档案，内容包括：①姓名；②学历、学位；③培训情况，课程名称、地点和日期；④工作经历，包括工作地点、内容和时间；⑤发表的出版物和出版时间；⑥受到的奖励情况；⑦所任职务以及能胜任的分析项目。

人员的数量亦是一个重要因素。分析实验室应保持足够数量的人员以使得他们能在规定时间内完成分析实验，从而有利于保证数据的准确、可靠。

分析实验室的所有人员均应熟悉并遵循实验室安全规范。

GMP 检查要点：

① 检查所有从事检验人员的学历证明文件。

② 检查是否经过培训、考核并取得相应的药品检验资格上岗证。

③ 检查培训内容是否涵盖检验人员所从事的具体操作项目。

存在典型缺陷： 从事红外分光光度计实验操作的人员没有经过专业培训，也未进行相应的考试考核；从事澄明度检验人员培训记录中无针对澄明度检验的相关内容，如澄明度检测仪照度的调节、白点、纤毛、小块等判断等。

3. 实验室软件系统

分析实验室的软件系统分为管理性部分与技术性部分两类。

（1）管理性部分 管理性部分的目的在于使实验室处于良好的组织管理之中，一般可包括：①质量管理部门的组织机构；②实验室操作的通用规程；③有关法规，包括药品生产质量管理规范与药品分析实验室管理规范等；④安全规程；⑤仪器管理系统；⑥资料和资料存档系统；⑦培训大纲等内容。

（2）技术性部分 技术性部分包括：①质量规格；②分析方法；③分析记录；④分析报告或分析证书；⑤取样计划与指令；⑥标准品；⑦仪器验证报告和维修记录；⑧环境检测记录等。

软件系统的制定依据是法定法规或要求，如药品生产质量管理规范、药品分析实验室管理规范、药典、部颁标准、有关国家标准和国际标准等。但制药企业往往使用了比法定要求更好的仪器设施。一般来说，只要所得最终结果与法定方法结果有可比性，就可以接受采用更新仪器的事实。《中国药典》二部凡例第十三条对此作了说明。

所有的软件档案必须妥善地加以保管。作为基准的档案应当由一个接受过相应教育或培训、有经验、能胜任其工作的人负责管理，及时准确地予以更改、增加或删除。保存这些档案的储藏室应上锁，无关人员不允许进入。

4. 分析仪器及设备

（1）检验仪器的配置 企业必须具备能满足生产品种检验需要的常用检验仪器和设备。大中型企业应具有红外分光光度计、紫外分光光度计、气相色谱仪、高效液相色谱仪等精密分析仪器，以满足质量检验和质量科研的需要。制剂生产企业还需备有特殊需要的测试仪器，如溶出度测定仪、微粒测定仪等。

检验仪器的质量直接影响检验结果，因此所选用检验仪器的精密度（或灵敏度）和稳定性必须满足检验项目的要求。

（2）检验仪器使用管理 各种检验仪器必须按照药典、计量部门或出厂说明书的规定使用。所有仪器、设备应安装完好、经过验证，并定期校正，及时维修，以保证仪器始终处于理想的工作状态。一般在使用前必须经过调试和校正，符合要求后，方可投入使用。操作人员应严格按操作规程正确使用，用后登记并签字。各种检验仪器，应建立定期验证、维护、保养等管理制度。

所有检验仪器均应造册登记，精密仪器还应建立档案，内容包括：编号、品名、规格、型号、生产厂、购进日期、零部件清单、使用说明书、使用范围、调试时间、启用时间、鉴定周期、鉴定情况记载、技术资料和合格证、历次维修时间记录等。

5. 试剂、试液、培养基、检定菌、标准品或对照品

试剂和培养基应从可靠的供应商处采购，必要时应对供应商进行评估。应有接收试剂、试液、培养基的记录，必要时，应在试剂、试液、培养基的容器上标注接收日期。应按照相关规定或使用说明配制、贮存和使用试剂、试液和培养基。特殊情况下，在接收或使用前，还应对试剂进行鉴别或其他检验。

试液和已配制的培养基应标注配制批号、配制日期和配制人员姓名，并有配制（包括灭菌）记录。不稳定的试剂、试液和培养基应标注有效期及特殊贮存条件。标准液、滴定液还应标注最后一次标化的日期和校正因子，并有标化记录。每次配制的培养基均应进行无菌性和灵敏度检查，并有相关记录。应有培养基使用的记录。

应有检验所需的各种检定菌，并建立检定菌保存、传代、使用、销毁的操作规程和相应记录。检定菌应有适当的标识，内容至少包括菌种名称、编号、代次、传代日期、传代操作人。检定菌应按规定的条件贮存，贮存的方式和时间不应对检定菌的生长特性有不利影响。

标准品或对照品应按规定贮存和使用。标准品或对照品应有适当的标识，内容至少包括名称、批号、制备日期、有效期（如有）、首次开启日期、含量或效价、贮存条件。企业自制工作标准品或对照品的，应建立工作标准品或对照品的质量标准以及制备、鉴别、检验、批准和贮存的操作规程，每批工作标准品或对照品应用法定标准品或对照品进行标化，并确定有效期，还应通过定期标化证明工作标准品或对照品的效价或含量在有效期内保持稳定。标化应有相应的记录。

GMP 检查要点：

① 试剂试药的供应商是否相对固定。
② 主要、常用试剂试药是否制定有验收、查对、接收操作规程。
③ 试剂试药的贮存条件是否符合要求。
④ 每批培养基是否进行了适用性检查。

⑤ 标准液、滴定液的配制、标定、使用是否规范。

⑥ 试剂试液的使用期限（有效期）是否有相应的规定，并进行了必要的验证/确认。

⑦ 是否建立了检定菌的管理规程；检定菌株的来源是否可追溯，保存、传代、使用等是否按照规程进行并记录，工作菌代数是否符合要求（不得超过 5 代）。

存在典型缺陷：氢氧化钠滴定液（0.1mol/L）未规定使用期（或复标期）。

四、质量风险管理

质量风险管理（QRM）是通过掌握足够的知识、事实、数据后，前瞻性地推断未来可能会发生的事件，通过风险控制，避免危害发生。

GMP（2010 年修订）规定：

第十三条　质量风险管理是在整个产品生命周期中采用前瞻或回顾的方式，对质量风险进行评估、控制、沟通、审核的系统过程。

GMP 检查要点：

① 查看企业是否建立了质量风险管理程序，规定质量风险管理的原则、流程、内容、工具和编写风险评估报告等内容。

② 查看企业质量风险管理的应用领域，是否对本规范要求的厂房选址、厂房、设备、设施多产品共用的可行性，设施、设备的关键部件的控制，药品整个工艺流程进行风险管理；是否在供应商管理、变更控制、偏差调查处理、纠正与预防措施程序、产品年度质量回顾分析等运用风险管理手段进行风险评估。

③ 查看企业质量风险管理实例，了解其是否具有质量风险管理理念和掌握风险管理方法。

第十四条　应当根据科学知识及经验对质量风险进行评估，以保证产品质量。

GMP 检查要点：

① 查看企业质量风险管理程序是否明确规定应选择具有不同相关专业背景的人员参与质量风险评估。

② 查看质量风险管理实例，了解质量风险评估是由个别人完成的，还是由一个专业评估小组完成的。

存在典型缺陷：企业全部质量风险评估是由质量部门负责风险管理的人员独自撰写完成的。

质量风险管理方法的应用，针对不同的风险所用的方法和文件可以有所不同。对质量风险的评估应该基于科学性和保护患者的出发点，质量风险管理流程和文件的复杂程度应该与所对应的风险程度相一致。

GMP（2010 年修订）规定：

第十五条　质量风险管理过程所采用的方法、措施、形式及形成的文件应当与存在风险的级别相适应。

GMP 检查要点：

① 查看企业质量风险管理规程是否明确风险级别，采用的方法、措施、形式及形成的文件要求。

② 企业是否将风险管理理念运用到实际生产、质量管理过程，如供应商管理、变更控制、偏差调查处理、纠正与预防措施等。

③ 抽查质量风险管理实例，查看是否形成风险评估报告。

存在典型缺陷： 企业进行了包装工序质量风险评估，采取了包装生产前进行待包装产品确认的质量风险降低措施，降低了质量风险，但是未通过文件修订将风险降低措施固化在文件中。

质量风险管理工作通常由各领域成员组成的专项小组完成。必要时质量风险管理工作小组的成员还应包括其他适合领域的专家及风险管理的专业人士。

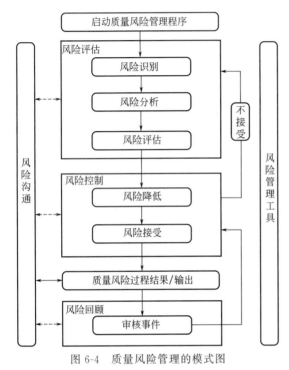

图 6-4　质量风险管理的模式图

质量风险管理的模式由三部分组成：风险评估、风险控制、风险审核，文件和沟通。图 6-4 是质量风险管理的模式图。

质量风险管理步骤的详细说明

1. 风险识别（risk identification）

确定事件并启动质量风险管理。风险管理是一个系统化的流程，以协调、改善与风险相关的科学决策。启动和规划一个质量风险管理可能包括下列步骤：

（1）确定风险评估的问题（define the risk question）/或风险提问，包括风险潜在性的有关假设。

（2）收集和组织信息（collect and organize information），评估相关的潜在危害源，或对人类健康影响的背景资料与信息。

（3）明确决策者如何使用信息、评估和结论。

（4）确立领导者和必要的资源。

（5）制定风险管理进程的日程和预期结果。

在此阶段清楚地确定风险的问题或事件对 QRM 的结果有很重要的影响。在此阶段还需收集背景信息并确定 QRM 项目小组人员及资源配置等。用于识别风险的信息可以包括历史数据，理论分析，成型的意见，以及影响决策的一些利害关系等。

2. 风险分析（risk analysis）

在进行风险分析时，将要评估风险发生和重现的可能性和危害的严重性。风险分析是对所确定的危害源有关的风险进行预估，针对不同的风险项目需选择应用不同的分析工具

（1）选择风险评估的工具（choose risk assessment tool）：包括流程图、图形分析、鱼骨图、检查列表等。

（2）确定风险的因素（determine risk facto）：如发生的可能性，危害的严重性，可测量性。

（3）界定风险因素的范围（define the scales for the risk factors）。

（4）界定风险的类型和/或确定风险的矩阵（define the risk terms and/or develop matrix）。

（5）确定采取的行动（determine the threshold for action）。

3. 风险评估（risk evaluation）

应用风险评估的工具（apply the tool）进行风险评价，风险评价可以确定风险的严重性，将已识别和分析的风险与预先确定的可接受标准比较。风险评价的结果可以是对风险的

定量评估，也可以是对风险的定性描述。风险评估可以应用定性和定量的过程确定风险的严重性。风险评估的结果可以表示为总体的风险值，例如：定量的表示为具体的数字，如 0 到 10（百分比 0 到百分比 100）；或定性的表示为风险的范围，如高、中、低。

4. 风险控制

风险控制包括制定降低和/或接受风险的决定。风险控制的目的是降低风险至可接受水平。包括风险降低和风险接受。

（1）风险降低（risk reduction） 确定风险降低的方法（define risk mitigating measures）。当风险超过可接受的水平时，风险降低将致力于减少或避免风险。包括采取行动来降低风险的严重性或风险发生的可能性；应用一些方法和程序提高鉴别风险的能力。需要注意的是，风险降低的一些方法可能对系统引入新的风险或显著提高其他已存在的风险，因此风险评估必须重复进行以确定和评估风险的可能的变化。

（2）风险接受（risk acceptance） 确定可接受的风险的最低限度。设计理想的 QRM 策略来降低风险至可接受的水平。即使是最好的质量管理措施，某些损害的风险也不会完全被消除。在这些情况下，可以认为已经采取了最佳的质量风险策略，质量风险已经降低至可接受水平。这个可接受水平由许多参数决定并应该具体情况分别对待。

5. 风险沟通（risk communication）

风险沟通就是决策制定者及其他人员间交换或分享风险及其管理信息。参与者可以在风险管理过程中的任何阶段进行交流。一个正式的风险沟通过程有时可发展为风险管理的一部分，这可包括许多部门间的通报，如：管理者与企业、企业与患者以及公司、企业或管理当局内部等等。所含信息可涉及质量风险是否存在及其本质、形式、可能性、严重性、可接受性、处理方法、检测能力或其他。这种交流不需在每个风险认可中进行，对于企业或管理当局间就质量风险管理决定进行通报时，可利用现有法规与指南所规定的已有途径。

运用了正式流程后，质量风险管理过程的所有结果都应记录。

6. 风险回顾（risk review）

风险管理过程的结果应结合新的知识与经验进行回顾。质量风险的过程一旦启动，应持续应用在任何可能影响初始质量风险管理决策的条件，风险管理应是动态的质量管理过程，应建立并实施对事件进行定期回顾的机制。审核的频率取决于风险水平。QRM 结果应根据新知识、新环境而更新，根据风险控制项目及水平在必要时进行回顾。

质量风险管理案例：应用质量风险管理方法确定仪器设备校验周期

1 风险识别

1.1 确定风险问题

根据仪器设备的情况，如何确定仪器设备的校验周期？

1.2 收集信息

需要收集以下信息：①历史校验记录；②当前的校验周期；③偏差报告等相关信息；④校验是否对放行的产品产生影响等。

2 风险分析

2.1 选择风险评估工具

本案例应用失败模式效果分析（FMEA），识别潜在的失败模式，对风险发生的频率、严重性和可检测性评分（见表 6-2～表 6-4）。

表 6-2　仪器设备校验失败的发生频率

项目	风险等级	低	中	高
	数字等级	1	2	3
历史	该设备(通过以往情况了解发生频率)	两年以上的历史记录,低校验超值率(MTBF>24 个月)	低于两年的历史记录,低校验超值率	无历史记录或无记录表明 MTBF<24 个月
	同样设备	3 台或 3 台以上同样的设备(MTBF>24 个月)	1 台或 2 台同样的设备(MTBF>24 个月)	无同样设备作为备份
	相似设备(在计划环境中是否有设计和功能相似的设备,可以提供预示性数据)	在相似环境中有多台相似设备(例如 10 台)(MTBF>24 个月)	在相似环境中有几台相似设备(MTBF>24 个月)	在相似环境中无相似设备
环境	温度和湿度(操作和存放条件)	温度和湿度稳定,在厂商建议范围内	温度和湿度不稳定。但在厂商建议范围内	温度和湿度无法获知,可能超出厂商建议范围
	输电线/电干扰	非电动设备	使用电池或对电、雷有良好的防护	设备所在环境的用电情况复杂,强电磁干扰等
	灰尘/污垢/化学品/	设备置于隔离或防护区域	设备至于柜中或被清洗区域,少量灰尘,无化学品	设备置于脏乱的区域,该区域频繁清洗或存有化学品
	振动	设备永久性安置在稳定的环境中	设备是便携的,经常搬动,或时有振动	设备受到强振动影响
	有形损坏	设备置于隔离或防护区域	设备所置区域有人流物流通过,对设备有潜在影响	设备所置区域总有人流物流通过,对设备有影响
使用范围	设备受输入的使用范围的影响	唯一的、固定的设置,在设定为设计功能的中间点运行	设备多项设置在设计功能的 80% 的范围内运行	设备多项设置在设计功能的全部范围内运行
年限	初次使用或已使用一段时间	设备的使用时间大于 3 个月,但未超过 5 年	设备的使用时间低于 3 个月,但已超过 5 年	设备的使用时间超过 10 年

注:MTBF 为两次失败之间的平均时间。

表 6-3　仪器设备校验失败的严重性

项目	风险等级	低	中	高
	数字等级	1	2	3
人员安全	设备危险程度与工厂安全	该设备不是环境系统的一部分	该设备是环境系统的一部分,但有多余的配置	该设备是安全系统的主要部分,并且没有多余的配置
环境	设备危险程度与操作环境	该设备不是环境系统的一部分	该设备是环境系统的一部分,但有多余的配置	该设备是安全系统的主要部分,并且没有多余的配置
GMP/产品	检验失败对产品质量的影响	无影响,不符合性能标准/期望值的失败校验对产品质量没有不利影响	有间接影响或是直接影响的间接部分,不符合性能标准/期望值的失败校验对产品质量有不良影响,但在工艺中保证了后续的 100% 的检验/确认	有直接影响且没有后续的检验/确认,不符合性能标准/期望值的失败校验对产品质量有不利影响

项目	风险等级	低	中	高
	数字等级	1	2	3
生产	校验失败对生产运行的影响	不符合性能标准/期望值的失败校验对生产的迅速或效率没有不利影响	不符合性能标准/期望值的失败校验对生产的迅速或效率有不利影响	不符合性能标准/期望值的失败校验将导致生产中断
成本	由校验失败带来的额外费用	校验失败没产生额外费用	校验失败产生少量额外费用	校验失败导致重大损失,甚至返工或拒收
能源	校验失败对能源消耗的影响	校验失败对能源效率和消耗无影响	校验失败引起能源消耗的增加,或效率降低	校验失败引起能源消耗的大幅度增加,或效率急剧降低

表 6-4　校验失败的可检测性

项目	风险等级	低	中	高
	数字等级	1	2	3
自动	关键产品特性/参数的自动确认	对关键产品特性/参数100%或持续的在线检查/分析(PAT)	对关键产品特性/参数进行定期的在线检查/分析	无关键产品特征/参数的在线检查/分析
手动	人工参与或审核产品质量的确认	对关键产品特性/参数100%或持续的在线检查/分析(PAT)	对关键产品特性/参数进行定期的在线检查/分析	无在线检查/分析

3 风险评估：识别、分析和评价潜在的风险

从发生频率、严重性和可检测性的角度出发确定仪器设备校验失败的影响：依据前述表6-2～表6-4的各项标准综合、分解各项与之相关的参数。见表6-5、表6-6。

表 6-5　质量风险评估案例

仪器设备	是否重要	相关系统	发生频率	严重性	可检测性	风险得分	建议的校验周期		备注
							原周期	建议周期	
温度传感器	是	WFI	2	2	2		6 个月		
压力计	是	反应器	3	2	3		12 个月		
湿度传感器	是	包装间	1	3	1		12 个月		
氧传感器	是	反应器	3	3	3		6 个月		
RPM 传感器	是	反应器	1	1	1		18 个月		

表 6-6　应用三分制的失败模式效果分析的等级标准和失败赋值

数字等级	发生频率(表6-2)	严重性(表6-3)	可检测性(表6-4)	最大风险分值
	仪器使用历史,环境,适用范围和年限	人员安全,环境,GMP/产品,生产,成本和能源	自动化操作,手动操作,操作人员确认	
1	低	低	低	1
2	中	中	中	8
3	高	高	高	27

分别将低、中、高风险赋值以数字1、2、3。每一项标准（发生频率、严重性、可检测性）就会有一个对应的数字作为风险得分。失败风险得分为各项标准得分的乘积。如：发生

频率×严重性×可检测性＝风险得分。

4 风险降低（见表 6-7）

表 6-7　风险得分与降低风险措施表

风险得分	风险描述	仪器设备校验周期的改变
1	可忽略的	36 个月
2	很低	24 个月
3～6	低	原周期的 2 倍（如 6 个月变为 12 个月）
8	中	原周期的 1.2～1.5 倍（如 3 个月变为 4 个月，12 个月变为 18 个月）
9～12	中/高	原周期不变
19	高	原周期的 0.5 倍（如 12 个月变为 6 个月）
27	很高	大大缩短周期（如 3 个月），考虑改造设备以降低风险得分

5 风险接受

仪器设备校验失败的发生频率、严重性和可检测性都分别评估完成并且达成一致，即可以定义风险可接受的标准。

使用失败模式效果分析（FMEA）标准认定风险的等级并完成风险综合评估。

表 6-8　质量风险评估案例最终的 FMEA 表

仪器设备	是否重要	相关系统	发生频率	严重性	可检测性	风险等级分	建议的校验周期	原周期	备注
温度传感器	Y	WFI	2	2	2	8(中)	6 个月	9 个月	发生频率中，严重性中，可检测性中。因此，延长周期为原周期的 1.5 倍
压力计	Y	反应器	3	2	3	18(高)	12 个月	6 个月	发生频率高或未知，严重性中，可检测性高。因此，缩短周期
湿度传感器	Y	包装间	1	3	1	3(低)	12 个月	24 个月	低发生频率，易测量，延长周期至 24 个月
氧传感器	Y	反应器	3	3	3	27(高)	6 个月	3 个月	历史记录糟糕，严重性高，可检测能力表明具有高风险。因此，大幅缩短周期，考虑改造可检测系统以降低风险
RPM 传感器	Y	反应器	1	1	1	1(低)	18 个月	36 个月	可忽略的风险

6 风险沟通和回顾

6.1 文件和批准

更新设备校验规程并获得批准。

6.2 沟通

完成相关人员的讨论及培训。

6.3 新周期的风险回顾

设备校验过程及使用过程中监控任何的偏差，如果出现偏差或增加设备校验的条件或要求需重新评估。

五、某企业质量管理制度一览表

质量管理（SMP-QM）

1. 物料采购、贮存监控管理规程 SMP-QM-001-00
2. 原辅料贮存期监控及复验管理规程 SMP-QM-002-00
3. 生产过程质量监控管理规程 SMP-QM-003-00
4. 洁净室空气洁净度监控管理规程 SMP-QM-004-00
5. 工艺用水监控管理规程 SMP-QM-005-01
6. 取样室管理规程 SMP-QM-006-00
7. 取样管理规程 SMP-QM-007-00
8. 留样管理规程 SMP-QM-008-00
9. 质量分析管理规程 SMP-QM-009-00
10. 质量事故管理规程 SMP-QM-010-00
11. 产品质量档案管理规程 SMP-QM-011-00
12. 用户访问管理规程 SMP-QM-012-00
13. 产品投诉与不良反应监测报告管理规程 SMP-QM-013-00
14. GMP 自检管理规程 SMP-QM-014-00
15. 供应商的选择与质量审计规程 SMP-QM-015-01
16. 检验工作管理规程 SMP-QM-016-00
17. 检验试剂管理规程 SMP-QM-017-00
18. 标准溶液、滴定液管理规程 SMP-QM-018-00
19. 检验用剧毒药品安全管理规程 SMP-QM-019-00
20. 检验室管理规程 SMP-QM-020-00
21. 检验用标准品、对照品管理规程 SMP-QM-021-00
22. 菌种管理规程 SMP-QM-022-00
23. 无菌室管理规程 SMP-QM-023-00

质量管理（SOP-QM）

1. 原辅料取样标准操作规程 SOP-QM-001-00
2. 外包装材料取样标准操作规程 SOP-QM-002-00
3. 纯化水、注射用水取样标准操作规程 SOP-QM-003-00
4. 半成品取样标准操作规程 SOP-QM-004-00
5. 物料审核放行规程 SOP-QM-005-00
6. 成品审核放行规程 SOP-QM-006-00
7. 检验结果复核工作规程 SOP-QM-007-00
8. 检品复验工作规程 SOP-QM-008-00
9. 产品稳定性试验规程 SOP-QM-009-00
10. 洁净区悬浮粒子测试操作规程 SOP-QM-010-00
11. 洁净区沉降菌测试操作规程 SOP-QM-011-00
12. 棉签擦拭取样标准操作规程 SOP-QM-012-00
13. 成品外观检测取样标准操作规程 SOP-QM-013-00
14. 内包材取样标准操作规程 SOP-QM-014-00

15. 饮用水检验操作规程 SOP-QM-101-00

16. 纯化水检验操作规程 SOP-QM-102-00

17. 注射用水检验操作规程 SOP-QM-103-00

18. 锅炉水质检验操作规程 SOP-QM-104-00

19. 甲硝唑检验操作规程 SOP-QM-105-00

20. 氧氟沙星检验操作规程 SOP-QM-106-00

21. 木糖醇检验操作规程 SOP-QM-107-00

22. 甘露醇检验操作规程 SOP-QM-108-00

23. 氯化钾检验操作规程 SOP-QM-109-00

24. 氯化钙检验操作规程 SOP-QM-110-00

25. 氯化钠检验操作规程 SOP-QM-111-00

26. 葡萄糖检验操作规程 SOP-QM-112-00

27. 无水葡萄糖检验操作规程 SOP-QM-113-00

28. 针用活性炭检验操作规程 SOP-QM-114-00

29. 聚丙烯输液瓶检验操作规程 SOP-QM-115-00

30. 多层共挤输液膜、袋检验标准操作规程 SOP-QM-116-00

31. 塑胶盖检验操作规程 SOP-QM-117-00

32. 接口检验操作规程 SOP-QM-118-00

33. 氯化钠注射液半成品检验操作规程 SOP-QM-201-01

34. 葡萄糖注射液半成品检验操作规程 SOP-QM-202-01

35. 葡萄糖氯化钠注射液半成品检验操作规程 SOP-QM-203-01

36. 甲硝唑注射液半成品检验操作规程 SOP-QM-204-01

37. 氧氟沙星注射液半成品检验操作规程 SOP-QM-205-01

38. 木糖醇注射液半成品检验操作规程 SOP-QM-206-01

39. 甘露醇注射液半成品检验操作规程 SOP-QM-207-01

40. 复方氯化钠注射液半成品检验操作规程 SOP-QM-208-01

41. 氯化钠注射液检验操作规程 SOP-QM-301-00

42. 葡萄糖注射液检验操作规程 SOP-QM-302-00

43. 葡萄糖氯化钠注射液检验操作规程 SOP-QM-303-00

44. 甲硝唑注射液检验操作规程 SOP-QM-304-00

45. 氧氟沙星注射液检验操作规程 SOP-QM-305-00

46. 木糖醇注射液检验操作规程 SOP-QM-306-00

47. 甘露醇注射液检验操作规程 SOP-QM-307-00

48. 复方氯化钠注射液检验操作规程 SOP-QM-308-00

49. 最低装量检查标准操作规程 SOP-QM-401-00

50. 重金属检查标准操作规程 SOP-QM-402-00

51. 铁盐检查标准操作规程 SOP-QM-403-00

52. 砷盐检查标准操作规程 SOP-QM-404-00

53. 氯化物检查标准操作规程 SOP-QM-405-00

54. 硫酸盐检查标准操作规程 SOP-QM-406-00

55. 铵盐检查标准操作规程 SOP-QM-407-00

56. 干燥失重检查标准操作规程 SOP-QM-408-00

57. 炽灼残渣检查标准操作规程 SOP-QM-409-00

58. 溶液颜色检查标准操作规程 SOP-QM-410-00

59. 澄清度检查标准操作规程 SOP-QM-411-00

60. 溶液中不溶性微粒检查标准操作规程 SOP-QM-412-00

61. 澄明度检查标准操作规程 SOP-QM-413-01

62. 无菌检查标准操作规程 SOP-QM-414-00

63. 细菌内毒素检查标准操作规程 SOP-QM-415-00

64. 微生物限度检查标准操作规程 SOP-QM-416-00

65. 一般鉴别试验标准操作规程 SOP-QM-417-00

66. pH 值测定标准操作规程 SOP-QM-418-00

67. 旋光度测定标准操作规程 SOP-QM-419-00

68. 紫外分光光度法标准操作规程 SOP-QM-420-00

69. 红外分光光度法标准操作规程 SOP-QM-421-00

70. 细菌内毒素检查法供试品干扰实验规程 SOP-QM-422-00

71. 鲎试剂灵敏度检验操作规程 SOP-QM-423-00

72. 培养基配制标准操作规程 SOP-QM-424-00

73. 试液、标准液、缓冲液配制标准操作规程 SOP-QM-425-00

74. 滴定液配制标定标准操作规程 SOP-QM-426-00

75. 0.1mol/L NaOH 滴定液配制标定操作规程 SOP-QM-427-00

76. 0.1mol/L $Na_2S_2O_3$ 滴定液配制标定操作规程 SOP-QM-428-00

77. 0.1mol/L 硝酸银滴定液配制标定操作规程 SOP-QM-429-00

78. 原子吸收分光光度法标准操作规程 SOP-QM-430-00

79. 高效液相色谱法标准操作规程 SOP-QM-431-00

六、某企业质量管理记录一览表

质量管理记录（SOR-QM）

1. 物料采购、贮存监控记录 SOR-QM-001-00

2. 大容量注射剂洁净区生产过程监控记录 SOR-QM-002-00

3. 大容量注射剂非洁净区生产过程监控记录 SOR-QM-003-00

4. 成品质量审核放行记录 SOR-QM-004-01

5. 洁净室悬浮粒子检测记录 SOR-QM-005-01

6. 洁净室沉降菌测试记录 SOR-QM-006-00

7. 洁净度检测报告单 SOR-QM-007-00

8. 水系统监控记录 SOR-QM-008-00

9. 取样证 SOR-QM-009-00

10. 物料取样台账 SOR-QM-010-00

11. 物料检验报告单 SOR-QM-011-00

12. 成品取样台账 SOR-QM-012-00

13. 工艺用水取样台账 SOR-QM-013-00

14. 产品留样台账 SOR-QM-014-00

15. 温、湿度记录表 SOR-QM-015-00

16. 产品稳定性考察记录 SOR-QM-016-00

17. 留样产品销毁申请单 SOR-QM-017-00

18. 留样产品销毁记录 SOR-QM-018-00

19. 质量分析记录 SOR-QM-019-00

20. 质量事故报告表 SOR-QM-020-00

21. 归档台账 SOR-QM-021-00

22. 档案销毁申请单 SOR-QM-022-00

23. 档案销毁记录 SOR-QM-023-00

24. 用户访问记录表 SOR-QM-024-00

25. 用户投诉登记表 SOR-QM-025-00

26. 药品不良反应报告表 SOR-QM-026-00

27. 药品不良反应登记表 SOR-QM-027-00

28. GMP 自检记录 SOR-QM-028-00

29. GMP 自查报告 SOR-QM-029-00

30. GMP 自检跟踪检查记录 SOR QM-030-00

31. 供应商资格审查表 SOR-QM-031-00

32. 供应商现场质量审计表 SOR-QM-033-00

33. 供应商定点审批表 SOR-QM-034-00

34. 不合格证 SOR-QM-035-00

35. 工艺用水检验报告单 SOR-QM-036-00

36. 成品检验报告单 SOR-QM-037-00

37. 退货产品放行单 SOR-QM-038-00

38. 取样通知单 SOR-QM-039-00

39. 留样取样单 SOR-QM-040-00

40. 产品加速性考察记录 SOR-QM-041-00

41. 压缩空气检测报告单 SOR-QM-042-00

42. 压缩空气检测记录 SOR-QM-043-00

43. 试剂购买申请单 SOR-QM-101-00

44. 化学试剂入库及发放记录 SOR-QM-102-00

45. 试剂配制记录 SOR-QM-103-00

46. 化学试剂标签 SOR-QM-104-00

47. 培养基灵敏度检查记录 SOR-QM-105-00

48. 培养基配制记录 SOR-QM-106-00

49. 标准溶液、滴定液配制标定记录 SOR-QM-107-00

50. 标准溶液标签 SOR-QM-108-00

51. 标准溶液发放记录 SOR-QM-109-00

52. 毒品入库及发放记录 SOR-QM-111-00

53. 剧毒试剂及试液销毁记录 SOR-QM-112-00

54. 毒品发放指令单 SOR-QM-113-00

55. 毒品使用记录 SOR-QM-114-00

56. 标准品、对照品购买计划单 SOR-QM-115-00

57. 标准品、对照品入库记录 SOR-QM-116-00

58. 标准品、对照品领用记录 SOR-QM-117-00

59. 菌种购买申请单 SOR-QM-118-00

60. 菌种保存管理记录 SOR-QM-119-00

61. 菌种检查记录 SOR-QM-120-00

62. 菌种传代标签 SOR-QM-121-00

63. 菌种发放记录 SOR-QM-122-00

64. 菌种灭活记录 SOR-QM-123-00

65. 无菌室菌落检测记录 SOR-QM-124-00

66. 鲎试剂灵敏度检查记录 SOR-QM-125-00

67. 供试品细菌内毒素干扰试验记录 SOR-QM-126-00

复习思考题

一、填空题

1. 质量体系的特点是：＿＿＿＿＿＿＿＿、＿＿＿＿＿＿＿、＿＿＿＿＿＿＿。

2. 质量管理的主要作用是：＿＿＿＿＿＿＿＿＿和＿＿＿＿＿＿＿＿＿。

3. 质量控制的职能有：＿＿＿＿＿＿＿＿＿、＿＿＿＿＿＿＿、＿＿＿＿＿＿＿、＿＿＿＿＿
＿＿＿＿＿。

二、选择题

1. 药品生产工艺规程属于（　　）文件。

A. 技术文件　　　　B. 管理文件　　　　C. 记录与凭证　　　　D. 质量手册

2. 当产品数量为 100 件时，取样数量为（　　　　）。

A. 1 件　　　　　B. 10 件　　　　C. 11 件　　　　D. 50 件

三、简答题

1. 什么是质量管理体系？质量管理体系的特点是什么？质量管理体系包括什么内容？

2. 质量管理部门的作用是什么？

3. 质量监督基础工作的内容包括什么？

4. 质量检验的职能有哪些？质量检验的内容有什么？取样时应注意什么？

5. 检验操作规程的内容有哪些？填写检验报告单要注意什么？

6. 实验室的设计要满足什么要求？实验室的软件系统分哪两大部分？每一部分包括什么
内容？

7. 实验室的分析仪器和设备、试剂和标准品要符合什么要求？

实训项目

实训目标：了解 GMP 对药品生产企业药品质量控制的管理要求。

实训内容：利用学生生产实习机会，学生分组参观药品生产企业车间检验室、中心检验
室。在企业质量控制人员带领下，取样、留样、质量检验、出具检验报告，填写检验记录。
撰写取样、留样、质量检验工作操作规程。

第四节　确认与验证

【学习目标】通过本节学习，掌握确认与验证的内涵及分类，了解确认与验证实施
的步骤和程序，通过案例熟悉确认与验证实施的一般步骤。

20 世纪 60 年代 GMP 的产生及其发展之中，并没有"确认与验证"的概念。直到 1976 年 6 月 1 日 FDA 的"大容量注射剂 GMP 规程（草案）"首次将验证以文件的形式载入了 GMP 的史册。验证的重要性之所以逐渐被人们所认识是由于 20 世纪 70 年代美国频频出现的败血症案例及民众的强烈呼声，使美国政府受到了强大压力，从而着手对美国的输液生产厂进行全面调查。调查的结果表明，导致输液被污染的原因是这些药厂"过程失控"，即生产过程和质量控制过程明显没有达到 GMP 的规定。美国 FDA 于是将过程验证的概念引入 GMP 规定之中，使美国制药业的质量得到了更有效的保障。随着美国 GMP 验证概念的加入，世界其他国家也很快在其 GMP 中加进了验证的概念，从而使验证成为制药过程中一个必不可少的部分。

中国 GMP 1988 年版和 1992 年版中，均有验证的概念，2010 年版将确认和验证单列一章，充分说明了国家药品监督管理部门对验证与药品质量的高度重视。

一、确认与验证的 GMP 规定

确认是证明厂房、设施、设备能正确运行并可达到预期结果的一系列活动，验证是证明任何操作过程（或方法）、生产工艺或系统能够达到预期结果的一系列活动。

中国 GMP（2010 年修订）对确认与验证的规定共 12 条，具体要求如下。

第一百三十八条　企业应当确定需要进行的确认或验证工作，以证明有关操作的关键要素能够得到有效控制。确认或验证的范围和程度应当经过风险评估来确定。

（1）工艺验证是否根据产品的质量特性确定了操作的关键要素、关键工艺参数和关键控制指标；对于设备确认是否按照质量风险评估的方式确定了设备关键部件及关键控制参数。

（2）同企业管理人员进行交流，其是否理解需要通过质量风险评估的方法确定确认或验证范围的要求，是否理解需要通过质量风险评估的方法确定操作的关键要素。企业一般可将影响产品质量的系统进行分类。通常将影响产品质量的系统分为三类，分别是直接影响系统、间接影响系统和无影响系统。检查员应基于产品的质量特性、法规要求、系统的功能评价企业对系统进行分级的合理性。企业仅需要对直接影响系统进行确认或者验证；对于间接影响系统通常仅需要按照工程管理的要求进行调试工作，一般不属于 GMP 现场检查的范围；对于无影响系统可视为与 GMP 检查没有关系。

第一百三十九条　企业的厂房、设施、设备和检验仪器应当经过确认，应当采用经过验证的生产工艺、操作规程和检验方法进行生产、操作和检验，并保持持续的验证状态。

通常来说，企业需要进行的确认或验证工作主要包括如下几个方面（检查时应结合其产品工艺特点确定具体范围）。

（1）公用设施的确认或验证。厂房、设施设备和检验仪器的确认、空气净化系统的验证、水制备系统（纯化水制备系统、注射用水制备系统、纯蒸汽制备系统）的验证、水循环及分配系统的验证、空气（氮气、真空等）制备及分配系统的验证等；只要企业使用了上述的系统，这些系统均应进行相应的确认、验证工作，检查员应逐一进行检查或者有重点地进行检查。

（2）主要设备的确认。通常包括主要生产及检验设备的安装、操作及性能确认。对于需要进行完整设计方可保证最终确认符合要求的系统或者设备，还应进行设计确认。检查时通常要求企业提供主要生产及检验设备的一览表，检查员从中选择对产品质量特性影响大的或者检查员认为风险高的设备进行整个确认过程的检查。如对于冻干工艺生产原料药，应检查冻干机等关键设备的确认情况；对于结晶工艺生产原料药，应检查结晶罐、过滤设备及干燥设备等关键设备的确认情况；对于口服固体制剂应检查制粒机、压片机、胶囊灌装机、包装线等关键设备的确认情况。

（3）清洁及灭菌工艺验证。对于任何产品的生产过程特别是存在多个品种的交替生产过程，进行清洁验证的检查是必须的。对于无菌药品生产工艺还应该检查设备及工器具的灭菌验证以及使用的蒸汽灭菌柜和干热灭菌柜的验证情况。

（4）生产工艺验证。工艺验证是必须要被检查的验证项目。对于采用无菌生产工艺生产的无菌药品除例行的工艺验证之外，还应该进行培养基模拟灌装的验证。

（5）分析方法确认/验证。如果企业选取的检验方法《中国药典》有收载且与药典规定完全一致，则不需要进行相应的验证工作，仅需要进行简单的确认。如果企业选择了一个新的检验方法或者与药典规定的方法不一致，应进行完整的验证或者验证其中的几个主要影响因素。具体的验证测试项目应根据具体情况确定。

（6）部分 SOP 程序的确认/验证，如更衣程序、物品的传递程序、包装和贴标等涉及产品质量特性实现的确认。此部分的内容是涉及最多且具有不确定性的环节，检查员应根据产品质量特性及工艺特点，确定其需要执行确认/验证的范围及项目。同时该部分验证也是企业容易忽略的，也是体现一个企业 GMP 水平高低的标志。

（7）各种变更性的再验证。此类问题的识别通常是检查员要求企业提供变更控制表进行识别，是否存在有需要验证而没有验证的情况。

（8）运输过程确认/验证。新版 GMP 对于药品的发运过程进行了规定，对于有特殊贮存温度条件要求的产品，企业除有运输协议或温度追踪外，如有必要，应进行运输过程确认/验证。

（9）对有温度和湿度控制要求的物品进行贮存时，应对仓库等进行温度及湿度分布验证。

第一百四十条　应当建立确认与验证的文件和记录，并能以文件和记录证明达到以下预定的目标：

（1）设计确认应当证明厂房、设施、设备的设计符合预定用途和本规范要求；

（2）安装确认应当证明厂房、设施、设备的建造和安装符合设计标准；

（3）运行确认应当证明厂房、设施、设备的运行符合设计标准；

（4）性能确认应当证明厂房、设施、设备在正常操作方法和工艺条件下能够持续符合标准；

（5）工艺验证应当证明一个生产工艺按照规定的工艺参数能够持续生产出符合预定用途和注册要求的产品。

① 验证方案

A. 是否制定确认与验证的方案和相关记录；

B. 方案是否依据预定用途制定；

C. 方案是否包括并明确叙述了应当确认或验证的关键步骤与操作；

D. 方案是否制定了科学合理的可接收标准；

E. 实施过程中的偏差与变更都进行了记录并有合理说明；

F. 确认或验证的方案是否能满足本条款要求的预定目标。

② 确认

A. 设计确认

a. 设计确认主要是对设备选型和订购设备的技术规格、技术参数和指标适用性的审查，由需求使用部门实施，通常需要由设备的设计单位进行协助。

b. 确认主要的工艺参数，物料衡算数据选取所需设备，检验仪器要根据检验精密度要求选取所需仪器。

c. 查找设备的说明书或参数介绍，考察设备是否适合生产工艺、检验精度、校准、维修保养、清洗方面的要求，是否符合 GMP 要求。

d. 根据设备参数和工艺要求设计安装图纸，根据检验精度要求确定检验仪器的精度要求。

e. 设计确认由设备使用部门的工艺技术人员、设备专业人员以及制造厂家技术人员合作完成。

f. 确认设备的变更而导致的其他相关的变更，包括其他设备、厂房设施等的需要。

B. 安装确认

a. 安装确认文件是否列出所有需要书面记录的可识别信息，包括：设备的名称、系统的描述、设备识别编号（硬件和软件）、地点、辅助设施的要求、连接和安装特点。安装确认应该核实设备与采购清单是否吻合，所有图纸、手册、备件、供货商信息和其他相关文件都要齐全。

b. 是否核对到厂生产设备或仪器、配件、配套设施、文件等齐全。

c. 该生产设备或仪器的各项参数是否符合设计要求，是否符合工艺流程和质量控制、检验精度要求。检查设备是否符合 GMP 的要求。

d. 安装阶段设备、管道、辅助设施和仪器是否按照设计图纸或厂家安装要求来进行安装和检查。

e. 安装确认是否包括该设备或系统的组成部分，辅助管道和量器的检定证明材料是否进行了核对。

f. 是否收集供货单位的技术资料、操作文件、记录。

安装确认的方案格式举例：

××××注射用水系统安装确认方案　系统编号：××××××

方案批准

职责	职位	姓名	签名	日期
起草人	＊＊＊＊技术人员			
审核	使用部门负责人			
	设备部门负责人			
	＊＊＊＊相关部门			
批准	质量管理部门负责人			

目录

1. 目的

本安装确认是为了确认××公司（应写明车间和安装地点或编号）注射用水贮存和分配系统的安装是否符合设计标准和用户工艺要求。规定了安装确认的内容、测试方法和测试表格。

2. 范围　本安装确认的范围包括了该区域的注射用水贮存和分配系统。

3. 职责

4. 参考文件清单

5. 系统描述

5.1 包括整个的描述

5.2 使用点清单

6. 文件管理规范

7.IQ 实施

7.1 先决条件

目的×××××，程序××××××，可接受标准××××，结果××××××。

7.2 人员的确认

（略）

7.3 文件确认

（略）

7.4 系统图和布局图的检查

7.5 组件检查

7.6 关键仪表的检查

7.7 材质和表面抛光的检查

7.8 组件结构检查

7.9 死角检查

7.10 焊接文件

7.11 排放能力检查

7.12 水压测试的检查

7.13 脱脂、清洗和钝化检查

7.14 公用设施的确认

7.15 控制系统硬件组成检查

7.16 控制系统软件配置检查

8. 偏差报告

所有不符合用户要求和 GMP 要求的偏差必须通过填写偏差报告进行正式的记录。记录所有的在执行中发生的偏差。

9. 附件清单

③ 运行确认

a. 运行确认是一项针对设备功能的确认，通常由设备使用及设备管理部门负责实施。设备或系统运行的重要变量（参数）将决定系统或子系统运行的主要特性。所有的待检测设备在使用前需要经过检定和校验。检测方法需要被批准和执行，检验仪器需适合于测试范围并经校验合格，检测数据应该被收集和评估。确定设备的运行是否确实符合设定的标准，单机试车与系统试车符合预期的技术要求，并做记录。

b. 运行确认方案应涵盖一个设备、设施系统的所有组成部件。确认的项目通常包括所有正常操作测试、所有报警点、所有开关和显示、互动控制以及其他操作功能。确认应依照操作、维护、检验方面的 SOP（或设备专门手册中的相关信息）实施。

运行确认中需要对所有操作进行说明并设置操作标准，还要包括系统运行前的准备事项、常规运行和正常运行指标。

c. 如果一个设备适用于多种产品的生产，该设备的运行确认参数设定应考虑各种产品的运行需要。

d. 运行确认通常应考虑设备或系统在最差条件下的运行情况。

运行确认的方案及报告格式举例：

××××注射用水系统性能确认方案

系统编号：××××××方案批准

职责	职位	姓名	签名	日期
起草人	＊＊＊＊技术人员			
审核	使用部门负责人			
	设备部门负责人			
	＊＊＊＊相关部门			
批准	质量管理部门负责人			

目录

1. 目的

本运行确认是为了确认××公司注射用水贮存和分配系统的运行是否符合设计标准和用户工艺要求。规定了运行确认的内容、测试方法和测试表格。

2. 范围　本运行确认的范围包括了该区域的注射用水贮存和分配系统。

3. 职责

4. 参考文件清单

5. 系统描述

5.1 系统的描述

5.2 使用点清单

6. 文件管理规范

7. OQ 实施

7.1 先决条件　目的×××××程序××××××可接受标准××××结果××××××

7.2 人员的确认

7.3 验证仪器校准的确认

7.4 人机界面的确认

7.5 运行功能确认

7.6 报警和联锁的确认

7.7 生产参数的确认

7.8 峰流量的确认

7.9 灭菌过程的确认

8. 偏差报告

所有不符合用户要求和GMP要求的偏差必须通过填写偏差报告进行正式地记录。记录所有的在执行中发生的偏差。

9. 附件清单

④ 性能确认

a. 证明厂房、设施、设备在正常操作方法和工艺条件下能够持续符合标准。

b. 本部分验证工作在安装和运行确认完成和批准之后进行。

c. 性能确认文件描述证明设备系统在日常运行条件下可以稳定地达到系统要求的程序。应包括初步程序介绍、需要进行的性能测试详情、每一测试的验收标准。

d. 性能确认文件还要求设备、设施系统涉及的辅助设备、设施也是已经过验证或调试验收的。

e. 性能确认的方案及报告格式举例

××××注射用水系统性能确认方案

系统编号：×××××××方案批准

职责	职位	姓名	签名	日期
起草人	＊＊＊＊技术人员			
审核	使用部门负责人			
	设备部门负责人			
	质量检验部门负责人			
	＊＊＊＊相关部门			
批准	质量管理部门负责人			

目录

1. 目的

该方案用于证明××公司××注射用水制备和分配系统能持续产出符合《中国药典》2010年版GMP相关规定和要求的注射用水。该确认包括所有用于该系统性能确认的相关SOP的准确性和确保所有关键设备都是经过校验的，并通过连续取样来监测注射用水的质量。

2. 范围

该性能确认方案仅适用于××公司××注射用水制备系统。

3. 职责

4. 参考文件清单

5. 系统描述

5.1 描述

5.2 使用点清单

6. 文件管理规范

7. PQ实施

7.1 先决条件

7.2 标准操作流程（SOP）和培训文件确认

7.3 仪器仪表校验

7.4 消毒确认

7.5 在线参数确认

7.6 注射用水质量确认

8. 偏差报告

所有不符合用户要求和GMP要求的偏差必须通过填写偏差报告进行正式地记录。记录所有的在执行中发生的偏差。

9. 附件清单

（略）

③ 工艺验证

a. 工艺验证应当在工艺规程、批记录、SOP、质量标准（包括中间检测标准）已批准，各设备（包括实验室设备）的确认完成并合格，无菌工艺模拟验证完成并合格（适用于无菌产品工艺验证前），分析方法验证（如需要）完成并合格的前提下进行。

b. 应具有已经批准的主生产处方、批生产记录以及相关的SOP。

c. 批生产记录的建立应基于处方和工艺规程，它应该带有专门、详细的生产指导和细则，须建立于验证方案起草之前，并在工艺过程验证开始前得到批准，批生产记录中需规定关键工艺参数并陈述其缘由，关键参数的限度必须在验证之前建立，并在整个验证中进行检测。

d. 设备确认（包括实验室设备），在生产工艺过程验证前，所有参与验证的设施、设备、系统（包括计算机化系统）都必须完成设备确认。设备确认完成的情况应包括在工艺验证方案中。

e. 可能影响工艺验证的支持性程序（如设备清洁、过滤、检查和灭菌）都须事先经过确认或验证。

工艺验证的方案格式举例。

×××胶囊工艺验证方案 方案（报告）批准

职责	职位	姓名	签名	日期
起草人	＊＊＊＊技术人员			
审核	使用部门负责人			
	设备部门负责人			
	质量检验部门负责人			
	＊＊＊＊相关部门			
批准	质量管理部门负责人			

目录

1. 目的

用于证明×××车间的人员、材料、设备、方法、环境条件以及其他有关公用设施的组合可以始终如一地生产出符合企业内控标准及国家法定标准的产品，工艺稳定可靠，符合GMP要求，工艺验证的过程和检查的结果将按照该验证方案进行记录。

2. 范围

本方案适用于×××车间××胶囊生产工艺的验证。

3. 职责

4. 参考文件清单

5. 缩略语

6. 文件管理规范

7. 方案说明

7.1 本方案旨在指明验证的目的、范围，并规定了该验证方案在实施过程中的各部门的职责。

7.2 本方案对××胶囊的工艺处方进行了简介，对处方内容进行描述，并且列出直观化的工艺流程图。

7.3 验证的程序、项目和内容中以系统工序为单位，对各工序中所涉及的工艺步骤、验证项目、取样方法、检验方法和接受标准进行了规定和描述。

7.4 按本方案实施的工艺验证，连续生产三批成功的产品以证明其可靠性和重现性。在各工序验证的基础上，对整个工艺验证进行了总结评价，评价结果记录到本方案。

7.5 为保证此方案中各数据真实、来源可靠，将每批生产记录及相关检验记录作为附件附在此方案之后。

8. 先决条件

9. 工艺概述

10. 验证计划

11. 验证过程

11.1 原辅料处理

11.2 称量配料

11.3 总混

11.4 胶囊灌装

11.5 包装

12. 工艺验证总结、分析与评价

13. 偏差报告

14. 再验证范围

（略）

④ 应注重于对确认/验证过程中出现的各种偏差的审核和检查，并评估这些偏差是否影响到了验证结论的成立。

⑤ 应注重于对确认/验证过程中所产生的各种记录的追踪性的检查，各类记录应形成一个证据链条以证实验证确实得到了执行。必要时，企业应提供视频、照片等影像资料作为记录。企业可以针对相应的确认/验证方案单独建立相应的记录，该记录的批准可以同验证方案一同进行。

第一百四十一条 采用新的生产处方或生产工艺前，应当验证其常规生产的适用性。生产工艺在使用规定的原辅料和设备条件下，应当能够始终生产出符合预定用途和注册要求的产品。

（1）采用新的生产处方或生产工艺前是否进行了评估，是否需要药品监督管理部门的批准，是否进行了相应的验证。

（2）所进行的验证条件和环境是否与实际的一致。

（3）是否将影响质量的关键因素列入验证方案。

（4）是否制定了科学适当的合格标准。

（5）所取得的验证结果是否能证明生产工艺稳定并纳入所编写的生产工艺规程中。

（6）检查时可以对照企业工艺规程、工艺验证方案、操作 SOP 及批生产记录对关键工艺参数的一致性进行核对。

（7）应根据工艺验证中确认的关键工艺参数确认其在相应的批生产记录中是否进行了记录。

第一百四十二条 当影响产品质量的主要因素，如原辅料、与药品直接接触的包装材料、生产设备、生产环境（或厂房）、生产工艺、检验方法等发生变更时，应当进行确认或验证。必要时，还应当经药品监督管理部门批准。

（1）对于所进行的改变是否启动变更控制程序，是否经相关部门审查评估。

（2）对上述变更的确认或验证结果是否进行了相关评估。

（3）所进行的变更是否在验证结束、变更控制关闭之后正式实施。

（4）对需要经过药品监管部门批准的变更是否在向药监部门提出申请并于批准后才实施。

第一百四十三条 清洁方法应当经过验证，证实其清洁的效果，以有效防止污染和交叉污染。清洁验证应当综合考虑设备使用情况、所使用的清洁剂和消毒剂、取样方法和位置以及相应的取样回收率、残留物的性质和限度、残留物检验方法的灵敏度等因素。

（1）检查代表性品种的选择情况。首先应该检查代表性品种选择的依据是否合理。特定产品选组的理由必须正确地记录在清洁验证方案中。每个设施可以按产品分组，如根据产品的化学性质、相同的清洗目的进行产品的分组，在同一组中通常选取最难清洗的产品/成分作为代表性品种。

（2）检查代表性设备的选择情况。可以根据以下因素将设备分类，如相同外形/相同物理结构、相同建造材料和表面光洁度、相同的清洁目的等。

（3）检查清洁程序中的关键清洁参数。

（4）关注清洁程序中使用的清洁剂情况。如使用了化学清洁剂，应考虑清洁剂的残留情况以及清洁剂的配方是否已知。

（5）关注清洁验证时企业进行的准备工作，包括但不限于需对生产设备、相关的在线清洗设备、离线清洗机和自动化系统、控制器进行确认，生产和实验室人员培训等。

（6）清洁验证方案应该包括：验证目的与范围；执行和批准验证的职责；参考文件和文献；参与清洁验证的产品；参与清洁验证的设备描述；连续验证次数；等待清洁时间和清洁存放时间；残留测定的分析方法指数量限度和检验限度；回收率研究数据，如适用；各生产设备的清洁程序；接受标准，包括指定界限的推理；取样程序，包括选取此取样方法的理论基础；取样点分布图；参与清洁验证的取样人员培训；偏差处理措施。

（7）清洁验证的执行是否考虑到：设备应在正常存储条件下保持生产或模拟污染后的状态；在满足最大"等待清洁时间"后，受训的生产人员应根据验证方案中的清洁程序进行清洁。清洁结束后，"等待清洁时间"样品（分析和微生物）应由受训取样员进行收集；在"清洗后存放时间"测试前，应对擦拭取样部位重新清洁；设备将在正常存放条件下贮存；到达指定的"等待清洁时间"后，由受训的取样员收集微生物样品进行检测；所有清洁样品须交由质量控制部门进行测试；清洁验证方案中应附有标明清洁程序、事项、时间、报警和参数的批记录/配方的复印件；清洁验证方案中应附所有质量控制部门的测试结果复印件。

（8）检查企业是否制定有关清洁验证的管理制度。

（9）检查企业的清洁操作规程是否与验证时的清洁方法一致，包括清洗剂、设备清洁/清洗顺序、清洁后零件的拆装顺序等要求。

（10）检查日常清洁后的检测是否与验证一致。

（11）确认清洁验证所采用的取样方案是否符合要求，其所制定的验证接受标准是否符合要求。

（12）确认其所选择的代表物质的合理性。代表物质的选择是否考虑了该物质的溶解性、毒性等因素。

（13）检查并确认设定的清洁验证残留限度值是否科学合理。

第一百四十四条　确认和验证不是一次性的行为。首次确认或验证后，应当根据产品质量回顾分析情况进行再确认或再验证。关键的生产工艺和操作规程应当定期进行再验证，确保其能够达到预期结果。

（1）验证分类：前验证、同步验证、回顾性验证和再验证。

① 前验证：如果没有充分的理由，任何工艺、过程、设备或物料必须进行前验证。

② 同步验证：生产中在某项工艺运行的同时进行的验证，即从工艺实际运行过程中获得数据作为验证文件的依据，以证明某项工艺达到预定要求的一系列活动（由于这种验证的风险较大，通常仅适用于生产工艺成熟的非无菌药品）。

③ 回顾性验证：当有充分的历史数据可以利用时，可以采用回顾性验证的方式以证实生产工艺条件的适用性。

④ 再验证分下述三个类型：

a.药品监管部门或法规要求的强制性的再验证。例如：无菌药品中定期的培养基灌装试验。

b. 变更性再验证。当影响产品质量的主要因素，如原辅料、与药品直接接触的包装材料、生产设备、生产环境（或厂房）、生产工艺、检验方法等发生变更时，应当进行确认或验证。例如原料、包装材料质量标准的改变或产品包装形式、工艺参数的改变或工艺路线的变更、设备的改变、生产处方的修改或批量数量级的改变等。

c. 定期再验证。由于有些关键设备和关键工艺对产品的质量和安全性起着决定性作用，如无菌药品生产过程中使用的灭菌设备、关键洁净区的洁净级别再确认等。因此，即使在没有变更的情况下也应定期进行再验证。

（2）验证周期

① 是否制定有药品生产再验证的管理规定，是否按照国家法规及企业文件规定的药品生产验证周期进行再验证。

② 建议的再验证周期（表 6-9）。

表 6-9　建议的再验证周期

再验证项目		验证周期	备注
关键的生产工序	灭菌工艺	一年一次	
	培养基模拟灌装	半年一次	
	设备/公用系统	定期进行(根据系统的关键程度)	如发生变更或异常情况,应对设备/公用系统实施再确认/验证
生产工艺		结合年度质量回顾及风险评估情况,必要时进行工艺再验证	对生产工艺产生疑问时,应进行工艺再验证
清洁程序	在线清洁(CIP)	结合年度质量回顾及风险评估情况,必要时进行清洁程序再验证	
	手工清洁	结合年度质量回顾及风险评估情况,必要时进行清洁程序再验证	
检验方法		定期	如发现系统误差或对某些数据产生怀疑时,应实施再验证

（3）无菌药品　应同时考虑"无菌药品"附录第 47 条、第 64 条的相关要求。

（4）原料药　应同时考虑"原料药"附录第 22 条相关要求。

（5）回顾性验证的批次应是验证阶段中有代表性的生产批次，包括不合格批次。为使回顾性验证具有一定的统计意义，应当有足够多的批数（通常不应少于 20 批），以证明工艺的稳定。必要时，可用留样检验获得的数据作为回顾性验证的补充。

第一百四十五条　企业应当制订验证总计划，以文件形式说明确认与验证工作的关键信息。

（1）企业的年度验证总计划：

① 是否对验证工作的目标、范围和要求进行了明确的规定；

② 是否制定有相关人员或部门的职责；

③ 关键的系统是否列入年度验证总计划；

④ 对变更产生的验证是否有明确的要求；

⑤ 原料药，应同时满足"原料药"附录第 23 条相关要求。

（2）验证总计划的主要内容：

① 项目概述；

② 范围；

③ 目的；

④ 参考文件；

⑤ 职责；

⑥ 系统描述；

⑦ 验证政策；

⑧ 确认和验证方法；

⑨ 验证时间进度计划；

⑩ 附录。

第一百四十六条　验证总计划或其他相关文件中应当作出规定，确保厂房、设施、设备、检验仪器、生产工艺、操作规程和检验方法等能够保持持续稳定。

第一百四十七条　应当根据确认或验证的对象制定确认或验证方案，并经审核、批准。确认或验证方案应当明确职责。

验证方案应包括但不限于：

① 目的和对象　概述所进行的验证目的和对象；

② 背景对待验证的系统进行描述确认，说明系统的关键功能和操作步骤；

③ 参加验证人员和部门的职责；

④ 验证进度计划；

⑤ 验证内容、试验项目、验证实施步骤；

⑥ 验证需达到的标准，可接受的参数范围，漏项和偏差；

⑦ 附录　相关的文件表格的格式、参考文献。

第一百四十八条　确认或验证应当按照预先确定和批准的方案实施，并有记录。确认或验证工作完成后，应当写出报告，并经审核、批准。确认或验证的结果和结论（包括评价和建议）应当有记录并存档。

检查要点：

① 确认或验证实施是否在方案签批后进行。

② 验证是否经过精心的设计，是否经过批准，确认或验证方案在实施前是否进行了培训，是否有培训记录，是否参与验证的人员全部参加了培训。

③ 确认或验证方案实施的过程是否与方案要求一致，记录是否真实正确。

④ 确认或验证完成后是否写出报告，对确认或验证的结果、结论进行评价和建议，并对确认或验证过程中产生的偏差进行分析和说明。

验证报告应包括但不限于以下内容：验证的目的和内容；系统描述相关的验证文件；人员和职责；验证合格的可接受标准；验证的实际实施情况；验证实施的结果；偏差汇总和调查，采取的预防纠正措施；验证的结论。

⑤ 确认或验证报告是否经过具有相应资格人士的审核和批准。

第一百四十九条　应当根据验证的结果确认工艺规程和操作规程。

中国 GMP（2010 年修订）以第七章篇整章幅阐述了验证的要求，其内容与 WHO 的 GMP 指南一致，但增加了验证不同阶段的工作内容、验证的组织及实施、文档管理等方面的条款。

按照对验证的原则要求，企业应按照以下几点运作：①必须制订验证总计划并按计划执行；②有完整的验证文件并经过批准是质量管理部门决定产品是否准予投放市场的先决条件；③必须根据有关法规及用户的要求建立验证合格的标准，标准应当量化，应以量化的标准来评估验证的结果；④验证方案应包括验证的目标、方法及合格标准，验证方案应经质量管理部门批准后方可实施；⑤系统、设备、计算机、工艺、公用工程及仪器仪表应根据批准的安装确认方案进行确认；⑥必须根据批准的运行确认方案对系统、设备、计算机、工艺、公用工程及仪器仪表进行运行确认，运行确认应当有运行时间的要求，运行确认的结果应由质量管理部门审核并批准；⑦必须根据批准的性能确认方案对系统、设备、计算机、工艺、公用工程及仪器仪表等各因素进行确认，性能确认应当在常规生产的环境条件（或等同的生产条件）下进行；⑧除特殊情况质量管理部门有权做例外处理外，产品验证的批号不得少于三个，所生产的产品必须符合验证方案中规定的合格标准，产品验证所用的系统、设备、计算机、工艺、公用工程及仪器仪表均必须有适当的验证文件；⑨定期进行预防性维修及校正/校验并有相应记录是进行验证的重要条件，厂房、设施及各种系统的竣工图应当准确并及时更新；⑩应规定验证文件的保存期限，除符合保存期的要求外，验证文档还应符合安全可靠及具有可追溯性的要求；⑪系统、设备、计算机、工艺、公用工程及仪器仪表等均须有批准的操作规程，人员须适当培训；⑫与产品相接触的系统、设备、计算机、工艺、公用工程及仪器仪表及与此相关的显示、控制或记录用的计算机，均应列入清洁验证方案进行验证；⑬原辅料、包装材料、半成品及成品的定量试验方法必须经过验证；⑭已验证系统需要做必要变更时，均需由负责再验证的有关人员仔细审核；与变更相关并具有可追溯性的变更审查及批准文件，均应归档；⑮关键系统、设备、计算机、工艺、公用工程及仪器仪表等均应定期监控、检查/校正或试验，以确保其处于已验证过的状态。

药品公共安全事件典型案例 6-3——"欣弗事件"

◇事件发生　2006 年 7 月 22 日，青海省食品药品监督管理局开始收到使用安徽华源克林霉素磷酸酯葡萄糖注射液（商品名"欣弗"）的不良反应报告。7 月 28 日，国家食品药品监督管理局 ADR 中心获知事件情况。

7 月 29 日，国家食品药品监督管理局 ADR 中心专家参加青海省专家的讨论会。专家一致认为：该严重不良反应事件与安徽华源克林霉素磷酸酯葡萄糖注射液存在较为明确的关联关系。随后数日，又陆续收到其他地区发生的类似事件。

8 月 4 日，国家食品药品监督管理局在全国采取紧急措施，全国范围内停用安徽华源克林霉素磷酸酯葡萄糖注射液（商品名"欣弗"）。

◇案例真相　8 月 15 日，国家食品药品监督管理局通报调查结果：安徽华源违反规定生产克林霉素磷酸酯葡萄糖注射液，未按批准的工艺参数灭菌，是导致这起不良事件的主要原因。

◇事件后果　截至 2006 年 8 月 19 日，"欣弗"已导致 11 人死亡，上百人病危。

◇案例教训

- 对灭菌的认识不正确。
- 产品研发未考虑灭菌工艺的可行性，工艺变更时未进行验证或再验证
- 忽视工艺的可行性，盲目跟风报批。
- 注射剂用原料药的杂质控制不严。
- 忽视产品的安全性。

二、验证实施的一般步骤

1. 建立验证机构

制药企业应指定专职机构或职能部门负责验证管理的日常工作。根据不同的验证对象，分别建立由各有关专业部门组成的验证小组，受企业验证总负责人，即主管验证工作的企业负责人领导。

验证专职管理机构的职责包括：①有关验证管理及操作规程的制定和修订；②变更计划的审核；③日常验证计划、验证方案的制定和监督实施；④日常验证活动的组织、协调；⑤参加企业新建和改建项目的验证以及新产品生产工艺的验证；⑥验证文件的管理等。

2. 提出验证项目

验证项目由各有关部门如生产、质量保证、质量控制、工程部门或验证办公室提出申请，经验证总负责人批准后立项。制药企业在验证前必须确定一个总的验证计划，这个验证计划包括验证的对象（验证项目）、验证的范围及验证时间进度表。

验证项目一般分为四大类：①厂房、设施及设备；②检验及计量；③生产过程；④产品。每一大类又可分为很多较细的验证项目。凡可能出现人为差错，造成污染和交叉污染的设施、设备、人员、物料等都要设定验证项目。

3. 制定验证方案

验证方案由专职机构验证办公室或验证委员会管理。验证方案的主要内容包括验证对象、验证的目标和范围、验证的要求与内容、所需的条件、质量标准和测试方法以及时间进度，并应附有所需的原始记录要求和表格，明确实验的批次数。

4. 验证的实施

验证的实施须由几个职能部门共同参与，经批准的验证方案，由验证委员会组织力量实施。实施过程可以按安装确认、运行确认、性能确认、工艺验证、产品验证等阶段进行，并做好各阶段的确认报告。

（1）预确认阶段 根据 GMP 的要求，针对本企业设定的目标，综合设计中所选用设备（或系统）的用户实际使用的反馈意见、咨询单位专家提供的数据资料，审查设计的合理性，看设计中所选用的设备（或系统）的性能及设定的技术参数是否符合 GMP 的要求，是否适合本企业产品、生产工艺、维修保养、清洗、消毒等方面的要求。

（2）安装确认阶段 安装确认是对供应商所提供技术资料的核查，设备、备品备件的检查验收，以及设备的安装检查，以确认其是否符合 GMP 要求、厂商的标准及企业特定技术要求的一系列活动。

安装确认的具体工作包括以下内容。

① 技术资料检查归档，即资料档案化工作。由有关人员检查审核供应商提供的图纸、设备清单、各类证书、说明书或手册，统一编号归档，并在图纸上签署姓名、日期和编号。检查是否有证书、证书是否准确。流量、压力、温度等关键仪器及其材质，压力容器、阀门在清洁、钝化、质量等方面是否有合格证；仔细检查校验证书的内容，如有效期、限度、结果、校正编号。技术说明书或手册包括图纸是对设备进行测试的依据，它们应对设备的特性及功能做详细说明，并能具体指导维护、操作、查找及排除故障等。在安装确认中如发现供货商提供的资料有差错或不完善，应及时向供货商索取。

② 备品备件的验收。由备件验收人按照供应商提供的备品备件清单检查实物，将清单编号存档，将实物验收入库。入库备件应按设备管理要求，做好台账。

③ 安装的检查验收。由专人根据工艺流程、安装图纸检查实际安装情况，发现不一致的地方应直接在图纸上作出醒目的红色标记，并签字注明日期，将偏差情况直接记录在偏差与漏项清单上。

要检查竣工图及管道标识是否完成。在安装确认中，缺竣工图或者竣工图不完全是最常见的偏差。这种偏差所造成的后果在分析故障或需要进行技术改造时，才能深切地感觉到。安装确认应注意避免出现这方面的偏差。

（3）运行确认 运行确认试验系指通过按草拟的标准操作规程（SOP）进行单机或系

统的运行试验，俗称试车。运行确认是证明设备或系统各项技术参数能否达到设定要求的一系列活动。在运行确认的过程中需考虑设备运行的各项参数是否稳定，各步作业功能与标准是否一致，仪表是否可靠，运行中安全性是否有保障等因素。运行确认应注意以下几点。

① 计量器具检定/校准。设备安装后检查流量、压力、温度、质量等关键仪表是否已经检定/校准，并有相应的标志。检定/校准时，应按检定规程或内部控制校准方法进行，结果应及时记录，签注姓名和日期。

② 功能测试。按照有关标准以及设备技术说明书所列标准检查设备的每一功能及安全性，如内部锁定、紧急制动键、热水管防烫、表面防滑、有碍健康的工作条件及噪声等，确保其符合标准。

③ 操作规程及培训。对主要设备应制定相应的操作、清洗、日常维修规程，这些规程一般由设备的使用部门负责起草，并由质量管理部门批准。设备操作及设备维修人员均接受适当的培训，人员的培训应予以考虑，培训的内容、学员、教师及培训考核结果均应记录归档。

（4）性能确认　性能确认是为了证明设备、系统是否达到设计标准和 GMP 有关要求而进行的系统性检查和试验，同时也是模拟生产及产品验证，即在特殊监控条件下的试生产。

关于辅助系统，经过安装确认、运行确认后，进行性能确认就是辅助系统验证的终点，如工业蒸汽、冷冻站、压缩空气系统、净化空调系统，它们的性能确认即是系统试车，没有模拟生产可言。

生产设备，是指通过系统联动试车的方法，考察工艺设备运行的可靠性、主要运行参数的稳定性和运行结果重现性的一系列活动，其实际意义即指模拟生产。模拟生产时，应根据产品的特点设计工艺运行条件，所用原料多数情况下可用替代品代替，如用空白颗粒进行片剂模拟生产，或用水代替一般药液进行输液的模拟生产。当然特殊产品或技术含量高的产品需用原料直接模拟生产，以便为试生产打下基础。一般情况下模拟生产至少进行三次，对于简单、运行稳定的产品，可直接进行试生产。

性能确认中应注意：①流量、压力和温度等监测仪器必须按照国家技术监督部门规定的标准进行校验，并有校验证书；②制订详细的取样计划、试验方法及试验周期，并分发到有关部门或试验室；③草拟好有关的标准操作规程和批生产草案，按照草案的要求操作设备，观察、调试、取样并记录运行参数；④将验证数据和结果直接填入方案的空白记录部分，或作为其附件，避免转抄。人工记录和计算机打印的数据作为原始数据，数据资料必须注明日期，签名并具有可追溯性。

（5）工艺及产品验证　在验证中，工艺验证与设备及系统的确认实际上是一个不可分割的整体，许多工艺过程的验证已在工艺设备确认的同时完成了。在完成质量检验部门和计量部门的验证，以及厂房与设施、设备的验证后，对生产线所在的环境及装备的局部或整体功能、质量控制方法及工艺条件进行验证，以证实所设定的工艺路线和控制参数能确保产品的质量。

产品验证是在生产各工序工艺合格的基础上进行的全过程工艺的验证，以证明全过程的生产工艺所获得的产品符合预定的质量标准。产品验证应注意以下几点。

① 每一产品必须预先制定原辅料、包装材料、半成品的合格标准及其检验方法，并经过验证，产品的稳定性试验方法应经验证确能反映产品贮存期内质量。

② 有足够的连续批次（按企业所采取的统计学方法制定批次数）的生产和质量部门的数据。

③ 厂房、设施和设备等的安装、验证和使用、维护、保养记录。

④ 物料的采购、供应商记录以及其他来自用户的信息反馈记录等。

验证委员会负责收集、整理验证记录数据，之后起草阶段性和最终结论文件，上报验证总负责人审批。

5. 验证结果的临时性审批

因为验证的书面总结和审批常需较长的时间，所以在验证实验完成后，若结果正常，验证总负责人可以临时批准已验证的生产工艺及产品投入生产。产品验证中生产的试产品必须在最终验证报告批准后，方可报质量管理部门批准投放市场。

6. 验证报告及其审批

验证委员会分别按各自分工写出验证报告草案，由验证委员会汇总，并与验证总负责人分析研究后，完成正式验证报告及其缩写本。验证总负责人根据验证方案的内容，对验证报告加以核对和审查，然后批准并签署，同时也完成各成员会签。缩写本可供企业负责人及药品监督管理人员查阅。

验证报告书写格式与验证方案基本相同，只是内容略有差别。在验证报告中，不需要"验证方案审批表"，而且需要在第"5、6 和 7"项中将验证结果填写进去，在第"8"项中给出建议，如"对该灭菌工艺再验证的周期为一年"等。

7. 发放验证证书

验证报告审批通过后，由验证总负责人签署验证合格证书，说明该项验证工作完成。验证合格证书会同验证报告或缩写本可复制若干份，其中一份存档，其余分发有关部门。已验证的项目及相应的管理文件可交付正常使用。

8. 验证文件的管理

依据中国 GMP（2010 年修订）第一百四十八条规定，验证应按照预先确定和批准的方案实施；验证工作完成后，应写出验证报告，并经审核、批准。验证结果和结论（包括评价和建议）应有记录并存档。

验证全过程的记录、数据和分析内容均应以文件形式保存，文件包括以下内容。

（1）验证总计划。

（2）验证项目及日期。

（3）验证目的。

（4）验证方案及批准人。

（5）厂房与设施的验证报告。

（6）设备的验证报告。

（7）工艺验证报告。

每一生产工序的工艺验证报告包括：①该工序验证目的；②工艺过程和操作规程；③使用的设备；④质量标准，取样方法和检验操作规程；⑤该工序工艺验证报告，包括所用试验仪器校正记录、试验原始数据及整理分析、验证小结等。

（8）产品验证报告，验证各批的试验记录及数据。

（9）评价和建议，包括再验证的时间建议。

（10）验证证书。

验证报告的相应缩写本，也应纳入验证文件之中。

三、验证专题案例——隧道式干热灭菌器的验证

1. 系统概述

隧道式干热灭菌器的结构和工作原理见图 6-5。整个设备可安装在非洁净控制区，也可安装在 C 级区内。

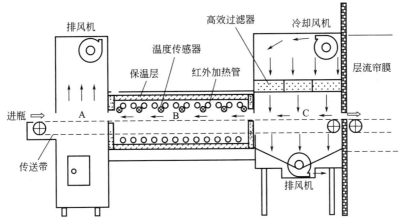

图 6-5 隧道式干热灭菌器工作原理示意图

隧道式干热灭菌器按其功能设置，分为彼此相对独立的三个组成部分：预热、灭菌及冷却段（图中 A、B、C 所示），它们分别用于已最终清洁瓶子的预热、干热灭菌、冷却。灭菌器的前端与洗瓶机相连，后端设在无菌作业区。干热灭菌器出口至灌装机之间的传送带均在 A 级层流保护下。

A 段设一抽风机，一则去除湿气，二则形成合理的气流方向。瓶子在预热过程中处在经高效过滤器过滤空气的洁净环境中，使已洁净的瓶子免遭再次污染。设备运行时，传送带将已清洁的瓶子从洗瓶机送入 A 段，在 A 段徐徐向 B 段移动，来自干热灭菌器 B 段的热空气预热瓶子，瓶子中残存的水蒸发成水蒸气，被排风机抽走。

B 区为干热灭菌区。如图 6-5 所示，此段设红外加热管并由温度传感器控制干热灭菌的温度范围。传送带将瓶子送入灭菌段后，在红外加热管的作用下，辐射热使小瓶迅速升温，由于 B 段设有保温层，以致小瓶在传送过程中瓶子内的温度可升至 340℃，并达到预期的干热灭菌及去热原物质（简称热原）效果。

C 段为冷却段。已干热灭菌及去热原物质的瓶子继续向洁净区传送，在经高效过滤器过滤空气的作用下，逐渐降温并被传送至洁净区内的传送带上。

本机还安装风速、压差监控仪表，用于运行状态的调试及监控。

2. 验证范围和标准

隧道式干热灭菌器的验证实际是指该设备在设定的运行条件下，能否达到预期的要求，因此，验证包括设备设计性能及生产中实际使用的干热灭菌程序。

本验证示例只讨论与隧道式干热灭菌器功能相关的项目，其范围如下：

① A、B、C 段及与洁净室间的气流平衡；

② B 段瓶子的热分布情况；

③ 灭菌及去热原效果。

验证合格标准：

① 隧道式干热灭菌器运行时，其所处环境的空气不得对 A、B、C 段造成正压，以致出现已清洁瓶子被再次污染的风险；

② B 段的热分布应达到设计的要求，如中心及两侧的温差不超过 5℃；

③ B 段达到灭菌安全，并使细菌内毒素至少下降 3 个对数单位的效果。

3. 验证方案要点

（1）安装确认

① 技术资料文件化。如设备操作说明书、设备维修手册、备品清单等检查、编号、登记、归档。

② 安装情况检查。C 段所安装高效过滤器均须进行检漏试验，按悬浮粒子测试方法（GB/T 16292—2010）检查，应符合要求。

（2）运行确认

① 应根据洁净区对非洁净区的压差，调节 C 段的送、排风量，同时调节 A 段的排风量，保证 A、B、C 段均不出现污染空气从房间倒灌入隧道式干热灭菌器的风险。由于 C 段的主要作用是冷却，并提供层流空气，应注意洁净区对 C 段的压差基本平衡。当洁净室对 C 段压差较大时，虽然进入 C 段的空气来自传送带的层流罩内，但冷风会给 B 段的升温带来负面影响；反之，热空气进入洁净区，对洁净区也有负面影响。

② 在正常运行时，B 段的气流如图 6-5 所示，风量不宜过大，以便保持设定的干热灭菌温度，并使 A 段始终保持一定的预热温度。

③ 当隧道式干热灭菌器处于非运行状态时，隧道式干热灭菌器只是一个洁净空气的通道。

④ 运行确认原始数据可作为验证报告的附件。

（3）性能确认

① 热分布均一性。使用常规生产用的瓶子，如 7ml 规格的西林瓶，将热电偶固定在每只瓶子的外侧，热电偶测温点的高度最好在瓶子中心的位置，以具有代表性。如正常运行是每列 8 个瓶子，则应用 7 根或 8 根热电偶。注意热电偶一般不宜安装在瓶内，因安装在瓶内时，瓶口需用聚四氯乙烯或其他材料将其固定，这种固定方式会干扰热穿透，使验证试验的状态偏离实际运行的状态，从而使采集到的温度数据失去代表性。

按干热灭菌的正常程序运行，各点温度用数据采集器记录。热分布均一性试验至少进行 3 次。

② 灭菌及去热原物质能力。在每列瓶中各加入 1000 单位的细菌内毒素，经干热灭菌后，检查瓶内细菌内毒素的残存量。计算干热灭菌是否达到了使细菌内毒素至少降低 3 个对数单位的要求。

由于干热灭菌的效果直接与洗瓶的速度有关，即与传送带的走速有关，试验应包括可能的干热灭菌程序，如 330℃ 80mm/min；340℃ 100mm/min。每一程序的试验瓶数通常不少于 3 列，试验的次数每一程序不应少于 3 次。

4. 验证结果

将验证结果记录在事先设计的表格上，操作人员及复核人员应签名并注明日期。

（1）A、B、C 段及与洁净室间的气流平衡符合要求。

（2）B 段瓶子的热分布情况，在干热灭菌过程中，各瓶温差不超过 ±5℃。

（3）灭菌及去热原物质效果符合要求。

5. 讨论

（1）由于该设备是非最终灭菌冻干粉注射剂生产中的关键设备，因此在投入正式使用前必须经前验证。与传统的质量把关概念不同，GMP 管理是通过过程的控制实现对产品质量保证的承诺，它以技术管理作为实现质量目标的重要手段，验证是一项技术性很强的工作。从本例的讨论中可以看出，对设备工作原理的了解是制定验证方案的基础，质量管理部门要是只局限于检验，它就无法履行自己的职责。他们应当将工作的中心转移到学习、研究并控制工艺过程上去。应当努力摆脱技术管理与质量管理分家的传统观念，赋予质量管理部门以技术管理的职责。

（2）以加热方式来分，隧道式干热灭菌器有两种类型，本例为连续辐射式干热灭菌器，另一种设备系连续层流式干热灭菌器。两者外形相似，加热方式不同，设备对气流平衡的要求不同。后者更便于保持瓶内的洁净度，但设备对自动控制的要求较高。这两种设备性能确认的要求基本相同。

（3）在本例中，干热灭菌用于去热原物质。由于去热原物质的条件比灭菌要求更为苛刻，达到了去热原物质的要求，也就自然解决了灭菌的问题。如企业根据自己的实际情况需要把干热灭菌的重点放在灭菌上，也可采用药典推荐的干热灭菌指示剂来验证，如采用《美国药典》中收载的160℃下 D 值（代表微生物的抗热性，在一定的温度条件下，将一含微生物的样品加热，当样品中微生物消灭90%时，所需的暴热时间）为1.9或121℃下为5.0的枯草芽孢杆菌来验证时，验证合格的标准应使污染菌的存活概率小于 10^{-12}。

（4）在干热灭菌中，常常使用标准干热灭菌时间 F_H 来描述干热灭菌程序的去热原物质效果。现举例说明。在170℃ 2h的程序中，如将170℃作为标准，标准干热灭菌时间即为120min。在去热原物质中，灭菌温度系数 Z（Z 值是使 D 值减少90%所需增高的温度）取54℃，当温度为340℃时，可通过公式计算相应的去热原物质时间。

$120 = 10^{(340\sim170)/54} T_{340}$

$\lg 120 = 3.148 \lg T_{340}$

$\lg T_{340} = (\lg 120) / 3.148$

$T_{340} = 4.5 \text{min}$

计算的结果表明，在340℃下灭菌4.5min即能达到170℃ 2h同样的去热原物质效果。

如采用微生物孢子作干热灭菌指示剂，把重点放在灭菌上，上述计算式中的灭菌温度系数 Z 取20℃，这是因为耐热孢子与热原物质在受热被杀灭或破坏时，其行为特性有明显差异，但采用对数规则进行计算的方法相同。

复习思考题

1. 中国GMP对验证的定义是_____。
2. 验证的定义中强调了_____和_____。
3. 验证的内涵包括哪些内容？
4. 根据对验证的原则要求，企业应如何去做？
5. 验证分几类？每一类验证适用于什么样的范围？
6. 前验证应明确哪些内容？再验证分为哪三种类型？

实训项目

电子天平验证

实训要求和目的
① 掌握验证的内容及过程；
② 掌握如何对验证结果进行分析与评价；
③ 学会起草验证方案，书写验证报告。

实训过程和内容
① 老师介绍电子天平验证的方案，学生写出验证方案；
② 对某一型号的电子天平进行安装、性能和运行验证；
③ 写出验证结果分析与评价；

④ 写出电子天平验证报告。

实训仪器设备

新购电子天平若干台（班级 3～4 人 1 组，每组 1 台）。

实训步骤

一、制定验证方案

验证方案包括验证项目名称、实施单位、实施时间及验证方案的制定、审核和批准。

×××电子天平验证方案

××××××制药有限公司

年　　月

方案制定

签名	部门	日期

方案审核

签名	部门	日期

方案批准

签名	部门	日期

二、验证操作

1. 概述（可根据实际情况进行调整）

（1）内容简介　该天平除了称量、去皮和校准外，在基本称量操作中还可激活计件、百分比称量、动态称量功能。

（2）使用条件　使用环境温湿度：温度 10～30℃，湿度 15％～80％。

（3）技术数据

① 最大称量范围。

② 重复性。

（4）验证目的及合格标准

① 最大允许误差测定：新品或修理后天平，分度值 0.1mg，最大允许误差为 0.5mg；分度值为 0.01mg，最大允许误差为 0.05mg。使用中的天平最大允许误差可以放宽 1 倍。

② 重复性误差测定：同一砝码多次衡量结果之间的差值，不得超过该砝码最大允许误差的绝对值。

③ 四角误差测定：砝码加在秤盘不同位置上，天平的示值均应保持在最大允许误差之内。即分度值为 0.1mg 者，四角误差应不大于 0.5mg；分度值为 0.01mg 者，四角误差应不大于 0.05mg。

2. 验证的人员及职责

　　　　　　　　下篇　GMP 实施

验证小组职务	姓　名	验证工作职责
验证负责人		
组长		
组员		

3. 安装确认
（1）包装确认

确认内容	可接受标准	确认结果
设备外包装	包装不破损,设备表面及仪器精度未受到破坏	
仪器外观	仪器应有完整的标志(名称、型号、出厂编号、制造厂和出厂日期等)。外观完好,附件齐全,连接可靠。各调节旋钮或按键应能正常工作	

验证人：　　　　　　　验证日期：

（2）设备确认

确认内容	可接受标准	确认结果
设备名称	电子天平	
设备型号	＊＊＊	
设备编号		
设备级别		
生产厂家		

验证人：　　　　　　　验证日期：

（3）安装过程确认

确认内容	可接受标准	确认结果
安装步骤	规范合理	
安装环境	气流稳定,无腐蚀性物质	
安装位置	稳定无振动,无阳光直射	

验证人：　　　　　　　验证日期：

（4）仪器有关文件

确认内容	是否齐全	存放地点	确认结果
采购订单		供应部	
仪器说明书		化验室	
合格证		化验室	
设备装箱清单		化验室	

验证人：　　　　　　　验证日期：

（5）验证结论　　将验证结果与可接受标准进行比较、分析,如果设备安装确认满足预先所设定的标准,符合要求,可以进行下一步设备运行确认。

结论：

验证人：　　　　　　　验证日期：

4.运行确认

（1）标准操作程序确认

程序名称	可接受标准	程序编号	确认结果
电子天平操作规程	已建立并批准,相关操作人员已被培训		

验证人：　　　　　　　　验证日期：

（2）操作确认

① 接通电源。

② 天平的校正。

项目	标准	确认结果
调节水平	水平泡调节置中央时	
天平预热	天平必须通电 60min 以获得稳定的工作温度	
校准	外部砝码校准	

验证人：　　　　　　　　验证日期：

③ 验证结论：如果所有验证结果均符合规定的要求，则进行下一步的性能验证。

验证人：　　　　　　　　验证日期：

5.性能确认（以下是以最大称量 100g 举例，具体可根据天平实际情况进行调整）

（1）最大允许误差　当天平空载时，不论是加载或卸载，在零与最大称量之间任一载荷，其最大允许误差不超过规定。天平在不自动回零的情况下，载荷从零开始，逐渐往上加，直到最大称量；再从最大称量往下减，直至零载荷。在此过程中，记下每次加（减）载天平的示值，与砝码的实际质量比较，得出各个载荷点的误差，其误差不得超过上述最大允许误差，测量点数在常规检查时不少于 5 点。

温度：　　　　　　　　湿度：

序号	名义值	实测值	误差
1	0.0000		
2	50.0000		
3	100.0000		
4	50.0000		
5	0.0000		

结论：

验证人：　　　　　　　　验证日期：

（2）重复性误差　将 50g 的砝码放在天平上重复称 10 次，看其重复性偏差。

测量次数	1	2	3	4	5	6	7	8	9	10	误差

结论：

验证人：　　　　　　　　验证日期：

（3）四角误差　将 50g 的砝码放在天平秤称盘的不同位置上（对于圆形秤盘，砝码应放在中心、前、后、左、右五个位置；对于方形秤盘，砝码应放在中心、左前角、左后角、右前角、右后角五个位置）。四角误差等于各点示值与中心点示值之差中的最大者。

测量位置	前	中	左	右	后	误差

结论：

验证人： 验证日期：

6.再验证周期

（1）一般情况下，每年验证一次。

（2）如其仪器维修后必须再验证。

（3）设备长期闲置，重新启用。

7.验证结果分析与评价

评价人： _____ 日期： _____

实训报告

学生根据实训内容和实训步骤写出实训报告，实训报告包括：

① 写出验证方案；

② 验证结束后，写出报告；

③ 对验证过程中存在的问题进行分析。

第五节 文件管理

【学习目标】本节介绍了质量管理文件和生产管理文件的内容，通过学习着重了解工艺规程、岗位操作法、SOP、批记录、批档案的内容及文件的制定、使用、修订变更的要求。

一、概述

文件是信息及其承载媒体。GMP 概念中的文件包括质量标准、工艺规程、操作规程、记录、报告等。文件（document）是 GMP 的重要组成部分。《中华人民共和国药品管理法》规定：药品生产企业必须按照国家药品监督管理部门制定的《药品生产质量管理规范》的要求，配备相应的设施和设备，制定和执行保证药品质量的规章制度、卫生要求。在这里，"制定和执行保证药品质量的规章制度、卫生要求"可以视为 GMP 的软件，而这个软件的核心是文件系统的制定和执行问题。它是法规的要求，是制药企业的安全措施。简单来讲文件也是一个产品，是每天每个管理人员和操作人员的产品，是我们每天工作的一部分。良好的文件系统是实施 GMP 的有效保障。企业必须建立质量标准、生产处方和工艺规程、标准操作规程以及各种记录。建立完善、有效和适宜的文件管理系统能够保证文件的权威性、系统性和一致性，能够避免信息由语言交流所可能引起的偏差，使管理和操作标准化、程序化，保证生产和质量控制全过程的记录具有可追溯性。

文件管理是制药企业质量管理体系的重要组成部分。制药企业将质量管理体系中采用的全部要求和规定编制成各项制度、标准或程序，以形成企业的文件系统，并保证企业有关员工对文件有一致的正确理解。文件管理的目的是保证制药企业生产经营活动的全过程能够规范化地运转，使企业在遵守国家有关法规的原则之下，一切活动有章可循、照章办事、有案可查、利于追踪，以达到有效管理的最终目标，生产出高质量产品。

（一）文件的类型

制药企业的文件依据 ISO9000 系列标准和 GMP 要求可分为以下几种类型。

① 阐明要求的文件。例如规范、标准、规定、制度等。

② 阐明推荐建议的文件。例如制药企业自己的 GMP 实施指南。

③ 规定企业质量管理体系的文件。例如质量手册。

④ 规定用于某一具体情况的质量管理体系和资源的文件。例如质量计划。

⑤ 阐明所取得的结果或提供所完成活动的证据的文件。例如记录、凭证、报告等。

在制药企业实施 GMP 过程中，如上所述，主要有阐明要求的文件，即标准，以及阐明结果或证据的文件，即记录、凭证和各种报告等。

（二）各类文件的关系

制药企业质量管理文件之间的相互关系可形象地用示意图表示，如图 6-6 所示。

制药企业可根据 GMP 的要求、各类文件的相互关系，结合本企业的实际，建立起本企业的文件系统。但是应循序渐进，吸取先进的技术和经验。

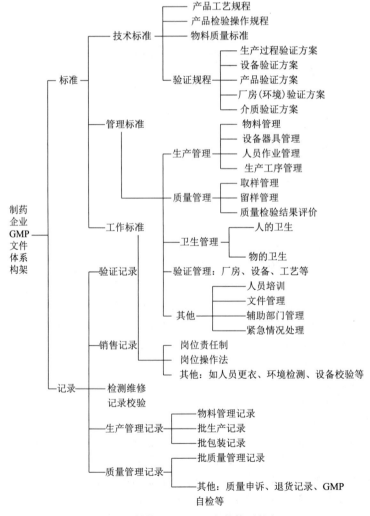

图 6-6　制药企业 GMP 文件体系构架

1. 标准文件

主要有技术标准、管理标准和工作标准三个方面。

① 技术标准。技术标准是指在药品生产技术活动中，由国家有关部门及企业颁布和制定的技术性规范、准则、规定、办法、规格标准、规程和程序等书面要求。例如产品工艺规程、产品检验操作规程、产品质量检验标准等。

② 管理标准。管理标准是指由国家有关部门所颁发的有关法规、制度或规定等文件，以及企业为了行使生产计划、指挥、控制等管理职能，使之标准化、规范化而制定的规章制度、规定、标准或办法等书面要求。例如生产管理中的物料管理、设备器具管理、人员作业管理、卫生管理、验证管理、培训管理、文件管理等。

③ 工作标准。工作标准是指企业内部对每一项独立的生产作业或管理活动所制定的规定、标准程序等书面要求，或以人或团队的工作为对象，对其工作范围、职责权限以及工作内容考核所规定的标准、程序等书面要求。例如各种岗位操作规程、标准操作规程（standard operating procedure，SOP）、标准管理规程（standard management procedure，SMP）等。

2. 记录类文件

这类文件主要是阐明结果或提供证据，包括：①各种记录，如验证记录、销售记录、检测维修记录、生产管理记录、质量管理记录等；②凭证，如表示物料、物件、设备和操作室状态的单、证、卡、牌以及各类证明文件等；③报告，如药品申请报告、各种工作总结报告、产品质量综合分析以及各类报告书等。

填写记录的要求：

① 记录应留有数据填写的足够空格。记录应及时填写，内容真实，字迹清晰、易读，不易擦掉。

② 应尽可能采用生产和检验设备自动打印的记录、图谱和曲线图等，并标明产品或样品的名称、批号和记录设备的信息，操作人应签注姓名和日期。

③ 记录应保持清洁，不得撕毁和任意涂改。记录填写的任何更改都应签注姓名和日期，并使原有信息仍清晰可辨，必要时，应说明更改的理由。记录如需重新誊写，则原有记录不得销毁，而应作为重新誊写记录的附件保存。

④ 与本规范有关的每项活动均应有记录，所有记录至少应保存至药品有效期后一年，确认和验证、稳定性考察的记录和报告等重要文件应长期保存，以保证产品生产、质量控制和质量保证等活动可以追溯。

每批药品应有批记录，包括批生产记录、批包装记录、批检验记录和药品放行审核记录等与本批产品有关的记录和文件。批记录应由质量管理部门负责管理。

⑤ 如使用电子数据处理系统、照相技术或其他可靠方式记录数据资料，应有所用系统的详细规程；记录的准确性应经过核对。如果使用电子数据处理系统，只有受权人员方可通过计算机输入或更改数据，更改和删除情况应有记录；应使用密码或其他方式来限制数据系统的登录；关键数据输入后，应由他人独立进行复核。用电子方法保存的批记录，应采用磁带、缩微胶卷、纸质副本或其他方法进行备份，以确保记录的安全，且数据资料在保存期内应便于查阅。

二、GMP 文件

（一）质量标准

物料和成品应有经过批准的现行质量标准；必要时，中间产品或待包装产品也应有质量标准。

原辅料、与药品直接接触的包装材料或印刷包装材料的质量标准一般应包括：

（1）对物料的描述，包括：

① 企业统一指定的物料名称和内部使用的物料代码；

② 质量标准的依据；

③ 经批准的供应商；

④ 印刷包装材料的实样或样稿。

（2）取样、检验方法或相关操作规程编号。

（3）定性和定量的限度要求。

（4）贮存条件和注意事项。

（5）有效期或复验期。

成品的质量标准应包括：

（1）产品名称以及产品代码；

（2）对应的产品处方编号（如有）；

（3）产品规格和包装规格；

（4）取样、检验方法或相关操作规程编号；

（5）定性和定量的限度要求；

（6）贮存条件和注意事项；

（7）有效期。

GMP 检查要点：

① 查看企业是否制定了质量标准的管理制度。

② 查看企业物料和产品的质量标准是否按受控文件管理，是否经批准并符合现行药典或注册标准的要求。

③ 查看企业是否制定关键中间产品或待包装产品的质量标准。

④ 查看企业是否有外购外销的中间产品和待包装产品，是否制定了相应的质量标准。

⑤ 如果中间产品的检验结果用于成品的质量评价，其质量标准是否与成品质量标准相对应。

⑥ 查看企业是否制定成品质量标准编写内容的规定。

⑦ 查看企业制定的成品质量标准内容是否涵盖了本条款的要求。

存在典型缺陷：

① 直接采用的国家药品标准，没有受控编号。

② 某企业生产葡萄糖用淀粉浆无质量标准。

③ 检查片剂生产线时，发现将待包装品的"片重差异"结果作为最终产品放行依据，但片重差异的检验方法与药典标准不一致。

（二）工艺规程

正式生产的产品都必须制定生产工艺规程、岗位技术安全操作法（简称岗位操作法）、岗位 SOP（标准操作规程）。岗位操作规则包括岗位操作法和岗位 SOP。有关生产工艺规程、岗位操作法和岗位 SOP 等文件的编制说明如下。

① 产品工艺规程由车间技术主任组织编写，企业质量管理部门组织专业审查，经总工程师（或企业生产和质量负责人）批准后颁布执行。工艺规程应有车间技术主任、质量管理部门负责人和总工程师（或企业生产和质量负责人）签字及批准执行日期。

② 岗位操作法由车间技术人员组织编写，经车间技术主任批准，报企业质量管理部门

备案后执行。岗位操作法应有车间技术人员、技术主任签字及批准执行日期。

③ 岗位 SOP 即岗位操作程序，可以把它看为组成岗位操作法的基础单元，同属于岗位操作规则。岗位 SOP 是对某项具体操作所做的书面知识情况说明并经批准的文件。其编写、审查、批准程序同岗位操作法。

④ 工艺规程的修订一般不超过 5 年，岗位操作法和岗位 SOP 的修订不超过 2 年。修订稿的编写、审查、批准程序与制定时相同。

⑤ 一般的工艺和设备改进项目，由有关部门提出书面报告。经试验在不影响产品质量的情况下，经厂生产技术部门批准，质量管理部门备案，同时出具修改通知书，指明修改日期、实施日期，审批人签章后发至有关部门施行并在工艺规程附页上记载。重大的工艺改革项目需组织鉴定。修改工艺规程、岗位操作法和岗位 SOP 时的编写、审查、批准程序与修订时相同。

⑥ 原料药的生产工艺规程可按每个产品分别编制（因为共性较少）。制剂的生产工艺规程除了可按品种编制外，也可按剂型编制有关工艺操作的通则，阐明生产过程中的共性规定，再按具体品种的技术要求，写成产品生产工艺规程或产品工艺卡片。

每种药品的每种生产批量均应有相应的经企业正式批准的工艺规程，每种药品的每种规格和每种包装类型均应有各自的包装操作要求。工艺规程的制定应以注册批准的工艺为依据。工艺规程不得任意更改。如需更改，应按相关的操作规程修订、审核、批准。

制剂的工艺规程的内容应包括：

1. 生产处方

（1）产品名称和产品代码；

（2）产品剂型、规格和批量；

（3）所用原辅料清单（包括生产过程中可能消失、不在成品中出现的物料），阐明每一物料的指定名称、唯一的代码和用量；如原辅料的用量需要折算时，还应说明计算方法。

2. 生产操作要求

（1）对生产场所和所用设备的说明（如操作间的位置和编号、洁净度级别、必要的温湿度要求、设备型号和编号等）；

（2）关键设备的准备所采用的方法（如清洗、组装、校准、灭菌等）或相应操作规程编号；

（3）详细的生产步骤说明（如物料的核对、预处理、加入物料的顺序、混合时间、温度等）；

（4）所有中间控制方法及评判标准；

（5）预期的最终产量限度，必要时，还应说明中间产品的产量限度，以及物料平衡的计算方法和限度；

（6）待包装产品的贮存要求，包括容器、标签及特殊贮存条件；

（7）需要说明的特别注意事项。

3. 包装操作要求

（1）以最终包装容器中产品的数量、重量或体积表示的包装规格；

（2）所需全部包装材料的完整清单，包括包装材料的名称、数量、规格、类型以及与质量标准有关的每一包装材料的代码；

（3）印刷包装材料的实样或复制品，并标明产品批号、有效期打印位置；

（4）需要说明的特别注意事项，包括对生产区和设备进行的检查，在包装操作开始前，确认包装生产线的清场已经完成等；

（5）包装操作步骤的说明，包括重要的辅助性操作条件和所用设备的注意事项、包装材料使用前的核对；

（6）中间控制的详细操作，包括取样方法及合格标准；

（7）待包装产品、印刷包装材料的物料平衡计算方法和限度。

下述活动应有相应的操作规程、所采取的措施或所得结果的相关记录：验证；设备的装配和校准；厂房和设备的维护、清洁和消毒；培训、着装及卫生等与人员相关的事宜；环境监测；虫害控制；变更控制；偏差处理；投诉；药品召回；退货。

操作规程的内容应当包括：题目、编号、版本号、颁发部门、生效日期、分发部门以及制定人、审核人、批准人的签名并注明日期，标题、正文及变更历史。

例一　原料药生产工艺规程

（1）产品名称及概述；

（2）原辅材料、包装材料及质量标准；

（3）化学反应过程（包括副反应）及生产流程图（工艺及设备流程，包括工艺所需的空气净化级别）；

（4）工艺过程（包括工艺过程中必需的 SOP 名称以及需验证的工艺过程及说明）；

（5）生产工艺和质量控制检查（包括中间体检查），中间体和成品质量标准；

（6）技术安全与防火（包括劳动保护），环境卫生；

（7）综合利用（包括副产品收回的处理）与"三废"治理（包括"三废"排放标准）；

（8）操作工时与生产周期；

（9）劳动组织与岗位定员；

（10）设备一览表及主要设备生产能力（设备包括仪表规格型号）；

（11）原材料、动力消耗定额和技术经济指标；

（12）物料平衡（包括原料利用率的计算）；

（13）附录（有关理化常数、曲线、图表、计算公式、换算表等）；

（14）附页（供修改时登记批准日期、文号和内容用）。

例二　制剂生产工艺规程

（1）产品名称、剂型、规格；

（2）处方和依据；

（3）生产工艺流程；

（4）操作过程及工艺条件；

（5）工艺卫生和环境卫生（包括对空气净化级别要求）；

（6）本产品工艺过程中所需的 SOP 名称及要求；

（7）原辅材料、中间产品和成品的质量标准和技术参数及贮存注意事项；

（8）中间产品的检查方法及控制；

（9）需要进行验证的关键工序及其工艺验证的具体要求；

（10）包装要求、标签、说明书（附样本）与产品贮存方法及有效期；

（11）原辅材料的消耗定额、技术经济指标、物料平衡以及各项指标的计算方法；

（12）设备一览表、主要设备生产能力；

（13）技术安全及劳动保护；

（14）劳动组织与岗位定员；

（15）附录（有关理化常数、曲线、图表、计算公式及换算表等）；

（16）附页（供修改时登记批准日期、文号和内容用）。

例三　中成药生产工艺规程

（1）产品概述；

（2）处方和依据；

（3）工艺流程图；

（4）原药材的整理炮制；

（5）制剂操作过程及工艺条件；

（6）原辅材料规格（等级）、质量标准和检查方法；

（7）半成品质量标准和检查方法；

（8）成品的质量标准；

（9）包装材料和包装的规格、质量标准；

（10）说明书、产品包装文字说明和标志；

（11）工艺卫生要求；

（12）设备一览表及主要设备生产能力；

（13）技术安全及劳动保护；

（14）劳动组织、岗位定员、工时定额与产品生产周期；

（15）原辅材料消耗定额；

（16）包装材料消耗定额；

（17）动力消耗定额；

（18）综合利用和环境保护。

GMP 检查要点：

① 查看企业产品工艺规程相关管理规定，各产品工艺规程是否有相关部门审核和批准，并有相关人员签字。

② 查看企业产品工艺规程的制定或修订是否符合规定，并经审核、批准后执行。

③ 查看工艺规程是否能满足企业产品生产要求，是否涵盖所有品种、规格。

④ 查看企业制定的工艺规程是否规定相应的批量，并包含了不同包装规格形式的要求。

⑤ 查看工艺规程是否与注册批准的工艺一致。

⑥ 查看工艺规程中的工艺参数、物料平衡的收率指标值等参数是否经验证确认。

⑦ 查看工艺规程的执行是否同规定一致，包装类型是否符合要求，是否在验证批量范围内生产。

⑧ 查看企业是否有工艺规程变更控制文件。

⑨ 查看工艺规程的修订是否符合文件变更的要求。

⑩ 企业制定的工艺规程是否与注册批准内容一致。

⑪ 查看企业的工艺规程是否涵盖了本条款所有内容。

存在典型缺陷：

① 企业工艺规程中未明确片剂不同包装形式的操作要求。例，某企业尼群地平片两个规格：12片/1板/盒、2×10片/板/盒，但工艺规程中只有对规格12片/1板/盒的包装操作要求。

② 企业生产设备变更后批生产量加大，没制定或修订相应的工艺规程，工艺没有进行再验证。

③ 某企业复方氨酚那敏颗粒总混岗位记录中，混合时间与工艺规程不一致。

④ 工艺规程中未明确相关操作设备的编号。

⑤ 复方丹参片（糖衣片）工艺规程中未对晾片操作工序环境的温湿度做出规定。

⑥有特殊贮存条件要求的产品，其工艺规程未对待包装产品的贮存条件、贮存时间做出规定。

⑦工艺规程中未附印刷包装材料的实样或复制品。

案例1

1.标准操作规程（SOP）格式

部门：	题目：			共　　页 第　　页
文件编码：	新订：	替代：		起草：
部门审阅：	QA审阅：	批准：		执行日期：
变更记录： 修订号：　　批准日期：　　执行日期：				变更原因及目的：

（1）目的

（2）范围

（3）责任

（4）程序

SOP续页。开始同SOP首页一样，应有一个表格式文头，即每页均需有关人员签名认可。这样做的好处在于除了第一页以外的改动均有可能查证，此外若修正哪一页，只是将该页审核生效就行了，不必改动全部页数，就是说一份多页的SOP，可能有不同的生效日期，不同的起草人，不同人的签名（人员变动），以免一本标准操作规程"牵一发而动全身"，使修订文件更为有效、及时、节约。

2.标准操作规程（SOP）目录（例选）

通用SOP：

（1）员工进出操作区程序；

（2）工作服、帽、鞋的周转及处理程序；

（3）工作鞋的清洁与更换的程序；

（4）不同洁净度要求区域的清洁程序；

（5）设备、设施的清洁消毒程序；

（6）废弃物的检查及处理程序；

（7）新来人员的培训程序；

（8）各类文件的产生、生效、保存程序；

（9）一般安全防护程序；

（10）GMP管理部门自查和组织检查程序。

质量保证部SOP：

（1）质量保证部工作程序；

（2）原辅料购进核准程序；

（3）包装物的检查和核准程序；

（4）生产过程控制及取样程序；

（5）工艺用水的取样规程；

（6）洁净区的监控程序；

（7）设备、设施、仪器的校验程序；

（8）生产指令（含工艺）的审核程序；

（9）用于分析的标准品及标准溶液的标化复查程序；

（10）顾客抱怨的处理程序；

（11）非质量原因退货的重新销售规程；

（12）无菌室的操作程序；

（13）留样观察及稳定性试验规程；

（14）标准液的配制程序；

（15）生物测定培养基的配制和使用程序；

（16）实验室安全操作规程。

案例 2

压片岗位操作规程

×××公司　起草人　张××　日期　×年×月×日

操作规程　标准操作程序　审核人　刘××　日期　×年×月×日

颁发部门　生产技术部　批准人　李××　日期　×年×月×日

文件编码　OS SOP820500　生效日期

文件标题　压片岗位操作规程　总页数　×页

分发部门　生产技术部、质量管理部、片剂车间、压片组、中间站。

压片岗位标准操作规程具体内容如下。

1. 目的

建立压片岗位标准操作规程，统一、规范压片岗位操作。

2. 范围

适用于本企业固体制剂车间压片岗位。

3. 职责

压片岗位操作人员及中间站操作人员对本文件实施负责，QA负责监控。

4. 内容

（1）生产前准备阶段

① 复核清场情况

a. 检查生产场地是否有上一批生产遗留的颗粒、片子、地脚粉等。

b. 检查压片室的门窗、天棚、墙壁、地面、灯罩是否干净，无浮尘，光洁、明亮。

c. 依次检查压片机身、机内、转盘、吸尘机等是否已清洁、干净，是否留粉尘或粉渍，是否有油渍等。

d. 检查记录台是否已清洁干净，无上一批生产记录及与批生产无关的文件等。

e. 检查门上的状态标志牌，是否为绿色的"清场合格证"，证上是否有检查人员签字，本班次生产日期是否在清洁有效期内。

② 接收"批生产指令"

a. 接收"批生产指令"、"压片批生产记录"（空白）、"中间产品标签"（空白）等文件。

b. 仔细阅读"批生产指令"，明了产品代号、名称、规格、批号、批量、冲模号，压片重及其上、下限要求，工艺要求、生产任务、注意事项等指令。

c. 在"批生产指令"上签名字及日期、时间。

d. 在"中间产品标签"上填写产品名称、规格、批号、批量、加工状态、压片机号。

③ 设备的准备

a. 到工具室领取本台压片机配件。

b.仔细检查加料斗、盖子、粉格、筛网、加料靴、加料勺、小药铲、磁铁、吸尘管道、捕尘装置等是否已清洗干净,有无粉渍,是否干燥;并将上述配件装上小推车。

c.到模具室领取生产指令所规定的压片模具。

d.核对所领模具是否与生产指令一致,并检查模具是否已清洗干净、无油渍残留,有无纤维,有无生锈、缺陷、裂纹、变形、碰伤痕迹问题。

e.将模具装上小推车运至压片室。

f.按××××(文件编码)《××冲压片机模具、配件安装标准操作规程》将模具、加料斗、盖子、粉格、磁铁、加料靴等安装在压片机上,在规定位置上滴加润滑油,用手转动试车手轮,使转盘旋转2转,观察并检查中冲及上、下冲模是否已装紧,上、下冲模进入冲模孔运行是否灵活、有无碰撞或硬擦现象;开动电动机,空车运转2～3min,观察压片机运行是否平衡正常。

g.按××××(文件编码)《捕尘系统安装标准操作规程》安装吸尘管道及捕尘料袋等,将捕尘口推至规定位置。

h.分别检查磅秤及药用天平是否处于计量检定的有效期,并校正零点。

④ 领颗粒及周转容器

a.把小推车推到颗粒中间站,领取生产指令规定之颗粒。

b.复核该批颗粒"中间产品检验报告书"及"中间产品传递证"上的产品名称、规格、批号、批量、加工状态(中间产品名称)及有无QA签字等;复秤颗粒重量,清点桶数。复秤颗粒时,要复核每桶颗粒标签上的产品名称、规格、批号与重量。最后分别在"中间站进出记录"及"中间产品传递证"的领料人项下签名字及日期、时间。

c.根据批产量的总数,在中间站领取洁净的周转桶及塑料袋;检查周转桶是否清洗干净,有无粉尘及任何遗留物,盖、桶配套;检查塑料袋是否为新袋,是否干净,有无破损。

d.将颗粒、周转桶、塑料袋置小推车上,推至压片室指定位置。

e.复核领入之颗粒并记录。

⑤ 卫生检查

a.检查压片室的进风口及回风口、观察有无异常;读出压差计值,检查是否符合规定,并记录。

b.读出压片室的温湿度,确定温度及相对湿度是否符合生产指令的要求并记录。

c.检查自己的着装情况,看是否已达到要求。

⑥ 如上述各项中任何一项达不到要求,则不能进入下一程序。

⑦ QA检查与发证

a.由班组申请QA进场检查生产前准备工作。

b.检查合格后领取QA签发的"准产证",并将其挂于压片室门上的状态牌上。

(2) 生产过程阶段

① 加料

a.开启吸尘机。

b.用加料勺把颗粒加至加料斗上,盖上盖子(加料时注意动作要轻,尽量避免产生粉尘,颗粒不要加得太满)。

c.在药片出口处放置不锈钢筛网,筛网架在套有塑料袋的周转桶上,在"待回收粉"的标签上填上产品名称、规格、批号、加工状态等内容,挂于桶上。

② 压片

a.按××××(文件编码)《××冲压片机安全操作及维修保养操作规程》操作,进行压片。

b. 根据生产指令规定的片重、硬度等要求调节片重调节轮和压力调节轮。刚开机时，转盘转动 1~2 周，按×××××（文件编码）《压片岗位片重、硬度取样检测操作规程》，取样检测药片的外观、片重及片重差异、硬度，根据检测的数值分别调节片重调节轮、转速、压力调节轮及加料口挡板高度等，直至外观、片重差异、硬度符合要求为止。

c. 正常开机，开始每 5min 取片检测 1 次，若连续 3 次均符合要求，则可每隔 20min 取片检测外观、片重、片重差异及硬度，并在"压片批生产记录"上记录。

d. 若压片过程中停机休息或排除故障后开机，则需重复②中 b 的操作。

e. 调节压力调节轮后，需重复②中 c 的操作。

f. 待不锈钢筛上的药片铺至 5cm 厚度时，把药片移至套有塑料袋的素片周转桶内，在桶外挂上填有容器编号、产品代号、名称、规格、批号、批量、加工状态的"中间产品标签"。

g. 待周转桶装满后，用塑料绳扎紧袋口，盖严桶盖。称重后，完成该桶"中间产品标签"其余各项内容的填写。把周转桶置于规定位置，填写"压片批生产记录"。

h. 重复上述压片操作，直至全部颗粒压完为止。

（3）生产结束阶段

① 停机：按×××××（文件编码）《××冲压片机安全操作及维修保养操作规程》规定的程序进行停机，注意先切断离合器，再停电机，最后才关闭该机电源。

② 换状态标志：取出挂在压片间门上的"准产证"，换上"待清洁"状态标志，"准产证"放入批生产记录袋中。

③ 移交素片

a. 把装有素片的周转桶搬到小推车上，同时复核每桶的标签，清点桶数，累计重量并记录。

b. 把素片运至素片中间站。

c. 与中间站管理员共同清点中间桶数，复称重量，把素片置于中间站规定位置。核对"中间站进出记录"中有关内容，填写交料人及日期项目内容。

d. 填写"中间产品传递证"中间品代号、名称、规格、批号、批量、加工状态、桶数、总重量、交料人及日期项目内容。

（4）清、退剩余颗粒。

① 如尚有未加入压片机的剩余颗粒，则称毛重计算出净重，记于"压片生产记录"上。

② 取下周转桶上"中间产品标签"，挂上填有产品代号、名称、规格、批号、批量、加工状态、毛重、皮重、净重、交料人、日期并于加工状态项内容上注明"剩余颗粒"的"中间产品标签"。

③ 收集压片机内残留素片、碎片、颗粒，并入"待回收粉"桶内。收集天平、硬度测定仪上的碎片、颗粒，并入"待回收粉"桶内。扎好回收袋口，盖上盖子，称重，在"待回收粉标签"上填写毛重、皮重、净重、交料人及日期项目内容，挂回桶上，并记录。

④ 收集吸尘机内及捕尘袋内的细粉，置废弃物塑料袋内贴上"废弃物标签"，称重并记录。

⑤ 用小推车把剩余颗粒及待回收粉推至颗粒中间站。

⑥ 与中间站管理员共同称重，把剩余颗粒及待回收粉置中间站规定位置。

⑦ 核对"中间站进出记录"中有关项目内容，填写交料人员及日期项目内容。

（5）清机

① 按××××（文件编码）《××压片机清洁操作规程》清洁压片机。

② 按××××（文件编码）《××吸尘机及其捕尘系统清洁操作规程》清洁吸尘机及其

捕尘系统。

（6）清洁生产场地

① 按××××（文件编码）《C级洁净区生产场地标准操作规程》清洁生产场地。

② 用小吸尘机把磅秤、天平、硬度测定仪上的产品粉末吸除干净，然后用稍潮湿的干净抹布揩抹，直至干净无粉渍为止。

③ 把收集到的地脚粉、生产中的废弃物集中在废弃物塑料袋内，扎好袋口，由物流通道传送出洁净室外，交清洁员处理。

④ 对照"C级洁净室清洁操作及检查记录"每一项内容进行自检，并记录；若自检认为符合要求后，则请QA来检查。

⑤ 通过QA检查后，取下门上的"待清洁"标志，换上经QA签字的"清洁合格证"。

（7）完成"压片批生产记录"填写

① 把放入批生产记录袋中的"清场合格证""中间产品传递证""准产证"及"中间产品检验报告书"贴在"压片批生产记录"规定的位置上。

② 进行物料平衡计算，检查计算结果是否在规定限度内。

③ 复核"压片批生产记录"，检查是否有漏记或错记现象，复核片重、片重差异及硬度记录，检查是否在规定范围内；检查记录中各项检查是否有偏差发生。如果认为复核符合要求，则在操作者项目签姓名。如果发生偏差，则按××××（文件编码）《偏差处理程序》操作。

④ 填写"清场记录"并请QA检查清场情况。

⑤ "压片批生产记录""清场记录"置批生产记录袋内并交素片中间站，放在该批中间产品的货位上。

⑥ "清场合格证"压在记录台规定位置，作为后续产品开工凭证。

（三）批生产记录

中国GMP对"批生产记录"的定义如下：用于记述每批药品生产、质量检验和放行审核的所有文件和记录，可追溯所有与成品质量有关的历史和信息。

1. 编制原则

① 每批产品均应有相应的批生产记录，可追溯该批产品的生产历史以及与质量有关的情况。

② 批生产记录应依据现行批准的工艺规程的相关内容制定。记录的设计应避免抄录差错。批生产记录的每一页应标注产品的名称、规格和批号。

③ 原版空白的批生产记录应经过生产管理负责人和质量管理负责人的审核和批准。批生产记录的复制和发放均应按照批准的书面程序进行控制并有记录，每批产品的生产只能发放一份空白批生产记录的复制件。

④ 生产开始前应进行检查，确保设备和工作场所没有上批遗留的产品、文件或与本批产品生产无关的物料，设备处于已清洁及待用状态。检查情况应有记录。

⑤ 在生产过程中，每项操作进行时应及时记录，操作结束后，应由生产操作人员确认并签注姓名和日期。

2. 内容

按GMP的要求，对药品生产的所有环节，即从原料厂家的审查直至成品的销售均应予以记录。通过记录可以了解某一批产品所用的原料、包装材料、半成品的使用和处理情况，该批生产中工艺管理、设备运行、人员操作、事故处理等情况。

批生产记录的内容应包括：

① 产品名称、规格、批号；

② 生产以及中间工序开始、结束的日期和时间；

③ 每一生产工序的负责人签名；

④ 生产步骤操作人员的签名；必要时，还应有操作（如称量）复核人员的签名；

⑤ 每一原辅料的批号和（或）检验控制号以及实际称量的数量（包括投入的回收或返工处理产品的批号及数量）；

⑥ 相关生产操作或活动、工艺参数及控制范围，以及所用主要生产设备的编号；

⑦ 中间控制结果的记录以及操作人员的签名；

⑧ 不同生产工序所得产量及必要时的物料平衡计算；

⑨ 特殊问题的记录，包括对偏离工艺规程的偏差情况的详细说明或调查报告，并经签字批准。

3. 格式

批生产记录的格式目前有两种。一是在各岗位生产记录的基础上，由专人整理填写的批生产记录，亦称批报；二是专门设计由若干单元组成的，使用时，由各部门分别填写，而后由专人收集，按编号装订成册。

4. 填写

操作人员应按要求认真适时填写，填写时做到字迹清楚、内容真实、数据完整，并由操作人员及复核人签字。

记录应保持整洁，不得撕毁和任意涂改。更改错误时，应在原错误的地方，画一横线，以便被更改的部分可以辨认，更改人应在更改处签字。记录表格一般不应有未填的空项，如内容不填时，可在该项中画一斜线或横线。记录填写的要求应符合有关规定。

GMP 检查要点：

① 抽查批生产记录的内容是否与工艺规程和相关的标准操作规程一致。

② 查看批生产记录的内容是否覆盖生产和质量管理的全过程。

③ 查看批生产记录是否具有可追溯性，内容是否真实、可靠，数据是否完整。

④ 查看批生产记录的内容是否与工艺规程一致。

⑤ 记录设计是否合理和便于操作，能否有效避免人为差错。

⑥ 查看批生产记录每页是否标注产品名称、规格和批号。

⑦ 查看企业是否制定批生产记录的管理规程，其内容是否符合规定。

⑧ 批生产记录的复制和发放是否符合规定，是否明确发放部门及人员的职责。

⑨ 原版空白的批生产记录审核和批准是否符合规定，是否规定保存要求和保存方法。

⑩ 现场检查操作岗位是否只有一份原版空白批生产记录的复制件。

⑪ 现场查看操作记录是否及时完整，如发生偏差，是否对偏差进行如实记录。

⑫ 现场查看操作完成后，生产操作人员是否确认并签注姓名和日期。

存在典型缺陷：

① 抗病毒口服液醇沉工序记录中没有记录醇沉的起止时间。

② 现场发现批记录的设计较为复杂，需填写的文字内容较多（如填写了操作的内容），不便于操作人员记录，且容易填写错误。

③ 某批甲硝唑片制粒记录中，只记录了产品名称，未记录规格和批号。

④ 检查发现批生产记录的管理规定中，未明确原版空白批生产记录的保存要求。

⑤ 检查发现批生产记录的发放记录设计内容不全，没有设计接收人签名栏目。

⑥ 某企业清热解毒口服液灯检岗位，记录用空白纸片代替，事后转抄。

⑦ 检查发现口服制剂配料岗位称量记录没有设计复核人签名栏。

⑧ 检查发现批生产记录中没有附中间产品控制结果的记录。

⑨ 检查发现部分工序的记录中未设计物料平衡计算过程及限度标准，不符合工艺规程的要求。

⑩ 某企业生产某批维生素 B_1 片时突然停电，导致生产中断 2h，来电后继续生产，但批记录中未记录停电事件，也未按偏差处理程序进行报告。

（四）批包装记录

批包装记录是包装与贴签工序 SOP 指令下的记录。为了保证药品所用的标签、标示物和其他包装材料的正确性，应当制定严格的书面规程以准确定义所实施的包装作业，并记录整个操作过程，以保持控制。

1. 批包装记录的原则

① 每批产品或每批中部分产品的包装，都应有批包装记录，可追溯该批产品包装操作以及与质量有关的情况。

② 批包装记录应依据工艺规程中与包装相关的内容制定。记录的设计应注意避免抄录差错。批包装记录的每一页均应标注所包装产品的名称、规格、包装形式和批号。

③ 批包装记录应有待包装产品的批号、数量以及成品的批号和计划数量。原版空白的批包装记录的审核、批准、复制和发放的要求同原版空白的批生产记录。

④ 包装开始前应进行检查，确保设备和工作场所无上批遗留的产品、文件或与本批产品包装无关的物料，设备应处于已清洁或待用状态，还应检查所领用的包装材料正确无误。检查情况应有记录。

⑤ 在包装过程中，每项操作进行时应及时记录，操作结束后，应由包装操作人员确认并签注姓名和日期。

2. 批包装记录的内容

① 产品名称、规格、包装形式、批号、生产日期和有效期；

② 包装操作日期和时间；

③ 包装操作负责人签名；

④ 包装工序的操作人员签名；

⑤ 每一包装材料的名称、批号和实际使用的数量；

⑥ 根据工艺规程所进行的检查记录，包括中间控制结果；

⑦ 包装操作的详细情况，包括所用设备及包装生产线的编号；

⑧ 所用印刷包装材料的实样，并印有批号、有效期及其他打印内容；不易随批包装记录归档的印刷包装材料可采用印有上述内容的复制品；

⑨ 对特殊问题及异常事件的注释，包括对偏离工艺规程的偏差情况的详细说明或调查报告，并经签字批准；

⑩ 所有印刷包装材料和待包装产品的名称、代码，以及发放、使用、销毁或退库的数量、实际产量以及物料平衡检查。

GMP 检查要点：

① 包装记录是否如实填写使用数量、退库数量及作废数量。

② 退库和作废包装是否有销毁记录和人员签名，并注明日期。

③ 查看批包装记录内容是否同工艺规程中与包装相关的内容一致。

④ 批包装记录设计是否合理，是否便于操作和避免人为差错。

⑤ 抽查批包装记录，是否每页都标注产品名称、规格、包装形式和批号。

⑥ 查看企业是否制定批包装记录的管理规程，其内容是否符合规定。

⑦ 原版空白的批包装记录审核、批准、复制、发放是否符合要求。

⑧ 现场检查操作岗位是否只有一份原版空白批包装记录的复制件。

⑨ 现场查看操作记录是否及时完整，包括偏差处理的记录。

⑩ 现场查看操作完成后，包装操作人员是否确认并签注姓名和日期。

存在典型缺陷：

① 检查发现批包装记录设计内容不全，未涵盖对所用标签打印内容的复核。

② 检查发现批包装记录未设计包装材料物料平衡计算及物料平衡标准。

③ 检查发现没有批包装记录的复制及发放记录。

④ 检查发现灯检操作人员对偏差理解不全面，未对特殊不合格情况（如：不允许存在的异物）按偏差记录。

⑤ 片剂外包工序多名操作人员没有在包装记录上签名。

⑥ 检查发现批包装记录中未设计包装设备及包装生产线编号记录栏。

⑦ 检查发现批包装记录中未详细记录包装过程中发生的偏差。

（五）清场记录

清场的目的是防止药品混淆、差错事故的发生，防止药品之间的交叉污染。

对清场的要求如下：

① 地面无积灰、无结垢，门窗、室内照明灯、风管、墙面、开关箱外无积灰，室内不得存放与生产无关的杂物。

② 使用的工具、容器应清洁、无异物，无前次产品的遗留物。

③ 设备内外无前次生产遗留的产品，没有油垢。

④ 非专用设备、管道、容器、工具应按规定拆洗或灭菌。

⑤ 直接接触药品的机器、设备及管道工具、容器应每天或每批清洗或清理。同一设备连续加工同一非无菌药品时，其清洗周期可按设备清洗的有关规定进行。

⑥ 包装工序调换品种时，多余的标签及包装材料应全部按规定处理。

⑦ 固体制剂工序调换品种时，对难以清洗的部位要进行验证。

清场结束由生产部门质量检查员复查合格后发给"清场合格证"。清场合格证作为下一个品种（或同一品种不同规格）甚至同一品种不同批的生产凭证附入生产记录。未领得"清场合格证"不得进行下一步的生产。

（六）批档案

批档案是指每一批物料或产品与该批质量有关的各种必要记录的汇总，产品批档案的建立有利于产品质量的评估以及追溯考查。

1. 原物料档案

由供应商检验证书、收料单、取样单、批检验报告、合格单、小样试验报告、领料单、退料单及其他而组成。

2. 产品批档案

由批生产相关的记录、质量检验记录及成品销售等相关记录组成。

三、文件的管理

文件管理是指包括文件的设计、制定、审核、批准、分发、执行、归档以及文件变更等一系列过程的管理活动。

中国 GMP 规定："应建立文件的起草、修订、审核、批准、替换或撤销、复制、保管和销毁等管理制度，并有相应的文件分发、撤销、复制、销毁的记录。"

（一）文件的制定要求

一个制药企业的质量管理体系的文件化，必须要以 GMP 文件化为基础；反过来，GMP 文件化，必须要以质量管理体系为依据。因此，制药企业的文件编制应符合以下原则。

① 系统性。质量管理体系要从体系的总体出发，要涵盖体系的所有要素，要能反映质量管理体系本身所具有的系统性。

② 适用性。制药企业应根据本企业的实际情况，制定出切实可行的文件。

③ 动态性。药品生产管理和质量管理是一个动态的发展过程，文件的指定也要依据验证和日常监控的结果而不断修订，以求完善。

④ 严密性。文件的编制必须用词确切，不能模棱两可，标准应量化。

⑤ 可追溯性。GMP 的一个原则就是一切有据可查。文件中的标准与记录，要涵盖 GMP 的所有要素，并能反映执行的过程。文件的归档管理，要充分考虑其可追溯性的要求，为企业的持续改进打下基础。

文件制定的具体要求有如下几条。

① 文件的标题、类型、目的、原则应有清楚的陈述以与其他文件相别。

② 文件内容确定，使用的文字应确切、易懂、简练，不能模棱两可；指令性的内容必须以命令方法写出。

③ 条理清楚，易理解，可操作性强。

④ 各类文件应有用于识别其文本、类别的系统编码和日期、该文件的使用方法、使用人等，便于查找。编码页数应有总页数和分页数。

⑤ 文件如需记录或填写数据，应留有足够空间，以便于填写内容；在各项内容之间，也要有适当的空隙；每项标题内容应准确。

⑥ 文件的制定、审查、批准责任人应签字。文件不使用手抄本，以防差错。

⑦ 要注意文件纸张的大小，纸张质地、颜色、装订、复制等。一般使用 A4 纸。

⑧ 提倡实事求是。不反对借鉴别人的先进经验，但不能生搬硬套。一时难以形成的文件，如某些 SOP，可待时机成熟后再去完成。必须清楚编写文件是为了使用文件，而不是形式主义，不是摆花架子。

（二）文件的标识

制药企业编制各类文件时应统一格式、统一编码，其编码系统应能方便地识别其文本类别和序列，便于归类及查找，要注意避免使用过时或发放过时的文件。

文件编码要注意以下几点要求。

① 系统性。统一分类、编码，并指定专人负责编码，同时进行记录。

② 准确性。文件应与编码一一对应，一旦某一文件终止使用，此文件编码即告作废不得再次启用。

③ 可追踪性。根据文件编码系统的规定，可任意调出文件，亦可随时查询文件变更的历史。

④ 稳定性。文件系统编码一旦确定，一般不得随意变动，应保持系统的稳定性，以防止文件管理的混乱。

⑤ 相关一致性。文件一旦经过修订，必须给定新的编码，对其相关文件中出现的该文件编码同时进行修正。

文件分类编码（号）实例见表 6-10。

表 6-10　文件分类编码（号）实例

编码	解　说
SOP-CLP00100	SOP:标准操作规程;CLP:设备(在线)清洁程序; 001:设备清洁程序中第一号程序;00:新程序
SMP-QMP00200	SMP:标准管理程序;QMP:质量管理程序;002:质量管理程序第二号程序;00:该程序为新程序
SMP-DCP00101	SMP:标准管理程序;DCP:该文件管理程序;001:该程序中的第一号程序;01:该程序为第一次修订后的程序
PF2301　Rev.01 （1999.6.13）	P:生产部门使用文件;F:记录表格类文件;2:非固体制剂产品生产车间使用的记录表格;3:指 2 中的第三类;01:按以上原则编制的第一号记录文件;Rev.01:此记录表格文件为第一次修订;1999.6.13:修订日期

注：SOP—标准操作规程；CLP—清洁线规程；SMP—标准管理规程；QMP—质量管理规程；DCP—文件控制规程；PF—生产文件；Rev.—修订。

不同的制药企业，其代码可能选用英文缩写，也可能选用汉语拼音。但一个企业内部编码应统一，作为文件管理制度应有具体介绍，以方便使用者和检查者查找。某药厂 SOP 分类编码见表 6-11。

表 6-11　某药厂 SOP 分类编码（英文缩写）

编码	名称	编码	名称
GN	工厂共通	IP	中间体检验
PA	生产管理	WH	仓库
PR	生产部共通	QC	质量控制
PW	称量	UT	共用系统、环境
PM	混合	EG	设备
PT	压片	QA	质量保证
PS	糖衣	VL	验证
PI	自检	CP	计算机
PC	包装	SL	销售
TP	检验操作规程	QS	质量标准

（三）文件的管理

制药企业应按 GMP 的要求，制定文件管理制度。内容包括各类文件的标示、起草、修订、审查、批准、印刷、分发、执行、保管、检查、撤销和归档等程序及规定。

1. 文件的使用

为确保文件的正确执行使用，应制定以下使用管理措施。

① 制定"文件编制记录"，明确文件编制过程中各有关部门的责任，分发文件时由领用

人签名。

② 制定"文件总目录"，对所有文件进行归类登记。发放新版文件时，同时收回旧版文件，由文件管理人员统一处理。对保存的旧版文件应另行明显标识，与现行文件隔离保存。

③ 制定"现行文件清单"，供随时查对，并了解最新文件修改状态。

④ 文件的复制由文件管理部门统一制作，经审核后加盖红色印章，登记发放。

2. 文件的修订变更

制药企业应对文件定期审阅，及时修订，并按文件的修改、撤销程序办理。文件修改、审阅、批准程序应与制定时相同。

规格标准应按最新出版的国家药典或其他法定规格进行及时修订。

文件一经修订，应立即检查与该文件相关的文件是否应做相应的修订。

3. 文件的归档保管

文件的归档包括现行文件和各种结果记录的归档。文件管理部门保留一份现行文件或样本，并根据文件变更情况随时记录在案。各种记录完成后，整理、分类归档，保留至规定期限。凡企业不得自行决定修改的文件如产品注册质量标准、产品批准文件等，宜单独存放。各种生产记录、销售记录等应保存至少 3 年或保存至产品有效期后 1 年。对于批生产记录、用户投诉记录、退货报表等应定期进行统计评价，为改进质量提供依据。

4. 文件管理的持续改进

文件管理改进的方向一是简化，即简化工作流程，减少中间环节；二是实现文件管理无纸化。文件管理的程序化、规范化，缩短文件形成周期，提高效率。

文件管理是制药企业实施 GMP 软件的基础，要做到：①确立档案工作领导体制，建立档案工作机构，配备工作人员；②认真落实档案管理制度；③建立和健全档案文件的材料形成、积累、归档的控制体系。只有高品位、高效率的文件系统，才能保证制药企业有序运作，进而保证产品的质量，保证人民用药的安全。

（四） GMP 中文件管理检查要点及典型缺陷

GMP 检查要点：

（1）查看企业是否建立完善的文件体系。文件体系通常分为三级，第一级为质量体系的纲领性文件或称手册，第二级为质量标准、工艺规程、质量体系管理文件，第三级为操作规程及记录。操作规程是将工艺规程进行细化，操作性更强，但操作规程的参数范围不能超出工艺规程的参数范围。

（2）抽查产品的操作规程、批记录等文件，查看内容是否正确，是否有逻辑性，是否经过相关人员审核和批准，能够受控，便于追溯。

（3）查看企业是否建立了药品生产所使用的原辅料、与药品直接接触的包装材料及成品的质量标准。

① 查看物料质量标准是否与相应的现行《中华人民共和国药典》、局颁标准、行业标准或注册标准等国家标准要求一致，若没有以上标准，是否制定了企业内控标准。

② 查看成品质量标准是否与相应的现行《中华人民共和国药典》、局颁标准或注册标准等国家标准要求一致。

（4）查看企业是否针对不同品种建立了工艺规程，工艺规程是否与注册申报工艺一致。

（5）查看企业是否建立了每个岗位的操作规程，记录是否完整。

（6）查看企业是否建立了书面的文件管理规定，是否涵盖了文件的设计、制定、审核、批准、印制、发放、收回、归档、销毁及失效文件管理等流程。

（7）查看企业质量管理体系的文件是否经质量管理部门审核和批准。

（8）抽查文件的制定、审核、批准、发放记录是否完整。

（9）查看文件的收回、归档、销毁记录，失效版本文件是否已全部收回并归档。

（10）查看企业制定的工艺规程是否与药品生产许可、注册文件的规定一致。

（11）查看企业制定的原辅材料及产品的质量标准是否与注册文件一致或高于注册标准。

（12）现场查看记录的设计是否便于追溯每批产品的历史情况。

（13）抽查产品生产记录，检查其有关技术文件与药品生产许可、产品注册资料是否一致，生产历史情况是否可以追溯。

（14）查看企业的文件管理制度是否涵盖了文件的起草、修订、审核、批准、替换或撤销、复制、保管和销毁等内容。

（15）查看文件的分发、撤销、复制、销毁等记录，是否与文件规定一致，且记录完整。

（16）现场抽查文件是否为现行有效版本，现场是否存在失效文件。

（17）抽查文件标识是否保证受控并便于追溯。

（18）查看企业文件管理制度是否有规定文件的起草、修订、审核、批准的人员的资质要求。

（19）查看文件的起草、修订、审核、批准记录是否与规定相符，并有负责人签字并注明日期。

（20）文件生效前是否经过培训。

（21）查看企业是否规定了文件编写规程，规程是否明确了文件的题目、种类、目的、内容以及文件编号和版本号的要求。

（22）抽查文件题目是否与文件内容相符，目的是否确切反映文件主旨，内容是否清晰、易懂，文件的编号和版本号是否符合规定并便于识别文件的类别。

（23）查看企业是否制定文件分类存放的规定。

（24）抽查不同类别文件，是否能迅速提供，查看文件外部是否有识别文件类别的标识。

（25）查看企业文件的管理制度，是否可以确保复制文件的可控性，抽查几份文件加以确认。

（26）抽查文件，是否与原版文件一致且清晰可辨。

（27）查看企业是否有文件定期审核、修订的规定，文件定期审核记录是否与规定一致。

（28）查看修订后文件是否受控发放，查看现场文件是否与发放记录一致。

（29）查看旧版文件的收回记录，是否按规定存档。

（30）查看工作现场的文件是否为现行版本，是否存在失效文件。

（31）现场抽查仓储、生产、质量控制和质量保证等相关活动记录，是否及时、完整、可追溯。

（32）抽查相关记录，是否有足够的空间填写必要的内容。

（33）现场查看已完成的操作记录是否真实，与实际操作一致，字迹是否清晰、易读，不易擦除。

（34）查看企业是否制定了电子记录的管理制度，是否与规范一致。

（35）现场抽查产品的电子记录是否标明了产品或样品的名称、批号和记录设备的信息，并有操作人的签名、日期。

（36）查看自动打印记录的批生产或批检验记录，是否将自动打印记录粘贴于批记录中，采用热敏纸打印记录的，应将记录复印后粘贴。

（37）查看企业是否制定了更改记录的管理制度，是否与规范一致。

（38）现场抽查岗位操作记录，记录的更改是否有更改人签名和日期。

（39）查看现场是否有随意更改丢弃的记录。

（40）查看药品批记录管理规定是否与本条款一致。

（41）任意抽取一批产品检查其批生产记录、批包装记录、批检验记录和产品放行审核记录是否齐全，并保存于质量管理部门。

（42）查阅质量标准、工艺规程等重要文件的保存规定。

（43）查看是否有文件保存效期的规定。

（44）查看企业是否制定所采用的电子数据处理系统的操作规程。

（45）是否规定电子文档的采集部门和采集人的职责，明确操作权限。

（46）是否规定电子文档的保存方式并保留修改痕迹。

（47）现场查看是否能按规定要求管理、保存电子文档。

存在典型缺陷：

（1）企业没有质量体系的纲领性文件。

（2）工艺规程中的工艺流程与注册工艺不符。

（3）操作规程内容简单，不具有操作性。

（4）企业的文件管理控制程序未规定失效文件收回的程序。

（5）岗位记录表格与批准归档的不符。

（6）企业产品质量标准只执行现行药典标准，但未执行注册标准。

（7）现场抽查某份文件，缺少复制、发放、销毁记录。

（8）文件的修订没有按照程序执行，没有修订的相关记录。

（9）现场抽查某份文件，文件的审核人、批准人与文件规定不一致。

（10）企业的文件编写规程未明确文件格式。

（11）文件管理人员不能及时提供所需文件，文件没有便于识别的标识及目录。

（12）企业文件管理规定中未规定对复制文件的控制要求。

（13）文件管理规程中未规定文件的审核周期。

（14）企业最新修订了部分文件，但未将旧版文件存档。

（15）在不同现场发现同一文件的两个版本，未将旧版文件全部收回。

（16）个别岗位缺少相关记录，例某产品缺少15％淀粉浆的制备记录。

（17）一些记录没有足够的空格，当出现记录填写错误时，改后的数据字迹较小，很难辨认。

（18）个别生产岗位忙于生产，未及时填写操作记录、签字，事后按照回忆填写记录或由其他人代替签字；有的企业操作岗位无记录表格，表格在带班班长处统一存放。

（19）企业没有制定自动打印记录的管理规定。

（20）高效液相检验图谱只记录了产品名称，没有标明是样品还是对照品。

（21）某企业未将自动打印记录粘在批记录后面；自动打印记录没有操作人员签名；热敏纸打印数据没有复印件，数据不易保存。

（22）某生产岗位的记录随意划改，更改处没有更改人签名及标注日期，岗位操作人员不清楚记录更改方式。

（23）生产现场发现记录纸随意丢在废纸篓内，岗位人员回答是填错了，要重新填写。

（24）企业质量标准、工艺规程、稳定性考察、验证等重要文件未规定长期保存的要求。

（25）批记录在生产管理部门存放管理。

（26）仓库自动化管理系统，操作人的权限不清。

（27）文件没有规定电子文档备份方式、时间和期限。

一、填空题

1. GMP 文件系统划分为标准和记录（凭证），其中标准可分为_____标准、_____标准和_____标准。

2. SOP 的制作原则是_____、_____、_____、_____。

二、选择题（有一个或一个以上答案）

1. 关于规定有效期的药品的批生产记录至少应保存几年。（　　　）

A. 一年　　　　　　　　B. 二年　　　　　　　　C. 三年　　　　　　　　D. 四年

2. SOP 是指（　　　）。

A. 岗位操作法　　　B. 标准操作程序　　　C. 生产工艺规程　　　D. 批生产记录

3. 以下属于质量管理记录的是（　　　）。

A. 批生产记录　　　B. 批包装记录　　　C. 批销售记录　　　D. 批检验记录

三、简答题

1. 文件有什么意义？主要有哪几类？

2. 标准类文件和记录类文件包括哪些方面？

3. 质量管理文件有哪些要求？

4. 生产管理文件包括哪些内容？

5. 什么是生产工艺规程？

6. 什么是标准操作规程？

7. 什么是批生产记录？

8. 通过比较，找出工艺规程、岗位操作和 SOP 的区别。

9. 什么是批生产记录？

10. 什么是批档案？

11. 文件的制定应符合什么样的原则？

12. 文件的使用和修订变更有哪些要求？

实训目标：了解药品生产企业 GMP 认证需要的文件。

实训内容：学生提供药品生产企业生产管理、质量管理文件目录。

第六节　自检

【学习目标】通过本节学习，要求深入理解自检的意义，掌握自检的程序，了解自检的内容。

中国 GMP 规定："质量管理部门应定期组织对企业进行自检，以监控本规范的实施情况，评估企业是否符合本规范要求，并提出必要的纠正和预防措施。"

一、自检的意义

（一） TQM 和 GMP 的环节要求

自检是企业内部对药品生产实行全面质量管理（TQM）的检查，对实施 GMP 的检查。对自检不能理解为单纯的质量检验，也不能停留在统计质量过程控制阶段，而是要用全面质量管理的理论和方法来检查执行 GMP 的情况。

TQM 强调企业全员参加，全过程的质量管理，运用系统的观点，综合而全面地分析研究药品质量问题，自检则是全过程的一个环节。自我检查的过程要实事求是，科学分析，用数据和事实反映质量问题；同时也要遵循 TQM 理论中的 PDCA 循环的工作程序，使用先进的专业技术、检测手段、电子计算机及先进的科学管理方法，运用多种多样、因地制宜的方法进行自检，达到"用最少的投入，又多又好地生产出满足用户要求的产品"的目的，这种自检（内部质量审计）实际上就是对执行 GMP 的自我认证，就是纳入 PDCA 循环、不断进行业绩改进的过程。

自检也是 GMP 的一个环节，因为自检是企业通过以质量管理部门为主的自检组织，对本企业的质量管理体系以及药品生产过程、厂房、设施、设备、物料、卫生、质量管理等方面定期或不定期地进行全面检查或局部检查，从而评价其是否与 GMP 的要求一致，发现缺陷及时改进，保证药品生产企业各环节符合 GMP 的有关要求。

（二）企业对产品质量的内部审计要求

质量审计（quality audit）是对产品、生产过程、设备、厂房设施及质量管理体系的正式审查以视其是否与预定的质量标准相一致。其目的在于为一个企业内的作业对所生产产品质量的影响提供有价值的信息。ISO9000：2000 对"审核（审计）"定义为："为获得审核证据并对其进行客观的评价，以确定满足审核准则的程度所进行的系统的、独立的并形成文件的过程。"

质量审计可以分为内部质量体系审核和外部质量体系审核两大类。内部审核有时称第一方审核，由组织自己或以组织的名义进行，可以作为组织自我合格声明的基础，中国 GMP 称之为"自检"。外部审核包括"第二方审核"和"第三方审核"，第二方审核由组织的相关方（如顾客）或由其他人员以相关方的名义进行；第三方审核由外部独立的组织进行。当质量管理体系和环境管理体系被一起审核时，这种情况称为"一体化审核"。

制药企业内部进行质量审计的人员必须是具有理论和实践经验的专业技术人员，可以建立一个企业内部的自检系统，这是保证审计成功的重要因素。按照一定的标准如 GMP、工艺规程及 SOP、质量规格、分析方法及其他正式批准的文件进行客观公正的质量审计。审计应提供量化的结果以便使企业法定代表人了解作业的质量状态以及相应的纠正方案，审计报告也包括建设性的意见。

自检程序应有文件规定，并且要有有效的监督程序。应建立自检的书面指令，提出最低的和统一的标准要求。这些书面指令，包括 GMP 要求的调查表，应涉及以下各项内容：机构与人员、厂房与设施、设备、物料与产品、确认与验证、文件管理、生产管理、质量控制与质量保证、委托生产与委托检验、产品发运与召回等。

（三）企业对质量管理体系自我认证的检查要求

药品质量认证属于安全认证，是一种强制性认证。申请认证的企业必须具备起码的三个条件：①产品符合国家标准或者行业标准要求；②产品质量稳定，能正常批量生产；③企业的质量体系符合国家颁布的质量管理体系标准。

当今社会已形成共识，对质量的概念已从单纯符合标准的狭义质量，发展为贯穿于产品开发、设计、工艺流程、采购、仓储、检验、销售、售后服务和生产管理等各个环节在内的广义质量。ISO9000：2000 要求企业组织进行增强满足质量要求的能力的循环活动，以使质量管理体系持续改进。而制定改进目标和寻求改进机会的过程，则是一个持续过程。该过程使用审核发现、审核结论、数据分析、管理评审或其他方法、相应的纠正措施或预防措施。

药品质量认证是当代国际上采用的一种先进的药品质量管理手段，WHO 就是采用药品证书制度。实际上药品认证包括药品质量管理体系（QMS）认证、GMP（GLP/GCP/GSP/GAP 等）认证和药品质量认证。按照 WHO 的 GMP 理论，QMS 包括了 QA，QA 包括了GMP。实施药品质量认证制度，对保证药品质量，完善企业的质量管理体系，提高企业信誉，保证用药安全有效，保证消费者的利益，提高药品在国内外市场的竞争能力，具有重要意义。

【阅读材料】药品生产企业质量体系审核内容

质量体系审核是指对质量体系各组成部分的质量职能及其综合管理，进行审查和评价，以便确定是否有效地实施所阐明的质量目标，找出薄弱环节，予以改进。审核内容包括以下几个方面。

（1）质量方针目标和质量计划的审核；（2）新产品开发设计的质量管理；（3）原辅料、包装材料、外购件的质量管理；（4）生产过程的质量管理；（5）质量检验；（6）使用过程的质量管理；（7）质量成本；（8）质量审核；（9）群众性的质量管理活动；（10）质量管理机构；（11）质量管理教育；（12）质量标准和有关文件；（13）数理统计方法（可靠性技术）的应用；（14）计量与测试技术；（15）质量信息管理。

二、自检的过程

企业的质量审计负责人必须制订企业年度自检计划。内部审计的频率要视质量规范的执行情况和企业质量水平而定，至少每年要检查一次。自检分为准备、实施、结论、报告和随访五个阶段。

（一）准备阶段

必须要制定一个周密的客观的内部审计计划。尽管内部审计是对系统、过程和设施的评价，但反映的是对人员的评价和批评，会有被审计人员不愿回答问题的情况。作为审计人员应尊重一线人员的意见，多获得一些信息。不仅去评价作业的状态，而且要协助被审计的部门成功地履行职责，帮助被审计部门得到全新或更新的设备、人员和系统。被审计部门应从提高企业产品质量的立场出发，与审计人员一起公开、平等地讨论执行 GMP 情况，主动找出差距和偏差，有利于强化管理以达到较高的产品质量标准。

准备阶段要列出具体的日程安排计划，被审计部门要有足够时间提供充分的文件（包括记录）。

（二）实施阶段

内部审查数据、设备、系统和规程的难度较大，审计人员应设法激发和增进有关人员的良好合作以获得更多的信息。审计的评价步骤应尽量合理，最好按操作顺序进行。要预先定义评价方法，并使用客观的检查表。

实际的审计过程从收料开始，并随物流次序先后进入制备区、加工区、包装区和成品留验区。要充分注意技术档案的主体，也要注意有关的辅助过程。如记录和规程是其主体，但也要检查批记录和规程的制定和分发过程。对辅助生产部门，如质量管理、维修和仓储，也要审查记录和规程及其制定、分发情况。

预先通知和突然检查的审计方式各有利弊，双方应建立合作、相互尊重的关系。优良的审计主要体现在质量上而不是数量上，成功的审计来自周密的计划和良好的合作、客观的实事求是的评价。

（三）结论阶段

按照合理的计划进行审计，应周密而慎重地做出适当的结论。审计小组本身的讨论也要有详细的记录。

（四）审计阶段

审计人员通过审计报告（自检报告），给法人代表提供企业作业质量和一致性（与 GMP 的一致性）方面的信息。

（五）随访阶段

审计的计划、实施、结论和报告完成以后，以随访的形式了解纠正措施的落实，以达到审计的目的，达到提高产品质量的目标。

企业实行自检，要遵照药品 GMP 的原则要求，以及具体的《药品 GMP 认证检查项目》。通过自检的程序和 PDCA 循环，持续改进，生产出安全有效的高质量的药品。

三、GMP 自检内容

自检是药品生产企业按照 GMP 对药品生产和质量管理进行的全面检查。药品监督管理部门对药品生产企业的检查是对实施 GMP 的认证检查，通过 GMP 认证的检查，加强对药品质量的监督。

（一） GMP 硬件、软件和湿件的检查

1. 硬件

包括厂房与设施、设备、物料、仪器仪表、仓库等方面。

2. 软件

包括规章制度以及管理方面的内容。如设置推进 GMP 管理的组织机构，实行 GMP 岗位责任制，每半年一次组织检查 GMP 实施情况，在检查中发现问题要及时处理等。

3. 湿件

湿件是借用管理学及计算机科学的术语，主要指人员。包括决策管理层以及生产管理部门和质量管理部门，还有人员培训。

（二） GMP 三大目标要素的检查

实施 GMP 的目标在于将人为的差错控制在最低限度、防止对药品的污染及保证高质量产品的质量管理体系。GMP 目标要素的检查内容见表 6-12。

表 6-12　GMP 目标要素的检查内容

GMP 目标	管理方面检查要素	装备方面检查要素
将人为的差错控制在最低的限度	①质量管理部门从生产技术部门独立出来,建立相互督促检查制度; ②制定各部门的责任者; ③制定规范的实施细则和作业程序; ④对各生产工序严格复核,如称量、材料贮存领用等; ⑤生产工序中,对用于生产的运送容器、主要机械,要标明正在生产的药品名称、规格、批号等状态标志; ⑥整理和保管好记录(一般为产品有效期后1年,未规定有效期的药品应保存3年); ⑦人员的配备、教育和管理	①各工作间要保持宽敞,消除妨碍生产的障碍; ②不同品种操作必须有一定的间隔,严格分开
防止对药品的污染和降低质量	①操作室的清洁和设备的清洗的标准及实施; ②对生产人员进行严格的卫生教育; ③操作人员定期进行身体检查,以防止生产人员带有病毒而污染药品; ④限制非生产人员进入工作间	①防止粉尘对药品的污染,要有相应的防污染的设施设备(如空气净化等); ②操作室专业化; ③对直接接触药品的机械设备、工具、容器,选用对药物不发生变化的材质制造,如使用316L型不锈钢材等; ④注意防止机械润滑油对药品的污染; ⑤操作室的结构及天花板、地面、墙壁等容易清洗; ⑥无菌洁净操作室(区)要进行微粒检查、微生物计数检查(浮游菌、沉降菌); ⑦定期灭菌
保证高质量产品的质量管理体系	①质量管理部门独立行使质量管理职责; ②机械设备、工具、量具定期维修校正; ③检查生产工序各阶段的质量,包括工程质量; ④有计划的、合理的质量控制,包括质量管理实施计划、试验方案、技术改造、质量攻关要适应生产计划要求; ⑤追踪药品批号,并做好记录; ⑥在适当条件下,保管留样; ⑦收集对药品质量投诉的情报信息; ⑧不断完善生产管理和质量管理	①操作室和设备的合理设置; ②采用先进的设备及合理的工艺布局; ③为保证质量管理的实施,配备必要的实验、检验设备和工具

（三）自检的主要内容

中国 GMP（2010 年修订）第三百零七条规定了药品生产企业要制定自检程序和自检规程,对机构与人员、厂房与设施、设备、物料与产品、确认与验证、文件管理、生产管理、质量控制与质量保证、委托生产与委托检验、产品发运与召回等项目定期进行自检。

1. 生产车间

主要包括：①生产工艺规程的执行;②岗位操作法、标准操作规程的执行;③生产工艺质量监控;④不合格品处理;⑤工艺用水贮存、分配和使用;⑥卫生（环境、工艺、人员）情况;⑦物料的领取和使用;⑧工序生产记录及批生产记录、批包装记录。

2. 仓库

主要包括：①基本设施维护（包括衡器校准）;②物料及成品入库程序及台账;③物料及成品的存放和保管;④物料及成品出库程序及台账;⑤不合格品及退货管理。

3. 工程管理部门

主要包括：①空气净化系统；②工艺用水系统；③设备维修保养。

4. 生产管理部门

主要包括：①文件管理系统；②文件制定、修订和分发管理。

5. 质量管理部门

主要包括：①基本设施维护（包括仪器校验）；②质量标准；③检验规程；④检验记录及检验报告单；⑤验证文件管理；⑥标准品管理；⑦用户投诉管理；⑧物料供应商质量体系评估；⑨产品稳定性考察计划及结果。

6. 销售部门

主要包括：①销售记录；②退货及收回记录。

中国 GMP（2010 年修订）对自检的要求有两项：①企业是否定期组织自检，自检是否按预定的程序对企业进行全面检查；②自检是否有记录，自检报告是否符合规定的内容。

四、GMP 自检检查要点及典型缺陷

GMP 检查要点：

（1）企业应当制定自检管理规程，明确自检周期，内容应当符合本规范要求。

（2）质量管理部门职责或自检管理规程应明确质量管理部门负责组织自检工作，并履行职责。

（3）对自检或执行本规范中出现的偏差，应及时提出纠正和预防措施。

（4）自检计划应当涵盖《药品生产质量管理规范》（2010 年修订）的全部内容，如果自检是分步骤或按系统分阶段开展的，那么在一个完整的自检周期内，必须有计划地对本规范规定的全部内容完成一次自检。

（5）自检中发现的任何缺陷，都应如实记录，并按照相关规定或程序改正。

（6）自检计划应当包括对上次自检、第三方检查、GMP 认证缺陷项目整改情况检查的内容。

（7）企业应有相关文件或管理规程，对自检的组织和独立性加以规定。

（8）企业应当规定承担自检或质量审计人员的基本条件及产生方法，并有相应的证明文件。

（9）企业自检记录应当按照自检计划规定的内容、规范完整，应当能够反映出自检过程或自检中发现问题的情况。

（10）自检报告应当系统全面，内容至少应当包括：

① 对自检过程中所观察到的全部情况的评价以及结论；

② 自检所发现的问题；

③ 预防与纠正措施；

④ 上次自检及外部审计发现问题的整改情况。

（11）自检管理程序应当规定自检完成后，自检报告的上报程序，并执行。

存在典型缺陷：

（1）企业定期组织自检的效果差，没有自检周期的规定。

（2）企业的自检制度不健全，未明确自检小组中各部门的相关职责。

（3）自检无整改计划，整改措施未落实。

（4）企业未制订年度自检计划。

（5）企业的质量审计不足以确认其质量体系是否能有效地满足其质量体系的目标要求，特别是：自检计划未对投诉处理系统进行审计；未对供应商的审计频次做出合理的规定；未对某主要原料的供应商进行审计。

（6）自检的首次会议未落实到位，自检小组成员对自己在自检中应承担的责任不够明确。

（7）未对参与内部审计的专家或人员的资质进行书面上的确认。

（8）缺少自检工作的记录，自检记录不完整。

（9）自检报告的内容不全面，特别是：报告中对缺陷项的描述不完整、不清晰；报告中无整改措施的执行人。

（10）未对缺陷项目进行跟踪检查。

（11）对自检中发现的偏差未提出详细的纠正预防措施。

复习思考题

一、填空题

1.自检是：① _____ ；② _____ ；③ _____ 。

2.自检分为 _____ 、 _____ 、 _____ 、 _____ 和 _____ 五个阶段。

二、简答题

1.实施 GMP 的三个目标是什么？具体要求有哪些？

2.自检的内容包括哪些？

实训项目

实训目标：了解 GMP 认证对自检的要求。

实训内容：要求学生分组讨论，制定药品生产企业自检项目表。

附录一 药品生产质量管理规范 (2010 年修订)

第一章 总 则

第一条 为规范药品生产质量管理，根据《中华人民共和国药品管理法》《中华人民共和国药品管理法实施条例》，制定本规范。

第二条 企业应当建立药品质量管理体系。该体系应当涵盖影响药品质量的所有因素，包括确保药品质量符合预定用途的有组织、有计划的全部活动。

第三条 本规范作为质量管理体系的一部分，是药品生产管理和质量控制的基本要求，旨在最大限度地降低药品生产过程中污染、交叉污染以及混淆、差错等风险，确保持续稳定地生产出符合预定用途和注册要求的药品。

第四条 企业应当严格执行本规范，坚持诚实守信，禁止任何虚假、欺骗行为。

第二章 质量管理

第一节 原 则

第五条 企业应当建立符合药品质量管理要求的质量目标，将药品注册的有关安全、有效和质量可控的所有要求，系统地贯彻到药品生产、控制及产品放行、贮存、发运的全过程中，确保所生产的药品符合预定用途和注册要求。

第六条 企业高层管理人员应当确保实现既定的质量目标，不同层次的人员以及供应商、经销商应当共同参与并承担各自的责任。

第七条 企业应当配备足够的、符合要求的人员、厂房、设施和设备，为实现质量目标提供必要的条件。

第二节 质量保证

第八条 质量保证是质量管理体系的一部分。企业必须建立质量保证系统，同时建立完整的文件体系，以保证系统有效运行。

第九条 质量保证系统应当确保：

（一）药品的设计与研发体现本规范的要求；

（二）生产管理和质量控制活动符合本规范的要求；

（三）管理职责明确；

（四）采购和使用的原辅料和包装材料正确无误；

（五）中间产品得到有效控制；

（六）确认、验证的实施；

（七）严格按照规程进行生产、检查、检验和复核；

（八）每批产品经质量受权人批准后方可放行；

（九）在贮存、发运和随后的各种操作过程中有保证药品质量的适当措施；

（十）按照自检操作规程，定期检查评估质量保证系统的有效性和适用性。

第十条 药品生产质量管理的基本要求：

（一）制定生产工艺，系统地回顾并证明其可持续稳定地生产出符合要求的产品。

（二）生产工艺及其重大变更均经过验证。

（三）配备所需的资源，至少包括。

1.具有适当的资质并经培训合格的人员；

2.足够的厂房和空间；

3.适用的设备和维修保障；

4.正确的原辅料、包装材料和标签；

5.经批准的工艺规程和操作规程；

6.适当的贮运条件。

（四）应当使用准确、易懂的语言制定操作规程。

（五）操作人员经过培训，能够按照操作规程正确操作。

（六）生产全过程应当有记录，偏差均经过调查并记录。

（七）批记录和发运记录应当能够追溯批产品的完整历史，并妥善保存、便于查阅。

（八）降低药品发运过程中的质量风险。

（九）建立药品召回系统，确保能够召回任何一批已发运销售的产品。

（十）调查导致药品投诉和质量缺陷的原因，并采取措施，防止类似质量缺陷再次发生。

第三节 质量控制

第十一条 质量控制包括相应的组织机构、文件系统以及取样、检验等，确保物料或产品在放行前完成必要的检验，确认其质量符合要求。

第十二条 质量控制的基本要求：

（一）应当配备适当的设施、设备、仪器和经过培训的人员，有效、可靠地完成所有质量控制的相关活动；

（二）应当有批准的操作规程，用于原辅料、包装材料、中间产品、待包装产品和成品的取样、检查、检验以及产品的稳定性考察，必要时进行环境监测，以确保符合本规范的要求；

（三）由经授权的人员按照规定的方法对原辅料、包装材料、中间产品、待包装产品和成品取样；

（四）检验方法应当经过验证或确认；

（五）取样、检查、检验应当有记录，偏差应当经过调查并记录；

（六）物料、中间产品、待包装产品和成品必须按照质量标准进行检查和检验，并有记录；

（七）物料和最终包装的成品应当有足够的留样，以备必要的检查或检验；除最终包装容器过大的成品外，成品的留样包装应当与最终包装相同。

第四节 质量风险管理

第十三条 质量风险管理是在整个产品生命周期中采用前瞻或回顾的方式，对质量风险进行评估、控制、沟通、审核的系统过程。

第十四条 应当根据科学知识及经验对质量风险进行评估，以保证产品质量。

第十五条 质量风险管理过程所采用的方法、措施、形式及形成的文件应当与存在风险的级别相适应。

第三章 机构与人员

第一节 原 则

第十六条 企业应当建立与药品生产相适应的管理机构，并有组织机构图。

企业应当设立独立的质量管理部门，履行质量保证和质量控制的职责。质量管理部门可以分别设立质量保证部门和质量控制部门。

第十七条 质量管理部门应当参与所有与质量有关的活动，负责审核所有与本规范有关的文件。质量管理部门人员不得将职责委托给其他部门的人员。

第十八条　企业应当配备足够数量并具有适当资质（含学历、培训和实践经验）的管理和操作人员，应当明确规定每个部门和每个岗位的职责。岗位职责不得遗漏，交叉的职责应当有明确规定。每个人所承担的职责不应当过多。

所有人员应当明确并理解自己的职责，熟悉与其职责相关的要求，并接受必要的培训，包括上岗前培训和继续培训。

第十九条　职责通常不得委托给他人。确需委托的，其职责可委托给具有相当资质的指定人员。

第二节　关键人员

第二十条　关键人员应当为企业的全职人员，至少应当包括企业负责人、生产管理负责人、质量管理负责人和质量受权人。

质量管理负责人和生产管理负责人不得互相兼任。质量管理负责人和质量受权人可以兼任。应当制定操作规程确保质量受权人独立履行职责，不受企业负责人和其他人员的干扰。

第二十一条　企业负责人

企业负责人是药品质量的主要责任人，全面负责企业日常管理。为确保企业实现质量目标并按照本规范要求生产药品，企业负责人应当负责提供必要的资源，合理计划、组织和协调，保证质量管理部门独立履行其职责。

第二十二条　生产管理负责人

（一）资质：

生产管理负责人应当至少具有药学或相关专业本科学历（或中级专业技术职称或执业药师资格），具有至少三年从事药品生产和质量管理的实践经验，其中至少有一年的药品生产管理经验，接受过与所生产产品相关的专业知识培训。

（二）主要职责：

1.确保药品按照批准的工艺规程生产、贮存，以保证药品质量；

2.确保严格执行与生产操作相关的各种操作规程；

3.确保批生产记录和批包装记录经过指定人员审核并送交质量管理部门；

4.确保厂房和设备的维护保养，以保持其良好的运行状态；

5.确保完成各种必要的验证工作；

6.确保生产相关人员经过必要的上岗前培训和继续培训，并根据实际需要调整培训内容。

第二十三条　质量管理负责人

（一）资质：

质量管理负责人应当至少具有药学或相关专业本科学历（或中级专业技术职称或执业药师资格），具有至少五年从事药品生产和质量管理的实践经验，其中至少一年的药品质量管理经验，接受过与所生产产品相关的专业知识培训。

（二）主要职责：

1.确保原辅料、包装材料、中间产品、待包装产品和成品符合经注册批准的要求和质量标准；

2.确保在产品放行前完成对批记录的审核；

3.确保完成所有必要的检验；

4.批准质量标准、取样方法、检验方法和其他质量管理的操作规程；

5.审核和批准所有与质量有关的变更；

6.确保所有重大偏差和检验结果超标已经过调查并得到及时处理；

7.批准并监督委托检验；

8.监督厂房和设备的维护，以保持其良好的运行状态；

9.确保完成各种必要的确认或验证工作，审核和批准确认或验证方案和报告；

10.确保完成自检；

11.评估和批准物料供应商；

12.确保所有与产品质量有关的投诉已经过调查，并得到及时、正确的处理；

13.确保完成产品的持续稳定性考察计划，提供稳定性考察的数据；

14.确保完成产品质量回顾分析；

15.确保质量控制和质量保证人员都已经过必要的上岗前培训和继续培训，并根据实际需要调整培训内容。

第二十四条　生产管理负责人和质量管理负责人通常有下列共同的职责：

（一）审核和批准产品的工艺规程、操作规程等文件；

（二）监督厂区卫生状况；

（三）确保关键设备经过确认；

（四）确保完成生产工艺验证；

（五）确保企业所有相关人员都已经过必要的上岗前培训和继续培训，并根据实际需要调整培训内容；

（六）批准并监督委托生产；

（七）确定和监控物料和产品的贮存条件；

（八）保存记录；

（九）监督本规范执行状况；

（十）监控影响产品质量的因素。

第二十五条　质量受权人

（一）资质：

质量受权人应当至少具有药学或相关专业本科学历（或中级专业技术职称或执业药师资格），具有至少五年从事药品生产和质量管理的实践经验，从事过药品生产过程控制和质量检验工作。

质量受权人应当具有必要的专业理论知识，并经过与产品放行有关的培训，方能独立履行其职责。

（二）主要职责：

1.参与企业质量体系建立、内部自检、外部质量审计、验证以及药品不良反应报告、产品召回等质量管理活动；

2.承担产品放行的职责，确保每批已放行产品的生产、检验均符合相关法规、药品注册要求和质量标准；

3.在产品放行前，质量受权人必须按照上述第2项的要求出具产品放行审核记录，并纳入批记录。

第三节　培　训

第二十六条　企业应当指定部门或专人负责培训管理工作，应当有经生产管理负责人或质量管理负责人审核或批准的培训方案或计划，培训记录应当予以保存。

第二十七条　与药品生产、质量有关的所有人员都应当经过培训，培训的内容应当与岗位的要求相适应。除进行本规范理论和实践的培训外，还应当有相关法规、相应岗位的职责、技能的培训，并定期评估培训的实际效果。

第二十八条　高风险操作区（如：高活性、高毒性、传染性、高致敏性物料的生产区）

的工作人员应当接受专门的培训。

第四节　人员卫生

第二十九条　所有人员都应当接受卫生要求的培训，企业应当建立人员卫生操作规程，最大限度地降低人员对药品生产造成污染的风险。

第三十条　人员卫生操作规程应当包括与健康、卫生习惯及人员着装相关的内容。生产区和质量控制区的人员应当正确理解相关的人员卫生操作规程。企业应当采取措施确保人员卫生操作规程的执行。

第三十一条　企业应当对人员健康进行管理，并建立健康档案。直接接触药品的生产人员上岗前应当接受健康检查，以后每年至少进行一次健康检查。

第三十二条　企业应当采取适当措施，避免体表有伤口、患有传染病或其他可能污染药品疾病的人员从事直接接触药品的生产。

第三十三条　参观人员和未经培训的人员不得进入生产区和质量控制区，特殊情况确需进入的，应当事先对个人卫生、更衣等事项进行指导。

第三十四条　任何进入生产区的人员均应当按照规定更衣。工作服的选材、式样及穿戴方式应当与所从事的工作和空气洁净度级别要求相适应。

第三十五条　进入洁净生产区的人员不得化妆和佩戴饰物。

第三十六条　生产区、仓储区应当禁止吸烟和饮食，禁止存放食品、饮料、香烟和个人用药品等非生产用物品。

第三十七条　操作人员应当避免裸手直接接触药品、与药品直接接触的包装材料和设备表面。

第四章　厂房与设施

第一节　原　则

第三十八条　厂房的选址、设计、布局、建造、改造和维护必须符合药品生产要求，应当能够最大限度地避免污染、交叉污染、混淆和差错，便于清洁、操作和维护。

第三十九条　应当根据厂房及生产防护措施综合考虑选址，厂房所处的环境应当能够最大限度地降低物料或产品遭受污染的风险。

第四十条　企业应当有整洁的生产环境；厂区的地面、路面及运输等不应当对药品的生产造成污染；生产、行政、生活和辅助区的总体布局应当合理，不得互相妨碍；厂区和厂房内的人、物流走向应当合理。

第四十一条　应当对厂房进行适当维护，并确保维修活动不影响药品的质量。应当按照详细的书面操作规程对厂房进行清洁或必要的消毒。

第四十二条　厂房应当有适当的照明、温度、湿度和通风，确保生产和贮存的产品质量以及相关设备性能不会直接或间接地受到影响。

第四十三条　厂房、设施的设计和安装应当能够有效防止昆虫或其他动物进入。应当采取必要的措施，避免所使用的灭鼠药、杀虫剂、烟熏剂等对设备、物料、产品造成污染。

第四十四条　应当采取适当措施，防止未经批准人员的进入。生产、贮存和质量控制区不应当作为非本区工作人员的直接通道。

第四十五条　应当保存厂房、公用设施、固定管道建造或改造后的竣工图纸。

第二节　生产区

第四十六条　为降低污染和交叉污染的风险，厂房、生产设施和设备应当根据所生产药品的特性、工艺流程及相应洁净度级别要求合理设计、布局和使用，并符合下列要求：

（一）应当综合考虑药品的特性、工艺和预定用途等因素，确定厂房、生产设施和设备多产品共用的可行性，并有相应评估报告。

（二）生产特殊性质的药品，如高致敏性药品（如青霉素类）或生物制品（如卡介苗或其他用活性微生物制备而成的药品），必须采用专用和独立的厂房、生产设施和设备。青霉素类药品产尘量大的操作区域应当保持相对负压，排至室外的废气应当经过净化处理并符合要求，排风口应当远离其他空气净化系统的进风口。

（三）生产 β-内酰胺结构类药品、性激素类避孕药品必须使用专用设施（如独立的空气净化系统）和设备，并与其他药品生产区严格分开。

（四）生产某些激素类、细胞毒性类、高活性化学药品应当使用专用设施（如独立的空气净化系统）和设备；特殊情况下，如采取特别防护措施并经过必要的验证，上述药品制剂则可通过阶段性生产方式共用同一生产设施和设备。

（五）用于上述第（二）、（三）、（四）项的空气净化系统，其排风应当经过净化处理。

（六）药品生产厂房不得用于生产对药品质量有不利影响的非药用产品。

第四十七条　生产区和贮存区应当有足够的空间，确保有序地存放设备、物料、中间产品、待包装产品和成品，避免不同产品或物料的混淆、交叉污染，避免生产或质量控制操作发生遗漏或差错。

第四十八条　应当根据药品品种、生产操作要求及外部环境状况等配置空调净化系统，使生产区有效通风，并有温度、湿度控制和空气净化过滤，保证药品的生产环境符合要求。

洁净区与非洁净区之间、不同级别洁净区之间的压差应当不低于 10 帕斯卡。必要时，相同洁净度级别的不同功能区域（操作间）之间也应当保持适当的压差梯度。

口服液体和固体制剂、腔道用药（含直肠用药）、表皮外用药品等非无菌制剂生产的暴露工序区域及其直接接触药品的包装材料最终处理的暴露工序区域，应当参照"无菌药品"附录中 D 级洁净区的要求设置，企业可根据产品的标准和特性对该区域采取适当的微生物监控措施。

第四十九条　洁净区的内表面（墙壁、地面、天棚）应当平整光滑、无裂缝、接口严密、无颗粒物脱落，避免积尘，便于有效清洁，必要时应当进行消毒。

第五十条　各种管道、照明设施、风口和其他公用设施的设计和安装应当避免出现不易清洁的部位，应当尽可能在生产区外部对其进行维护。

第五十一条　排水设施应当大小适宜，并安装防止倒灌的装置。应当尽可能避免明沟排水；不可避免时，明沟宜浅，以方便清洁和消毒。

第五十二条　制剂的原辅料称量通常应当在专门设计的称量室内进行。

第五十三条　产尘操作间（如干燥物料或产品的取样、称量、混合、包装等操作间）应当保持相对负压或采取专门的措施，防止粉尘扩散、避免交叉污染并便于清洁。

第五十四条　用于药品包装的厂房或区域应当合理设计和布局，以避免混淆或交叉污染。如同一区域内有数条包装线，应当有隔离措施。

第五十五条　生产区应当有适度的照明，目视操作区域的照明应当满足操作要求。

第五十六条　生产区内可设中间控制区域，但中间控制操作不得给药品带来质量风险。

第三节　仓储区

第五十七条　仓储区应当有足够的空间，确保有序存放待验、合格、不合格、退货或召回的原辅料、包装材料、中间产品、待包装产品和成品等各类物料和产品。

第五十八条　仓储区的设计和建造应当确保良好的仓储条件，并有通风和照明设施。仓储区应当能够满足物料或产品的贮存条件（如温湿度、避光）和安全贮存的要求，并进行检查和监控。

第五十九条　高活性的物料或产品以及印刷包装材料应当贮存于安全的区域。

第六十条　接收、发放和发运区域应当能够保护物料、产品免受外界天气（如雨、雪）的影响。接收区的布局和设施应当能够确保到货物料在进入仓储区前可对外包装进行必要的清洁。

第六十一条　如采用单独的隔离区域贮存待验物料，待验区应当有醒目的标识，且只限于经批准的人员出入。

不合格、退货或召回的物料或产品应当隔离存放。

如果采用其他方法替代物理隔离，则该方法应当具有同等的安全性。

第六十二条　通常应当有单独的物料取样区。取样区的空气洁净度级别应当与生产要求一致。如在其他区域或采用其他方式取样，应当能够防止污染或交叉污染。

第四节　质量控制区

第六十三条　质量控制实验室通常应当与生产区分开。生物检定、微生物和放射性同位素的实验室还应当彼此分开。

第六十四条　实验室的设计应当确保其适用于预定的用途，并能够避免混淆和交叉污染，应当有足够的区域用于样品处置、留样和稳定性考察样品的存放以及记录的保存。

第六十五条　必要时，应当设置专门的仪器室，使灵敏度高的仪器免受静电、震动、潮湿或其他外界因素的干扰。

第六十六条　处理生物样品或放射性样品等特殊物品的实验室应当符合国家的有关要求。

第六十七条　实验动物房应当与其他区域严格分开，其设计、建造应当符合国家有关规定，并设有独立的空气处理设施以及动物的专用通道。

第五节　辅助区

第六十八条　休息室的设置不应当对生产区、仓储区和质量控制区造成不良影响。

第六十九条　更衣室和盥洗室应当方便人员进出，并与使用人数相适应。盥洗室不得与生产区和仓储区直接相通。

第七十条　维修间应当尽可能远离生产区。存放在洁净区内的维修用备件和工具，应当放置在专门的房间或工具柜中。

第五章　设　备

第一节　原　则

第七十一条　设备的设计、选型、安装、改造和维护必须符合预定用途，应当尽可能降低产生污染、交叉污染、混淆和差错的风险，便于操作、清洁、维护，以及必要时进行的消毒或灭菌。

第七十二条　应当建立设备使用、清洁、维护和维修的操作规程，并保存相应的操作记录。

第七十三条　应当建立并保存设备采购、安装、确认的文件和记录。

第二节　设计和安装

第七十四条　生产设备不得对药品质量产生任何不利影响。与药品直接接触的生产设备表面应当平整、光洁、易清洗或消毒、耐腐蚀，不得与药品发生化学反应、吸附药品或向药品中释放物质。

第七十五条　应当配备有适当量程和精度的衡器、量具、仪器和仪表。

第七十六条　应当选择适当的清洗、清洁设备，并防止这类设备成为污染源。

第七十七条　设备所用的润滑剂、冷却剂等不得对药品或容器造成污染，应当尽可能使用食用级或级别相当的润滑剂。

第七十八条　生产用模具的采购、验收、保管、维护、发放及报废应当制定相应操作规程，设专人专柜保管，并有相应记录。

第三节　维护和维修

第七十九条　设备的维护和维修不得影响产品质量。

第八十条　应当制定设备的预防性维护计划和操作规程，设备的维护和维修应当有相应的记录。

第八十一条　经改造或重大维修的设备应当进行再确认，符合要求后方可用于生产。

第四节　使用和清洁

第八十二条　主要生产和检验设备都应当有明确的操作规程。

第八十三条　生产设备应当在确认的参数范围内使用。

第八十四条　应当按照详细规定的操作规程清洁生产设备。

生产设备清洁的操作规程应当规定具体而完整的清洁方法、清洁用设备或工具、清洁剂的名称和配制方法、去除前一批次标识的方法、保护已清洁设备在使用前免受污染的方法、已清洁设备最长的保存时限、使用前检查设备清洁状况的方法，使操作者能以可重现的、有效的方式对各类设备进行清洁。

如需拆装设备，还应当规定设备拆装的顺序和方法；如需对设备消毒或灭菌，还应当规定消毒或灭菌的具体方法、消毒剂的名称和配制方法。必要时，还应当规定设备生产结束至清洁前所允许的最长间隔时限。

第八十五条　已清洁的生产设备应当在清洁、干燥的条件下存放。

第八十六条　用于药品生产或检验的设备和仪器，应当有使用日志，记录内容包括使用、清洁、维护和维修情况以及日期、时间、所生产及检验的药品名称、规格和批号等。

第八十七条　生产设备应当有明显的状态标识，标明设备编号和内容物（如名称、规格、批号）；没有内容物的应当标明清洁状态。

第八十八条　不合格的设备如有可能应当搬出生产和质量控制区，未搬出前，应当有醒目的状态标识。

第八十九条　主要固定管道应当标明内容物名称和流向。

第五节　校　准

第九十条　应当按照操作规程和校准计划定期对生产和检验用衡器、量具、仪表、记录和控制设备以及仪器进行校准和检查，并保存相关记录。校准的量程范围应当涵盖实际生产和检验的使用范围。

第九十一条　应当确保生产和检验使用的关键衡器、量具、仪表、记录和控制设备以及仪器经过校准，所得出的数据准确、可靠。

第九十二条　应当使用计量标准器具进行校准，且所用计量标准器具应当符合国家有关规定。校准记录应当标明所用计量标准器具的名称、编号、校准有效期和计量合格证明编号，确保记录的可追溯性。

第九十三条　衡器、量具、仪表、用于记录和控制的设备以及仪器应当有明显的标识，标明其校准有效期。

第九十四条　不得使用未经校准、超过校准有效期、失准的衡器、量具、仪表以及用于记录和控制的设备、仪器。

第九十五条　在生产、包装、仓储过程中使用自动或电子设备的，应当按照操作规程定期进行校准和检查，确保其操作功能正常。校准和检查应当有相应的记录。

第六节　制药用水

第九十六条　制药用水应当适合其用途，并符合《中华人民共和国药典》的质量标准及相关要求。制药用水至少应当采用饮用水。

第九十七条　水处理设备及其输送系统的设计、安装、运行和维护应当确保制药用水达到设定的质量标准。水处理设备的运行不得超出其设计能力。

第九十八条　纯化水、注射用水储罐和输送管道所用材料应当无毒、耐腐蚀；储罐的通气口应当安装不脱落纤维的疏水性除菌滤器；管道的设计和安装应当避免死角、盲管。

第九十九条　纯化水、注射用水的制备、贮存和分配应当能够防止微生物的滋生。纯化水可采用循环，注射用水可采用70℃以上保温循环。

第一百条　应当对制药用水及原水的水质进行定期监测，并有相应的记录。

第一百零一条　应当按照操作规程对纯化水、注射用水管道进行清洗消毒，并有相关记录。发现制药用水微生物污染达到警戒限度、纠偏限度时应当按照操作规程处理。

第六章　物料与产品

第一节　原　则

第一百零二条　药品生产所用的原辅料、与药品直接接触的包装材料应当符合相应的质量标准。药品上直接印字所用油墨应当符合食用标准要求。

进口原辅料应当符合国家相关的进口管理规定。

第一百零三条　应当建立物料和产品的操作规程，确保物料和产品的正确接收、贮存、发放、使用和发运，防止污染、交叉污染、混淆和差错。

物料和产品的处理应当按照操作规程或工艺规程执行，并有记录。

第一百零四条　物料供应商的确定及变更应当进行质量评估，并经质量管理部门批准后方可采购。

第一百零五条　物料和产品的运输应当能够满足其保证质量的要求，对运输有特殊要求的，其运输条件应当予以确认。

第一百零六条　原辅料、与药品直接接触的包装材料和印刷包装材料的接收应当有操作规程，所有到货物料均应当检查，以确保与订单一致，并确认供应商已经质量管理部门批准。

物料的外包装应当有标签，并注明规定的信息。必要时，还应当进行清洁，发现外包装损坏或其他可能影响物料质量的问题，应当向质量管理部门报告并进行调查和记录。

每次接收均应当有记录，内容包括：

（一）交货单和包装容器上所注物料的名称；

（二）企业内部所用物料名称和（或）代码；

（三）接收日期；

（四）供应商和生产商（如不同）的名称；

（五）供应商和生产商（如不同）标识的批号；

（六）接收总量和包装容器数量；

（七）接收后企业指定的批号或流水号；

（八）有关说明（如包装状况）。

第一百零七条　物料接收和成品生产后应当及时按照待验管理，直至放行。

第一百零八条　物料和产品应当根据其性质有序分批贮存和周转，发放及发运应当符合先进先出和近效期先出的原则。

第一百零九条　使用计算机化仓储管理的，应当有相应的操作规程，防止因系统故障、停机等特殊情况而造成物料和产品的混淆和差错。

使用完全计算机化仓储管理系统进行识别的，物料、产品等相关信息可不必以书面可读的方式标出。

第二节 原辅料

第一百一十条 应当制定相应的操作规程，采取核对或检验等适当措施，确认每一包装内的原辅料正确无误。

第一百一十一条 一次接收数个批次的物料，应当按批取样、检验、放行。

第一百一十二条 仓储区内的原辅料应当有适当的标识，并至少标明下述内容：

（一）指定的物料名称和企业内部的物料代码；

（二）企业接收时设定的批号；

（三）物料质量状态（如待验、合格、不合格、已取样）；

（四）有效期或复验期。

第一百一十三条 只有经质量管理部门批准放行并在有效期或复验期内的原辅料方可使用。

第一百一十四条 原辅料应当按照有效期或复验期贮存。贮存期内，如发现对质量有不良影响的特殊情况，应当进行复验。

第一百一十五条 应当由指定人员按照操作规程进行配料，核对物料后，精确称量或计量，并作好标识。

第一百一十六条 配制的每一物料及其重量或体积应当由他人独立进行复核，并有复核记录。

第一百一十七条 用于同一批药品生产的所有配料应当集中存放，并作好标识。

第三节 中间产品和待包装产品

第一百一十八条 中间产品和待包装产品应当在适当的条件下贮存。

第一百一十九条 中间产品和待包装产品应当有明确的标识，并至少标明下述内容：

（一）产品名称和企业内部的产品代码；

（二）产品批号；

（三）数量或重量（如毛重、净重等）；

（四）生产工序（必要时）；

（五）产品质量状态（必要时，如待验、合格、不合格、已取样）。

第四节 包装材料

第一百二十条 与药品直接接触的包装材料和印刷包装材料的管理和控制要求与原辅料相同。

第一百二十一条 包装材料应当由专人按照操作规程发放，并采取措施避免混淆和差错，确保用于药品生产的包装材料正确无误。

第一百二十二条 应当建立印刷包装材料设计、审核、批准的操作规程，确保印刷包装材料印制的内容与药品监督管理部门核准的一致，并建立专门的文档，保存经签名批准的印刷包装材料原版实样。

第一百二十三条 印刷包装材料的版本变更时，应当采取措施，确保产品所用印刷包装材料的版本正确无误。宜收回作废的旧版印刷模版并予以销毁。

第一百二十四条 印刷包装材料应当设置专门区域妥善存放，未经批准人员不得进入。切割式标签或其他散装印刷包装材料应当分别置于密闭容器内储运，以防混淆。

第一百二十五条 印刷包装材料应当由专人保管，并按照操作规程和需求量发放。

第一百二十六条 每批或每次发放的与药品直接接触的包装材料或印刷包装材料，均应当有识别标志，标明所用产品的名称和批号。

第一百二十七条 过期或废弃的印刷包装材料应当予以销毁并记录。

第五节 成 品

第一百二十八条 成品放行前应当待验贮存。

第一百二十九条 成品的贮存条件应当符合药品注册批准的要求。

第六节 特殊管理的物料和产品

第一百三十条 麻醉药品、精神药品、医疗用毒性药品（包括药材）、放射性药品、药品类易制毒化学品及易燃、易爆和其他危险品的验收、贮存、管理应当执行国家有关的规定。

第七节 其 他

第一百三十一条 不合格的物料、中间产品、待包装产品和成品的每个包装容器上均应当有清晰醒目的标志，并在隔离区内妥善保存。

第一百三十二条 不合格的物料、中间产品、待包装产品和成品的处理应当经质量管理负责人批准，并有记录。

第一百三十三条 产品回收需经预先批准，并对相关的质量风险进行充分评估，根据评估结论决定是否回收。回收应当按照预定的操作规程进行，并有相应记录。回收处理后的产品应当按照回收处理中最早批次产品的生产日期确定有效期。

第一百三十四条 制剂产品不得进行重新加工。不合格的制剂中间产品、待包装产品和成品一般不得进行返工。只有不影响产品质量、符合相应质量标准，且根据预定、经批准的操作规程以及对相关风险充分评估后，才允许返工处理。返工应当有相应记录。

第一百三十五条 对返工或重新加工或回收合并后生产的成品，质量管理部门应当考虑需要进行额外相关项目的检验和稳定性考察。

第一百三十六条 企业应当建立药品退货的操作规程，并有相应的记录，内容至少应当包括：产品名称、批号、规格、数量、退货单位及地址、退货原因及日期、最终处理意见。

同一产品同一批号不同渠道的退货应当分别记录、存放和处理。

第一百三十七条 只有经检查、检验和调查，有证据证明退货质量未受影响，且经质量管理部门根据操作规程评价后，方可考虑将退货重新包装、重新发运销售。评价考虑的因素至少应当包括药品的性质、所需的贮存条件、药品的现状、历史，以及发运与退货之间的间隔时间等因素。不符合贮存和运输要求的退货，应当在质量管理部门监督下予以销毁。对退货质量存有怀疑时，不得重新发运。

对退货进行回收处理的，回收后的产品应当符合预定的质量标准和第一百三十三条的要求。

退货处理的过程和结果应当有相应记录。

第七章 确认与验证

第一百三十八条 企业应当确定需要进行的确认或验证工作，以证明有关操作的关键要素能够得到有效控制。确认或验证的范围和程度应当经过风险评估来确定。

第一百三十九条 企业的厂房、设施、设备和检验仪器应当经过确认，应当采用经过验证的生产工艺、操作规程和检验方法进行生产、操作和检验，并保持持续的验证状态。

第一百四十条 应当建立确认与验证的文件和记录，并能以文件和记录证明达到以下预定的目标：

（一）设计确认应当证明厂房、设施、设备的设计符合预定用途和本规范要求；

（二）安装确认应当证明厂房、设施、设备的建造和安装符合设计标准；

（三）运行确认应当证明厂房、设施、设备的运行符合设计标准；

（四）性能确认应当证明厂房、设施、设备在正常操作方法和工艺条件下能够持续符合标准；

（五）工艺验证应当证明一个生产工艺按照规定的工艺参数能够持续生产出符合预定用途和注册要求的产品。

第一百四十一条　采用新的生产处方或生产工艺前，应当验证其常规生产的适用性。生产工艺在使用规定的原辅料和设备条件下，应当能够始终生产出符合预定用途和注册要求的产品。

第一百四十二条　当影响产品质量的主要因素，如原辅料、与药品直接接触的包装材料、生产设备、生产环境（或厂房）、生产工艺、检验方法等发生变更时，应当进行确认或验证。必要时，还应当经药品监督管理部门批准。

第一百四十三条　清洁方法应当经过验证，证实其清洁的效果，以有效防止污染和交叉污染。清洁验证应当综合考虑设备使用情况、所使用的清洁剂和消毒剂、取样方法和位置以及相应的取样回收率、残留物的性质和限度、残留物检验方法的灵敏度等因素。

第一百四十四条　确认和验证不是一次性的行为。首次确认或验证后，应当根据产品质量回顾分析情况进行再确认或再验证。关键的生产工艺和操作规程应当定期进行再验证，确保其能够达到预期结果。

第一百四十五条　企业应当制定验证总计划，以文件形式说明确认与验证工作的关键信息。

第一百四十六条　验证总计划或其他相关文件中应当作出规定，确保厂房、设施、设备、检验仪器、生产工艺、操作规程和检验方法等能够保持持续稳定。

第一百四十七条　应当根据确认或验证的对象制定确认或验证方案，并经审核、批准。确认或验证方案应当明确职责。

第一百四十八条　确认或验证应当按照预先确定和批准的方案实施，并有记录。确认或验证工作完成后，应当写出报告，并经审核、批准。确认或验证的结果和结论（包括评价和建议）应当有记录并存档。

第一百四十九条　应当根据验证的结果确认工艺规程和操作规程。

第八章　文件管理

第一节　原则

第一百五十条　文件是质量保证系统的基本要素。企业必须有内容正确的书面质量标准、生产处方和工艺规程、操作规程以及记录等文件。

第一百五十一条　企业应当建立文件管理的操作规程，系统地设计、制定、审核、批准和发放文件。与本规范有关的文件应当经质量管理部门的审核。

第一百五十二条　文件的内容应当与药品生产许可、药品注册等相关要求一致，并有助于追溯每批产品的历史情况。

第一百五十三条　文件的起草、修订、审核、批准、替换或撤销、复制、保管和销毁等应当按照操作规程管理，并有相应的文件分发、撤销、复制、销毁记录。

第一百五十四条　文件的起草、修订、审核、批准均应当由适当的人员签名并注明日期。

第一百五十五条　文件应当标明题目、种类、目的以及文件编号和版本号。文字应当确切、清晰、易懂，不能模棱两可。

第一百五十六条　文件应当分类存放、条理分明，便于查阅。

第一百五十七条　原版文件复制时，不得产生任何差错；复制的文件应当清晰可辨。

第一百五十八条　文件应当定期审核、修订；文件修订后，应当按照规定管理，防止旧版文件的误用。分发、使用的文件应当为批准的现行文本，已撤销的或旧版文件除留档备查外，不得在工作现场出现。

第一百五十九条　与本规范有关的每项活动均应当有记录，以保证产品生产、质量控制和质量保证等活动可以追溯。记录应当留有填写数据的足够空格。记录应当及时填写，内容真实，字迹清晰、易读，不易擦除。

第一百六十条　应当尽可能采用生产和检验设备自动打印的记录、图谱和曲线图等，并标明产品或样品的名称、批号和记录设备的信息，操作人应当签注姓名和日期。

第一百六十一条　记录应当保持清洁，不得撕毁和任意涂改。记录填写的任何更改都应当签注姓名和日期，并使原有信息仍清晰可辨，必要时，应当说明更改的理由。记录如需重新誊写，则原有记录不得销毁，应当作为重新誊写记录的附件保存。

第一百六十二条　每批药品应当有批记录，包括批生产记录、批包装记录、批检验记录和药品放行审核记录等与本批产品有关的记录。批记录应当由质量管理部门负责管理，至少保存至药品有效期后一年。

质量标准、工艺规程、操作规程、稳定性考察、确认、验证、变更等其他重要文件应当长期保存。

第一百六十三条　如使用电子数据处理系统、照相技术或其他可靠方式记录数据资料，应当有所用系统的操作规程；记录的准确性应当经过核对。

使用电子数据处理系统的，只有经授权的人员方可输入或更改数据，更改和删除情况应当有记录；应当使用密码或其他方式来控制系统的登录；关键数据输入后，应当由他人独立进行复核。

用电子方法保存的批记录，应当采用磁带、缩微胶卷、纸质副本或其他方法进行备份，以确保记录的安全，且数据资料在保存期内便于查阅。

第二节　质量标准

第一百六十四条　物料和成品应当有经批准的现行质量标准；必要时，中间产品或待包装产品也应当有质量标准。

第一百六十五条　物料的质量标准一般应当包括：

（一）物料的基本信息：

1.企业统一指定的物料名称和内部使用的物料代码；

2.质量标准的依据；

3.经批准的供应商；

4.印刷包装材料的实样或样稿。

（二）取样、检验方法或相关操作规程编号；

（三）定性和定量的限度要求；

（四）贮存条件和注意事项；

（五）有效期或复验期。

第一百六十六条　外购或外销的中间产品和待包装产品应当有质量标准；如果中间产品的检验结果用于成品的质量评价，则应当制定与成品质量标准相对应的中间产品质量标准。

第一百六十七条　成品的质量标准应当包括：

（一）产品名称以及产品代码；

（二）对应的产品处方编号（如有）；

（三）产品规格和包装形式；

（四）取样、检验方法或相关操作规程编号；

（五）定性和定量的限度要求；

（六）贮存条件和注意事项；

（七）有效期。

第三节　工艺规程

第一百六十八条　每种药品的每个生产批量均应当有经企业批准的工艺规程，不同药品规格的每种包装形式均应当有各自的包装操作要求。工艺规程的制定应当以注册批准的工艺为依据。

第一百六十九条　工艺规程不得任意更改。如需更改，应当按照相关的操作规程修订、审核、批准。

第一百七十条　制剂的工艺规程的内容至少应当包括：

（一）生产处方：

1.产品名称和产品代码；

2.产品剂型、规格和批量；

3.所用原辅料清单（包括生产过程中使用，但不在成品中出现的物料），阐明每一物料的指定名称、代码和用量；如原辅料的用量需要折算时，还应当说明计算方法。

（二）生产操作要求：

1.对生产场所和所用设备的说明（如操作间的位置和编号、洁净度级别、必要的温湿度要求、设备型号和编号等）；

2.关键设备的准备（如清洗、组装、校准、灭菌等）所采用的方法或相应操作规程编号；

3.详细的生产步骤和工艺参数说明（如物料的核对、预处理、加入物料的顺序、混合时间、温度等）；

4.所有中间控制方法及标准；

5.预期的最终产量限度，必要时，还应当说明中间产品的产量限度，以及物料平衡的计算方法和限度；

6.待包装产品的贮存要求，包括容器、标签及特殊贮存条件；

7.需要说明的注意事项。

（三）包装操作要求：

1.以最终包装容器中产品的数量、重量或体积表示的包装形式；

2.所需全部包装材料的完整清单，包括包装材料的名称、数量、规格、类型以及与质量标准有关的每一包装材料的代码；

3.印刷包装材料的实样或复制品，并标明产品批号、有效期打印位置；

4.需要说明的注意事项，包括对生产区和设备进行的检查，在包装操作开始前，确认包装生产线的清场已经完成等；

5.包装操作步骤的说明，包括重要的辅助性操作和所用设备的注意事项、包装材料使用前的核对；

6.中间控制的详细操作，包括取样方法及标准；

7.待包装产品、印刷包装材料的物料平衡计算方法和限度。

第四节　批生产记录

第一百七十一条　每批产品均应当有相应的批生产记录，可追溯该批产品的生产历史以及与质量有关的情况。

第一百七十二条　批生产记录应当依据现行批准的工艺规程的相关内容制定。记录的设计应当避免填写差错。批生产记录的每一页应当标注产品的名称、规格和批号。

第一百七十三条　原版空白的批生产记录应当经生产管理负责人和质量管理负责人审核

和批准。批生产记录的复制和发放均应当按照操作规程进行控制并有记录，每批产品的生产只能发放一份原版空白批生产记录的复制件。

第一百七十四条　在生产过程中，进行每项操作时应当及时记录，操作结束后，应当由生产操作人员确认并签注姓名和日期。

第一百七十五条　批生产记录的内容应当包括：

（一）产品名称、规格、批号；

（二）生产以及中间工序开始、结束的日期和时间；

（三）每一生产工序的负责人签名；

（四）生产步骤操作人员的签名；必要时，还应当有操作（如称量）复核人员的签名；

（五）每一原辅料的批号以及实际称量的数量（包括投入的回收或返工处理产品的批号及数量）；

（六）相关生产操作或活动、工艺参数及控制范围，以及所用主要生产设备的编号；

（七）中间控制结果的记录以及操作人员的签名；

（八）不同生产工序所得产量及必要时的物料平衡计算；

（九）对特殊问题或异常事件的记录，包括对偏离工艺规程的偏差情况的详细说明或调查报告，并经签字批准。

第五节　批包装记录

第一百七十六条　每批产品或每批中部分产品的包装，都应当有批包装记录，以便追溯该批产品包装操作以及与质量有关的情况。

第一百七十七条　批包装记录应当依据工艺规程中与包装相关的内容制定。记录的设计应当注意避免填写差错。批包装记录的每一页均应当标注所包装产品的名称、规格、包装形式和批号。

第一百七十八条　批包装记录应当有待包装产品的批号、数量以及成品的批号和计划数量。原版空白的批包装记录的审核、批准、复制和发放的要求与原版空白的批生产记录相同。

第一百七十九条　在包装过程中，进行每项操作时应当及时记录，操作结束后，应当由包装操作人员确认并签注姓名和日期。

第一百八十条　批包装记录的内容包括：

（一）产品名称、规格、包装形式、批号、生产日期和有效期；

（二）包装操作日期和时间；

（三）包装操作负责人签名；

（四）包装工序的操作人员签名；

（五）每一包装材料的名称、批号和实际使用的数量；

（六）根据工艺规程所进行的检查记录，包括中间控制结果；

（七）包装操作的详细情况，包括所用设备及包装生产线的编号；

（八）所用印刷包装材料的实样，并印有批号、有效期及其他打印内容；不易随批包装记录归档的印刷包装材料可采用印有上述内容的复制品；

（九）对特殊问题或异常事件的记录，包括对偏离工艺规程的偏差情况的详细说明或调查报告，并经签字批准；

（十）所有印刷包装材料和待包装产品的名称、代码，以及发放、使用、销毁或退库的数量、实际产量以及物料平衡检查。

第六节　操作规程和记录

第一百八十一条　操作规程的内容应当包括：题目、编号、版本号、颁发部门、生效日期、分发部门以及制定人、审核人、批准人的签名并注明日期，标题、正文及变更历史。

第一百八十二条　厂房、设备、物料、文件和记录应当有编号（或代码），并制定编制编号（或代码）的操作规程，确保编号（或代码）的唯一性。

第一百八十三条　下述活动也应当有相应的操作规程，其过程和结果应当有记录：

（一）确认和验证；

（二）设备的装配和校准；

（三）厂房和设备的维护、清洁和消毒；

（四）培训、更衣及卫生等与人员相关的事宜；

（五）环境监测；

（六）虫害控制；

（七）变更控制；

（八）偏差处理；

（九）投诉；

（十）药品召回；

（十一）退货。

第九章　生产管理

第一节　原则

第一百八十四条　所有药品的生产和包装均应当按照批准的工艺规程和操作规程进行操作并有相关记录，以确保药品达到规定的质量标准，并符合药品生产许可和注册批准的要求。

第一百八十五条　应当建立划分产品生产批次的操作规程，生产批次的划分应当能够确保同一批次产品质量和特性的均一性。

第一百八十六条　应当建立编制药品批号和确定生产日期的操作规程。每批药品均应当编制唯一的批号。除另有法定要求外，生产日期不得迟于产品成型或灌装（封）前经最后混合的操作开始日期，不得以产品包装日期作为生产日期。

第一百八十七条　每批产品应当检查产量和物料平衡，确保物料平衡符合设定的限度。如有差异，必须查明原因，确认无潜在质量风险后，方可按照正常产品处理。

第一百八十八条　不得在同一生产操作间同时进行不同品种和规格药品的生产操作，除非没有发生混淆或交叉污染的可能。

第一百八十九条　在生产的每一阶段，应当保护产品和物料免受微生物和其他污染。

第一百九十条　在干燥物料或产品，尤其是高活性、高毒性或高致敏性物料或产品的生产过程中，应当采取特殊措施，防止粉尘的产生和扩散。

第一百九十一条　生产期间使用的所有物料、中间产品或待包装产品的容器及主要设备、必要的操作室应当贴签标识或以其他方式标明生产中的产品或物料名称、规格和批号，如有必要，还应当标明生产工序。

第一百九十二条　容器、设备或设施所用标识应当清晰明了，标识的格式应当经企业相关部门批准。除在标识上使用文字说明外，还可采用不同的颜色区分被标识物的状态（如待验、合格、不合格或已清洁等）。

第一百九十三条　应当检查产品从一个区域输送至另一个区域的管道和其他设备连接，确保连接正确无误。

第一百九十四条　每次生产结束后应当进行清场，确保设备和工作场所没有遗留与本次生产有关的物料、产品和文件。下次生产开始前，应当对前次清场情况进行确认。

第一百九十五条　应当尽可能避免出现任何偏离工艺规程或操作规程的偏差。一旦出现偏差，应当按照偏差处理操作规程执行。

第一百九十六条　生产厂房应当仅限于经批准的人员出入。

第二节　防止生产过程中的污染和交叉污染

第一百九十七条　生产过程中应当尽可能采取措施，防止污染和交叉污染，如：

（一）在分隔的区域内生产不同品种的药品；

（二）采用阶段性生产方式；

（三）设置必要的气锁间和排风；空气洁净度级别不同的区域应当有压差控制；

（四）应当降低未经处理或未经充分处理的空气再次进入生产区导致污染的风险；

（五）在易产生交叉污染的生产区内，操作人员应当穿戴该区域专用的防护服；

（六）采用经过验证或已知有效的清洁和去污染操作规程进行设备清洁；必要时，应当对与物料直接接触的设备表面的残留物进行检测；

（七）采用密闭系统生产；

（八）干燥设备的进风应当有空气过滤器，排风应当有防止空气倒流装置；

（九）生产和清洁过程中应当避免使用易碎、易脱屑、易发霉器具；使用筛网时，应当有防止因筛网断裂而造成污染的措施；

（十）液体制剂的配制、过滤、灌封、灭菌等工序应当在规定时间内完成；

（十一）软膏剂、乳膏剂、凝胶剂等半固体制剂以及栓剂的中间产品应当规定贮存期和贮存条件。

第一百九十八条　应当定期检查防止污染和交叉污染的措施并评估其适用性和有效性。

第三节　生产操作

第一百九十九条　生产开始前应当进行检查，确保设备和工作场所没有上批遗留的产品、文件或与本批产品生产无关的物料，设备处于已清洁及待用状态。检查结果应当有记录。

生产操作前，还应当核对物料或中间产品的名称、代码、批号和标识，确保生产所用物料或中间产品正确且符合要求。

第二百条　应当进行中间控制和必要的环境监测，并予以记录。

第二百零一条　每批药品的每一生产阶段完成后必须由生产操作人员清场，并填写清场记录。清场记录内容包括：操作间编号、产品名称、批号、生产工序、清场日期、检查项目及结果、清场负责人及复核人签名。清场记录应当纳入批生产记录。

第四节　包装操作

第二百零二条　包装操作规程应当规定降低污染和交叉污染、混淆或差错风险的措施。

第二百零三条　包装开始前应当进行检查，确保工作场所、包装生产线、印刷机及其他设备已处于清洁或待用状态，无上批遗留的产品、文件或与本批产品包装无关的物料。检查结果应当有记录。

第二百零四条　包装操作前，还应当检查所领用的包装材料正确无误，核对待包装产品和所用包装材料的名称、规格、数量、质量状态，且与工艺规程相符。

第二百零五条　每一包装操作场所或包装生产线，应当有标识标明包装中的产品名称、规格、批号和批量的生产状态。

第二百零六条　有数条包装线同时进行包装时，应当采取隔离或其他有效防止污染、交叉污染或混淆的措施。

第二百零七条　待用分装容器在分装前应当保持清洁，避免容器中有玻璃碎屑、金属颗粒等污染物。

第二百零八条　产品分装、封口后应当及时贴签。未能及时贴签时，应当按照相关的操作规程操作，避免发生混淆或贴错标签等差错。

第二百零九条　单独打印或包装过程中在线打印的信息（如产品批号或有效期）均应当进行检查，确保其正确无误，并予以记录。如手工打印，应当增加检查频次。

第二百一十条　使用切割式标签或在包装线以外单独打印标签，应当采取专门措施，防止混淆。

第二百一十一条　应当对电子读码机、标签计数器或其他类似装置的功能进行检查，确保其准确运行。检查应当有记录。

第二百一十二条　包装材料上印刷或模压的内容应当清晰，不易褪色和擦除。

第二百一十三条　包装期间，产品的中间控制检查应当至少包括下述内容：

（一）包装外观；

（二）包装是否完整；

（三）产品和包装材料是否正确；

（四）打印信息是否正确；

（五）在线监控装置的功能是否正常。

样品从包装生产线取走后不应当再返还，以防止产品混淆或污染。

第二百一十四条　因包装过程产生异常情况而需要重新包装产品的，必须经专门检查、调查并由指定人员批准。重新包装应当有详细记录。

第二百一十五条　在物料平衡检查中，发现待包装产品、印刷包装材料以及成品数量有显著差异时，应当进行调查，未得出结论前，成品不得放行。

第二百一十六条　包装结束时，已打印批号的剩余包装材料应当由专人负责全部计数销毁，并有记录。如将未打印批号的印刷包装材料退库，应当按照操作规程执行。

第十章　质量控制与质量保证

第一节　质量控制实验室管理

第二百一十七条　质量控制实验室的人员、设施、设备应当与产品性质和生产规模相适应。

企业通常不得进行委托检验，确需委托检验的，应当按照第十一章中委托检验部分的规定，委托外部实验室进行检验，但应当在检验报告中予以说明。

第二百一十八条　质量控制负责人应当具有足够的管理实验室的资质和经验，可以管理同一企业的一个或多个实验室。

第二百一十九条　质量控制实验室的检验人员至少应当具有相关专业中专或高中以上学历，并经过与所从事的检验操作相关的实践培训且通过考核。

第二百二十条　质量控制实验室应当配备药典、标准图谱等必要的工具书，以及标准品或对照品等相关的标准物质。

第二百二十一条　质量控制实验室的文件应当符合第八章的原则，并符合下列要求：

（一）质量控制实验室应当至少有下列详细文件：

1.质量标准；

2.取样操作规程和记录；

3.检验操作规程和记录（包括检验记录或实验室工作记事簿）；

4.检验报告或证书；

5.必要的环境监测操作规程、记录和报告；

6.必要的检验方法验证报告和记录；

7.仪器校准和设备使用、清洁、维护的操作规程及记录。

（二）每批药品的检验记录应当包括中间产品、待包装产品和成品的质量检验记录，可追溯该批药品所有相关的质量检验情况；

（三）宜采用便于趋势分析的方法保存某些数据（如检验数据、环境监测数据、制药用水的微生物监测数据）；

（四）除与批记录相关的资料信息外，还应当保存其他原始资料或记录，以方便查阅。

第二百二十二条　取样应当至少符合以下要求：

（一）质量管理部门的人员有权进入生产区和仓储区进行取样及调查；

（二）应当按照经批准的操作规程取样，操作规程应当详细规定：

1.经授权的取样人；

2.取样方法；

3.所用器具；

4.样品量；

5.分样的方法；

6.存放样品容器的类型和状态；

7.取样后剩余部分及样品的处置和标识；

8.取样注意事项，包括为降低取样过程产生的各种风险所采取的预防措施，尤其是无菌或有害物料的取样以及防止取样过程中污染和交叉污染的注意事项；

9.贮存条件；

10.取样器具的清洁方法和贮存要求。

（三）取样方法应当科学、合理，以保证样品的代表性；

（四）留样应当能够代表被取样批次的产品或物料，也可抽取其他样品来监控生产过程中最重要的环节（如生产的开始或结束）；

（五）样品的容器应当贴有标签，注明样品名称、批号、取样日期、取自哪一包装容器、取样人等信息；

（六）样品应当按照规定的贮存要求保存。

第二百二十三条　物料和不同生产阶段产品的检验应当至少符合以下要求：

（一）企业应当确保药品按照注册批准的方法进行全项检验；

（二）符合下列情形之一的，应当对检验方法进行验证：

1.采用新的检验方法；

2.检验方法需变更的；

3.采用《中华人民共和国药典》及其他法定标准未收载的检验方法；

4.法规规定的其他需要验证的检验方法。

（三）对不需要进行验证的检验方法，企业应当对检验方法进行确认，以确保检验数据准确、可靠；

（四）检验应当有书面操作规程，规定所用方法、仪器和设备，检验操作规程的内容应当与经确认或验证的检验方法一致；

（五）检验应当有可追溯的记录并应当复核，确保结果与记录一致。所有计算均应当严格核对；

（六）检验记录应当至少包括以下内容：

1.产品或物料的名称、剂型、规格、批号或供货批号，必要时注明供应商和生产商（如不同）的名称或来源；

2. 依据的质量标准和检验操作规程；

3. 检验所用的仪器或设备的型号和编号；

4. 检验所用的试液和培养基的配制批号、对照品或标准品的来源和批号；

5. 检验所用动物的相关信息；

6. 检验过程，包括对照品溶液的配制、各项具体的检验操作、必要的环境温湿度；

7. 检验结果，包括观察情况、计算和图谱或曲线图，以及依据的检验报告编号；

8. 检验日期；

9. 检验人员的签名和日期；

10. 检验、计算复核人员的签名和日期。

（七）所有中间控制（包括生产人员所进行的中间控制），均应当按照经质量管理部门批准的方法进行，检验应当有记录；

（八）应当对实验室容量分析用玻璃仪器、试剂、试液、对照品以及培养基进行质量检查；

（九）必要时应当将检验用实验动物在使用前进行检验或隔离检疫。饲养和管理应当符合相关的实验动物管理规定。动物应当有标识，并应当保存使用的历史记录。

第二百二十四条　质量控制实验室应当建立检验结果超标调查的操作规程。任何检验结果超标都必须按照操作规程进行完整的调查，并有相应的记录。

第二百二十五条　企业按规定保存的、用于药品质量追溯或调查的物料、产品样品为留样。用于产品稳定性考察的样品不属于留样。

留样应当至少符合以下要求：

（一）应当按照操作规程对留样进行管理；

（二）留样应当能够代表被取样批次的物料或产品；

（三）成品的留样：

1. 每批药品均应当有留样；如果一批药品分成数次进行包装，则每次包装至少应当保留一件最小市售包装的成品；

2. 留样的包装形式应当与药品市售包装形式相同，原料药的留样如无法采用市售包装形式的，可采用模拟包装；

3. 每批药品的留样数量一般至少应当能够确保按照注册批准的质量标准完成两次全检（无菌检查和热原检查等除外）；

4. 如果不影响留样的包装完整性，保存期间内至少应当每年对留样进行一次目检观察，如有异常，应当进行彻底调查并采取相应的处理措施；

5. 留样观察应当有记录；

6. 留样应当按照注册批准的贮存条件至少保存至药品有效期后一年；

7. 如企业终止药品生产或关闭的，应当将留样转交受权单位保存，并告知当地药品监督管理部门，以便在必要时可随时取得留样。

（四）物料的留样：

1. 制剂生产用每批原辅料和与药品直接接触的包装材料均应当有留样。与药品直接接触的包装材料（如输液瓶），如成品已有留样，可不必单独留样。

2. 物料的留样量应当至少满足鉴别的需要。

3. 除稳定性较差的原辅料外，用于制剂生产的原辅料（不包括生产过程中使用的溶剂、气体或制药用水）和与药品直接接触的包装材料的留样应当至少保存至产品放行后二年。如果物料的有效期较短，则留样时间可相应缩短。

4.物料的留样应当按照规定的条件贮存，必要时还应当适当包装密封。

第二百二十六条　试剂、试液、培养基和检定菌的管理应当至少符合以下要求：

（一）试剂和培养基应当从可靠的供应商处采购，必要时应当对供应商进行评估。

（二）应当有接收试剂、试液、培养基的记录，必要时，应当在试剂、试液、培养基的容器上标注接收日期。

（三）应当按照相关规定或使用说明配制、贮存和使用试剂、试液和培养基。特殊情况下，在接收或使用前，还应当对试剂进行鉴别或其他检验。

（四）试液和已配制的培养基应当标注配制批号、配制日期和配制人员姓名，并有配制（包括灭菌）记录。不稳定的试剂、试液和培养基应当标注有效期及特殊贮存条件。标准液、滴定液还应当标注最后一次标化的日期和校正因子，并有标化记录。

（五）配制的培养基应当进行适用性检查，并有相关记录。应当有培养基使用记录。

（六）应当有检验所需的各种检定菌，并建立检定菌保存、传代、使用、销毁的操作规程和相应记录。

（七）检定菌应当有适当的标识，内容至少包括菌种名称、编号、代次、传代日期、传代操作人。

（八）检定菌应当按照规定的条件贮存，贮存的方式和时间不应当对检定菌的生长特性有不利影响。

第二百二十七条　标准品或对照品的管理应当至少符合以下要求：

（一）标准品或对照品应当按照规定贮存和使用；

（二）标准品或对照品应当有适当的标识，内容至少包括名称、批号、制备日期（如有）、有效期（如有）、首次开启日期、含量或效价、贮存条件；

（三）企业如需自制工作标准品或对照品，应当建立工作标准品或对照品的质量标准以及制备、鉴别、检验、批准和贮存的操作规程，每批工作标准品或对照品应当用法定标准品或对照品进行标化，并确定有效期，还应当通过定期标化证明工作标准品或对照品的效价或含量在有效期内保持稳定。标化的过程和结果应当有相应的记录。

第二节　物料和产品放行

第二百二十八条　应当分别建立物料和产品批准放行的操作规程，明确批准放行的标准、职责，并有相应的记录。

第二百二十九条　物料的放行应当至少符合以下要求：

（一）物料的质量评价内容应当至少包括生产商的检验报告、物料包装完整性和密封性的检查情况和检验结果；

（二）物料的质量评价应当有明确的结论，如批准放行、不合格或其他决定；

（三）物料应当由指定人员签名批准放行。

第二百三十条　产品的放行应当至少符合以下要求：

（一）在批准放行前，应当对每批药品进行质量评价，保证药品及其生产应当符合注册和本规范要求，并确认以下各项内容：

1.主要生产工艺和检验方法经过验证；

2.已完成所有必需的检查、检验，并综合考虑实际生产条件和生产记录；

3.所有必需的生产和质量控制均已完成并经相关主管人员签名；

4.变更已按照相关规程处理完毕，需要经药品监督管理部门批准的变更已得到批准；

5.对变更或偏差已完成所有必要的取样、检查、检验和审核；

6.所有与该批产品有关的偏差均已有明确的解释或说明，或者已经过彻底调查和适当处理；如偏差还涉及其他批次产品，应当一并处理。

（二）药品的质量评价应当有明确的结论，如批准放行、不合格或其他决定。

（三）每批药品均应当由质量受权人签名批准放行。

（四）疫苗类制品、血液制品、用于血源筛查的体外诊断试剂以及国家食品药品监督管理局规定的其他生物制品放行前还应当取得批签发合格证明。

第三节　持续稳定性考察

第二百三十一条　持续稳定性考察的目的是在有效期内监控已上市药品的质量，以发现药品与生产相关的稳定性问题（如杂质含量或溶出度特性的变化），并确定药品能够在标示的贮存条件下，符合质量标准的各项要求。

第二百三十二条　持续稳定性考察主要针对市售包装药品，但也需兼顾待包装产品。例如，当待包装产品在完成包装前，或从生产厂运输到包装厂，还需要长期贮存时，应当在相应的环境条件下，评估其对包装后产品稳定性的影响。此外，还应当考虑对贮存时间较长的中间产品进行考察。

第二百三十三条　持续稳定性考察应当有考察方案，结果应当有报告。用于持续稳定性考察的设备（尤其是稳定性试验设备或设施）应当按照第七章和第五章的要求进行确认和维护。

第二百三十四条　持续稳定性考察的时间应当涵盖药品有效期，考察方案应当至少包括以下内容：

（一）每种规格、每个生产批量药品的考察批次数；

（二）相关的物理、化学、微生物和生物学检验方法，可考虑采用稳定性考察专属的检验方法；

（三）检验方法依据；

（四）合格标准；

（五）容器密封系统的描述；

（六）试验间隔时间（测试时间点）；

（七）贮存条件（应当采用与药品标示贮存条件相对应的《中华人民共和国药典》规定的长期稳定性试验标准条件）；

（八）检验项目，如检验项目少于成品质量标准所包含的项目，应当说明理由。

第二百三十五条　考察批次数和检验频次应当能够获得足够的数据，以供趋势分析。通常情况下，每种规格、每种内包装形式的药品，至少每年应当考察一个批次，除非当年没有生产。

第二百三十六条　某些情况下，持续稳定性考察中应当额外增加批次数，如重大变更或生产和包装有重大偏差的药品应当列入稳定性考察。此外，重新加工、返工或回收的批次，也应当考虑列入考察，除非已经过验证和稳定性考察。

第二百三十七条　关键人员，尤其是质量受权人，应当了解持续稳定性考察的结果。当持续稳定性考察不在待包装产品和成品的生产企业进行时，则相关各方之间应当有书面协议，且均应当保存持续稳定性考察的结果以供药品监督管理部门审查。

第二百三十八条　应当对不符合质量标准的结果或重要的异常趋势进行调查。对任何已确认的不符合质量标准的结果或重大不良趋势，企业都应当考虑是否可能对已上市药品造成影响，必要时应当实施召回，调查结果以及采取的措施应当报告当地药品监督管理部门。

第二百三十九条　应当根据所获得的全部数据资料，包括考察的阶段性结论，撰写总结报告并保存。应当定期审核总结报告。

第四节　变更控制

第二百四十条　企业应当建立变更控制系统，对所有影响产品质量的变更进行评估和管理。需要经药品监督管理部门批准的变更应当在得到批准后方可实施。

第二百四十一条　应当建立操作规程，规定原辅料、包装材料、质量标准、检验方法、操作规程、厂房、设施、设备、仪器、生产工艺和计算机软件变更的申请、评估、审核、批准和实施。质量管理部门应当指定专人负责变更控制。

第二百四十二条　变更都应当评估其对产品质量的潜在影响。企业可以根据变更的性质、范围、对产品质量潜在影响的程度将变更分类（如主要、次要变更）。判断变更所需的验证、额外的检验以及稳定性考察应当有科学依据。

第二百四十三条　与产品质量有关的变更由申请部门提出后，应当经评估、制定实施计划并明确实施职责，最终由质量管理部门审核批准。变更实施应当有相应的完整记录。

第二百四十四条　改变原辅料、与药品直接接触的包装材料、生产工艺、主要生产设备以及其他影响药品质量的主要因素时，还应当对变更实施后最初至少三个批次的药品质量进行评估。如果变更可能影响药品的有效期，则质量评估还应当包括对变更实施后生产的药品进行稳定性考察。

第二百四十五条　变更实施时，应当确保与变更相关的文件均已修订。

第二百四十六条　质量管理部门应当保存所有变更的文件和记录。

第五节　偏差处理

第二百四十七条　各部门负责人应当确保所有人员正确执行生产工艺、质量标准、检验方法和操作规程，防止偏差的产生。

第二百四十八条　企业应当建立偏差处理的操作规程，规定偏差的报告、记录、调查、处理以及所采取的纠正措施，并有相应的记录。

第二百四十九条　任何偏差都应当评估其对产品质量的潜在影响。企业可以根据偏差的性质、范围、对产品质量潜在影响的程度将偏差分类（如重大、次要偏差），对重大偏差的评估还应当考虑是否需要对产品进行额外的检验以及对产品有效期的影响，必要时，应当对涉及重大偏差的产品进行稳定性考察。

第二百五十条　任何偏离生产工艺、物料平衡限度、质量标准、检验方法、操作规程等的情况均应当有记录，并立即报告主管人员及质量管理部门，应当有清楚的说明，重大偏差应当由质量管理部门会同其他部门进行彻底调查，并有调查报告。偏差调查报告应当由质量管理部门的指定人员审核并签字。

企业还应当采取预防措施有效防止类似偏差的再次发生。

第二百五十一条　质量管理部门应当负责偏差的分类，保存偏差调查、处理的文件和记录。

第六节　纠正措施和预防措施

第二百五十二条　企业应当建立纠正措施和预防措施系统，对投诉、召回、偏差、自检或外部检查结果、工艺性能和质量监测趋势等进行调查并采取纠正和预防措施。调查的深度和形式应当与风险的级别相适应。纠正措施和预防措施系统应当能够增进对产品和工艺的理解，改进产品和工艺。

第二百五十三条　企业应当建立实施纠正和预防措施的操作规程，内容至少包括：

（一）对投诉、召回、偏差、自检或外部检查结果、工艺性能和质量监测趋势以及其他来源的质量数据进行分析，确定已有和潜在的质量问题。必要时，应当采用适当的统计学方法。

（二）调查与产品、工艺和质量保证系统有关的原因。

（三）确定所需采取的纠正和预防措施，防止问题的再次发生。

（四）评估纠正和预防措施的合理性、有效性和充分性。

（五）对实施纠正和预防措施过程中所有发生的变更应当予以记录。

（六）确保相关信息已传递到质量受权人和预防问题再次发生的直接负责人。

（七）确保相关信息及其纠正和预防措施已通过高层管理人员的评审。

第二百五十四条　实施纠正和预防措施应当有文件记录，并由质量管理部门保存。

第七节　供应商的评估和批准

第二百五十五条　质量管理部门应当对所有生产用物料的供应商进行质量评估，会同有关部门对主要物料供应商（尤其是生产商）的质量体系进行现场质量审计，并对质量评估不符合要求的供应商行使否决权。

主要物料的确定应当综合考虑企业所生产的药品质量风险、物料用量以及物料对药品质量的影响程度等因素。

企业法定代表人、企业负责人及其他部门的人员不得干扰或妨碍质量管理部门对物料供应商独立作出质量评估。

第二百五十六条　应当建立物料供应商评估和批准的操作规程，明确供应商的资质、选择的原则、质量评估方式、评估标准、物料供应商批准的程序。

如质量评估需采用现场质量审计方式的，还应当明确审计内容、周期、审计人员的组成及资质。需采用样品小批量试生产的，还应当明确生产批量、生产工艺、产品质量标准、稳定性考察方案。

第二百五十七条　质量管理部门应当指定专人负责物料供应商质量评估和现场质量审计，分发经批准的合格供应商名单。被指定的人员应当具有相关的法规和专业知识，具有足够的质量评估和现场质量审计的实践经验。

第二百五十八条　现场质量审计应当核实供应商资质证明文件和检验报告的真实性，核实是否具备检验条件。应当对其人员机构、厂房设施和设备、物料管理、生产工艺流程和生产管理、质量控制实验室的设备、仪器、文件管理等进行检查，以全面评估其质量保证系统。现场质量审计应当有报告。

第二百五十九条　必要时，应当对主要物料供应商提供的样品进行小批量试生产，并对试生产的药品进行稳定性考察。

第二百六十条　质量管理部门对物料供应商的评估至少应当包括：供应商的资质证明文件、质量标准、检验报告、企业对物料样品的检验数据和报告。如进行现场质量审计和样品小批量试生产的，还应当包括现场质量审计报告，以及小试产品的质量检验报告和稳定性考察报告。

第二百六十一条　改变物料供应商，应当对新的供应商进行质量评估；改变主要物料供应商的，还需要对产品进行相关的验证及稳定性考察。

第二百六十二条　质量管理部门应当向物料管理部门分发经批准的合格供应商名单，该名单内容至少包括物料名称、规格、质量标准、生产商名称和地址、经销商（如有）名称等，并及时更新。

第二百六十三条　质量管理部门应当与主要物料供应商签订质量协议，在协议中应当明确双方所承担的质量责任。

第二百六十四条　质量管理部门应当定期对物料供应商进行评估或现场质量审计，回顾分析物料质量检验结果、质量投诉和不合格处理记录。如物料出现质量问题或生产条件、工艺、质量标准和检验方法等可能影响质量的关键因素发生重大改变时，还应当尽快进行相关的现场质量审计。

第二百六十五条　企业应当对每家物料供应商建立质量档案，档案内容应当包括供应商的资质证明文件、质量协议、质量标准、样品检验数据和报告、供应商的检验报告、现场质量审计报告、产品稳定性考察报告、定期的质量回顾分析报告等。

第八节　产品质量回顾分析

第二百六十六条　应当按照操作规程，每年对所有生产的药品按品种进行产品质量回顾分析，以确认工艺稳定可靠，以及原辅料、成品现行质量标准的适用性，及时发现不良趋势，确定产品及工艺改进的方向。应当考虑以往回顾分析的历史数据，还应当对产品质量回顾分析的有效性进行自检。

当有合理的科学依据时，可按照产品的剂型分类进行质量回顾，如固体制剂、液体制剂和无菌制剂等。

回顾分析应当有报告。

企业至少应当对下列情形进行回顾分析：

（一）产品所用原辅料的所有变更，尤其是来自新供应商的原辅料；

（二）关键中间控制点及成品的检验结果；

（三）所有不符合质量标准的批次及其调查；

（四）所有重大偏差及相关的调查、所采取的整改措施和预防措施的有效性；

（五）生产工艺或检验方法等的所有变更；

（六）已批准或备案的药品注册所有变更；

（七）稳定性考察的结果及任何不良趋势；

（八）所有因质量原因造成的退货、投诉、召回及调查；

（九）与产品工艺或设备相关的纠正措施的执行情况和效果；

（十）新获批准和有变更的药品，按照注册要求上市后应当完成的工作情况；

（十一）相关设备和设施，如空调净化系统、水系统、压缩空气等的确认状态；

（十二）委托生产或检验的技术合同履行情况。

第二百六十七条　应当对回顾分析的结果进行评估，提出是否需要采取纠正和预防措施或进行再确认或再验证的评估意见及理由，并及时、有效地完成整改。

第二百六十八条　药品委托生产时，委托方和受托方之间应当有书面的技术协议，规定产品质量回顾分析中各方的责任，确保产品质量回顾分析按时进行并符合要求。

第九节　投诉与不良反应报告

第二百六十九条　应当建立药品不良反应报告和监测管理制度，设立专门机构并配备专职人员负责管理。

第二百七十条　应当主动收集药品不良反应，对不良反应应当详细记录、评价、调查和处理，及时采取措施控制可能存在的风险，并按照要求向药品监督管理部门报告。

第二百七十一条　应当建立操作规程，规定投诉登记、评价、调查和处理的程序，并规定因可能的产品缺陷发生投诉时所采取的措施，包括考虑是否有必要从市场召回药品。

第二百七十二条　应当有专人及足够的辅助人员负责进行质量投诉的调查和处理，所有投诉、调查的信息应当向质量受权人通报。

第二百七十三条　所有投诉都应当登记与审核，与产品质量缺陷有关的投诉，应当详细记录投诉的各个细节，并进行调查。

第二百七十四条　发现或怀疑某批药品存在缺陷，应当考虑检查其他批次的药品，查明其是否受到影响。

第二百七十五条　投诉调查和处理应当有记录，并注明所查相关批次产品的信息。

第二百七十六条　应当定期回顾分析投诉记录，以便发现需要警觉、重复出现以及可能需要从市场召回药品的问题，并采取相应措施。

第二百七十七条　企业出现生产失误、药品变质或其他重大质量问题，应当及时采取相应措施，必要时还应当向当地药品监督管理部门报告。

第十一章　委托生产与委托检验

第一节　原则

第二百七十八条　为确保委托生产产品的质量和委托检验的准确性和可靠性，委托方和受托方必须签订书面合同，明确规定各方责任、委托生产或委托检验的内容及相关的技术事项。

第二百七十九条　委托生产或委托检验的所有活动，包括在技术或其他方面拟采取的任何变更，均应当符合药品生产许可和注册的有关要求。

第二节　委托方

第二百八十条　委托方应当对受托方进行评估，对受托方的条件、技术水平、质量管理情况进行现场考核，确认其具有完成受托工作的能力，并能保证符合本规范的要求。

第二百八十一条　委托方应当向受托方提供所有必要的资料，以使受托方能够按照药品注册和其他法定要求正确实施所委托的操作。

委托方应当使受托方充分了解与产品或操作相关的各种问题，包括产品或操作对受托方的环境、厂房、设备、人员及其他物料或产品可能造成的危害。

第二百八十二条　委托方应当对受托生产或检验的全过程进行监督。

第二百八十三条　委托方应当确保物料和产品符合相应的质量标准。

第三节　受托方

第二百八十四条　受托方必须具备足够的厂房、设备、知识和经验以及人员，满足委托方所委托的生产或检验工作的要求。

第二百八十五条　受托方应当确保所收到委托方提供的物料、中间产品和待包装产品适用于预定用途。

第二百八十六条　受托方不得从事对委托生产或检验的产品质量有不利影响的活动。

第四节　合同

第二百八十七条　委托方与受托方之间签订的合同应当详细规定各自的产品生产和控制职责，其中的技术性条款应当由具有制药技术、检验专业知识和熟悉本规范的主管人员拟订。委托生产及检验的各项工作必须符合药品生产许可和药品注册的有关要求并经双方同意。

第二百八十八条　合同应当详细规定质量受权人批准放行每批药品的程序，确保每批产品都已按照药品注册的要求完成生产和检验。

第二百八十九条　合同应当规定何方负责物料的采购、检验、放行、生产和质量控制（包括中间控制），还应当规定何方负责取样和检验。

在委托检验的情况下，合同应当规定受托方是否在委托方的厂房内取样。

第二百九十条　合同应当规定由受托方保存的生产、检验和发运记录及样品，委托方应当能够随时调阅或检查；出现投诉、怀疑产品有质量缺陷或召回时，委托方应当能够方便地查阅所有与评价产品质量相关的记录。

第二百九十一条　合同应当明确规定委托方可以对受托方进行检查或现场质量审计。

第二百九十二条　委托检验合同应当明确受托方有义务接受药品监督管理部门检查。

第十二章　产品发运与召回

第一节　原则

第二百九十三条　企业应当建立产品召回系统，必要时可迅速、有效地从市场召回任何一批存在安全隐患的产品。

第二百九十四条　因质量原因退货和召回的产品，均应当按照规定监督销毁，有证据证明退货产品质量未受影响的除外。

第二节　发运

第二百九十五条　每批产品均应当有发运记录。根据发运记录，应当能够追查每批产品的销售情况，必要时应当能够及时全部追回，发运记录内容应当包括：产品名称、规格、批号、数量、收货单位和地址、联系方式、发货日期、运输方式等。

第二百九十六条　药品发运的零头包装只限两个批号为一个合箱，合箱外应当标明全部批号，并建立合箱记录。

第二百九十七条　发运记录应当至少保存至药品有效期后一年。

第三节　召回

第二百九十八条　应当制定召回操作规程，确保召回工作的有效性。

第二百九十九条　应当指定专人负责组织协调召回工作，并配备足够数量的人员。产品召回负责人应当独立于销售和市场部门；如产品召回负责人不是质量受权人，则应当向质量受权人通报召回处理情况。

第三百条　召回应当能够随时启动，并迅速实施。

第三百零一条　因产品存在安全隐患决定从市场召回的，应当立即向当地药品监督管理部门报告。

第三百零二条　产品召回负责人应当能够迅速查阅到药品发运记录。

第三百零三条　已召回的产品应当有标识，并单独、妥善贮存，等待最终处理决定。

第三百零四条　召回的进展过程应当有记录，并有最终报告。产品发运数量、已召回数量以及数量平衡情况应当在报告中予以说明。

第三百零五条　应当定期对产品召回系统的有效性进行评估。

第十三章　自　检

第一节　原则

第三百零六条　质量管理部门应当定期组织对企业进行自检，监控本规范的实施情况，评估企业是否符合本规范要求，并提出必要的纠正和预防措施。

第二节　自检

第三百零七条　自检应当有计划，对机构与人员、厂房与设施、设备、物料与产品、确认与验证、文件管理、生产管理、质量控制与质量保证、委托生产与委托检验、产品发运与召回等项目定期进行检查。

第三百零八条　应当由企业指定人员进行独立、系统、全面的自检，也可由外部人员或专家进行独立的质量审计。

第三百零九条　自检应当有记录。自检完成后应当有自检报告，内容至少包括自检过程中观察到的所有情况、评价的结论以及提出纠正和预防措施的建议。自检情况应当报告企业高层管理人员。

第十四章　附　则

第三百一十条　本规范为药品生产质量管理的基本要求。对无菌药品、生物制品、血液制品等药品或生产质量管理活动的特殊要求，由国家食品药品监督管理局以附录方式另行制定。

第三百一十一条　企业可以采用经过验证的替代方法，达到本规范的要求。

第三百一十二条　本规范下列术语（按汉语拼音排序）的含义是：

第三百一十三条　本规范自 2011 年 3 月 1 日起施行。按照《中华人民共和国药品管理法》第九条规定，具体实施办法和实施步骤由国家食品药品监督管理局规定。

附录二　药品生产与药品经营相关政策法规目录（部分）

1. 药品经营质量管理规范
2. 药品经营质量管理规范（GSP）认证管理办法（试行）
3. 药品流通监督管理办法（暂行）
4. 药品监督行政处罚程序
5. GSP 认证现场检查工作程序
6. GSP 检查员管理办法
7. 药品招标代理机构资格认定及监督管理办法
8. 药品电子商务试点监督管理办法
9. 互联网药品信息服务管理暂行规定
10. 药品零售连锁企业有关规定
11. 处方药与非处方药分类管理办法
12. 处方药与非处方药流通管理暂行规定
13. 进口药品管理办法
14. 药品生产质量管理规范（2010 年修订）
15. 药品生产质量管理规范（2010 年修订）附录
16. 药品 GMP 认证管理办法
17. 药品包装用材料、容器管理办法（暂行）
18. 药品包装、标签和说明书管理规定（暂行）
19. 戒毒药品管理办法
20. 麻黄素管理办法（试行）
21. 罂粟壳管理暂行办法
22. 执业药师注册管理暂行办法
23. 国家药品监督管理局行政立法程序的规定
24. 药品行政保护条例实施细则
25. 国家药品监督管理局药品行政保护复审办法
26. 城镇职工基本医疗保险用药范围管理暂行办法
27. 城镇职工基本医疗保险定点医疗机构管理暂行办法
28. 城镇职工基本医疗保险定点零售药店管理暂行办法
29. 国务院关于建立城镇职工基本医疗保险制度的决定
30. 新生物制品审批办法
31. 药品非临床研究质量管理规范（试行）
32. 药品临床试验管理规范
33. 药品监督行政处罚程序
34. 中华人民共和国消费者权益保护法
35. 中华人民共和国反不正当竞争法
36. 中华人民共和国药品管理法

参 考 文 献

[1] 中华人民共和国卫生部.药品生产质量管理规范（2010 年修订）.北京：中国医药科技出版社，2010.

[2] 国家食品药品监督管理局认证管理中心组.药品 GMP 指南.北京：中国医药科技出版社，2018.

[3] 《中华人民共和国药品管理办法》（中华人民共和国主席令第三十一号，2019 年修订）.

[4] 《药品召回管理办法》（局令第 29 号）.

[5] 国家食品药品监督管理总局.药品医疗器械飞行检查办法.2015.

[6] 国家市场监督管理总局.药品生产监督管理办法（征求意见稿）.2019.

[7] 国家药典委员会编.中华人民共和国药典（2020 年版）.北京：中国医药科技出版社，2020.

[8] 罗晓艳，李晓东.药品生产质量管理教程.北京：化学工业出版社，2020.

[9] 万春艳，孙美华.药品生产质量管理规范（GMP）实用教程.2 版.北京：化学工业出版社，2020.

[10] 杨松岭，张之奎.药品 GMP 管理教程.北京：中国轻工业出版社，2019.

[11] 李东进，秦勇，陈爽.现代企业管理.北京：人民邮电出版社，2020.

[12] 马爱霞.药品 GMP 车间实训教程.北京：中国医药科技出版社，2016.

[13] 王恒通，等.药厂 GMP 应知应会.北京：中国医药科技出版社，2019.